Weltreligionen

Weltreligionen

Woran die Menschen glauben

Herausgegeben von
WERNER TIKI KÜSTENMACHER
mit Texten von
KLAUS-RÜDIGER MAI

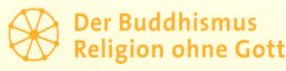

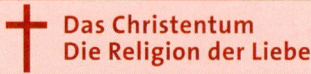

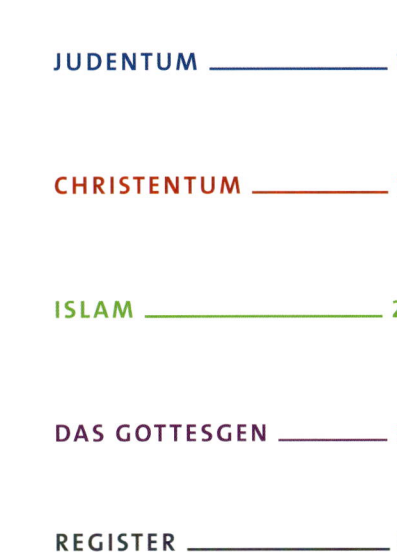

Der Islam
Gottes letzte Offenbarung

Das Gottesgen oder:
Braucht der Mensch die Religion?

 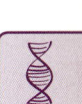

VORWORT

Liebe Leserin, lieber Leser,

zum ersten Mal in der Geschichte der Menschheit können wir alle Kulturen der Erde gleichzeitig erleben. Früher waren es einzelne Abenteurer, die in fremde Länder gereist sind und bei ihrer Rückkehr Erstaunliches berichtet haben über die ganz anderen Sitten und Gewohnheiten fremder Völker. Heute können wir das selbst tun. Wir können in fast alle Gebiete der Erde reisen. Und eine Fülle von Medien bringt uns Musik, Meinungen, Nachrichten, Filme ferner Länder und Gesellschaften ins Haus. Immer mehr Menschen aus anderen Kulturen leben mitten unter uns. So kaufen wir beim türkischen Gemüsehändler um die Ecke ein, mancher Kiosk ist innen geschmückt mit Hindu-Gottheiten, und dass eine Buddha-Statue in einer

Arztpraxis steht, ist nichts Ungewöhnliches mehr. Außerdem wohnen oder arbeiten viele unserer eigenen Landsleute irgendwo anders auf dieser Welt. Fast jeder hat eine Cousine oder einen Onkel, der aus erster Hand berichten kann, wie es anderswo zugeht.

Wir sind echte Weltbürger geworden, selbst wenn wir unser Stadtviertel nur selten verlassen. Das hat deutliche Auswirkungen auf unseren Alltag, auch auf die Religion. Jahrhundertelang sind wir in den Glauben hineingewachsen, haben mit Taufe, Firmung oder Konfirmation die christliche Tradition unserer Vorfahren übernommen. Das funktioniert schon seit Längerem nicht mehr so reibungslos wie früher. Besonders Jugendliche sind verunsichert. Sie werden jetzt nicht reihenweise Moslems oder Buddhisten. Aber seit sie so komfortabel über den Tellerrand ihrer eigenen Kultur gucken können, nehmen sie die eigenen Bräuche anders wahr. Und das ist gut so und sehr wichtig.

Religionen haben – leider – immer wieder gegeneinander gekämpft. Zugleich aber haben sie, oft mehr als sie selbst ahnen, dazugelernt. Religionen verändern sich. Sogar solche, die sich für uralt und ewig halten. Denn wir Menschen bleiben nicht die Gleichen. Wir sind neugierig und aufnahmefähig. Überall entsteht Neues, neue Gruppierungen innerhalb der alten Kirchen und Glaubensgemeinschaften, neue Sichtweisen auf die alten Glaubensinhalte.

Nie war ein Buch wie das hier vorliegende so wichtig wie heute. Denn trotz unserer Möglichkeiten, die Welt zu bereisen und fremde Kulturen kennenzulernen, gibt es nach wie vor viele Vorurteile und Missverständnisse, weil man die Bräuche und Traditionen nicht immer versteht.

Dieses Buch liefert Informationen, bietet Orientierungshilfe und weckt Verständnis für uns fremde Religionen. Es wendet sich an Jugendliche und an Erwachsene, an Gläubige und an Menschen, die noch unsicher sind, welcher Glaube der richtige für sie ist. Ganz besonders ist es gedacht für alle, die nicht an einen Gott oder Götter glauben, aber verstehen wollen, warum der Mensch so eine tiefe Sehnsucht danach hat. Es stellt die wichtigsten Wahrheiten der großen Religionen dar, in klarer Form und durchaus vergnüglich zu lesen, also im besten Sinne eine Art »simplify your religion«.

Ich kann nur sagen: Es lohnt sich. Glaube ist gesund für die Seele und viel klüger, als sich das Ganze aus der Ferne anzuschauen und zu sagen: »Ich glaube an gar nichts.« Denn in unserer eigenen christlichen Tradition und den vielen Überlieferungen anderer Religionen warten grandiose Schätze, die unser Herz reich und glücklich machen können.

Jetzt aber genug gevorwortet. Los geht's! Viel Freude bei dieser aufregenden Reise wünscht

Werner Tiki Küstenmacher

AM ANFANG WAR DER GLAUBE

Aus Ahnen werden Götter

Wann und warum mag zum ersten Mal ein Mensch die Hände zum Gebet gefaltet oder auch nur in Hoffnung auf göttlichen Beistand zum Himmel geschaut haben, wie es bis heute sehr viele Gläubige tun?

Haben die Menschen in einem Anfall von überschäumender Fantasie die Götter erfunden? Oder stimmt die etwas banale Annahme, dass die Menschen aus Angst vor den Naturgewalten diese mit Vorstellungen verbunden haben, die sie dann Götter nannten? Sind die Götter also nichts anderes als Produkte menschlicher Furcht?

Die ersten Hinweise auf die Verehrung von Göttern, auf einen Glauben an etwas Übernatürliches, reichen fast 30 000 Jahre zurück. An Höhlenwänden in Frankreich, in Trois-Frères und in Lascaux, aber auch in Spanien wurden Malereien entdeckt, Kompositionen von Pferd und Bison, von Steinbock und Ren, auch mysteriöse Zeichen. Auf einem Bild ist ein Mann mit dem Gesicht eines Vogels, Ohren und Geweih eines Rentieres, Körper und Schwanz eines Pferdes, Vordertatzen eines Bären und Füßen eines Menschen dargestellt. Was bedeuten diese Bilder?

Oder die kleine 11 cm große Figur, die man in Willendorf in Österreich gefunden hat und die offensichtlich der Anbetung diente? Mit der Betonung der Geschlechtsmerkmale erinnert sie an eine Muttergöttin, an eine Große Mutter, an den Magna-Mater-Kult. Im iranischen Shanidar fand man Hinweise auf eine Bestattung, die ebenfalls 30 000 Jahre zurückliegt. Zur Bestattung scheint bald ein Totenkult gehört zu haben, denn man hat die Toten nicht nur begraben, sondern mit rotem Ocker bestreut, das an vergossenes und eingetrocknetes Blut erinnert. Rot ist seit alters her die Farbe des Lebens.

Im österreichischen Willendorf fand man diese 11 cm hohe Figur aus Kalkstein, die über 27 000 Jahre alt ist. Sie stellt ein frühes Beispiel für den Fruchtbarkeitsglauben, vielleicht sogar für ein Fruchtbarkeitsritual dar.

Das berühmteste Heiligtum der Steinzeit steht in der Nähe der englischen Stadt Amesbury in Wales. Es wurde in mehreren Etappen vor gut 5000 Jahren errichtet und diente als Begräbnisstätte, Heiligtum und Sternwarte.

Religiöse Handlungen in Zeiten zu deuten, aus denen es keine schriftliche Überlieferung gibt, ist äußerst schwierig und unsicher. Man stelle sich einmal vor, man müsse ein Kruzifix, eine Darstellung des leidenden Jesus am Kreuz, interpretieren, ohne die Evangelien zu kennen oder irgendetwas über den christlichen Glauben gehört zu haben.

Doch die beeindruckenden Zeugnisse mehren sich, umso näher wir unserer Gegenwart kommen. Vor 10 000 Jahren bauten die Menschen die ersten Tempel in Göbleki Tepe, in der heutigen Türkei. Auch in den frühen Städten wie Çatal Höyük finden sich in den Häusern bereits religiöse Darstellungen, beispielsweise in Form von Stieren. In Europa wurden vor 7000 Jahren, zunächst aus Holzpfählen, die ersten Kreisgrabenanlagen errichtet, in denen mit Sicherheit eine Art von Gottesdienst stattfand.

Die bekannteste Kreisgrabenanlage, die allerdings mit riesigen Steinen errichtet wurde, ist Stonehenge. Aber als die Vorfahren der heutigen Waliser die Steine von weit her holten, um ihr Heiligtum an eben jener Stelle zu errichten, da bauten die Menschen in Ägypten und im Zweistromland bereits die ersten Tempel und Pyramiden. Die Bauweise der Tempel und die Bemalungen im Inneren geben uns Hinweise auf frühe religiöse Formen und Riten.

Sobald die Babylonier die Keilschrift einführten, die Ägypter die Hierogly-

phen benutzten, wurden neben Handelsverträgen auch Gesetze, religiöse Texte und Mythen aufgeschrieben. Das Besondere war, dass diese Gesetze zunächst immer von den Göttern kamen. Sie hatten die Gebote für die Menschen gemacht. Ein schönes Beispiel hierfür ist die Gesetzesstele des babylonischen Königs Hammurabi (1792–1750 v. Chr.), der die Gesetze vom Sonnengott Schamasch in Empfang nimmt.

Gerade die Mythen, die über Jahrhunderte mündlich weitergegeben wurden, bevor man sie aufschrieb, haben so auf ihrer langen Reise über Generationen hinweg viel an praktischen Erfahrungen und an religiösen Erklärungen und Vorstellungen der Menschen aufge-

nommen, sodass Wissenschaftler heute verschiedene zeitliche Schichten im Mythos freilegen können.

Wenn man sich die Tempel der Vorzeit, beispielsweise Göbleki Tepe, Stonehenge, den Kreisgraben von Goseck, den Tempel des Marduk und die Cheopspyramide anschaut, und man dabei bedenkt, wie viel Zeit und Kraft es gekostet hat, diese Monumente zu errichten, wie viele Monate und Jahre die Menschen daran hart arbeiteten, nur weil sie an etwas glaubten, dann stellt sich die Frage, was Religion eigentlich ist? Warum ist sie so wichtig für die Menschen?

Die Geschichte der Menschheit ist bis zum heutigen Tag begleitet von großen religiösen Anstrengungen: im Leben, im

Der Tod ist nicht das Ende, sondern der Anfang des ewigen Lebens. Die beeindruckenden Pyramiden von Gizeh dienten Pharaonen als Gräber. Von hier traten sie ihre Reise in die Unterwelt und ins ewige Leben an. Wie diese Reise verlief und was man zu beachten hatte, regelten die *Totenbücher* der Ägypter.

Glauben, im Denken und im Bauen. Blicken wir auf die großen kulturellen Leistungen der Menschen in der Geschichte, dann verbieten sich Vermutungen, dass Glauben etwa Nichtwissen sei und Götter nur aus Angst vor einer übermächtigen Natur erfunden worden seien. Dann ist es notwendig, der Frage tiefer nachzugehen. Offensichtlich existiert etwas im Menschen, das die Religion benötigt.

Zuallererst – und damit beschäftigen sich alle Religionen – empfindet der Mensch, sobald er seine Umwelt bewusst wahrnimmt, eine Angst vor der eigenen Endlichkeit in der Unendlichkeit seiner Umwelt. Spätestens seitdem der Mensch vor anderthalb Millionen Jahren begann, Werkzeuge herzustellen, muss er seine Umwelt bewusst, nämlich denkend, wahrgenommen haben, weil die Herstellung von Werkzeugen geistige Operationen, also Denken voraussetzt.

Der eigene Tod wird dem Menschen deutlich am Tod anderer Menschen. Der tote Körper zerfällt, während der Fels ewig ist. Der Stein war gestern schon da, ist jetzt immer noch da, wird morgen noch da sein, im Gegensatz zu den verwesenden und zu Staub werdenden Menschen.

Was bedeutet tot sein? Was geschieht nach dem Tod? Diese Grundfrage des Menschen beantwortet die Religion.

Eine der ersten Antworten der Menschen nach dem Wesen des Todes lautet, dass der Verstorbene ins Land der Ahnen eingeht. Vorstellungen entstehen, wonach man eigentlich ewig im Land der Vorfahren lebt und zwischendurch nur für kurze Zeit auf die Erde kommt. Deshalb gibt man den Toten Wegzehrung mit und bestattet sie mit ihren Waffen, die sie in der anderen Welt benötigen werden.

Magier, Schamanen, Medizinmänner, Priester, wie immer wir sie nennen wollen, weise Frauen und Männer, die in der Lage sind, mit den Ahnen Kontakt aufzunehmen, werden von den anderen Menschen verehrt. Sie versetzen sich in Trance, einen Zustand des Unbewussten, und nehmen in ihm Kontakt zu den verstorbenen Vorfahren auf. Sie reisen, ohne dass der Körper, den sie im Geist verlassen haben, folgt. Er wartet leblos auf ihre Rückkehr.

Die **Schamanen** sind aber auch in der Lage, böse Geister, die den Menschen befallen, zu zerstören, indem sie diese in ihren Körper aufnehmen und dort vernichten. So sind sie Heiler und Führer in einem, diejenigen, von denen Orientierung kommt. Sie sind es, die auf ihren Geistreisen die Wanderrouten des Wildes aufspüren.

Reiche Jagdbeute ist für die Horden der Jäger und Sammler überlebenswichtig. Umso größere Bedeutung kommt dem zu, der die Wanderwege der Tiere ausfindig zu machen versteht.

Den Mann in der Höhle von **Trois-Frères** kann man sich sehr gut als Schamanen vorstellen, der gerade dabei ist, den **Tierzauber** vorzunehmen. Da aber die frühen Jäger die Tiere als Brüder empfinden, muss der Mord, den die Jagd bedeutet, gesühnt werden. Das geschieht durch das Opfer.

Man weiß sehr wenig darüber, wann Religionen entstanden und wie der Prozess des Überganges von der Ahnen- zur Götterverehrung erfolgte. Allgemein

Dieses Bild in der Höhle von Trois-Frères in Frankreich, das über 15 000 Jahre alt ist, deutet auf den Jagdzauber hin. Das Überleben der Sippe oder des Stammes war abhängig vom Jagderfolg. Also versuchten die Menschen mit allen Mitteln, auch kultisch-religiösen, diesen Erfolg zu erzielen.

geht man davon aus, dass die Ahnen sich in einem langen Prozess zu Göttern entwickelten.

Als die Menschen vor 10 000 Jahren von der Jagd und dem Sammeln von Pflanzen zu Ackerbau und Tierhaltung übergingen, verloren die **Ahnen** und die Schamanen an Bedeutung. Wichtig wurden nun Vegetations- und Fruchtbarkeitsgötter, Götter, die dafür sorgten, dass es eine reiche Ernte gibt und sich das Vieh gut vermehrt.

Götter besiedeln den Himmel und die Erde

Als Handwerk, Handel und Krieg zu den Beschäftigungen des Menschen hinzutreten, benötigen auch diese Tätigkeiten Götter, die man um Schutz bitten kann, weil sie in der Weltordnung für diese Bereiche verantwortlich sind. Allgemein gesagt gab es nichts auf Erden, was nicht bereits bei den Göttern existierte.

Hatte sich das Leben der Menschen mit dem Übergang vom Jäger zum Bauern grundlegend verändert, und so auch die religiösen Vorstellungen, so bedeutet die **Erfindung der Metallbearbeitung** vor 6 000 Jahren einen nicht minder großen Einschnitt.

Man stelle sich das Verfahren der Metallschmelze vor: Rot fließt das Kupfer aus dem Hochofen in eine Steinform. Das Holz, das man hineinwirft, flammt auf. Durch die Verbrennung des Holzes wird der Sauerstoff, der sonst im erkaltenden Kupfer Lufteinschlüsse bilden würde, aufgebraucht. Noch heute werfen in den Alpen Kupfergießer einen Baumstamm in das geschmolzene Kupfer, um zu verhindern, dass Klunker, wie diese Lufteinschlüsse heißen, das kostbare Material verderben. Selbst uns überkommt noch ein leichter Schauder, wenn das Metall flüssig aus dem Ofen strömt. Um wie viel mehr muss diese Szene unsere Vorfahren ergriffen haben, noch dazu wenn dieser Vorgang Teil eines geheimnisvollen Ritus ist.

Wurden Verse der Anbetung, des Flehens, des Dankes, der Lobpreisung gesprochen oder gesungen, wie es von Anfang an zum Ritus gehört? Wurde der Hochofen, wir dürfen ihn uns allerdings nicht allzu groß vorstellen, wie ein Heiligtum verhüllt, sodass auf die magischen Worte **des heiligen Schmiedes** hin die entzückte Gemeinde erst das fließende Metall zu sehen bekam?

Aber all das ist noch gar nichts! Jetzt fließt zu dem rot glühenden Metall ein zweites, sehr helles dazu. Kleine Mengen geschmolzenes Zinn, nur fünf Prozent im Ganzen, und aus dem roten Metall wird goldglänzendes, ein viel härteres, als es das Kupfer ist. Zudem ist es ein

Stück Metall, das der Sonne gleicht, das wie eine Materiewerdung des Sonnengottes wirken muss.

In dem alten deutschen Wort Ehrfurcht kommt die Doppeldeutigkeit treffend zum Ausdruck, die die Zeitgenossen für das Wirken des Schmiedes empfunden haben, eine schaurig-schöne Mischung aus Verehrung und Furcht vor ihm. Dem Mann, dem die **Stoffumwandlung** gelingt, ist alles zuzutrauen. Stoffumwandlung ist ein Urmysterium und gehört zu den ältesten und geheimnisvollsten aller mythischen und religiösen Handlungen bis in unsere Tage: Stein zu Metall, Wasser zu Wein, Wein zu Blut und Brot zu Leib, Leib zu Staub.

Darin besteht die existenzielle Grunderfahrung eines jeden Menschen von den frühesten Tagen: Alles wandelt und verwandelt sich. Nichts bleibt. Und der **Schmied** ist in diesen frühen Tagen der entstehenden menschlichen Gesellschaft ein Magier, der eine dieser Stoffumwandlungen vollbringen kann. Er ist eine Art Geburtshelfer und hilft durch seine gesegnete Verwendung des Feuers, dass die richtige Form »geboren« wird, nämlich das goldene, das göttliche Metall. Die Nutzung des Feuers für das Handwerk erlernten die Menschen durch die Töpferei, bei der ja der geformte Ton gebrannt wird.

Im ägyptischen Mythos wird dieser Zusammenhang deutlich. Der ägyptische Gott Ptah ist nach der Glaubensvorstellung der Priester der altägyptischen Stadt Memphis als Gott ein Töpfer. Auf der Töpferscheibe erschafft er einerseits die Menschen, er schmiedet aber auch andererseits die Waffen, mit denen der Sonnengott Horus seinen Widersacher Seth besiegen kann. Der Töpfer wird zum Schmied.

Seth hatte den Vater des Horus, Osiris, ermordet. Horus muss Seth besiegen, wenn er die Auferstehung des Osiris ermöglichen will. Hier tritt uns wahrscheinlich zum ersten Mal in der Ge-

Der Gott Osiris wird von seinem Bruder Seth getötet und zerstückelt. Seine Frau, die Göttin Isis, fügt Osiris wieder zusammen und zeugt mit ihm den Sonnengott Horus: Brudermord und die Auferstehung von den Toten werden sich in späteren Religionen als wichtige Motive wiederfinden.

schichte ein **leidender Gott** entgegen, der wiederauferstehen wird wie später Jesus Christus.

Die Leute dieser Zeit sehen in den geheimnisvollen Schmieden Magier, Zwischenmenschen, die zwischen ihnen und den göttlichen, auch dämonischen Mächten stehen. Das Feuer assoziiert nämlich göttliche als auch dämonische Kraft. Die Schmiede gehören einerseits zur Gemeinschaft und stehen anderseits doch zugleich außerhalb der Gesellschaft.

Wie es sich für Magier gehörte, zogen sie von Siedlung zu Siedlung, tauschten, beschworen, heilten, denn als Magier galten sie auch als Heiler, und stellten Metallwaren her. Mit sich trugen sie die Tondüsen für den Hochofen, den sie überall errichten konnten. Der Hochofen erreichte eine Höhe von einem halben bis zu einem Meter. Außerdem fanden sich in ihrem Gepäck Bärenklauen oder Eberzähne, die zum heiligen Ritual des Auffindens des Erzes dienten.

Den **ersten Bergleuten** war es bewusst, dass sie ein Sakrileg begingen, indem sie in den Berg einbrachen, in die geheiligte Zone der unterirdischen Götter und der Mutter Erde. Umfangreiche **religiöse Riten** waren nötig, um Verzeihung und Beistand von den gestörten Gottheiten zu erlangen. Die Götter sollten nicht nur versöhnlich gestimmt werden, sondern sie wurden auch angefleht, die Bergleute vor den Erd- und Bergdä-

monen zu schützen. Die Arbeit im Berg verdunkelte nach und nach ihr Antlitz.

Alt wurden sie ohnehin nicht. In den Alben der germanischen Mythologie oder in den sieben Zwergen des deutschen Märchens, im Schmied Wieland in der Edda verewigte sich die Erinnerung an die geheimnisumwitterten bronzezeitlichen Bergleute.

Sie tauschten Kupfer gegen Lebensmittel. In Zeiten schlechter Ernten, in denen die Bauern selbst wenig oder nichts zum Tauschen übrig hatten, ließ auch der Bergbau nach. Wir wissen nicht, was die Bergleute in dieser Zeit unternahmen, um ihr Leben zu sichern, doch es scheint schwer vorstellbar, dass sie wieder zu Bauern wurden, denn sie hatten sich in eine besondere Sphäre begeben, standen im Spannungsverhältnis zu den unterirdischen Göttern. Andererseits kennen alle Religionen umfangreiche Buß- und Reinigungsrituale.

In der Ausübung des Kults stellt sich der Schmied, der Priester oder der Fürst als Stellvertreter der Götter dar und legitimiert und festigt seine Position. Diese fortwährende Erneuerung und **Beglaubigung seiner Herrschaft** innerhalb der Gemeinschaft durch die Ausübung des Kults im Beisein und im Bewusstsein der Mitmenschen sichern die Herrschaft als **geheiligte Herrschaft** besser und zuverlässiger, als es alle bewaffneten Dienstmänner der Welt könnten. Führung wird erst zur gesellschaftlichen Realität, wenn sie sich institutionalisiert. Vertraute man zunächst einem Mann, beispielsweise einem Schmied oder einem Priester und überließ ihm deshalb die Entscheidungsgewalt in einem engen Rahmen, so gerannen diese Kompetenzen zu einem Amt. Das Amt nun schuf wiederum Vertrauen zu dem mit dem Amt betrauten Mann.

Mit einfachen Worten: Der Ehrwürdige schafft das Amt und das Amt heiligt den Mann.

Religionshistoriker vermuten hinter dem ägyptischen *Sed*-Fest, das im 30. Regierungsjahr des Pharao gefeiert wurde, eine Erinnerung an den alten Brauch, nach dem der König im 30. Regierungsjahr getötet, seine Leiche zerstückelt und auf mehrere Landesteile verteilt wurde, um die Fruchtbarkeit zu steigern. Der König ist hier ganz Amt.

Bei einigen südafrikanischen Stämmen symbolisiert der Häuptling auch das Land, auf dem der Stamm lebt. Die Institution ist ein Symbol für das Ganze, zwischen der Person und dem Amt wird nicht mehr unterschieden.

Mit der Zeit hebt sich immer deutlicher die Gestalt des Schmiedes ab. Er verwandelt vor den weit aufgerissenen Augen des staunenden Volkes unansehnlichen Stein in goldglänzendes Metall. Er vermag im schmucklosen, für den Bauern ununterscheidbaren Stein das

Metall zu erkennen, vielleicht mithilfe seiner Eberzähne oder Bärenklauen, die ihm helfen, das Erz zu finden. Der Bär oder der Eber, die auch die Fruchtbarkeitsgötter repräsentieren, besitzen eine besondere Verbindung zur Erde, zu ihren Gottheiten, ja, sind selbst fleischgewordene Götter. Der Mensch der Vorzeit teilt unsere Vorstellung von den leblosen Dingen keineswegs.

Im hurritischen Epos *Das Lied von Ullikummi* wird der Kampf gegen den belebten Stein zum Existenzkampf. Der Göttervater Kumarbi, der Groll hegte gegen seine Kinder, erblickte einen großen Stein, den sogenannten *Kunkunuzzi*-Stein. Von allen Seiten besah der Göttervater den Stein:

So kam ihn die Lust an und er schlief mit dem Stein. Seine Mannheit floss in ihn, er nahm ihn fünfmal, dann nahm er ihn zehnmal. (Lied von Ullikummi)

Wie lebendig, wie sinnlich muss ein Stein sein, wenn er einen Gott zu verführen vermag? Die gesamte Natur ist belebt. Aus dieser Vereinigung des Gottes mit dem Stein geht ein mächtiges Steinwesen hervor, das den Namen *Ullikummi* bekommt. Kumarbi, der sich an seinen Kindern rächen will, schickt ihn gegen die jüngeren Götter, die gegen das unverwundbare perfekte Wesen anfangs einen schweren Stand haben.

In diesem Mythos erleben wir als Götterschlacht nicht nur einen einfachen Generationskonflikt zwischen Vater und Sohn, sondern den Kampf zweier Epochen, das Aufeinandertreffen von Steinzeit und Metallzeit. In dem Mythos werden der Epochenwechsel und die Veränderung der Götterhierarchien deutlich. Das Metallwerkzeug stürzt das Steinwerkzeug, die neuen Götter die alten. Die ausgelassen-munteren und durchaus rüpelhaften Junggötter und Heroen der beginnenden Bronzezeit stürzen die alten, unbeweglich gewordenen Götter der Steinzeit.

Denn schließlich gelingt es dem jungen Wettergott Teschup, Ullikummi zu besiegen. Er nimmt eine Säge aus Metall und schneidet ihn von seinem Träger, von der Erde, ab. Diese alte Dichtung zeigt, wie lebendig die Natur durchweg gedacht wurde, selbst die Steine und die Erze leben. Im Erz wiederum sind Stein und Metall verbunden und sie werden durch Feuer wie mit einer Säge getrennt. Sie können geschwängert werden und gebären. Aber wenn sie gebären, bringen sie furchtbare Ungeheuer hervor. Auf babylonisch heißt *kubu kubulu* Erz, aber *kubu* bedeutet auch Fötus. Mit anderen Worten: Die Erze wachsen in der Erde wie Kinder im Mutterleib.

Der Schmied wird zum Geburtshelfer, der Bergmann begeht aber mit der Förderung der Erze einen schweren Frevel. Deshalb wird er zu besonderer Religiosität und strengen Bräuchen verpflichtet, um den Frevel, der in seiner Tätigkeit liegt, wieder auszugleichen.

Bei einigen sibirischen Völkern, aber auch in indischen Mythen gilt der Schmied als Stammvater. Im alten Iran hielt man den Schmied Kavya für den Ahnherren der nach ihm heißenden Dynastie. Bei den sibirischen Jakuten wurde Elliei, der aus Berufung Schmied wurde, als Vater des Stammes verehrt. Im Pamir verstand man die Schmiedekunst als Gabe des Propheten. Auch im südlichen Kongo wird der Gründer des Dorfes als Schmied gesehen, auch werden dort Schmiede mit den Häuptlingen und Zauberern gleichgesetzt.

In der altgermanischen Heldendichtung *Edda* besingt der Skalde in einem der schönsten Epen Wieland den Schmied, der sich furchtbar für grausames Unrecht an einem König rächte. Donar wirft mit einem (Schmiede-) Hammer und erfüllt den Himmel so mit Donner.

Nicht nur bei einigen afrikanischen Stämmen hat die Ethnologie Geheimbünde der Schmiede ausgemacht, die gemeinsam und, vor der Öffentlichkeit verborgen, für das Gelingen ihrer Kunst opferten. Auch im alten Griechenland existierten diese Geheimbünde der Schmiede, beispielsweise die sogenannten Daktylen.

Die Mitglieder dieser Geheimbünde sahen ihre Vorfahren in mythischen Gestalten, denen sie die Erfindung der Metallbearbeitung verdankten. Ihre Gemeinschaft stärkten geheime Riten und Aufnahmerituale für Neulinge und die Feste, die sie abseits und verborgen von der Öffentlichkeit feierten, um ihre Götter zu ehren.

In Kleinasien und auf Kreta gehörten die Daktylen zum Gefolge der Großen Mutter. Sie teilten sich in zwei Gruppen: diejenigen, die rechts, und diejenigen, die links Aufstellung nehmen bei der Zeremonie. Die rechten Daktylen beschäftigen sich mit der Schmiedekunst, während die linken Zauberei betreiben. In dieser vermutlich etwas späteren Vorstellung wurden Handwerk und Magie bereits getrennt, die ursprünglich zu Beginn der Bronzezeit noch vereint waren.

Die göttliche Voraussetzung für die Beherrschung der Schmiedekunst war die **Beherrschung des Feuers**. Auch die Griechen sahen hier eine Einheit: Der griechische Gott **Hephaistos** schmiedete im Feuer für Zeus die Blitze, die beim Einschlagen wiederum Feuer erzeugten. Darin ähnelt er dem etruskischen **Sethlans** und dem römischen **Vulcanus** und auch beim germanischen Donar ist diese Verbindung feststellbar.

Andererseits fiel brennend wie der Blitz auch Erz in Gestalt von Kometen vom Himmel auf die Erde herab, sozusa-gen von allmächtigen Göttern zur Erde geschleudert und von kundigen Magiern aufgelesen. Erz wurde also tief im Berg unter der Erde und auf der Oberfläche gefunden, es kam aber auch vom Himmel. Die Liste der Beispiele für die herausragende Rolle der Schmiede in den Mythen der Völker, Stämme und Gemeinschaften kann beliebig lang fortgesetzt werden, doch in einem ähneln sich alle Überlieferungen, nämlich dass die Schmiede zum Ende des Neolithikums (Neusteinzeit) eng mit der Herrschaft verbunden sind, entweder selbst die Herrschaft antreten oder den neuen Herrschern zum Siege verhelfen – natürlich durch neue Waffen, die sie schmieden. Das griechische Wort für König heißt *basileos*, auf Deutsch bedeutet das Wort: »der, der das Metall verteilt«. Der, der das Metall verteilt, herrscht und übt den **Götterkult** aus.

Religion und Herrschaft

Die erste große Veränderung im Leben der Menschen hatte darin bestanden, sesshaft zu werden, statt zu jagen und zu sammeln, Pflanzen anzubauen und Tiere zu halten. Die zweite trat mit der **Metallverarbeitung** ein. Aus den Beispielen wird die große Bedeutung der Religion für diese zweite Veränderung deutlich. Sie muss nicht nur den Menschen mit seiner Endlichkeit in einer unendlichen Welt versöhnen, nicht nur trösten, wenn geliebte Menschen sterben, sie hat auch für eine Ordnung in der Welt zu sorgen.

Durch die sich herausbildende arbeitsteilige Gesellschaft, es gibt Bauern, Handwerker, Händler, Priester (Priesterkönige) und Krieger, wird auch eine Ordnung geschaffen. Das Wort, das für eine gesellschaftliche Rangordnung verwendet wird, heißt Hierarchie. Und Hierarchie bedeutet auf Deutsch »heilige Herrschaft«. Die Götter haben also die gesellschaftliche Ordnung bestätigt, und wer dagegen verstößt, legt sich mit den Göttern an.

Religionen sind zuallererst Orientierungen in der Welt, sie vermitteln den Menschen einen Sinn, bringen Ordnung in das Chaos. In vielen Religionen beginnt die Arbeit der Götter damit, das Chaos zu ordnen, Himmel und Erde zu schaffen. Die Götter errichten den Kosmos und dadurch und so ganz nebenbei erschaffen sie auch die Welt der Menschen und Tiere. Mittels der Ordnung der Religionen begreift der Mensch seine Welt.

Doch für die Menschen der Bronzezeit, die für die Griechen Homers Heroen darstellen, existiert noch die universelle Weltsicht, das Denken der Welt als ein Ganzes, das nicht in sich geteilt und unterschieden ist. Alles ist Gestaltwerdung des Heiligen oder anders ausgedrückt, alles Denken erkundet Lebensmöglichkeiten des Menschen in der von Göttern bestimmten Welt. Alle Erkenntnis kann deshalb letztlich nur im Verstehen der Götter bestehen. Es existieren keine Naturgesetze, weil alles, was stattfindet, Wille und Werke der Götter sind, die es zu begreifen gilt. Aus diesem Grund kommt es vor allem darauf an, im Einklang mit ihnen zu handeln.

Der Lauf der Sonne ist keine astronomische Bahn, sondern die Reise des Sonnengottes durch eine mythische Landschaft, die im Zweifel viel realer ist als die tagtäglich beobachtete. Astronomische Erkenntnisse werden nicht als Naturwissenschaft identifiziert, sondern als Theologie verstanden, sozusagen eine Astrotheologie, ein Sternenglauben. In den Sternen erblickte man Gottheiten.

Jede sakrale Anlage wurde aus demselben Wunsch geschaffen: einen Ort zu haben, an dem man mit den Göttern kommunizieren kann. Wenn es Götter gibt, will man sie gnädig stimmen und ihre Wünsche erfahren. Denn von ihrem Wohlwollen hängt der eigene Wohlstand, mehr noch, die eigene Existenz ab. Es ist also eine im wahrsten Sinn des Wortes lebenswichtige Aufgabe.

An heiligen Orten zu opfern, moch-

Auf dem Wandrelief im ägyptischen Achet-Athon wird Bezug genommen auf die Reise der Sonne. Am Tag führt ihr Weg über den Himmel. In der Nacht ist es dunkel, weil nun die Sonne durch die Unterwelt reist. Sie wird von treuen Begleitern bewacht, denn es muss unter allen Umständen vermieden werden, dass sie von der Riesenschlange Apophis verschlungen wird, weil sonst Chaos, Terror und Tod ausbrächen.

te immer wieder als eine ziemlich einseitige Kommunikation verstanden worden sein. Deshalb gehörte als wichtiger Bestandteil die *Omendeutung* als Form der Zukunftsbewältigung zur religiösen Praxis, die schon der Magier betrieb. Die Götter beantworten die Fragen der Menschen in Form von Zeichen (Omen). Da man selbst Teil des göttlichen Fabulierens ist, das der Mensch Schicksal nennt, lässt sich vielleicht der eine oder andere Handlungsstrang, der eine oder andere Schicksalsschlag im großen Drehbuch, zu dessen Statisterie man selbst gehört, im Voraus erfahren. Vielleicht gelang es ja sogar, Vorkehrungen zu treffen, und die Götter ließen sich auf eine kleine Änderung im großen Buch der Weltläufe ein.

Im Heiligtum vermochte man nun, einen Ort zu schaffen, an dem Andacht, Ritus und Omendeutung als Formen des Gesprächs, der Kommunikation mit den Göttern durchgeführt werden konnten.

Alle Kreisgrabenanlagen haben eine rundliche Form, die Form eines mehr oder weniger abgeflachten Kreises, rund wie die ersten Häuser anatolischer Bauern, rund wie die Säulen, rund wie die Herdstellen.

Was der Mensch auch anpackt, es steht im Verhältnis zu den Göttern, alles, was er beginnt, muss von den Göttern mit Wohlgefallen beurteilt werden. Bis heute findet man in der religiösen Architektur runde Formen und Grundrisse. Die gerundete Kreisgrabenanlage stellt den Mittelpunkt der Welt dar.

Gleichzeitig versinnbildlichte die in sich endende und wieder beginnende Linie, die der Kreis ist, den ununterbrochenen Lauf des Lebens, der sich in dem Wechsel von Tod und Geburt verewigt. Dass der Begriff Kreisgrabenanlage gut gewählt ist, zeigt die Etymologie des Wortes Kreis, die genau die Absicht der Erbauer trifft, denn Kreis kommt vom Germanischen *krit, was so viel wie »in den Boden geritzter Ring« bedeutet. Der Ring symbolisiert das Leben, die Ewigkeit, den unauflösbaren Bund, aber auch die Ordnung. Zerbrochene Ringe

Aufnahme in den höheren Kreislauf des Lebens erst Sinn und Trost in seinem Dasein findet, so symbolisiert die Gestalt des Kreises seines Heiligtums dieses Aufgehobensein, macht sie die Ewigkeit für ihn erfahrbar. Das *Stirb und Werde* ist im Kreisgraben zum Architekturprinzip und mithin auch Ritual geworden.

Möglicherweise darf man die astrono-

Rekonstruktion der Kreisgrabenanlage von Goseck. Sie ist ein Beispiel für die Kreisgrabenanlagen, die in ganz Europa existierten und von der Steinzeit bis in die Bronzezeit zu astronomischen und kultischen Zwecken genutzt wurden. Wurden sie aus Holz errichtet, heißen sie auf Englisch *woodhenge*, während die seltenen Anlagen aus Stein *stonehenge* genannt werden.

bedeuten das Chaos, das Ende der Ordnung.

Erst die Kreisbewegung des Lebens aus Geburt, Tod und Geburt erzeugt die Ewigkeit. So wie der einzelne, in seiner Lebenszeit begrenzte Mensch in der

mische Bedeutung der Kreisgrabenanlage, etwa von Goseck und Stonehenge, als Observatorium nicht überschätzen, denn die religiöse, die kultische, die gemeinschafts- und sinnstiftende Bestimmung ist wichtiger.

Die astronomische Bedeutung besteht genau genommen in einer kalendarischen. Will man den richtigen Zeitpunkt für die Aussaat von den Göttern erfragen, muss man den Weg des Sonnengottes und des Mondgottes beobachten. Deshalb ist die Kreisgrabenanlage von Goseck so gebaut worden, dass die Tore wie Visiereinrichtungen funktionieren. Der Bochumer Astronom Schlosser hat nachgewiesen, dass man von der Mitte der Anlage aus durch das Südtor den Sonnenaufgang und durch das Westtor den Sonnenuntergang zur Wintersonnenwende beobachten kann. Durch zwei Lücken in den Palisaden in Nord- und Ostrichtung lassen sich der Sonnenuntergang und der Sonnenaufgang zur **Sommersonnenwende** anpeilen. Damit erhielt man als **Rahmendaten** für das Jahr nach unserer Zeitzählung den 10. März, den 21. Juni, den 1. Mai, den 17. Oktober und den 21. Dezember. Zusätzlich ließen sich das Sichtbarwerden und das Sich-Verbergen der Plejaden, des Siebengestirns, beobachten, die genau am 21. März am Sternenhimmel verlöschen, an dem Tag, an dem der Bauer in unseren Breiten mit der Aussaat beginnen sollte. Hesiod beschrieb es in seinem großen Gedicht *Werke und Tage* so:

Wenn das Gestirn der Plejaden, der
Atlastöchter, emporsteigt,
Dann beginne die Ernte, doch pflüge,
wenn sie hinabgehn;
Sie sind vierzig Nächte und
vierzig Tage beisammen.

Das Heiligtum erfüllte also die astronomischen Bedürfnisse der Bauern völlig.

Einen **Mondkalender** konnte man vorher schon einrichten. Ein Monat bezeichnet den Zyklus von Vollmond zu Vollmond. Die Wörter Mond und Monat können auf eine gemeinsame indogermanische Wurzel zurückgeführt werden (*me) und diese Wortwurzel steht für messen. Der Mond war also den Indogermanen nicht nur als Gott, sondern auch in der Funktion des Messens, als Messender, oder theologisch auch als Bemessender bekannt.

Zwischen Vollmond und Vollmond vergehen 29 Tage, damit hat man den Zeitraum einer **Mondreise**, einen Monat bestimmt. Wenn man von Aussaatbeginn bis Aussaatbeginn zählen würde, käme man auf zwölf Mondreisen, also auf zwölf Monate. Allerdings würde schon im darauffolgenden Jahr diese Rechnung nicht mehr aufgehen. Für diesen Unterschied zwischen Mondjahr und **Sonnenjahr** musste damals eine Lösung gefunden werden, die wir in der modernen Zeitrechnung mit dem Schaltjahr gelöst haben. Die einfachste Methode, das Problem zu lösen, mag gewesen sein, von den Rahmendaten ausgehend, wieder neu mit dem Zählen zu beginnen, also eine mechanische Form der Zeitbestimmung zu wählen.

Der Mensch muss die Gegenwart der Götter immer wieder erleben. Es gehörte noch bis in die jüngste Vergangenheit, vielleicht in einigen Kirchen noch bis auf den heutigen Tag, zum Osterbrauch, vor Ostern die Kirchenfenster zu verhängen, um dann zu Ostern, wenn der Priester verkündet, »Christus ist auferstanden«, die Verhüllung plötzlich fallen zu lassen, sodass das Licht von draußen mit einem Mal durch alle Kirchenfenster dringen kann. Bis auf den heutigen Tag ist im religiösen Ritus dieser früheste menschliche Lebensrhythmus, dieses *Stirb und Werde*, der Kreis, der Ring aufgehoben.

Der babylonische Fruchtbarkeitsgott Dimurzi wurde in jedem Frühjahr wiedergeboren, wie auch der uns namentlich unbekannte mitteleuropäische Fruchtbarkeitsgott, der Gott des »Tempels« von Goseck, im Frühjahr wiederaufersteht, wie alljährlich zu Ostern Jesus Christus. Der Einfall des Sonnenlichts in das Heiligtum manifestiert den göttlichen Willen, die Aussaat zu schützen, vorausgesetzt der Mensch beginnt jetzt damit. Jetzt erst kann die Tätigkeit des Bauern, der mit der Aussaat eine heilige Handlung vollzieht, unternommen werden.

Das Heiligtum von Goseck diente als Versammlungsort und als Ort ritueller Handlungen. Der Wall stellt eine Begrenzung dar, ein Sichthindernis, einen Abschluss, er schützt den heiligen Raum und errichtet eine sakrale, geheiligte Grenze, die von der magischen Grenze, die der Graben bildet, ergänzt wird. Hat man beide passiert, gelangt man erst zum Heiligtum. Die Palisaden bedeuten einen weiteren Sichtschutz und ein erneutes magisches Hindernis zugleich. Es gibt nur drei Tore, und es ist bestimmt kein Zufall, dass man hier die magische, die heilige Dreiheit verwendete. Die Tore sind aber nicht einfach nur Öffnungen, sie sind Übergänge, von der einen Welt in die andere.

Wer die Tore von Goseck passiert, überschreitet die Grenze schlechthin. Geheime Riten und Opferhandlungen wurden im Innern der magischen Kreise abgehalten. Die Archäologen fanden Gruben, in denen Knochen lagen und Feuer gebrannt haben. Die Funktion des Feuers bestand in der reinigenden Wirkung. Die Gruben, die ausgebrannt worden waren, wurden so gereinigt, bevor man in ihnen opferte.

Zu den frühen religiösen Riten gehörten mit Sicherheit Initiationsriten (Einweihungsriten) und vor allem Riten, die wir heute als medizinische Behandlungen verstehen würden. Schädelöffnungen dienten dazu, böse Geister – bohrender Kopfschmerz – entweichen zu lassen. Ob die Teile einer Hand, die in einer Grube gefunden wurden, als Teil einer Amputation oder eines Finger- oder Handopfers zu interpretieren sind, lässt sich nicht mehr feststellen.

Auf alle Fälle diente die Kreisgrabenanlage als religiöses Zentrum.

Die ersten großen Religionen, die in der Bronzezeit, also vor 6000 Jahren, entstehen, haben nicht nur für die verschiedenen Bereiche des Lebens und der Tätigkeiten Götter, sondern sie kennen auch die Geschichten ihrer Götter, wissen, wie die Erde und die Götter, die Riesen und schließlich sie selbst entstanden sind. Man nennt das Schöpfungsmythen.

Allen Schöpfungsmythen ist gemein, dass die Götter das uranfängliche Chaos besiegten. Alle Schöpfungsmythen kennen Naturkatastrophen wie die Sintflut und Vegetationsgötter, die ein halbes Jahr auf der Erde leben und ein halbes Jahr unter der Erde, wie das Getreide, das als Korn in der Erde liegt und schläft, plötzlich im Frühjahr den Boden durchbricht, wächst und schließlich im Sommer geerntet wird. Der Priesterkönig wird zum Stellvertreter Gottes auf Erden. In seiner Person sorgt er für die ständige Verbindung zu den Göttern und garantiert so das Bestehen der heiligen Ordnung, der Hierarchie. Religion stiftet Werte und Sinn, sichert Herrschaft und ist Ausdruck einer Ordnung.

Der Sonnengott

Einer der ersten Hochgötter der Menschen ist der Sonnengott, der oft in seiner Bedeutung den Mondgott ablöste. Er wird von nahezu allen Völkern verehrt, denn er gibt Licht, Wärme und Leben. Die Babylonier stellten sich den Sonnengott als Sohn des Mondgottes vor. In der Religionsgeschichte früher Völker finden sich komplexe Verhältnisse und Beziehungen zwischen Mond- und Sonnengott, die auf eine theologisch vollzogene Vereinigung von Gottheiten aus verschiedenen zeitlichen und mithin unterschiedlichen religiösen Schichten des Mythos stammten.

Es scheint, als ob die Mondreligion aus älteren Zeiten kommt und die Sonnenreligion im Vergleich dazu jüngeren Datums ist. Die ältesten Götter dürften der Mond- und der Fruchtbarkeitsgott, die Große Mutter oder die Mutter der Erde sein.

Der Tag, glaubten die Babylonier, wurde aus der Nacht geboren. Warum war aber der Mond und nicht die Sonne der erste Gott? Unternehmen wir folgendes kleines Gedankenexperiment: Stellen wir uns völlige Finsternis vor. Es existiert kein künstliches Licht, keine Stadt, kein Dorf, keine Landstraße, die ihr Licht weit in die Landschaft strahlen und streuen. Der Zustand der Blindheit ist erreicht, die Finsternis vollkommen. Der moderne Mensch hat keinerlei Gefühl und selten eine Vorstellung davon, was totale Dunkelheit bedeutet. Immer gibt wenigstens eine kleine Quelle Licht ab, und wenn es nur das Display des Handys ist.

Katzen können im völligen Dunkeln sehen, Wölfe auch, der Mensch nicht. In dieser feindlichen und tödlichen, uns verunsichernden und ängstigenden Finsternis, in der man buchstäblich die Hand nicht vor den Augen sieht, tritt plötzlich erhaben und distanziert der **Mond** hinter einer dicken Wolke hervor und taucht die Landschaft in ein zwar fahles, dennoch aber auch mildes Licht, sodass wir sie wieder sehen und Gefahren erkennen können. Mehr noch, der Mond erscheint in dieser völligen Dunkelheit plötzlich als ein helles, göttliches Phänomen, das zudem durch seine Krater, Berge, Täler und Mare geheimnisvoll strukturiert wirkt und ein Antlitz besitzt. Aber damit nicht genug, das Gestirn ändert sich von Neumond zu Vollmond und besitzt etwas, was der Mensch versteht und schätzt: eine **Regelmäßigkeit**. Die Regelmäßigkeit ist Ordnung, mithin Leben und damit das Gegenteil vom Chaos, das Tod bedeutet und Dunkelheit.

In der germanischen Mythologie beginnt der **Untergang der Welt**, wenn der Fenriswolf von der Kette gelassen wird und den Mond verschlingt, wodurch die Finsternis befreit wird. Der Mond spendet durch seine Regelmäßigkeit, durch sein ordnendes Prinzip Leben. Durch seine regelmäßige Veränderung erlaubt er, die Zeit einzuteilen. Nicht umsonst geht unser Begriff Monat auf das Wort Mond zurück. Ein Monat bedeutete ursprünglich einen Mondzyklus. Wirklich menschliches, bewusstes Leben beginnt mit der Unterscheidung und der Einteilung von Zeit, Ort, Leben und Denken. Deshalb wird der Mond zum grundlegenden, zum ersten Gott. Das ist die eine existenzielle Grunderfahrung. Die zweite besteht darin, dass aus der Erde alles wächst und alles wieder zu Erde wird. Die frühesten Götter sind der männliche Himmel und die weibliche Erde.

Doch der Sonnengott wird immer wichtiger. Er wird angebetet, muss aber vor der Finsternis, die ihn verschlingen will, beschützt werden.

In der altägyptischen Religion wird die Sonne auf einer Barke über den Taghimmel transportiert und muss von **Seth** gegen die Riesenschlange **Apophis** verteidigt werden, die sie verschlingen will. Wenn aber Apophis zum Ziele gelangen würde, dann brächen das Ende der Welt und das große Chaos an. Die Welt fiele in ihren Urzustand zurück und die Menschen würden eines qualvollen Todes sterben. Insofern entsprechen Apophisschlange und Fenriswolf einander, obwohl hier keinerlei Beziehung oder

Beeinflussung stattfand – beide Vorstellungen darf man als unabhängig voneinander ansehen, sie sind menschliche Grunderfahrungen.

Die Pharaonen machten sich mit Blick auf die Sonnenreligion die astronomischen Kenntnisse für die religiöse Festigung ihrer Herrschaft zunutze. Für die normale Bevölkerung musste eine **Sonnenfinsternis** Furcht einflößend, ja apokalyptisch wirken, war die Sonne doch offensichtlich verschlungen worden. Indem es dem Pharao möglich war, das Eintreten und das Enden dieses Naturschauspiels vorherzusagen, konnte er den **Sonnengott Re** auch wieder befreien. Wenn Re an seinen Platz am Himmel zurückkehrte, war für die Menschen die Rettung erfolgt, und die Verehrung für den Pharao kannte keine Grenzen mehr. Die Katastrophe selbst, die über die Menschen gekommen war, ließ sich gut und gern als Strafe für eine Verfehlung darstellen.

Dass übrigens auch in einer Sonnenreligion die Sterne noch als Ahnen oder Götter gelten können, zeigt der Vers aus dem ägyptischen *Pfortenbuch*:

Die Götter sind es, die Mannschaft der Sonnenbarke
Welche »Den im Horizont« rudern, bis er sich niederlässt
Im östlichen Torweg des Himmels.
(Das Amudat, 9. Stunde)

Aus der Vorstellung des Kreislaufs des Lebens entstand die Idee von der nicht endenden **Reise der Sonne** und des Sonnengottes durch Welt und Unterwelt, die zwar ewig, aber nicht ungefährdet ist. Im ägyptischen Mythos muss der Sonnengott ständig gegen die Apophisschlange verteidigt werden. Doch die Reise darf man sich nun nicht etwa als endloses Dahingleiten vorstellen. Das würde Dämmerung und in seiner Konsequenz wieder Ununterscheidbarkeit, Chaos und Tod bedeuten. Im ägyptischen *Pfortenbuch* passiert die Sonne zwölf Pforten und muss von Pforte zu Pforte begleitet und übergeben werden. Das Passieren der Pforte verlangt die Lösung immer neuer Aufgaben für die Wächter der Sonne, so wie der Mensch jeden Tag stets neue Aufgaben zu lösen hat.

Es ist ja nicht selbstverständlich, dass man morgens aufsteht, sich wäscht, frühstückt, arbeitet, eine Mittagspause einlegt, dann weiterarbeitet und den Abend mit seiner Familie verbringt. Hinzu treten bei religiös empfindenden Menschen die Gebete und Andachten, die den Tag strukturieren. Auch wenn uns diese Einteilungen und Gewohnheiten heute selbstverständlich vorkommen, entstanden sie erst allmählich und in langen Zeiträumen. **Religion und Ritus** verleihen dem Tag ein Zeitkorsett, wie religiöse Maximen moralische und hygienische Regeln aufstellen. Mit dem *Pfortenbuch* wurde eine **geheiligte Zeitordnung** symbolisiert und definiert. Auch die Ägypter benutzten die sich endlos ineinander schlängelnde Linie, die sie konsequent auch als Schlange darstellten, die aus ihrer Unendlichkeit die Stunden gebiert.

Sie (die Stundengöttinnen) *stehen da auf ihrem See,*
sie lenken Re (den Sonnengott) *über ihr Ufer.*
Re sagt zu ihnen:
Hört ihr Stundengöttinnen, was euch zugerufen wird!
Ihr habt (die Zeit) *verbracht, die ihr seid,*
ihr habt eure Pforten eingenommen.
Eure Vorderseite gehört der Finsternis,
eure Hinterseite dem Licht.
Eure Lebensdauer ist »Die Entfernende«
(Schlange),
ihr lebt von dem, was aus ihr hervorgeht.
Euer Bedarf befindet sich in der Dat (im Jenseits, das in der alten Dynastie noch im Himmel lokalisiert, später in der Unterwelt verortet wurde).
Ihr verschlingt das, was die »Entfernende« gebiert,
und vernichtet das, was aus ihr hervorgeht.
Möget ihr mich leiten, (denn) ich bin es, der euch geboren hat!
Ich handle gemäß meiner Begrüßung,
und ihr seid ja zufrieden, meine Stunden.
Ihre Opferspeisen sind Brot
Ihr Getränk ist Djeseret (nicht identifiziertes Getränk)

Ihre Erfrischung ist Wasser.
Ihre Opferspeisen werden ihnen gegeben als denen, die vor den Achu (die Ahnen, die selig Verstorbenen) *herausgehen.*
(Das Pfortenbuch, 20. Szene, 4. Stunde)

Und:

Öffne deine Windungen, damit deine Mysterien herauskommen!
Der große Gott wartet, bis er versehen ist mit seiner Stunde
durch jeden Einzelnen von diesen Göttern.
Dann kommt eine Stunde aus einer Windung hervor,
dann nimmt (sie ihren) Platz ein.
(Das Pfortenbuch, 49. Szene, 8. Stunde)

Es ließen sich weitere Beispiele anführen. Die Ägypter stellten sich das Leben als eine Reise vor, wie in überhöhter Form ja auch die Sonne eine Reise durch den Tag und die Nacht und durch das Jahr unternimmt. Aus dieser Reise, die eine endlose Schlange oder ein endloses Band ist, gehen die Stunden hervor.

Die Zeit leitet sich von den Stationen des Sonnengottes auf seiner Reise her. Mit der Erfindung der Zeit schuf der Mensch seine Orientierung im Raum, obwohl er sie nicht als eigene Erfindung, sondern als Wirken, eben als Erfindung der Götter verstand. Da aber der Mensch der Vorzeit auch seine Kinder nicht erfand, sondern sie zeugte und gebar, erfanden die Götter auch nicht die Zeit, sondern zeugten und gebaren sie.

Auf dem heutigen Seeland in Dänemark versammelten sich vor 3400 Jahren Menschen, um in einem strengen Ritus, durchgeführt von Priestern, die Geburt der Sonne, ihre Reise durch den Tag und durch die Nacht, ihre Gefährdung durch die mordlüsternen Kräfte des Chaos und

Der Sonnenwagen von Trundholm (Dänemark) aus der nordischen Bronzezeit beweist, dass ähnliche Vorstellungen über die Reise der Sonne in vorgeschichtlicher Zeit von Ägypten bis in den Norden Europas verbreitet waren.

der ewigen Finsternis und ihre Rettung aus eigener Stärke oder durch von ihr erschaffene Götter und Hilfsgötter zu erleben. Sie benutzten dazu einen rituellen Gegenstand von großer Schönheit, der als Sonnenwagen von Trundholm bekannt ist. Das Pferd, das die Sonne dabei zieht, wobei es von ihr gelenkt wird, gehört zu diesen Hilfsgöttern. Denke man sich einmal Räder und Wagen vom

Pferd und von der Sonne weg und füge in Gedanken dicke Zügel hinzu, dann kommt man der Vorstellung sehr nahe, die die Menschen auf Seeland in dem Ritus erlebten und wie es auf Felsbildern in Dänemark, beispielsweise in Jütland, dargestellt wurde: ein wildes und kräftiges Urpferd, das die Sonne fest an der Kandare hält. Auf Rasiermessern wurden Szenen geritzt, die zeigen, wie die Sonne auf das Schiff gelangt, wie sie übergeben wird, so als ob sie wie im ägyptischen Mythos von Stunde zu Stunde wechselnde Hilfskräfte besitzt, die zu ihrer festgelegten Zeit pflichtschuldig hervortreten. So ein Bild der Übergabe auf einem Rasiermesser könnte genau die Stunde symbolisieren, in der sich der Mann, der die Klinge besitzt, rasiert, denn die Übergabe der Sonne schafft erst diese bestimmte Stunde. Die Rasur selbst konnte eine heilige Handlung sein.

Mächtige Sonnenschiffe nebst Besatzung, Schiffe, die in Steven enden, welche Pferde darstellen, finden sich auf Felsenzeichnungen in Südschweden zuhauf.

Nicht nur die Häuser wurden farbig gestaltet, auch die Grabkisten als Häuser der Toten waren mit gemalten Botschaften geschmückt. Leider gingen viele dieser Botschaften verloren, aber auf einem der eindrucksvollsten Funde der Nordischen Bronzezeit erzählen sie ein ganzes Ritual.

Bereits im 18. Jahrhundert grub man einen großen Steinkegel, der einen Durchmesser von 75 Metern hatte, in der Nähe des schwedischen Ortes Ki-

Bildern erzählt wird, ganz zu verstehen. Zeichnungen von Doppeläxten und Kegeln lassen es als sehr wahrscheinlich erscheinen, dass hier ein Priester begraben wurde, zumindest jemand, der für die Menschen eine außerordentlich große Bedeutung besaß.

Die Bilder begleiteten den Toten in die andere Welt und konnten von den

Die berühmten Felsenbilder von Simrisham sind ungefähr 3000 Jahre alt und voller religiöser Symbole, deren Entzifferung Rätsel aufgeben, weil keine schriftlichen Quellen aus der Zeit existieren, die zur Erklärung zurate gezogen werden können.

Unter dem Steinkegel von Kivik befand sich die Grabkiste eines zu seiner Zeit bedeutenden Mannes. Auf der Innenseite der Steinplatten befinden sich Bilder, die man als Jenseitsreise deuten kann, aber auch als Begräbnisritual. Deutlich zu erkennen ist die Darstellung des Lebensbaumes.

vik aus. Darunter befand sich eine Steinkammer von 4,40 Metern Länge, die aus neun Steinplatten bestand. Leider wurden sie bei der Bergung schwer beschädigt, und die neunte fehlt ganz, sodass es schwierig ist, die Geschichte, die in den

Trauernden nicht eingesehen werden. Sie wirken wie eine **Prozession**, wie eine Reise durch die Zeit. Zu den einzelnen Bildmotiven gehören ein **Goldkegelhut**, zwei **rituelle Doppeläxte**, die als religiöses Symbol bis nach Griechenland belegt sind, Schiffe, Sonnenräder, Pferde und Rinder, geschwungene Gestalten, die wie große Vögel oder Priester in langen Umhängen wirken, zwei Menschen, die zwischen sich eine Pflanze, womöglich einen **Lebensbaum**, haben, den sie berühren und die von einem oben offenen Kreis umgeben sind, ein Mann auf einem Streitwagen, eine Gruppe von drei tanzenden und anbetenden Menschen, wie wir sie auch auf dem Stein von Anderlingen aus Niedersachsen besichtigen können. Dazwischen befindet sich ein Mensch mit einem der ältesten Musikinstrumente der Menschheit, einer **Lure**, die man sich vom Klang ein wenig wie ein Alphorn vorstellen muss. Diese Form der Anbetung scheint überregional verbindlich zu sein. Die Sonne begibt sich auf eine mythische Reise, sie fährt auf einem Schiff, wird getragen, weitergereicht und schließlich von helfenden Geistern und Göttern übergeben und unterstützt. Diese helfenden Geister mögen uns in den Wesen, die wie Vögel oder Priester wirken, entgegentreten und Mischwesen darstellen.

In der babylonischen Mythologie existieren **Mischwesen**, die dem Sonnengott zuzuordnen sind. Es sind dies der Skorpionmensch, der Löwenmensch, der Fischmensch und der Stiermensch. Sie wehren Gefahren und böse Dämonen ab, beschützen die Sonne und auch hin und wieder den Menschen und gel-

ten als mächtige **Wächter**. Sie vereinen die Kraft und den Verstand des Menschen mit den besonderen Kräften, die dem Tier zugesprochen werden, mit dem sie jeweils vermischt, also magisch erschaffen wurden.

Im alten **Mesopotamien** zierten sie die Eingänge von Palästen und Tempeln und spielten eine Rolle in vielfältigen

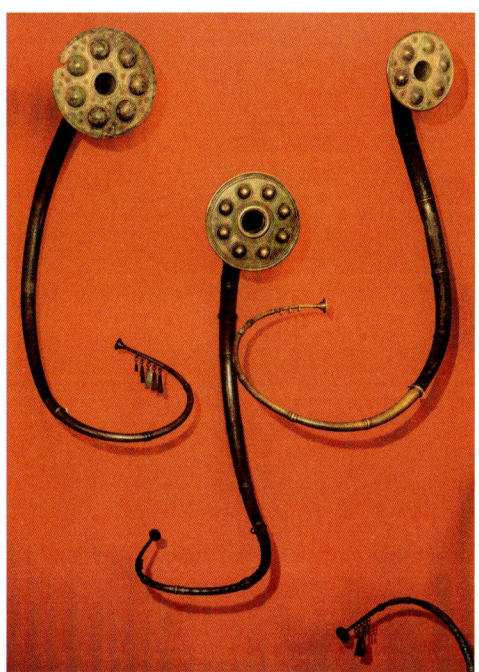

Zu den frühen Musikinstrumenten, die vor allem zu kultischen Zwecken eingesetzt wurden, gehören die Luren.

Beschwörungszeremonien. Ihre Funktion bestand darin, Schaden abzuwehren. Die Sonne passiert zweimal am Tag die Grenze zwischen Diesseits und Jenseits. Diese Grenze wird vom Skorpionmenschen bewacht:

Als er an den Zwillingsberg herankam,
der täglich den Aufgang der Sonne bewacht,
– seine beiden Gipfel stützen das
Himmelsgefüge,
unten reicht deren Brust bis an die
Unterwelt heran –
da halten Skorpionmenschen Wacht an
dessen Tor,
die furchtbaren Schrecken erregen; sie
anzusehen, führt zum Tod!
Angst einflößend ist ihr Strahlenglanz,
er hält das Gebirge bedeckt!
Beim Sonnenaufgang und beim
Sonnenuntergang bewachen sie die Sonne.
(Gilgamesch-Epos, Neunte Tafel)

Nun werden wir selbstverständlich nicht erwarten dürfen, den Skorpionmenschen des babylonischen Gilgamesch-Epos auf den Grabsteinen im schwedischen Kivik zu finden, doch eine von Mischwesen bewachte Pforte ist auch im Norden bekannt. Sie lässt die Sonne passieren, verwehrt aber allen anderen den Eintritt, mit Ausnahme befugter Personen, wie der Tote von Kivik einer gewesen sein könnte. Mit anderen Worten, es ist durchaus vorstellbar, dass die auf den Grabsteinen dargestellte Reise nicht nur die Reise der Sonne, sondern auch die **Reise der Seele** des Verstorbenen darstellt, der sich als Ahn dem Gefolge der Sonne anschließt und so ins Jenseits, in die einzige und wirkliche, weil ewige Welt gelangt.

Als *Sohn des Sonnengottes* hält der Stiermensch beispielsweise auf syrischen und anatolischen Darstellungen die **Sonnenscheibe** in der Hand. Diese Mischwesen sind also im Vorderen Orient im Zusammenhang mit der Sonne und dem Sonnengott zu denken, sie sind Begleiter oder Helfer der Sonne.

Der **Weltenbaum**, der Lebensbaum, wird in den mesopotamischen Mythen, in der Bibel, ja auch später in der germanischen Vorstellung immer wieder aufgerufen. Er verbindet Unterwelt, Welt und Oberwelt miteinander. Er kommt tief aus der Erde, er wächst weit in den Himmel.

Drei Wurzeln
gehen nach drei Seiten
von der Esche Ygdrasil;
Hel wohnt unter einer,
unter der andern die Reifthursen,
unter der dritten der Degen Volk.
(Edda, Das Grimirlied)

Ygdrasil ist der Weltenbaum der Germanen, der drei Wurzeln besitzt, eine in das Totenreich, das die männerfressende Göttin Hel repräsentiert, eine zu den Frostriesen und eine zu den Menschen. Ein Beben des immergrünen Baums kündigt Ragnarök an, den Untergang der Götter und damit auch der Menschenwelt.

Doch von der Darstellung, die auf die Grabplatte von Kivik geritzt wurde, geht nicht diese Vorstellung von Leid und Vernichtung aus, sondern die des Anfangs des Lebens. Das Kiviker Bildnis erinnert eher an die Bibel, an **Adam und Eva** als an die Untergangsprophetie der *Edda*. In dem Urei, in dem Mann

Bisher fand man vier dieser Goldhüte, die aus der späten Bronzezeit stammen. Sie wurden zu kultischen Zwecken benutzt, vielleicht von Priestern getragen. Auch auf den Grabplatten von Kivik findet sich das Motiv des Goldhutes.

und Frau den Weltenbaum anbeten, sind sie nämlich geschützt. Der Weltenbaum steht für die Macht des Lebens und für die Ewigkeit der Seele, indem er die drei Sphären verbindet. Die Seele des Toten reist wie die Sonne durch die Gefahr, durch Tod und durch Wiedergeburt und wird so zur Ewigkeit, die sich immer wieder neu erschafft. Diese Reise, die auf den Grabplatten erzählt wird, könnte von den Menschen in überhöhter Weise auch als Totenritus gefeiert worden sein.

Ein Priester mit einem Goldhut leitete das Ritual, das mit sakralen Gegenständen wie den Doppeläxten, die eine kultische Bedeutung als Opferäxte anzeigen, durchgeführt wurde. Ob sie wie der Sonnenwagen von Trundholm Teil eines technisch-sakralen Mechanismus waren, lässt sich nicht sagen, doch Goldhut und Doppelaxt zeigen, dass wir es mit einem besonderen Ritual zu tun haben, das nur von einem Priester durchgeführt werden kann und das womöglich für einen Priester stattfand, nämlich für den Toten im Steingrab. Ob es die Flotte von Nors ist, die aus 100 kleinen Goldbooten bestand, oder der Schatz von Bernstorf, der als unvergänglicher Goldschmuck von einem priesterlichen Bekleidungsensemble übrig blieb, von Norden bis Süden, von Osten bis Westen erlebte die Bronzezeit in ihrer letzten Epoche eine vielgestaltige, bisher nur im Ansatz interpretierte und interpretierbare religiös orientierte Blüte.

Ein neuer Glauben entsteht

Am Ende der Bronzezeit, also vor rund 3 000 Jahren, hatten die Menschen die wichtigsten religiösen Ideale, Bilder, Rituale und Ideen entwickelt. Es gab die Vorstellungen der strafenden Götter, die als Bild für die Naturkatastrophen Sintfluten verursachen konnten, wie die Vorstellung des Opfers und in Osiris die Idee des leidenden Gottes. Selbst diese Leidens-Idee hatte also bereits Gestalt angenommen.

Die Ägypter experimentierten sogar bereits mit dem Monotheismus. Sie versuchten unter dem Pharao Echnaton (ca. 1351–1334 v. Chr.), zum ersten Mal in der Geschichte die vielen Götter abzuschaffen und nur noch einem einzigen zu huldigen, dem Sonnengott Aton. Ursprünglich stellte Aton nur die Gestalt der Sonne am Abend dar, jetzt aber wurde er zum zentralen Reichsgott und zur Quelle allen Lebens. Die von seinem Vater gegründete neue Stadt Achet-Aton machte Echnaton zur Reichshauptstadt und zum theologischen Zentrum des Landes. Hier huldigte alles dem neuen und einzigen Gott. Der neue Kult konnte sich gegen die immer noch mächtigen Priester der alten Götter aber nicht durchsetzen und Echnaton wurde ermordet. So endete der erste Versuch in der Geschichte der Menschheit, eine monotheistische Religion durchzusetzen.

Aber wenig später flüchteten Juden nach Ägypten (S. 145). Hier lernten sie den Eingottglauben kennen. Als Moses sie nach Israel zurückführte, unterwarfen sie sich als erstes Volk in der Geschichte einem einzigen, aber allmächtigen Gott, nämlich Jahwe. Inwieweit sie von Echnatons Versuchen gelernt hatten, inwiefern Aton für Jahwe Modell stand, ist eine offene Frage der Religionshistoriker, die noch lange für Diskussionen sorgen wird.

Als der römische Kaiser Konstantin im Jahr 312 n. Chr. zum entscheidenden Kampf gegen seinen Rivalen Maxentius antrat, verehrte er noch den unbesiegbaren Sonnengott, den Sol invictus. In einer Vision erblickte er das Christusmonogramm, und ihm wurde verheißen: »In hoc signo vinces (in diesem Zeichen wirst du siegen).« Für ihn wurde Christus der Sol invictus. Er siegte. Später erhob er das Christentum zur Reichsreligion. Ganze Theologien im Christentum haben sich mit dem Gedanken auseinandergesetzt, dass Christus Licht sei. So scheint die Verehrung des Sonnengottes die Vorstufe gewesen zu sein für die großen monotheistischen Religionen, die bis auf den heutigen Tag existieren, für das Judentum, das Christentum und den Islam.

Pharao Echnaton gründete vor 3300 Jahren am Mittellauf des Nils eine Stadt für einen einzigen Gott, der fortan herrschen sollte, Aton, der Sonnengott. Deshalb gilt Echnaton einigen Forschern als Erfinder des Monotheismus.

Kein religiöser Aufbruch war von Erfolg gekrönt, der nicht das theologische Erbe der Bronzezeit angenommen und seiner Lehre eingefügt hatte, begonnen beim Sonnengott über das Opfer, die Katastrophen als Gottesstrafen, bis hin zum wiederauferstandenen Gott und die ethischen Werte, die als göttliche Forderungen, als das von Gott gestiftete **Gesetz** auf die Menschen kam. In diesem Punkt unterscheidet sich der babylonische König Hammurapi nicht von Moses, Jesus und Muhammad, ob ihre Götter nun Schamasch, Jahwe, Gott oder Allah heißen.

Im Anfang war der **Glaube**, der die Welt ordnete. Ohne diesen Glauben hätten sich die frühen Gesellschaften nicht formieren können. Vielleicht ist es die Fähigkeit zur religiösen Idee als allererste Abstraktionsleistung des Menschen, die ihn aus dem tierischen Dasein heraushob. Vielleicht hat die Religion erst den Menschen zum Menschen gemacht, zumindest stand sie an seiner Wiege.

DER BUDDHISMUS
RELIGION OHNE GOTT

Was ist Buddhismus

Und welche Lehre habe ich genau erklärt? Den folgenden Gegenstand: das Leiden, die Entstehung des Leidens, die Auslöschung des Leidens und den Weg, der zur Auslöschung des Leidens führt. Das habe ich genau erklärt.

Und warum habe ich das genau erklärt? Es ist sinnvoll, es hat mit der Lehre zu tun, es hat mit dem elementaren geistlichen Wandel zu tun, es führt zur Erkenntnis, führt zum Erwachen, und es führt zum Nirwaṇa. Darum habe ich das genau erklärt.

Was nicht erklärt werden kann, das habe ich nicht erklärt; was erklärt werden kann, das habe ich erklärt. Und daran haltet euch entsprechend, das lernt entsprechend!

(Sūtra mit dem Pfeilgleichnis)

Allein die Tatsache, dass sehr lange darüber gestritten wurde, ob der Buddhismus als Religion oder als reine Weisheitslehre anzusehen ist, zeigt, wie vielgestaltig das ist, was heute gemeinhin Buddhismus genannt wird.

Die Bezeichnung für diese alte Weltreligion aber ist verhältnismäßig jung. Kein Anhänger der Lehre Buddhas hätte sich wohl im 12. oder 13. oder selbst noch im 18. Jahrhundert n. Chr. Buddhist genannt. Der von Buddhisten und Nicht-Buddhisten heute verwandte Name stammt auch nicht von den Gläubigen selbst. Im Jahr 1844 führte der Indologe Eugène Burnouf durch sein Werk *Introduction à l'histoire du Bouddhisme indien* den Begriff als Bezeichnung für eine Vielzahl religiöser Schulen ein, die sich auf die Lehren des **Buddha Gautama** bezogen und vor allem in Indien und Ostasien beheimatet sind.

Die Gläubigen nannten ihre Religion ursprünglich **Dharma** (die Lehre), *Saddharma* (die gute Lehre), *Buddha-marga* (Weg des Buddha) oder *Buddha-yāna* (Wagen des Buddha, Fahrzeug des Buddha). Oder man verwies in der Bezeichnung gleich auf die Schule, der man angehörte, so beispielsweise: *Hinayāna, Mahāyāna, Tantrayāna, Mantrayāna.*

Heute leben auf der Welt etwa 500 Millionen Anhänger des Buddhismus. Aus seinem Entstehungsgebiet im südlichen Vorland des Himalaja-Gebirges hat er sich in alle Himmelsrichtungen ausgebreitet, bis an die Grenzen Griechenlands im Westen und bis Japan im Osten, nach Sri Lanka im Süden, besonders stark nach Thailand im Südosten. Im ersten nachchristlichen Jahrhundert wird der Buddhismus in China heimisch und im 7. Jahrhundert entsteht in Tibet der tantrische Buddhismus (*Vajrayāna,* auch *Tantrayāna* genannt), aus dem sich der **Lamaismus**, die Religion des Dalai Lama, herausbilden wird. Inzwischen sind die verschiedenen Schulen des Buddhismus auch in Europa, den USA und Australien heimisch geworden.

Was aus muslimischer, christlicher oder jüdischer Sicht zunächst überraschen mag, ist, dass der Buddhismus einen Erlösungsweg vorschlägt, der zunächst ohne Gott oder Göttliches auskommt. Der Buddhismus leugnet nicht die Existenz von Gott oder Göttern, aber sie spielen für das Erreichen der **Glückseligkeit** und der Erlösung des Menschen von irdischem Leid keine Rolle. Weder erlöst ein Gott den Menschen, noch kommt es darauf an, dass der Mensch den Göttern huldigt. Allerdings entstanden mit der Zeit auch Schulen im Buddhismus, die erneut Götter etablierten, sodass diese letzte Feststellung nicht uneingeschränkt gilt.

Der Buddhismus entstand in **Indien** im religiösen Umfeld des Brahmanismus (S. 45) und des Jainismus (S. 49), die die Gesellschaft sehr stark prägten und von denen er sich zunächst einmal distanzieren wollte. Nach seinem Siegeszug, den er über Asien antrat, entwickelte er sich in verschiedenen Völkern zu unterschiedlichen Zeiten in vielerlei Richtungen. Um den vielfältigen Baum dieser Religion zu verstehen, empfiehlt es sich, bei der Wurzel zu beginnen, die noch allen gemeinsam ist.

Im Grunde stellt der Buddhismus auch keine Lehre dar, sondern schlägt Wege vor, um die Mühen der Welt zu überwinden und glücklich zu werden. Der Zustand höchsten Glückes, nämlich von allen Leiden befreit zu sein, stellt sich erst im **Nirwaṇa** ein.

Das *Nirwaṇa* ist der Ort und der Zustand des höchsten Glücks. Alles Böse und Schlimme gibt es hier nicht. Es ist ausgelöscht. Das »Latein Indiens«, die alte, heute noch verwendete Gelehrtensprache des Subkontinents heißt Sanskrit. Der Begriff *Nirwaṇa* leitet sich aus dem Sanskrit-Wort *nir-vā* her und bedeutet: verwehen, verlöschen. Wie vom Winde verweht sind die Leidenschaften, wie eine Computerdatei gelöscht die schlimmen Dinge dieser Welt, die Wanderung des Menschen durch die vielen Leben, durch die vielen Wiedergeburten. Denn das indische religiöse Denken, ob es die Brahmanen oder die *jaina*, die Anhänger des Jainismus sind, glaubt daran, dass der Mensch gefangen ist in einem Kreislauf aus Wiedergeburten. Nach dem Tod wird er in einem anderen Körper erneut geboren.

Das Gegenteil des *Nirwaṇa* stellt das **Saṃsāra** dar. Im Sanskrit bedeutet *sār* wandern, gemeint ist mit *Saṃsāra* ein beständiges Wandern durch den Kreislauf der Wiedergeburten. Der Kreislauf der Wiedergeburten ist für die Buddhisten der ewige Kreislauf durch das nimmer enden wollende Leiden, denn der Buddhismus setzt Leben mit Leiden gleich.

Da sich alle Leiden des Menschen erst mit seiner Existenz einstellen, kann der Mensch nur von den Leiden befreit werden, wenn er in die **Nicht-Existenz**, also ins *Nirwaṇa*, eingeht. Das ist aber nicht so einfach.

In den abrahamitischen Religionen (Judentum, Christentum, Islam) steht nach dem Tod die Frage, ob die Seele ins Paradies oder in die Hölle eingeht. Die Guten werden belohnt, die Bösen bestraft, die Guten kommen in den Himmel, die Bösen in die Hölle und diejenigen, die sich in ihrem Leben sowohl gut als auch böse verhalten haben, was meist zutreffen dürfte, kommen erstmal zur Bewährung ins Fegefeuer.

Nach buddhistischer Auffassung ist aber das Erdenleben die Hölle. Man muss also die Seele eines »bösen« Verstorbenen nicht in eine abgetrennte Hölle schicken, sondern der Bösewicht braucht nur wiedergeboren zu werden. Und wenn er sehr böse war, wird er nicht als Mensch, sondern als Tier oder niedrigeres Lebewesen wiedergeboren. Das nennt man **Karma** (Taten). Die Summe der Taten eines Lebens, das Karma, bestimmt darüber, als was man in der Welt, im *Saṃsāra*, wiedergeboren wird. Das Erdenleben ist demnach eine Hölle in verschiedenen Abstufungen. Erst später besteht bei einem vorbildlichen Lebenswandel die Aussicht auf das große Glück. Das buddhistische Paradies ist das *Nirwaṇa*, der Zustand des Nichtmehrwiedergeborenwerdens.

Wie Hölle und Himmel sich fundamental unterscheiden, so stehen sich *Nirvāṇa* und *Saṃsāra* unvereinbar gegenüber. Die für den Buddhismus grundlegende Vorstellung der **Wiedergeburt der Seele** (Metempsychose) ist aber keine Erfindung Buddhas, sondern ist eine uralte indische Vorstellung. Wir müssen also zuerst einmal das indische Denken verstehen, wenn wir den Buddhismus begreifen wollen, weil dieses Denken sich vom europäischen vollkommen unterscheidet.

Religionsstifter

Religion bedeutet im Buddhismus Erlösung. Um erlöst zu werden von dem Leiden, als das sich für den Buddhisten das Leben darstellt, muss der Mensch den Weg des Buddha gehen: den Erlösungsweg. Diesen Weg findet der Buddha durch die ihm zuteilwerdende Erleuchtung in seinem Inneren und verkündet ihn den Menschen. Deshalb ist der eigentliche Religionsstifter der Buddha.

Hinayāna und *mahāyāna*, die beiden großen Schulen des Buddhismus, unterscheiden sich stark in der Vorstellung vom Buddha. Während das *hinayāna* nur dem historischen Buddha Gautama Bedeutung beimisst, schuf das *mahāyāna* eine Vielzahl an Buddhafiguren um den historischen Buddha Gautama herum. Folgen wir dem Weg des *mahāyāna*, denn alles, was hier über Buddha Gautama ausgesagt wird, trifft auch für das *hinayāna* zu.

In jedem **Weltzeitalter** kommen Buddhas auf die Welt, in unserem sind es fünf. Sie entdecken die Lehre (*dharma*), das ist der spezielle Erlösungsweg, der zu dem entsprechenden Weltzeitalter (*kalpa*) passt, und unterweisen die Menschen darin.

Am Anfang steht der **Ādibuddha**, den es seit Urzeiten gibt. Er ist der Ursprung und der Urgrund allen Seins. Aus ihm kommt alles, er ist alles. Im Tantrismus entstand die Auffassung, dass der Ādibuddha die fünf *tathāgatas* (die fünf Sieger) geschaffen hat. Sie sind für die Meditation wichtig. Diesen Aspekt verdeutlicht ihre zweite Bezeichnung als die fünf *dhyāni-Buddhas* (Meditationsbuddhas, von Dhyāna, Meditation). Alle Buddhas wurden letztlich durch Meditation des Ādibuddha erzeugt. Einer der Tathāgatas ist Amitābha.

Amitābha ist einer der beliebtesten Buddhas. Sein Name bedeutet *unermessliches Licht* oder *unendliches Leben*. Er wohnt im Westlichen Paradies. Als Mönch Dharmākara legte er das Gelübde ab, selbst ein Buddha zu werden, wenn er ein eigenes Paradies für die Menschen schafft, die er rettet. Nachdem er durch viele Weltzeitalter den Menschen Gutes getan hatte, trat er als Buddha Amitābha in das von ihm erschaffene Westliche Paradies ein. In diesem glücklichen Land existieren kein Leid, kein Eigentum, keine Zeit. Die Bewohner wohnen auf Lotosblumen oder in Lotoskelchen und beschäftigen sich mit religiösen Dingen.

Im Rahmen der Drei-Körper-Lehre tritt er auf der Erde als **Buddha Gautama** in Erscheinung. Als nur in der Meditation zu schauender Genusskörper (*saṃbhogākāya*)

Der Buddha Amitabha wird oft mit unzähligen, kleinen Locken dargestellt. Der Ort der Erleuchtung wird als kegelförmig erhoben versinnbildlicht. Die Hände symbolisieren eine spezielle Meditationshaltung: Daumen und Zeigefinger berühren einander und verweisen so auf das glückliche Reine Land, das er geschaffen hat.

tritt er als Bodhisattva **Avalokiteśvara** in Erscheinung. Deshalb untersteht ihm auch das gegenwärtige Zeitalter.

Ausgeprägt ist bei diesem Buddha die Verdienstübertragung, d. h. er benutzt die Verdienste, die er erworben hat, im großen Maßstab, um Menschen die Erlösung zu gewähren.

Von seiner Verehrung leitet sich eine Schule des Buddhismus her, die auch als Buddhismus des reinen Landes bezeichnet wird. Im Zentrum steht die Verehrung Amitābhas, der angefleht wird, dass er seine Verdienste für die Flehenden einsetzt.

In seiner Entwicklung hat er das Entstehen des Zen-Buddhismus stark beeinflusst.

Siddhartha Gautama wurde gemäß der Auffassung vieler Forscher um 560 v. Chr. in Nordindien im Lumbinī Hain geboren, heute Rummindei in Nepal. Er gehörte dem Kriegerstand und dem Geschlecht der *sākyas* an, weshalb man ihn auch den *sākyamuni* nennt, den Weisen aus dem Geschlecht der *sākya*. Sein Vater, Śuddhodana, stand im Staat der *sākyas* dem Adelsrat in Kapilavastu vor. So wuchs er in einer reichen Familie auf, und es ist mehr als wahrscheinlich, dass er eine hervorragende Ausbildung erhielt und von den Brahmanen unterrichtet wurde. Seine Mutter soll kurz nach der Geburt gestorben sein. Eine Ziehmutter, die ihm später auf dem Buddhaweg folgte, kümmerte sich um das Kind.

Zum jungen Prinzen herangewachsen, brach Siddhārta mit seinem Vater und wohl auch mit dem Brahmanismus, zog das Gewand der Wandermönche an und folgte zwei Meistern. Ārāḍa Kālāma und Udraka Rāmaputra führten ihn in das Yoga ein. Er verließ die beiden Lehrer und begab sich auf den Weg der schmerzvollen Askese, vermutlich auf den Weg der *jina*, die ihren Körper als ihren Hauptfeind betrachteten, den es zu besiegen galt. Hierin folgten ihm fünf Schüler. Nachdem er den Weg verworfen hatte, weil er erkannte, auf ihm nicht ans Ziel zu gelangen, trennten sich die Schüler enttäuscht von ihm.

Im alten Uruvala, einem Zentrum des Königreiches von Magadha in Nordostindien, ließ sich Siddhartha unter einem Feigenbaum nieder, den man später Bodhi-Baum nannte: Baum der Erleuchtung. Die Stadt Urublivā heißt heute Bodhgayā, Ort der Erleuchtung. Der Tempel, den man an dieser Stelle errichtet hatte, wurde im 13. Jahrhundert von muslimischen Eroberern zerstört.

Nach langer Meditation hatte Siddhartha Gautama die Erleuchtung und trat ins Nirwaṇa ein. Siddhārta, der durch die Erleuchtung zum Buddha Gautama geworden war, begab sich nun nach Benares. Im Gazellenhain traf er seine ehemaligen fünf Schüler wieder und verkündete ihnen den Weg, den er gefunden hatte. Damit begann der Aufbau der Gemeinde. In den folgenden 40 bis 50 Jahren wanderte der Buddha durch Indien und verbreitete seine Lehre. Immer mehr Menschen schlossen sich ihm an. Er verkündete einen Weg aus dem irdischen Jammertal heraus, der noch dazu jedem offenstand, im Unterschied zur Ständelehre der Brahmanen. Um 480 starb der Buddha und hält sich nach buddhistischer Vorstellung im Nirwaṇa auf. Seine Lehren wurden zur Grundlage des Buddhismus.

Die Ermittlung der Lebensdaten des Buddha Gautama konnte nur durch den Vergleich mit anderen Quellen, wie beispielsweise griechischen Chroniken und den Inselchroniken von Ceylon, gewonnen werden. Deshalb existieren auch andere Datierungsvorschläge, die das irdische Leben des Buddha Gautama in der Zeit entweder etwas nach hinten oder nach vorn verlegen.

Später bauten die Mahāyāna-Buddhisten die Lehre von den Erleuchteten der Weltzeitalter aus.

Außerordentlich wichtig ist der **Maitreya-Buddha**, der zukünftige Buddha. Er kommt in fast allen buddhistischen Schulen vor. Im Tusita-Himmel wartet der künftige Buddha als Bodhisattva auf sein Erscheinen auf der Erde im nächsten Weltzeitalter. Er wird der Nachfolger des Buddha Gautama.

Nach dem Verfall der Lehre in unserem Weltzeitalter wird das Leben auf der Erde furchtbar werden. Die Menschen leben nur noch zehn Jahre und alles geht rasant dem Niedergang entgegen. Der Maitreya wird aus dem Tusita-Himmel zur Welt kommen, die Menschen von seiner Lehre (*dharma*) überzeugen und die Verhältnisse auf der Erde verändern sich vollkommen. Die Lebenserwartung eines Menschen beträgt nun 80 000 Jahre.

Das *mahāyāna* hebt unter den **Bodhisattvas** acht große Gestalten hervor. Bodhisattvas sind Erleuchtungskörper oder Erleuchtungswesen, die später zum Buddha werden. Vorerst haben sie aber ihre Buddhaschaft aufgeschoben, um möglichst vielen Menschen zum Heil zu verhelfen. Sie verbleiben freiwillig im Saṃsarā, in der Erscheinungswelt, im täglichen Leben. Zu ihnen gehören auch Maitreya und natürlich **Avalokiteśvara**. Er wird auch oft der *Herr, der herabsieht* genannt. Er ist die Verkörperung des Mitleids. Er ist es, der die »Seelen« der Verstorbenen ins Westliche Paradies bringt. Die geistige Konzentration auf Avalokiteśvara führt in der Meditation dazu, dass die Schutzgottheiten tätig werden und zur Wiedergeburt im Westlichen Paradies verhelfen. Oft findet man ihn mit einer Lotosblume in der Hand abgebildet.

Die Heiligen (*arhat*), die im *hinayāna* eine große Rolle spielen, kann man nicht zu den Religionsstiftern zählen, weil sie keine eigene Lehre (*dharma*) entwickeln, sondern der Lehre eines Buddhas folgen.

Die Götter wandern ein

Im nordwestlichen Indien befinden sich die Ruinen einer sehr alten Stadt, die heute Mohenjo-Daro genannt wird. Der ursprüngliche Name der uralten Metropole ist unbekannt. Eines aber verraten die Ruinen der mehrstöckigen Häuser und des erstaunlich raffinierten Bewässerungssystems: dass hier bereits vor 4 000 bis 5 000 Jahren eine Hochkultur existierte. Steintafeln überlieferten eine Schrift, die man bis heute nicht zu entziffern vermochte und die die Wissenschaftler vor ein schier unlösbares Rätsel stellt. Die Hoffnungen, sie jemals lesen zu können, sind gering.

Wir wissen nicht, was geschehen war, aber eines Tages wanderten kriegerische Stämme vom Nordwesten her ein. Sie kamen aus Zentralasien über die nördlichen Pässe. Ob sie eine bereits dahinsiechende Kultur hinwegfegten, ob sie die Bewohner unterwarfen oder sich mit ihnen vermischten, weiß man nicht. Wir kennen aber den Namen der Einwanderer, den sie sich selbst gegeben hatten: **Ārya, Arier** (die Edlen). Sie setzten eine faszinierende Kulturentwicklung in Gang.

Aus ihrem Glauben und aus dem, was sie vorfanden, entstand eine neue mächtige Religion: der Brahmanismus. Die Ārya hinterließen heilige Schriften, Offenbarungsbücher von hinreißender Schönheit und voller tiefer Weisheit, die **Veda** (S. 44

und S. 47) heißen. Aus ihrer Sprache entwickelte sich das **Sanskrit**. Es entstanden kleine Reiche, die von Kriegerfürsten beherrscht wurden. Die Gesellschaft wurde in vier soziale Gruppen eingeteilt.

Einflussreich und beherrschend war die Gruppe der Priester, die **Brahmanen** (*brāhmaṇa*). Sie verantworteten die korrekte Durchführung der immer komplizierter werdenden Opfer, die man den Göttern zu entrichten hatte. Die Zahl der Götter war groß, aber die wichtigsten hießen: Agni, der Gott des Feuers, Soma, der Gott der Pflanzen, Indra, der Gott der Krieger, Vayu, der Gott des Windes, Varuna, der Gott der Rechtschaffenheit und Dyaus, der Himmelsgott, den man mit Zeus vergleichen kann.

Ein **Opfer** wurde von einem Familienoberhaupt, dem Opferherrn, bei einem Brahmanen bestellt. Durch das Opfer beabsichtigte er, für seine Familie und für sich den Beistand der Götter in schwierigen Situationen oder allgemein für Glück, für Wohlstand und für eine reiche Nachkommenschaft zu sichern.

Alles, was auf Erden geschah, verursachten die Götter. Im heiligen Feuer wurden je nachdem, worum der Opferherr bat, Milch, Butter, Körner und Haustiere geopfert. Die Brahmanen vollzogen das Opfer in vier verschiedenen Rollen: Der *hotr* rezitierte Verse des Rigveda, der *udgatr* sang Verse aus dem Samaveda, der *adhvaryu* brachte Verse aus dem Yayurveda dar. Die Darbietung der Veda erfolgte aus dem Gedächtnis.

Die **Veda** wurden später schriftlich niedergelegt, obwohl man bereits eine Schrift besaß. Aber was man notiert, ist für alle verfügbar. Dadurch dass sie nur im Gedächtnis der Brahmanen existierte, sicherten die Priester ihre herausragende Rolle. Nur sie verfügten über das lebens-, ja überlebensnotwendige Geheimwissen. Zur langwierigen Ausbildung der Brahmanen gehörte es, dass sie die heiligen Bücher, die Veda und später die **Upanischaden**, auswendig lernten und sie so von Gedächtnis zu Gedächtnis über Generationen weitergaben.

Im Opfer gaben die Menschen den Göttern, um ihren Beistand zu erlangen. Das älteste Handelsprinzip der Menschheit fand hier seine Anwendung: Ich gebe, damit du gibst. Ohne die korrekten Opferungen würde die Welt, glaubten die Ārya, zusammenbrechen. Missernten, Naturkatastrophen, Schädlingsbefall, Totgeburten, alles Schlimme, was man sich vorzustellen in der Lage war, wäre eingetroffen. Wenn man das bedenkt, versteht man, wie wichtig die Brahmanen waren, sie sicherten den Segen der Götter und damit das Leben.

Die zweite Gruppe bildeten die **Krieger**, auch Adel genannt (*kṣatrya*).

Nichtadlige Freie, Kaufleute, Handwerker und Bauern stufte man als dritte Gruppe (*vaiśya*) ein.

Ganz unten in der sozialen Hierarchie standen die Diener, **die Unfreien**, diejenigen, die niederen, nicht angesehenen Berufen nachgingen, die *śudra*. Aus dieser hierarchischen Gliederung der Gesellschaft entstand das **Kastenwesen** der Hindus (S. 47), das noch heute auf dem Subkontinent eine Rolle spielt. Bezeichnend dafür ist die Diskussion, die der Buddha mit einem Brahmanen über den Standesdünkel führte. Die Brahmanen hielten dem Buddha folgende Eigensicht entgegen:

Unser Brahmanen-Stand ist der Erste, die übrigen sind niedrig. Unser Stand ist rein und weiß. Die übrigen sind schwarz und dunkel. Er ist aus Brahmā hervorgegangen, ist aus Brahmās Mund geboren …
(Sūtra von den vier Ständen)

Unter **Brahmā** versteht man den Schöpfergott, den Alleserzeuger im Hinduismus.

Die Rigveda erklärt auch die Entstehung der Welt. Die Götter erschufen die Welt durch die Opferung eines riesigen Menschen. Sie zerstückelten ihn und aus den Teilen entstanden der **Kosmos** und die Gesellschaft. Aus seinem Mund wurden die Brahmanen, aus seinen Armen die *kṣatrya*, aus seinen Schenkeln die *vaiśya* und aus seinen Füßen wurden die *śudra* gemacht.

In diese Welt wurde im 6. Jahrhundert v. Chr. der Buddha, der den Namen Siddhartha Gautama trug, als Mitglied der Kriegerschicht, der *kṣatrya*, hineingeboren. Reich, ohne Sorgen wuchs er im brahmanischen Glauben auf.

Hinduismus – Die ewige Religion

Alle Religionen Indiens gehen aus dem Hinduismus hervor. Deshalb nennt man den Hinduismus auch den *Sanātana-Dharma*, die ewige Lehre, die ewige Religion.

Der Buddhismus ist aus dem Hinduismus hervorgegangen, indem er wichtige Grundzüge des Denkens übernahm, andere wiederum ablehnte. Um den Buddhismus zu verstehen, müssen wir auch den Hinduismus berücksichtigen. Zudem ist der Hinduismus heute die eigentliche Religion Indiens.

Die Begriffe **Brahmanismus** und **Hinduismus** überschneiden sich, während Ersterer ursprünglich für die Inder stand, die der Lehre der Priesterkaste der Brahmanen folgten, meint Zweiter inhaltlich das Gleiche, verdankt aber seine Herkunft den Muslimen. Als die Muslime Indien eroberten, bezeichneten sie die Menschen, die im

Indusgebiet lebten, als Hindus, ausgehend von dem Sanskritnamen des Flusses Indus *Sindhu*, das die Muslime zu Hindu verballhornten.

So steht heute der Name Hinduismus für die große Religion, die einmal Brahmanismus genannt wurde und natürlich für alle ihre vielfältigen Entwicklungen bis auf den heutigen Tag. Obwohl der Hinduismus zu den großen Religionen gezählt wird, ist er keine Weltreligion, weil er auf Indien beschränkt blieb und nicht missionierte.

In Anbetracht dessen, wie viele Glaubens- und Denksätze der Buddhismus vom Hinduismus übernommen hat, nennt man gelegentlich den Buddhismus auch die »Exportform des Hinduismus«.

Entstanden ist der Hinduismus aus der Vereinigung der religiösen Vorstellungen der Menschen der **Harappa-Kultur** und der arischen Eroberer. Die Natur- und Vegetationsgötter der Harappa-Kultur verschmolzen mit den personifizierten Göttern der **Āryas**, die bereits menschliche Züge trugen.

Die tragende Vorstellung des Hinduismus besteht darin, dass jedes Wesen vom Menschen bis zur Pflanze eine **Seele** besitzt. Diese Seele befindet sich im Kreislauf der **Wiedergeburten**. Die Gestalt, in der die Seele wiedergeboren wird, richtet sich nach ihren guten oder schlechten Taten, nach ihrem **Karma**. Im Gesetzbuch *vājnavalkāya* heißt es dazu treffend: *Das Schicksal ist offenbar nur die Tat des Menschen in einem früheren Leben.*

Alles, auch die Götter, unterliegt dem ständigen Wandel, den Rhythmen der Welt, der sich in großen Weltzeitaltern (*kalpa*) vollzieht. Der **Brahma** ist nicht der Schöpfer, aus dem alles hervorgeht, sondern er entsteht, geht aus dem **Welt-Ei** hervor, um anschließend die Welt zu schaffen. Er ist verantwortlich für die periodisch stattfindenden Weltenstehungen und Weltuntergänge. Das Leben des Brahma dauert 100 Brahma-Jahre, das sind 311 040 000 000 000 Menschenjahre. Ein Brahmatag ist ein **Kalpa**. Ein *kalpa* umfasst 1000 große Weltalter (*mahayuga*), die jeweils 4 320 000 Menschenjahre betragen. Geht das Leben eines Brahma zu Ende, wird das Welt-Ei zerstört, wandelt sich in gestaltlose Urmaterie, aus der wieder ein neues Welt-Ei mit einem neuen Brahma entstehen wird.

Alles wird von einem ewigen Gesetz (*dharma*) beherrscht, es verwirklicht sich erstens als natürliche Ordnung, d. h. es sorgt beispielsweise dafür, dass die Sterne am richtigen Platz stehen, der Regen von oben nach unten fällt und die Flüsse abwärts fließen. Zweitens garantiert es die gesellschaftliche Ordnung. Es definiert die **Kas-**

ten (Klassen und Schichten) der Gesellschaft und die Pflichten der Angehörigen dieser Kasten. Dadurch sorgt es auch dafür, dass gute Taten belohnt und böse bestraft werden im Zyklus der Wiedergeburten. Drittens schließlich regelt es die notwendigen Opfer, die gebracht werden müssen, weil auf ihnen die Ordnung beruht.

Aus dieser Ordnung ergeben sich die **Kasten des Hinduismus**, die unveränderlich und streng voneinander geschieden sind. Niemand kann, es sei denn durch Wiedergeburt nach dem Tode, seine Kaste verlassen. Schließlich wurde er durch das Karma für genau diese Position in der Welt bestimmt. Es existiert nur eine Ausnahme: wenn man alles Weltliche hinter sich lässt und Asket wird. Dann verlässt man zwar seine Kaste, aber nur, indem man alle Kasten verlässt.

Heiraten über Kastengrenzen hinweg sind verboten. Die oberste Kaste bilden die Priester des Brahmas, die **Brahmanen**, die die Opfer durchzuführen und das gesamte Wissen des Hinduismus, die Heiligen Schriften, die zunächst nur mündlich überliefert wurden, zu bewahren haben. Sie müssen kultisch rein bleiben, ernähren sich deshalb beispielsweise vegetarisch. Es folgt der **Kriegerstand** (*kṣatriya*), der Stand derer, die Viehzucht, Ackerbau, Handel und Handwerk (*vaiśyas*) betreiben, über den niedrigen Stand der **Śudras** bis hin zu den Unreinen oder Unberührbaren, den **Pancamas** oder **Parias**. Jede dieser fünf Kasten verfügt noch über zahlreiche Unterkasten, d.h. das soziale Gefüge im Hinduismus ist vollkommen hierarchisch, ausdifferenziert und unveränderlich.

Im Laufe seines Lebens erhält ein Angehöriger der höheren Kasten 16 **Sakramente** (*sanskāra*), die bei der Geburt, bei der Namensgebung, bei der ersten Speisung, dem ersten Haarschnitt, bis über den Tod hinaus gespendet werden. So legen die Sakramente auch die Handlungen der Verehrung des Ahnen, zu dem der Verstorbene nun geworden ist, fest.

Die Grundlage des Hinduismus sind die teilweise sehr alten heiligen Schriften. Sie entstanden in der Zeit zwischen 1500 v.Chr. bis 1500 n.Chr. Einige Überlieferungen des **Veda** sind weitaus älter. Sie wurden über Jahrhunderte nur mündlich weitergegeben. Die Grundlage bildet der Veda (Wissen), der aus Liedern und Sprüchen besteht, die zur Durchführung des Opfers benötigt werden. Er ist in vier Sammlungen (*sanhitās*) gegliedert. Dem Veda wurden die **Upanischaden** beigefügt. Sie gelten als Geheimwissen und stellen eine Sammlung philosophischer Texte dar, die Wesen, Struktur und Geschichte der Welt lehren und vor allem vom Weltgeist handeln.

Zur heiligen Überlieferung gehören Leitfäden (*sūtras*), Lehrbücher der verschiedenen Wissenschaften (*shāstras*), die beiden großen Epen *Mahābhārata* und *Rāmayāna*, die wichtige Geschichten von Helden, die zu Göttern wurden, erzählen, und schließlich die 18 grundlegenden Schriften über den Visnu- und Shiva-Kult (*purānas*).

Der Hinduismus enthält eine Vielzahl religiöser Praktiken, die problemlos nebeneinander bestehen.

So viel der Buddhismus auch vom Hinduismus übernahm, so setzte er dem Sansāra als Ideal das Nirwaṇa entgegen, sieht die Welt als leidvoll, die Wiedergeburt als Übel an und lehnt das Kastensystem ab. Jeder Mensch kann Buddhist werden, Hindu ist man hingegen nur, wenn man in einer der Kasten geboren wurde. Der Hierarchie des Kastenwesens setzte der Buddhismus die Vorstellung von der Gleichheit der Menschen entgegen.

Die Entlassung der Götter

Der junge Mann war kaum volljährig, da ereignete sich etwas vollkommen Unerwartetes. Er brach mit seiner Familie, seinem Stand, seinen Göttern und suchte nach Wahrheit und **Weisheit**. Man weiß zu wenig über den Stifter und Religionsgründer des Buddhismus, als dass man die Entscheidung, den radikalen Bruch mit Herkunft, Stand und Familie hinreichend erklären könnte. Es bleiben mehr oder weniger gut begründete Vermutungen. Was ihn zu dieser extremen Suche trieb, wird wohl, wenn man nicht den späteren Legenden folgen will, im Dunkeln bleiben.

Die Angaben über seine Biografie sind einerseits spärlich und werden andererseits geradezu von üppigen, ins Kraut schießenden Wundergeschichten überwuchert. In diesen späteren Erzählungen verwandelte sich der historische, reale Buddha in eine Konstruktion, in eine **Heiligengeschichte**. Der ersonnene, ideale Lebenslauf hatte die Aufgabe, die Lehre des Buddhas zu beglaubigen und an seinem Beispiel zu verdeutlichen.

Einigermaßen gesichert scheint indes zu sein, dass der Buddha im 6. oder 5. Jahrhundert v. Chr. lebte, zur Zeit also, als Sokrates in Athen lehrte und die Philosophie begründete, während in China Konfuzius (S. 95) seine Lehre entwickelte. Konfuzianismus, abendländische Philosophie und Buddhismus entstanden also etwa zur gleichen Zeit.

Zunächst zog Siddhārta Gautama das

weiße Gewand der **Asketen** an, um der Welt zu entsagen. Er verachtete den Reichtum, den Luxus und die Opferungen. Er suchte nach der Wahrheit, der rechten Art zu leben. So schloss er sich den Asketen, den *sramaṇas* an.

So vielfältig die Asketenbewegung war, so wenig ist von ihr überliefert, mit Ausnahme des **Jainismus**, einer Lehre oder Religion, die zwischen dem 8. und 7. vorchristlichen Jahrhundert in Nordostindien von dem Adligen Vardhamāna, den man Mahāvīra (großer Held) nannte, begründet wurde und bis heute in Indien existiert.

Der Name Jainismus leitet sich von dem Begriff *jina* (Sieger) her. Die Lehrer und Meister dieser Lehre sehen sich als Sieger im Krieg gegen den stärksten Feind des Menschen, nämlich gegen den eigenen Körper. Nur derjenige, der die Leidenschaften und Bedürfnisse seines Körpers besiegt und die Sinne beherrscht, wird zur **Erleuchtung** kommen und sich aus dem Kreislauf der Wiedergeburten befreien.

Durch Tätigkeit und Sinneseindrücke strömt das **Karma** in den Körper ein und führt zur erneuten Geburt. Die Meister, die *jina*, töteten ihren Körper ab. Sie gründeten Gemeinschaften von Schülern und Schülerinnen, die sie unterwiesen und die ihnen folgten. Deshalb bezeichnete man sie auch als *tirthaṃkara* (Furtbereiter zum Heil), weil sie im

übertragenen Sinne die Furt durch das Wasser der Wiedergeburten bereiteten. Alles, alle Tiere, alle Pflanzen, alle Steine, selbst die Wassertropfen besitzen nach ihrer Lehre eine Seele. Die **Ehrfurcht vor dem Leben** ist das erste Gebot des Jainismus. Deshalb muss der Gläubige beim Gehen beständig vor sich kehren und darf im Dunkeln nicht unterwegs sein, damit er nicht aus Versehen ein Lebewesen tötet, einen Regenwurm oder einen Sandfloh.

Die Schüler schlossen sich, so auch Siddhārtha Gautama, einem Meister an, dem sie auf seinen ständigen Wanderungen folgten. Viel benötigten sie zum Leben nicht und das Wenige wurde ihnen geschenkt. Häufig übernachteten sie im Freien.

Die **asketischen Übungen** nahmen teilweise übertriebene bis absurde Züge an. Es gab Asketen, die keine Kleidung trugen, manche nutzten nur Umhänge aus Hanf oder aus gebrauchten Leichentüchern oder aus Lumpen, die sie von Abfallhaufen gesammelt hatten. Einige ließen Haare und Bart wachsen, andere rissen sich die Haupt- und Barthaare aus. Während einige Asketen sich dreimal täglich wuschen, beschmierten andere ihren Körper mit Kot und Schmutz. Unter ihnen existierten Asketen, die ruhten nur auf Nagelbrettern. Man traf Asketen an, die bei ihren Bettelgängen nur einen Bissen je Haus entgegennahmen, andere hingegen versuchten, allein von Kuhfladen zu leben. Die Kuh gilt als heiliges Tier und Kuhprodukte bis hin zum Kuhmist werden in Indien als heilende und reinigende Produkte angesehen. So viele Asketen unterwegs waren, so viel verschiedene Arten der Askese existierten. Wie gesagt, als schlimmster und gefährlichster Gegner wurde der eigene Körper betrachtet, ihn galt es zu besiegen, um erleuchtet zu werden.

Mit ganzer Konsequenz und voller Energie folgte Siddhartha den Asketen. Doch je mehr er sich peinigte, umso unabweisbarer wurde ihm nun bewusst, dass er sich auf dem völlig falschen Weg befand. Sowohl das **Luxusstreben** und Wohlleben (Hedonismus) als auch das andere Extrem, die strenge **Askese**, das Abtöten des eigenen Körpers, lehnte er aus eigener Erfahrung ab. Weil er aber einen mittleren Weg anstrebte, wurde seine Lehre auch **der mittlere Weg** genannt.

Wie, wann, wo und warum ihm die Erleuchtung gekommen ist, sehen wir später, wenn wir der Legende von Buddhas Leben folgen werden. Da sich der Buddhismus im Laufe seiner Entwicklung in viele Schulen und auch Sekten aufspaltete, ist es notwendig, beim »Ur-Buddhismus« zu verweilen, bei dem, was Buddha Gautama ge-

lehrt hat und was für alle Schulen trotz unterschiedlicher Auslegungen gilt.

Zunächst einmal bedeutet die Bezeichnung Buddha **der Erleuchtete** oder **der Erwachte** und wurde auch für andere große Lehrer in dieser Zeit ver-

Siddhartha als Asket. Man sieht deutlich den vom harten Fasten abgemagerten Leib, nichts als Haut und Knochen. Kurz darauf wird er diesen Weg verwerfen und den mittleren Weg zwischen Luxus und Askese propagieren.

wandt. Aber durch den Siegeszug, den Siddharthas Lehre antrat, wurde er immer stärker mit dem Ehrennamen in Verbindung gebracht. Er ist der Buddha, der Erleuchtete, der Erwachte, der Erhabene schlechthin.

Der Buddha hatte seine Lehre in mehreren Predigten dargestellt und immer wieder an Beispielen demonstriert. Er zeigte auf, was der Besserung des Menschen dient, was zu Frieden, Weisheit und Erleuchtung führt. Das Ziel seiner Predigten bestand in der **Erlösung der Menschheit**. Den Weg dorthin lehrte er denen, die bereit waren, alles stehen und liegen zu lassen und ihm zu folgen, den *bhikkuh*, den **Mönchen**. Sie sind es, die, wenn sie dem Buddha-Weg folgen, dem Kreislauf der Wiedergeburten entgehen und in die ewige Glückseligkeit, ins *Nirwaṇa* eingehen würden. Theoretisch konnte aus jedem dieser Mönche ein *arhat* werden, ein Heiliger, wenn es ihm gelang, Erleuchtung zu bekommen und das *Nirwaṇa* zu berühren.

Um Mönch zu werden, war es erforderlich, sich mit folgenden Worten zu Buddha zu bekennen:

Buddham saranam gacchāhmi,
dhamam saranam gacchāhmi
sangam saranam gacchāhmi
(Ich nehme meine Zuflucht zum Buddha. Ich nehme meine Zuflucht zur Lehre. Ich nehme meine Zuflucht zur Mönchsgemeinde.)

Die Grundlage des buddhistischen Glaubens, das Credo, bilden **die vier edlen Wahrheiten**:

Dies, ihr Mönche, ist die **edle Wahrheit vom Leiden**: *Geburt ist Leiden, Alter ist Leiden, Krankheit ist Leiden, Tod ist Leiden, mit Unliebem vereint sein ist Leiden, von Liebem getrennt sein ist Leiden, nicht erlangen, was man begehrt, ist Leiden, kurz die Fünferlei Objekte des Ergreifens* (Körper, Gefühl, Wahrnehmung, Unterbewusstsein, Bewusstsein: also alles, womit ich mit meiner Außenwelt in Kontakt trete, womit ich die Welt ergreife und die Welt mich ergreift) *sind Leiden.*

Dies, ihr Mönche, ist die **edle Wahrheit von der Entstehung des Leidens**: *Es ist der Durst, der von Wiedergeburt zu Wiedergeburt führt, samt Freude und Begier, der hier und dort seine Freunde findet: der Lüstedurst, der Werdedurst, der Vergänglichkeitsdurst.*

Dies, ihr Mönche, ist die **edle Wahrheit von der Aufhebung des Leidens**: *die Aufhebung dieses Durstes durch gänzliche Vernichtung des Begehrens, ihn fahren lassen, sich seiner entäußern, sich von ihm lösen, ihm keine Stätte gewähren.*

Dies, ihr Mönche, ist die **edle Wahrheit von dem Wege zur Aufhebung des Leidens**: *Es ist dieser edle,* **achtteilige Pfad**, *der da heißt: rechte Ansicht, rechtes Entschließen, rechtes Wort, rechte Tat, rechtes Leben, rechtes Streben,*

rechte Aufmerksamkeit, rechte Sammlung (Konzentration).
(Vināya der Theravādin-Buddhisten)

Die Vorstellung, dass Leben leiden bedeutet, war nicht besonders originell im Indien dieser Zeit. Ähnliches sagten die Upanischaden (S. 47), dies meinten auch die *jina*. Selbst der griechische Zeitgenosse Sophokles (497/496 – 406/405 v. Chr.) kommt zur gleichen Aussage: *Nicht geboren zu werden, ist das Beste* (Ödipus auf Kolonos).

Die kurzen Momente des Glücks bleiben nicht. Sie vergehen, sind genau betrachtet nur eine **Quelle des Leides**, weil sie vergänglich sind. Wir bezahlen das kurze Glück bitter mit dem Verlust desselben. Der Mensch leidet zum Beispiel, weil er krank wird, weil seine Wünsche nicht in Erfüllung gehen, weil er von denen, die er liebt, getrennt wird.

Allerdings stellt dieses Leiden nur einen Aspekt dar, weil der Begriff *duḥkha*, der mit Leiden und Schmerz übersetzt wird, vielfältig in seiner Bedeutung ist. So werden auch Momente des Glücks, die durch Meditation erreicht werden, als *duḥkha* beschrieben. Der Begriff des Leidens bezieht sich in diesem Zusammenhang dann auf die Vergänglichkeit, die Unbeständigkeit. Schmerz entsteht, weil das Glück oder die glückhafte Erkenntnis oder die Schau nicht anhält, sondern nur einen Moment währt.

Wenn man beispielsweise für einen kurzen Augenblick, dem dunklen und nassen Kerker entronnen, ans warme und gute Sonnenlicht kommt, muss einem das Verlies, in das man sogleich wieder zurückgebracht wird, doppelt dunkel, feucht und trostlos vorkommen. In diesem Fall wäre es besser gewesen, wenn man das Sonnenlicht nicht gesehen hätte. Das aber ist *duḥkha*, die Unbeständigkeit.

Natürlich existiert auch Glück, aber es ist Unfug, danach zu streben, weil das Glück keinen Bestand hat, weil es vergeht, weil man es verliert, wenn man es erreicht hat. Jedes Glück trägt das Unglück in sich.

Wenn man die Überzeugung teilt, dass Leben Leiden bedeutet, dann fragt man sich natürlich, was das Leiden verursacht. Darauf antwortet Buddha, es ist der **Durst**, das Verlangen, die Sucht. Weil ich möglichst viel besitzen will, weil ich alt werden will, weil ich gesund bleiben möchte, deshalb leide ich, denn ich werde in dem verletzt, was ich mir wünsche. Die **Gier** oder das Verlangen machen mich unfrei.

Dafür lassen sich tausend Beispiele finden. Weil Menschen unbedingt einem bestimmten Schönheitsideal entsprechen wollen, lassen sie sich operieren und leiden. Wie einfach wäre es doch, wenn sie frei von der Eitelkeit wären, einem fremden Schönheitsideal zu fol-

Spituk ist das Zentralkloster des Gelbmützenordens und liegt in Ladakh (Indien) auf einem Hügel in einer Flussoase, nicht weit von Leh. Dort leben mehr als 100 Mönche.

gen. Ist es Freiheit, das zu machen, was alle machen, ein Herdenmensch zu sein? Menschen lassen sich demütigen, weil sie hoffen, dadurch ihre Ziele zu erreichen. Ist es Freiheit, zu machen, was ich nicht tun will, zu erdulden, was ich verabscheue? Es ist nicht Freiheit, sondern Unfreiheit, also Leiden.

Also fragt Buddha, wie man von diesen Leiden erlöst oder befreit werden kann. Die Antwort liegt auf der Hand. Durch die **Vernichtung des Durstes**, durch die Überwindung der Gier, des Haben-Wollens, der Wünsche und Sehnsüch-

te werde ich frei. Habe ich keine Ziele, lasse ich mich dafür auch nicht demütigen, habe ich kein äußeres Schönheitsideal, muss ich auch nicht den Trugbildern der Werbung hinterherlaufen.

So weit, so einfach. Aber wie nun erreiche ich das, wie überwinde ich den Durst, die Gier, die Wünsche? Denn es geht hier ja nicht um Diät. Nur weil ich mir etwas versage, nur weil ich verzichte, werde ich noch lange nicht frei.

Buddha beschreitet den mittleren Weg zwischen Hedonismus (Genusssucht) und Askese (extremer Enthaltsamkeit). Der Hedonist stillt den Durst. Er erfüllt sich seine Wünsche. Die Kehrseite der Angelegenheit ist, dass jeder erfüllte Wunsch einen neuen Wunsch im Schlepptau hat. Der gestillte Durst ruft den Durst hervor. Der Hedonismus ist also der Versuch, ein Fass ohne Boden zu füllen.

Der Asket geht den gegenteiligen Weg, er versagt sich alle Wünsche, er verdrängt und unterjocht seine Lebensregungen. Der Durst, die Gier sind nicht überwunden, sie sind nur grausam unterdrückt und brutal niedergehalten. Der Kampf ist barbarisch, denn der Durst und das Wünschen und Wollen gehören so sehr zum Menschen, sodass er schon den unnachsichtigsten Terror gegen sich ausüben muss, um den Durst, das Wünschen und Wollen in Schach zu halten. Da das Schlachtfeld der eigene Körper ist, wird der Krieg erst entschieden sein, wenn entweder der Asket mit der Askese bricht und Hedonist wird, oder wenn der Körper in der Askese und durch die Askese tatsächlich (ab-)getötet wurde.

Buddha will aber dem Durst weder nachgeben noch will er ihn unterdrücken. Sein mittlerer Weg sucht, ihn zu überwinden.

Bis jetzt hat der Erleuchtete eine Methode der **altindischen Medizin** angewandt, die nach folgendem Schema vorgeht: Zunächst wird die Krankheit bestimmt, dann ihre Ursache untersucht, dann die Beseitigung der Ursache ins Auge gefasst und schließlich werden die Mittel und Methoden zur Heilung ausgewählt. Jede frühe Medizin ist ganzheitlich, sie glaubt an die Einheit von Körper, Seele und Geist. Nicht umsonst nannte der Buddha sich auch einen Arzt.

Wie ein **Arzt** diagnostiziert er die Krankheit, dass wir niemals vollkommen glücklich sind. Die Ursache dafür ist, dass wir immer mehr haben wollen. Das macht uns unzufrieden, auch neidisch und böse. Geheilt werden kann man von der Krankheit nur, wenn man nicht mehr haben will. Und die Medizin ist, das Haben-Wollen, die Anhaftungen des Lebens zu überwinden. Unter den Anhaftungen verstehen die Buddhisten die Verlockungen und Verführungen des Lebens, alles, was uns Genuss beschert und dadurch unsere Sinne den Äußerlichkeiten des Lebens verbunden bleiben lässt.

Bis jetzt benötigte Buddha für seine Heilslehre keinen Gott und keine Götter. Und für den wichtigsten Teil seiner Lehre, nämlich wie der *Lüstedurst, der Werdedurst, der Vergänglichkeitsdurst* überwunden werden könnte, benötigte er ebenfalls keinen himmlischen Helfer, weil er den Schlüssel zur Erlösung im Menschen selbst entdeckt hatte. Alles kam nur darauf an, dass der Mensch diesen Weg geht, dass er den Mut und die Kraft dafür aufbringen würde.

Heilige Schriften

Die Heiligen Schriften im Buddhismus gehen auf eine reichhaltige mündliche Tradition zurück. Da der Buddhismus aus einer Vielzahl religiöser Schulen (*nikāya*) besteht, existieren eine Vielzahl von Heiligen Schriften, die sich zum Teil stark theologisch und philosophisch voneinander unterscheiden. Weil aber in buddhistischen Klöstern Mönche verschiedener Schulen einträchtig zusammenleben können, falls sie, trotz unterschiedlicher Schulen, nach dem gleichen Ordensrecht zu Mönchen geweiht wurden, entstanden auch Schriften, deren Zuordnung Schwierigkeiten bereitet. Diese Texte müssen keine neue Schule repräsentieren, sondern können auch Ergebnis der Diskussion zwischen Mönchen verschiedener Lehrmeinungen sein.

Die ursprüngliche Lehre des Buddhas Gautama, die von den **vier edlen Wahrheiten** ausgeht, wendet sich an Menschen, die dem normalen Leben in der Gesellschaft entsagen, um als Mönch oder Nonne dem Weg des Buddhas zur Erlösung zu folgen. Diese Vorstellung wurde dargestellt in den Schriften des *Hinayāna*, während das *Mahāyāna* auch Erlösungswege für Laien entwickelte, für Menschen, die weiter in der Gesellschaft und mit ihren Familien leben wollten.

Grundlegend für alle buddhistischen Texte sind erstens die **vier edlen Wahrheiten**, zweitens der **achtgliedrige Pfad** und drittens der **Satz vom Entstehen in Abhängigkeit**.

Überliefert sind die Heiligen Schriften im indischen Sanskrit, der Künstler- und Gelehrtensprache des alten Indiens, und im Prakrit, der Volkssprache, aus der auch die Dialekte Pāli und Gandhāra hervorgegangen sind. In Pāli und Gandhāra sind ebenfalls buddhistische Schriften überliefert. Hinzu kommen die zahlreichen Übersetzungen ins Chinesische, ins Tibetische, ins Uigurische, ins Khotaische und ins Trocharische. Die Zerstörung buddhistischer Zentren in Indien durch muslimische Eroberer im 13. Jahrhundert führte auch zur Vernichtung von Textsammlungen, sodass wichtige Schriften und Sammlungen nur durch die Übersetzungen, vor allem ins Chinesische, Tibetische und Uigurische erhalten geblieben sind.

Den ältesten Kanon heiliger Schriften stellen die Sammlungen der *Hinayāna* dar. Einer der bedeutendsten Kanones ist der *Theravāda* Kanon, der in Pāli gehalten ist und deshalb auch Pāli-Kanon genannt wird.

Mönche studieren die Heiligen Texte, die ursprünglich in Körben gesammelt wurden.

Die im 4.–3. Jahrhundert v. Chr. entstandene Sammlung der heiligen Schriften wurde im 1. Jahrhundert v. Chr. schriftlich niedergelegt. Sie trägt den Namen **Tripiṭaka** (Drei Körbe oder Dreikorb), weil die Schriften ursprünglich in drei Körben (*piṭaka*) gesammelt und demzufolge in drei Teile gegliedert sind.

Der erste Korb heißt *vinayapiṭaka*, **Korb der Ordensdisziplin**, und enthält die Schriften zur Ordenszucht. Im ersten Teil *sūtravibaṅgha* wird in acht Abteilungen all das aufgelistet, was sich ein Mönch nicht zuschulden kommen lassen darf. Er enthält 227 Vorschriften.

Der zweite Teil *khandhaka* beinhaltet das **Verfahrensrecht** der Mönchsgemeinschaft (*saṃgha*) und enthält beispielsweise Regelungen für die Aufnahme in den Orden, die Beichte oder die medizinische Versorgung. Abgeschlossen wird das *vinayapiṭaka* durch den dritten Teil *parivāra*, der Berichte über die ersten Konzile enthält.

Der zweite Korb trägt den Titel *sūtrapiṭaka*, **Korb der Lehrreden**, und beinhaltet die Reden und die Lehre Buddhas. Er ist in fünf Textgruppen (*nikāya*) unterteilt. Die ersten vier Abteilungen (*dīghanikāya, majjhimanikāya, saṃ-yuttanikāya, aṅguttaranikāya*) enthalten die Lehrreden des Buddhas und detaillierte Betrachtungen und Kommentare zu den Lehrreden, die anhand von Geschichten und Gleichnissen erläutert werden. Andere Vorstellungen, beispielsweise die der Brahmanen, werden kritisiert, abgelehnt und widerlegt. Im fünften Teil (*khuddakanikāya*) wurden Texte gesammelt, die oftmals in Versen stehen und künstlerischen Charakters sind: Spruchsammlungen, Geschichten, Märchen, Fabeln und die *jātaka* und *apadāna*, die Vorgeburtslegenden und Heiligenlegenden Buddhas.

Der dritte Korb *abhidhammapiṭaka* war zunächst eine Liste von wichtigen **Begriffen der Lehre**, die man ursprünglich als Gedächtnisstütze angelegt hatte. Mit der Zeit wurden die Begriffe kommentiert, definiert und geordnet, sodass aus der Liste eine Sammlung philosophischer Texte wurde.

Die Mahāyāna übernahmen nun die Tripiṭaka, schränkten sie aber gleichzeitig auch ein. Dennoch gilt vor allem der Vinayapiṭaka für sie. Da sie im Wesentlichen keine eigene Ordensregel entwickelten, sind die mahāyānistischen Mönche nach den Regeln der Hinayāna ordiniert. Das verwundert nicht, denn gegen den Weg der Mönche war aus mahāyānistischer Sicht nichts einzuwenden. Sie konzentrierten sich allerdings auf den Erlösungsweg der Laien, der bei den Hinayāna nicht ausgearbeitet ist. Unterschiede ergaben sich bereits beim Sūtrapiṭaka, denn die Anschauung der Hinayāna und der Mahāyāna vom Buddha sind wie gesagt sehr verschieden.

Im Mahāyāna entstand eine große Anzahl an Texten, die sich mit den **Bodhisattvas** (S. 42) und den unterschiedlichsten Buddhas beschäftigen. So ist die bekannteste Schrift des Mahāyānas das *saddharmapuṇḍarīkasūtra*, das den Buddha nicht mehr als Mensch, sondern als himmlisches, göttliches Wesen sieht. Der wichtigste Text der **Schule des reinen Landes** (Amitābha-Buddhismus), einer bedeutenden Strömung im Mahāyāna-Buddhismus, ist das *sukhāvatīvyūhasūtra*, das in aller Ausführlichkeit das Westliche Paradies beschreibt, in das die Laien auf Vermittlung des Bodhisattva Avalokiteśvaras hoffen, aufgenommen zu werden.

Die größten Unterschiede zeigen sich in der philosophischen Literatur, im dritten Korb. Das resultiert aus der komplexen Lehre des Mahāyāna, das eine Erlösung für jedermann und nicht nur für Mönche und Nonnen ermöglichen will. Daher sind die Anhänger des Mahāyāna gezwungen, neue Heilsgestalten (Bodhisattva) zu schaffen.

In der **Yogācāra Schule** entstand eine eigenständige philosophische Lehre, die davon ausgeht, dass die Außenwelt nur als Bilder in unserem Kopf existiert. Ihr wichtigstes Werk ist das *yogācārabhūmi*.

Systematisch und im großen Umfang wurden die buddhistischen Texte Indiens ins Tibetische übersetzt. Seit dem 13. Jahrhundert liegen die Übersetzungen in zwei großen Sammlungen vor, im *Kanjur* und im *Tanjur*. Der *Kanjur*, der die Lehren und Worte Buddhas enthält, erinnert an den *Tripiṭaka* und schöpft aus ihm. Er besteht aus fünf Abschnitten, in denen die Ordensregeln, die Worte und Taten Buddhas wiedergegeben sind, die aber auch Weisheitslehren und magische Praktiken des **Tantrismus** enthalten; so heißt der fünfte Teil *Tantra*. Der *Tanjur* enthält hymnische Preislieder, Traktate und Kommentare. Er umfasst 200 Bände, der *kanjur* besteht aus 93 bis 113 Bänden mit ca. 700 bis 1100 Texten, unterschiedlich je nach Ausgabe.

Genannt werden muss noch das *San-tsang*, die umfangreiche chinesische Sammlung buddhistischer Literatur. Vom 4.–7. Jahrhundert n. Chr. pilgerten chinesische Buddhisten nach Indien. Alles, was sie an Texten vorfanden, nahmen sie mit nach China, übersetzten und kommentierten es dort.

Der Weg des Buddha

Berühmt geworden ist die Methode, der Weg, der zur Glückseligkeit führt, unter dem Namen **der edle achtteilige Pfad**. Was dieser Weg verspricht, ist nicht wenig. Er unterscheidet sich von allen anderen Erlösungsverheißungen, indem er dem Gläubigen in Aussicht stellt, dass er nicht erst nach dem Tod, sondern noch im Leben Erlösung finden kann.

Zum einen ist der Buddhist von der Leidhaftigkeit des Lebens überzeugt. Er kann sich der eigenen Existenz aber nicht durch Selbstmord entziehen, denn der zweite Grundsatz des Buddhismus setzt die Wiedergeburt voraus. Da es eine Sünde bedeutet zu töten, ob andere oder sich selbst, spielt dabei keine Rolle, entkommt man dadurch der Wiedergeburt nicht. Die Sünden entscheiden darüber, als was und in welche Art von Leben man erneut auf die Welt kommt. Deshalb würde man sich durch Selbstmord lediglich in eine noch trostlosere Existenz katapultieren.

Also bleibt nur der Buddha-Weg. Er besteht aus acht Komplexen. Zunächst muss man natürlich erst einmal die *vier edlen Wahrheiten* einsehen und verstehen, dass Leben Leiden bedeutet und man deshalb dem **Kreislauf der Wiedergeburten**, des ewigen Lebens, also auch des niemals endenden Leidens entkommen muss. Das ist erstens die *rechte Ansicht*. Darauf folgt zweitens das *rechte Entschließen*. Es ist logisch, nun das Erkannte auch umzusetzen, also drittens dem rechten Wort, dem Buddha zu folgen, und viertens die rechte Tat folgen zu lassen. Das heißt im Ur-Buddhismus, Mönch zu werden:

Diese Lehre hört ein Hausvater, der Sohn eines Hausvaters oder jemand, der in einem anderen Stand geboren ist. Nachdem er diese Lehre gehört hat, fasst er gläubiges Vertrauen zum Vollendeten (zu Buddha). Und von diesem gläubigen Vertrauen erfüllt, überlegt er also: »Eng beschränkt ist das Leben im Hause, ein Schmutzwinkel; Freiheit ist im Verlassen des Hauses. Nicht leicht ist es für jemanden, der im Hause wohnt, den ganz vollkommenen, ganz reinen, perlmuttgleichen heiligen Wandel zu führen. Wie wäre es, wenn ich Haare und Bart scheren ließe, gelbe Gewänder anlegte und aus dem Haus in die Hauslosigkeit ziehen würde.«
Und er verlässt daraufhin ein kleines Besitztum oder ein großes Besitztum, einen kleinen Verwandtenkreis oder einen großen Verwandtenkreis, lässt sich Haare und Bart scheren, legt gelbe Gewänder an und zieht aus dem Haus in die Hauslosigkeit.
(Majjhima Nikāya)

Hauslosigkeit ist ganz wörtlich zu verstehen, denn er wird zu einem Wandermönch, der zumeist im Freien lebt und auch dort übernachtet. Der Gläubige verlässt also seine Familie, entsagt seinem Besitz, zieht das gelbe Mönchsgewand an, bekennt sich mit der oben zitierten Formel zum Buddha und tritt ein in eine Mönchsgemeinschaft (*samgha*).

In eine **Saṃgha** aufgenommen, muss er sich nun an die Regeln halten. Sie bestehen aus einfachen, aber grundlegenden ethischen Regeln (*vinya*). Der Mönch darf keine Lebewesen verletzen, ihnen Gewalt antun oder sie töten, nicht stehlen, nur das annehmen, was man ihm freiwillig gibt, nicht lügen, muss keusch sein, weder Versprechen brechen noch verleumderisch reden. Die Menschen, die ihm vertrauen, darf er nicht enttäuschen. Er bricht keinen Streit vom Zaun und versöhnt die, die zerstritten sind. Weder grobe noch unziemliche Worte benutzt er, noch Schimpfworte, auch enthält er sich leeren Geschwätzes.

Er spricht zur rechten Zeit, er spricht, was auf Tatsachen beruht, er spricht Nutzbringendes, er spricht von der Lehre, und er spricht von der Ordenszucht. Seine Rede ist inhaltsreich, zur rechten Zeit durch Gleichnisse belebt, wohlangemessen und gedankenvoll.

Diese allgemeinen Vorschriften werden im Detail ausgeführt und auf die verschiedenen Lebensbereiche angewandt. So vermeidet er es zum Beispiel, Samen und Pflanzen zu beschädigen, fastet in der Nacht, isst nur einmal am Tag, hält sich entfernt von Tanz, Gesang und Musik.

Aber der achtteilige Pfad enthält nicht nur Verbote, sondern zeichnet auch fünftens **ein Bild des rechten Lebens:** Mit seiner einfachen Kleidung und den Almosen, die er als Speise erhält, ist der Mönch zufrieden. Er besitzt nur so viel, wie er auf seinen Wanderungen bei sich tragen kann, und er führt alles, was er besitzt, auch stets bei sich.

Bei allem, was er tut, strebt er sechstens danach, bewusst zu handeln, sogar beim Gehen, Stehen, Sitzen, Essen, Trinken, sich Entleeren, Schlafen, Wachen, Reden und Schweigen. Das bewusste Tun jeder Aktivität, das vollkommen bewusste Handeln stellt siebtens die *rechte Aufmerksamkeit* dar.

Die letzten drei Stationen des achtteiligen Pfades, das *rechte Streben*, die *rechte Aufmerksamkeit* und schließlich achtens die *rechte Sammlung* stellen **Yogaübungen und Meditationen** dar.

Überhaupt sind die ersten sieben Stufen nur Vorbereitungen für die alles entscheidende achte, für die *rechte Sammlung*. Auf dieser Stufe findet die **befreiende Erkenntnis** statt. Nachdem der Geist gereinigt ist von allen Anhaftungen, Befleckungen, Interessen und Leidenschaften des Lebens und er vollkommen gleichmütig ist, frei von Störungen, geschmeidig und unerschütterlich, erkennt er die Wahrheit: nämlich das Leiden, die Entstehung des Leidens, den Weg dahin und die Aufhebung des Leidens, die Befleckungen, die Entstehung der Befleckungen, den Weg dahin und die Aufhebung der Befleckungen, den Durst (Gier), die Entstehung des Durstes, den Weg dahin und die Aufhebung des Durstes. Durch die Erkenntnis wird der Geist frei vom Leiden, von den Befleckungen, vom Durst (der Gier, den Wünschen, den Begierden und Leidenschaften). Nach der Befreiung erkennt der Geist:

Ich bin befreit. Vernichtet ist die Wiedergeburt, gelebt ist der heilige Wandel, getan ist, was zu tun war, damit ich nicht wiederum hierher zurückkehre.

Derjenige, der diese Erkenntnis erreicht hat, wird nicht mehr wiedergeboren und geht ins *Nirwaṇa* ein. Er ist ein Erleuchteter, ein Buddha. Wer die siebente Stufe absolviert hat und kurz vor dem *Nirwaṇa* steht, wird ein *arhat*, ein **Heiliger** genannt. Sehr deutlich geht aus dem achtteiligen Pfad, aus dem Erlösungsweg, den der Buddha den Menschen vorschlägt, hervor, dass die Erlösung nicht mit dem Tod einhergeht,

In einigen buddhistischen Ländern kann man bereits mit 13 Jahren in ein Kloster eintreten, um Mönch zu werden.

sondern bereits im Leben erreicht werden kann. Der Weg dahin ist allerdings nicht leicht. Seine Grundlage ist **Entsagung**. Man muss sich in eine Mönchs- oder Nonnengemeinschaft begeben, das, was wir gemeinhin unter Leben verstehen, überwinden und in den Zustand der **Bedürfnislosigkeit** gelangen.

Der Buddha begründet aber die Weltverneinung damit, dass das Festhalten an der Welt nur eine Illusion ist, weil auch wir nicht wirklich existieren. Unser Körper besitzt kein *Selbst*. Diese Lehre ist etwas kompliziert. Sie geht davon aus, dass alles, was aus Einzelnem zusammenge-

setzt ist, nicht real ist. Da der Mensch aus den Ergreifungen (s. u.) zusammengesetzt ist, existiert er nicht. Es gibt nur die fünf Ergreifungen. Hinzu kommt, dass alles, was nicht ewig ist, was Veränderungen unterworfen ist, für den Buddha kein Selbst hat. Das Selbst ist konstant oder es ist nicht.

Besäße der Körper ein Selbst, dürften in ihm nicht Krankheit und Leiden sein.
Ihr Mönche, ein gelehrter, ein edler Schüler sieht diese fünf Gruppen des Ergreifens (Körper, Gefühl, Wahrnehmung, Unterbewusstsein, Bewusstsein: also

alles, womit ich mit meiner Außenwelt in Kontakt trete, womit ich die Welt ergreife und die Welt mich ergreift) *an als etwas, von dem er sagen kann: Das ist nicht das Selbst, nicht der Aufenthaltsort des Selbst. Und wenn er es so betrachtet, wenn er es sich so klarmacht, dann nimmt er überhaupt nichts mehr in der Welt an. Und weil er nichts mehr annimmt, hängt er an nichts mehr, und weil er an nichts mehr hängt, erwacht er von allein zum Nirvaṇa: Meine Geburt hat sich erschöpft, der geistliche Wandel ist vollendet, was zu tun war, ist getan. Von allein erkennt er, dass ihm keine nachfolgende Existenz mehr zuteil wird.*

Denn jedes Glück birgt Unglück in sich, jede Lust auch Leid, deshalb ist es besser, auf Glück und Lust zu verzichten, um nicht von Unglück und Leiden gequält zu werden.

Die reiche Frau Migāramātā kam zum Erhabenen, als ihr eine liebe Enkelin gestorben war. Da fragte er sie: »Würdest du

Feiertag

Es existieren eine Vielzahl nach Region und Schule sich unterscheidende Feiertage. Da sie nach dem Mondkalender gezählt werden, liegen sie in verschiedenen Jahren zu unterschiedlichen Zeitpunkten. Die vier wichtigsten sind:

Visakha Pūja (Tag des Buddha) ist der höchste Feiertag. Er findet jedes Jahr am ersten Vollmondtag im Monat Mai statt und erinnert an die Geburt, die Erleuchtung und das Parinirwana des Buddha (das Verlöschen, den physischen Tod).

Magha Pūja (*Sangh* Tag) ist ein öffentliches Fest, an dem viele Prozessionen stattfinden. Es erinnert an die Verkündigung der Lehre Buddhas vor 1250 Heiligen (*arhat*). Buddha Gautama predigte 227 Regeln für Mönche. Aus Verehrung der *arhats* werden 1250 Kerzen angezündet. Findet im Februar statt.

Asalha Pūja (Tag des *dharma*): An diesem Tag wird der ersten Lehrrede nach der Erleuchtung gedacht, die der Buddha Gautama den fünf Schülern im Gazellenpark hielt. Hier verkündete er zum ersten Mal die vier edlen Wahrheiten. Am darauffolgenden Tag ziehen sich heute die Mönche und Nonnen für drei Monate in die Tempel zurück, denn in Indien beginnt zu diesem Zeitpunkt die Regenzeit, die Mönche und Nonnen nicht auf Wanderschaft, sondern im Tempel verbringen. Findet im Juli statt. Im Tempel meditieren sie gemeinsam und diskutieren über Erleuchtung und Glauben.

dir so viele Söhne und Enkel wünschen, als Menschen in der Stadt Shrāvasti leben?«

»Gewiss, Herr.«

»Wie viele Menschen sterben wohl jeden Tag in der Stadt?«

»Zehn Menschen, acht … oder wenigstens ein Mensch.«

»Was meinst du, würdest du dann wohl jemals keine Trauer haben? Wer hundertfaches Liebes hat, hat hundertfaches Leid, wer neunzigfaches Liebes hat, hat neunzigfaches Leid … wer ein Liebes hat, hat ein Leid. Nur wer kein Liebes hat, hat kein Leid. Ich

sage dir, nur der ist ohne Kummer …
Drum sind die glücklich nur und ohne Trauer;
Die hier auf Erden nicht an etwas hängen.
Wer frei von Trübsal, frei von Leiden werden will,
Befreie sich vom liebenden Verlangen.«

Man kann einwenden, dass, wer niemanden liebt, einsam ist. Der Buddha würde antworten, dass derjenige, der dem Weg des Buddha folgt, Empfindungen, die eine *der fünf Ergreifungen* darstellen,

Pavarāna feiert das Ende der dreimonatigen Regenzeit. Die Mönche und Nonnen dürfen nun wieder das Kloster verlassen und sich auf die Wanderschaft begeben.

Songkraan: Das Blumenfest im April erinnert an die Geburt des Buddha Gautama (als Siddhartha). Einer Legende nach kam er in einem Meer voller Blüten zur Welt. Deshalb nennt man das Fest auch Blumenfest. Buddhafiguren und Mönche werden mit parfümiertem Wasser besprizt.

Das **Perahera**-Fest findet im Juli/August in Sri Lanka in Kandhi statt. Einmal im Jahr wird die berühmte Zahnreliquie des Buddha Gautama in einer prachtvollen Prozession von einem großen Elefantenbullen durch die Stadt getragen. Die Prozession besteht aus vier aufeinanderfolgenden Umzügen. Jeder Umzug ist einem lokalen Gott geweiht. Der erste der Schutzgöttin Natha-Devala, die mit dem künftigen Buddha **Maytrea** gleichgesetzt wird, der zweite Vishnu, der am Vishnutempel beginnt. Vishnu ist zwar ein hinduistischer Gott, ihm wurde aber der Schutz des Buddhismus anvertraut. Es folgen der Kriegsgott Katharagama und die Göttin der Keuschheit und Gesundheit Pattini. Bunt geschmückte Elefanten werden durch die Stadt geführt, Mönche, Trommler und farbenfroh gekleidete Tänzer vervollständigen die Prozession. Das Fest dauert eine Woche.

Auch die Laien sollten die Tage des **Uposatha**, des Fastens, einhalten, die dem Mondzyklus folgen und jeweils auf Neumond und Vollmond und auf den 8. Tag nach Vollmond und Neumond fallen.

wie Einsamkeit, ja bereits überwunden und hinter sich gelassen hat. Die Empfindungen ergreifen ihn nicht mehr, er weiß nicht mehr, was das ist: Einsamkeit.

Ob man dieser Argumentation folgen will, ist letztlich eine Glaubensangelegenheit, ist wie die Vorstellung, dass Gott das Volk Israel auserwählt, seinen Sohn zur Erde geschickt, um die Sünden der Welt auf sich zu nehmen oder er durch Muhammad seine letzte Mitteilung an die Welt verkündet hat, eine Frage des Glauben-Wollens und Glauben-Könnens. So fremd uns auch der Grundsatz, dass Leben Leiden bedeutet, erscheinen mag, so geläufig war er im alten Indien. Alle indischen Religionen, der Brahmanismus, der Hinduismus (Seite 45) oder der Jainismus gehen von dieser Überzeugung aus.

Der beispielhafte und vorbildliche Weg des Buddha wurde mustergültig in den Legenden erzählt, die vom Leben des Buddha handeln. In dieser **Heiligenvita** geht das wirkliche Leben des historischen Buddha (Seite 41) weitgehend verloren. Die Verfasser seiner Heiligenlegenden achteten lediglich darauf, dass ihre Erzählungen nicht mit den wenigen gesicherten Fakten kollidierten. Ansonsten modellierten sie seinen Lebensweg nach dem Muster des *edlen, achtteiligen Pfades*.

Dadurch dass der Buddha tatsächlich gelebt hatte und über diesen Weg zur Erleuchtung kam, wurde die Richtigkeit dieses Weges einleuchtend bewiesen. Wenn der Buddha auf diesem Wege zur Erleuchtung gekommen war, so lautet die wichtige Botschaft, dann kann es jeder. Und der Erhabene hatte ja auch ausdrücklich darauf hingewiesen, dass die Menschen gleich seien, dass sie im Gegensatz zur Auffassung des herrschenden Brahmanismus' unabhängig von ihrem Stand zur Erlösung kommen konnten.

Im Ksatriya-Stand (Adel, Krieger), *im Brahmanen-Stand* (Priester), *im Vaisya-Stand* (Händler, Handwerker, Bauern) *und im Sudra-Stand* (Arme, nicht angesehene Berufe wie Metzger) *gibt es welche, die sich Bart und Haare scheren lassen und in der Robe den Heilsweg pflegen ... und binnen Kurzem vollenden sie den Heilsweg ... In all diesen vier Ständen gibt es Arhats* (Heilige), *die aus dem Hausleben herausgezogen und mit Wissen und mit religiösem Wandel versehen sind.*

Die Legenden wurden lange mündlich überliefert, bis sie im 1. Jahrhundert v. Chr. aufgeschrieben wurden. Die Quellen sind die Lehren des Buddha, der in seinen Predigten Beispiele aus seinem Leben benutzte, die ceylonesischen Inselchroniken (Seite 42), die »Vorgeburtsgeschichten« (*jātakas*) und die Tatenberichte. In den verschiedenen Schulen des Buddhismus werden teilweise verschiedene Details erwähnt. Folgen wir

Nach den Legenden über das Leben des Buddha Gautama wurde der historische Buddha als Prinz Siddhartha von seiner Mutter Maya im Lumbini-Hain in der Nähe der Stadt Kapilavastu im heutigen Nepal geboren.

der Vorstellung des Mahāyāna (S. 86), einer wichtigen Schule des Buddhismus.

Der Mahāyāna geht davon aus, dass ein **Bodhisattva** (Erleuchtungskörper), einer ist, der die Erleuchtung hatte, jedoch auf das Nirwaṇa verzichtet und freiwillig im Kreislauf der Wiedergeburten verharrt, um aus Mitleid zu den Menschen sie auf dem Pfad des Buddha zur Glückseligkeit und ins Nirwaṇa zu führen. Es existieren acht große und eine Vielzahl kleiner Bodhisattvas.

Der Buddhismus kennt eine Vielzahl von »Himmeln«. Der populärste Himmel ist der **Himmel der Seligen und Zufriedenen** (*tuṣita*). Von hier stieg der Bo-

dhisattva als weißer Elefant mit sechs Stoßzähnen aus dem Himmel herab und ging in den Leib der Königin Māyā ein. Māyā hatte ein Keuschheitsgelübde abgelegt, an das sie sich hielt. So ist sichergestellt, dass der Buddha nicht von Māyās Ehemann, dem König Śuddhodana, gezeugt wurde.

Zur **Geburt** begab sich Māyā in den Lumbinī-Hain. Sie ergriff den Zweig eines Baumes und der Bodhisattva trat aus ihrer rechten Seite hervor. Einige meinten sogar, dass er einen *Geistleib* besaß und deshalb seiner Mutter keine Geburtsschmerzen bereitete. Die alten vedischen Götter Indra und Brahmā begrüßten den Neugeborenen in der Welt, während himmlische Wasser auf das Kind herabfielen. Des Verstandes und der Sprache mächtig und inzwischen erfahren mit den ständigen (Wieder-)Geburten, verkündete er sogleich, dass dies seine letzte Geburt sei. Damit prophezeite er das Anbrechen seiner Buddhaschaft.

Sieben Tage nach seiner Geburt starb die Mutter. Eine Ziehmutter, Mahāprajapati Gautami, kümmerte sich um ihn. Später folgte sie ihm sogar auf dem Buddha-Weg. Aus dem Himalaja kam ein Weiser und Magier namens Asita durch die Lüfte herbeigeeilt. Diese weisen und zauberkundigen Heiligen nannten die

Rituelle Gegenstände

Im Buddhismus existiert kein Gott, den man anbeten könnte. Verehrt werden aber der **Bodhi-Baum**, eine Pappelfeige, unter dem Buddha Gautama die Erleuchtung hatte.

Als Buddha unseres Zeitalters wird **Buddha Gautama** gepriesen. Deshalb sind Buddhafiguren in hohem Ansehen, angebetet werden von den Mahāyāna-Buddhisten aber auch Darstellungen anderer **Buddhas** wie **Maytrea** oder **Amitābha** und die **Bodhisattvas** wie **Avalokiteśvara**.

Im tibetischen Buddhismus spielt die **Mantratrommel**, die fälschlich oft auch **Gebetstrommel** genannt wird, eine große Rolle. Ein **Mantra** ist ein Zauberspruch, der aus Silben, Wörtern und Wortfolgen bestehen kann. Durch die Vervielfältigung des Mantras hofft der Gläubige, sich des Beistandes der Buddhas und Bodhisattvas zu versichern, um in einer guten Position wiedergeboren zu werden oder die Wiedergeburt ganz zu überwinden.

Diese Sprüche werden auf Papier- oder Stoffrollen gedruckt und im Innern eines Zylinders, aus dem die Mantratrommel besteht, angebracht. Es gibt verschieden große Trommeln, die kleinsten unter ihnen sind Handtrommeln. Die Gläubigen denken beim Drehen des Zylinders ans **Rad der Lehre** und sprechen das **Mani Mantra: Oṃ Mani Padme Hūṃ**. Mit diesem Spruch wird allen Lebewesen Glück gewünscht. Das Drehen des Rades der Lehre soll eine positive Energie freisetzen. Positive Kräfte gingen bereits bei der Herstellung in die Trommeln ein, die jetzt beim Drehen der Zylinder freigesetzt werden.

Gebetsfahnen, die ebenfalls mit Mantras, dem Pferd und den Tieren der vier Himmelsrichtungen bedruckt sind, stehen an Bergpässen, Wegkreuzungen und in

Brahmanen *ṛṣi* (Seher). Tränen vergießend, weil er die Verkündigung der Lehre des Buddha nicht mehr erleben würde, sagte er dem Bodhisattva die Zukunft voraus.

In allen Weltreligionen finden wir die Bestätigung des Heilsbringers durch die Weisen der alten vorherigen Religionen, ob das Jesus ist, dessen Kommen von Jesaja vorausgesagt und der von Simeon (S. 187 und S. 193) und von den drei Weisen aus dem Morgenland als Heiland begrüßt wird, ob es sich um Muhammad handelt, den die Christen Bahira und Waraqa ibn Naufal als Gesandte Gottes erkennen (S. 256 und S. 261).

Frau mit einer Mantratrommel, die oft auch Gebetstrommel genannt wird. Die Gläubigen drehen den Zylinder, das Rad der Lehre, und sprechen das Mantra. Dabei wird positive Energie freigesetzt.

Kulträumen und tragen den Wunsch, dass alle Lebewesen glücklich leben sollen, in alle vier Himmelsrichtungen.

Mala, die Mantrakette, die an den Rosenkranz erinnert und der Perlenkette des Islams als Vorbild diente, wird beim Gebet benutzt. Das Abzählen der Perlen begleitet das Rezitieren der Mantras. Die Mantrakette besteht aus 108 Perlen, die jene 108 Bände der gesammelten Lehren Buddhas symbolisieren. Gebetet wird durch:

- laute Rezitation (*likhita-japa*),
- Rezitation in Gedanken (*manasika-japa*)
- tonlose Rezitation mit den Lippen (*vaikhari-japa*).

Als Jahre später der Knabe Gautama den Tempel besuchte, erhoben sich die Götterfiguren von ihren Plätzen und fielen ihm zu Füßen. Der Heranwachsende überraschte seine Lehrer, die Brahmanen, damit, dass er bereits alle Buchstaben des Alphabets auswendig wusste und ihm zu jedem Buchstaben ein Merkvers einfiel.

Der junge Prinz lebte in einem unvorstellbaren Luxus. Drei Paläste, einer schöner als der andere, versehen mit einer großen Dienerschar, standen ihm zur Verfügung. *So lebte der große Weise in den drei Palästen wie ein Gott.*

Da der Buddhismus der *mittlere Weg* ist, wurde in den Legenden zunächst das eine Extrem, der Luxus, der Hedonismus, Glück durch Reichtum in den buntesten Farben gemalt, geradezu ein irdisches Paradies beschworen. Der Prinz heiratete. Ihm standen, wie zu dieser Zeit üblich, auch Nebenfrauen zur Verfügung. Wie in einem Traum oder besser in einem goldenen Käfig fand sein Leben statt. Der Vater sorgte dafür, dass die Mauern und Tore des Palastes durch Krieger bewacht wurden. Aufgrund der Weissagungen des Magiers Asita fürchtete der Vater, dass sein Sohn den Palast verlassen und sich auf den Weg der Askese begeben würde, dass er seinen Sohn verlieren würde. Dennoch gelang es Siddhārtha durch die Hilfe des Gottes Indra, des Nachts den Palast zu verlassen. Auf seinen Spaziergängen begegne-

te er einem Alten, einem Kranken, einem Toten und einem Mönch mit einem glücklichen Gesicht. Während der Alte und der Kranke die Vergänglichkeit und die Leiden des Lebens verdeutlichen, zeigte ihm die Begegnung mit dem Toten, dass man auf der Welt sterben muss, um schließlich ein glücklicher Mensch, so wie der Mönch mit dem verklärten Gesicht, zu werden.

Eine drastischere Geschichte berichtet, dass er, nachdem er einen Leichenplatz überquert hatte, in das Schlafgemach der Hofdamen oder seiner Nebenfrauen geriet, die ermattet auf dem großen Bett lagen und schliefen. Das Bild der verschränkten Körper erinnerte ihn an den Leichenplatz und erschütterte ihn. Eine Legende besagt, dass die Götter die Gestalt des Alten, des Kranken, des Toten und des glückseligen und entrückten Mönchs angenommen hatten. Wie dem auch sei. Siddhārtha rang sich durch zur Flucht, zur allumfassendsten Flucht, nämlich zur Weltflucht.

Der Welt mit ihren Lustbarkeiten, dem Reichtum, aber auch dem Leiden wollte er entfliehen. Indra öffnete ihm persönlich das Tor, als er auf seinem Leibross Kanthāka und in Begleitung seines Dieners Candaka den elterlichen Palast verließ. Die Legenden überbieten sich geradezu darin, diesen Aufbruch in den allergrellsten Farben zu zeichnen. Die Welt erstrahlte im Glanz, heißt es,

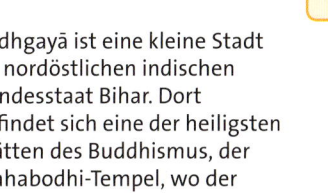

Bodhgayā ist eine kleine Stadt im nordöstlichen indischen Bundesstaat Bihar. Dort befindet sich eine der heiligsten Stätten des Buddhismus, der Mahabodhi-Tempel, wo der Mahabodhi wächst. Der Überlieferung gemäß ist es jener Ort, an dem Siddhārtha Gautama, der historische Buddha, das Erwachen (Bodhi) erlangte.

die Götter hielten die Hufe der Pferde, damit ihre Geräusche niemanden weckten, und trugen die Reiter in einer einzigen Nacht über drei Reiche hinweg. Am anderen Morgen übergab er Candaka sein Pferd, seine Kleidung und Juwelen. Von da ab befand er sich in der Kleidung eines Asketen auf der Suche nach der Erleuchtung, nach der rechten Art, das Leben zu führen.

Zunächst folgte er zwei Askesemeis-tern. Gut denkbar, dass es *jina* waren, mit Namen Ārāḍa Kālāma und Udraka Rāmaputra. Aber sosehr er sie auch nachahmte, so wenig kam er dabei seinem Ziel näher. Schließlich trennte er sich von ihnen, trieb die Askese, vor allem das Fasten, ins Extrem. Fünf Schüler schlossen sich ihm an. Die Legenden beschreiben die Selbstkasteiung, also die barbarische Gewalt gegen den eigenen Körper, eindrucksvoll.

Wenn ich meinen Bauch anfühlen wollte, berührte ich mein Rückgrat, und wenn ich das Rückgrat anfühlen wollte, berührte ich die Bauchhaut. Wenn ich meine Notdurft verrichten wollte, fiel ich kopfüber. Wenn ich mit der Hand die Glieder rieb, fielen die wurzelfaulen Haare ab. Meine reine Hautfarbe war verdorben durch die geringe Nahrungsaufnahme …

Da dachte ich: Dies ist das Äußerste an qualvoller Selbstpeinigung, das jemals Sammanas und Brahmanen erreicht haben oder künftig erreichen werden oder jetzt erreichen, und doch gelange ich mit dieser Quälerei nicht in den Bereich der vollen, edlen Erkenntnis und Einsicht, die alles Menschliche übersteigt. Sollte es nicht doch einen anderen Weg zum Erwachen geben?

(Majjhimanikāya)

Verzweiflung mochte beim harten Fasten eine Rolle gespielt haben, trotz größtem Einsatz nicht weitergekommen zu sein, obwohl er sich fast zu Tode gehungert hatte. In diesem Teil der Legenden wird das andere Extrem, die Askese, wie vormals der Hedonismus, mit allen Mitteln der Sprache höchst anschaulich beschrieben. Siddhārtha begriff, dass dieser Weg ihn nicht ans Ziel bringen würde, so gab er das Fasten auf und kam wieder zu Kräften. Die Schüler verließen ihn enttäuscht.

Nun war er allein, hatte Erfahrungen gesammelt und Enttäuschungen erlebt, was aber nur bedeutete, dass die Täuschungen, denen er gefolgt war und denen er sich hingegeben hatte, nun von ihm abfielen.

In der Nähe des Nairañjanā-Flusses, dem heutigen Bodh-gayā, ließ er sich unter einem alten Bo-Baum nieder und begann zu meditieren. Nicht eher wollte er sich erheben, ehe er die Einsicht gewonnen, die erlösende Antwort auf das Leiden, das man Leben nannte, gefunden hatte.

Noch einmal zum achtteiligen Pfad: Die rechte Ansicht hieß, den Luxus zu verwerfen, das rechte Entschließen trieb ihn zur Weltflucht, das rechte Wort sprach er, als er sich von den Lehren lossagte, die rechte Tat schloss sich an, als er den Weg der Askese verließ. Im Hain nun unter dem Bo-Baum begann er mit dem rechten Streben, dem Suchen nach der Erkenntnis des richtigen Weges.

Was nun folgte, war Meditation durch Aufmerksamkeit, die zur Sammlung, zur Konzentration führte, ein Versenkungszustand, in dem die Wahrheit ihn aufsuchen würde. Genauer: die *vier edlen Wahrheiten* und *der mittlere Weg, der edle achtgliedrige Pfad.*

Aber jede große Wahrheit muss gegen Widerstände errungen werden. Während Siddhārtha meditierte, machte sich **Māra, der Verführer,** an ihn he-

Der buddhistische Kalender

Der Kalender der Buddhisten ist ein Mondkalender. Das Jahr beginnt für die Länder des südlichen Buddhismus (Sri Lanka, Myanmar, Thailand) im April, in Tibet im Februar und in China Ende Januar, Anfang Februar.

In den Ländern des südlichen Buddhismus beginnt die Zeitrechnung mit dem Todesjahr des Buddhas Gautama 543 v. Chr. Bis ins 19. Jahrhundert hinein galt eine andere, inzwischen korrigierte Chronologie (S. 42), die inzwischen kaum mehr verwandt wird, dennoch war sie entscheidend für die Lebensdaten Buddhas. Aus diesem Grund rechnete man natürlich im Altertum, zu der Zeit, als man die Zeitrechnung einführte, nach der alten Chronologie, nach der Buddha Gautama nach dem Verzehr verdorbener Lebensmittel im Jahr 543 v. Chr. verstarb. Demzufolge befinden wir uns heute, im Jahre 2010 n. Chr., im buddhistischen Jahr 2553.

ran. Auch dies findet sich in allen Religionen, der Teufel, der Böse, der Widersacher, der den Menschen verführen und vom Heilsweg abbringen will, tritt dem Heilsbringer in den Weg. Eindrucksvoll erzählt das Neue Testament von den Versuchen Satans, Jesus Christus zu verführen (S. 199).

Māra, in den Wundergeschichten des Buddhismus faszinierend dargestellt, ist ein mächtiger Gegner. Sein Name leitet sich von *marati* (sterben) her, die Form *māreti* bedeutet sterben lassen, töten. Māra verkörpert das Prinzip des Todes, aber auch das des Versuchers. Deutlich wird das, werfen wir einen Blick auf seine drei Töchter: die Lust (*rati*), die Unlust oder Unzufriedenheit (*aratī*) und die Gier (*tanhā*). Sie sind Verkörperungen dessen, was der Buddha als Durst bezeichnete, als das nämlich, was Leiden hervorbringt. Zu seinem teuflischen Heer gehören Begierden, Zweifelsucht, Heuchelei, Eitelkeit, Faulheit, also alles das, was den Menschen ins *Saṃsāra*, in die Welt des Wandels und des Werdens, in die Welt der unaufhörlichen Wiedergeburten verstrickt und versklavt. Selbst die *fünf Ergreifungen* (Körper, Gefühl, Wahrnehmung, Unterbewusstsein, Bewusstsein) gehören zu Māra, kurz gesagt alles, womit der Teufel die Menschen an die Welt, an das Leiden kettet. So war es gewiss kein Zufall, dass Māra kurz vor der Erleuchtung Siddhārthas auftauchte, um ihn von seinem Weg abzubringen. Die verführerischen Töchter, die furchterregenden Dämonen, auch die entfesselten Naturgewalten verunsicherten Siddhārtha nicht. Er blieb auf seinem Weg. Māra unterlag und musste sich geschlagen von dannen machen.

Nachdem er auch Māra besiegt hatte, gelang dem Buddha die höchste Stufe der Versenkung, in der ihm die Erleuchtung widerfuhr. Die Legenden, die oftmals sehr blumig gehalten sind, werden geradezu wortkarg, wenn es um den Inhalt der Erleuchtung geht. Das hat zwei Ursachen. Erstens berühren wir hier das Allerheiligste des Buddhismus, das Einzigartige, das Unvergleichliche. Zweitens ist es mit Worten nur unzureichend auszudrücken, weil es sich um ein gesamtkörperliches Ereignis handelt, in dem Denken und Sehen eins werden: die Erfahrung der Leere als Fülle.

Mit der Ankunft des Bodhisattvas im Nirwaṇa gelingt ihm die große Schau der Gleichzeitigkeit, zugleich sieht er in der Zeit zurück auf die Wiedergeburten der Vergangenheit, seine früheren Gestalten, wie die vormaligen Gestaltungen aller Menschen, genauso aber sieht er zur gleichen Zeit die Verwandlungen in der Gegenwart und der Zukunft. Was sich seinem Blick darbietet, ist banal gesagt der ewige Kreislauf des Daseins. Aber er erkennt auch den Weg, der aus dem ewigen Kreislauf führt, nämlich die *vier edlen Wahrheiten*. Der Weg des Buddha ist der Weg des Heils:

Abgeschnitten ist der Weg! Gelegt hat sich der Staub! Ausgetrocknet fließen die Ströme der Sünde nicht mehr! Und, da ich den Weg beendet habe, ist das Ende des Leidens da.

Heilige Orte

Da es für den Buddhisten auf seinem Heilsweg hilfreich ist, an den Buddha zu denken, gehören die Lebensstationen des historischen Buddha zu den Heiligen Orten.

In **Lumbinī**, einem Dorf 25 km östlich von Kapilavattu, der alten Hauptstadt des Śākya-Reiches, begab sich Siddhārthas Mutter in einen Hain und ruhte sich unter einem Sala-Baum aus. Heute befinden sich an der Stelle, wo sich die Geburt zugetragen haben soll, **Stūpas.** Ein Stūpa ist ein häufig runder, sehr massiver Bau. Man kann ihn nicht betreten. In seinem Innern werden häufig Buddha-Reliquien aufbewahrt.

Pilger suchen gern den Platz in **Uruvelā** auf, an dem Siddhārtha sich einer strengen Askese unterzog.

Bodhgayā ist der Ort, an dem Siddhārtha zum Buddha wurde. An der Stelle, an der er erleuchtet wurde – Bodhgayā bedeutet auch Ort der Erleuchtung –, steht heute der riesige **Mahabodhi-Tempel** aus dem 5. Jahrhundert. Im Erdgeschoss des 55 m hohen Tempels befindet sich ein Schrein, in dessen Mittelpunkt ein vergoldeter Buddha steht. Darüber wurde eine Bibliothek untergebracht. Aber das Allerheiligste ist nicht der Tempel, sondern ein **Bodhi- oder Bo-Baum**, eine *Baum der Erleuchtung* genannte Pappelfeige, unter der Siddhārtha die Erleuchtung erhielt. Natürlich steht dort nicht mehr der Originalbaum, der kaum 2500 Jahre überstanden hätte, sondern er wurde immer wieder durch einen neuen Baum ersetzt. In den Theravāda-Klöstern findet man häufig einen Bo-Baum, der in jedem Kloster eine Stätte der Meditation ist. In Bodh-gaya finden kostenlose Augenbehandlungen bis zu chirurgischen Eingriffen am Auge statt. Weil hier dem Buddha das *Auge der Wahrheit* aufging, hoffen augenleidende Buddhisten, an diesem Ort geheilt zu werden.

Sārnāth mit dem **Dhamek Stūpa** ist der Ort, an dem Buddha Gautama die Lehre verkündete. In dem von einer Mauer umgebenen und des Nachts verschlossenen Wildpark von Isipatana setzte er durch seine Predigt das **Rad der Lehre** in Bewegung. Dieses Rad kann niemand aufhalten. Es hat acht Speichen und symbolisiert so den **achtteiligen Pfad**. Deshalb findet man überall in Asien das Symbol des achtspeichigen Rades. Den ursprünglich 31 m hohen Dhamek Stūpa ließ der König Asoka im 6. Jahrhundert errichten. Da der Stūpa im 19. Jahrhundert zerstört und als Steinbruch benutzt wurde, sind nur noch die Grundmauern zu sehen. Viele buddhistische Orden und Organisationen haben in Sārnāth Klöster und Tempel errichtet.

In **Kusinara** starb Buddha Gautama, sodass der Ort zum Ziel von buddhistischen Wallfahrten wurde.

Erwähnt werden muss unbedingt der **Zahntempel in Kandy**. Es heißt, eine Prinzessin habe im 4. Jahrhundert, in ihrem Haar verborgen, einen Zahn des Buddha Gautama nach Kandy (Sri Lanka) gebracht. Im rosafarbenen Tempel wird ein großer Zahn des Buddha in einem vergoldeten Reliquienbehälter aufbewahrt. Nur wenigen Menschen wird der Zahn gezeigt. Die **Karanduwa**, das vergoldete Reliquiar, steht hinter einer Einfriedung. Das Behältnis selbst besteht aus sieben immer kleiner werdenden Kästchen, die alle vergoldet und mit Saphiren und Rubinen besetzt sind. Im Tempel befinden sich Miniaturbuddhas aus Smaragd und aus Bergkristall und heilige Texte, die auf Palmblätter geritzt wurden.

Einer der größten buddhistischen Tempel ist der von **Borobudur**, der zahlreiche

Im Zahntempel auf Sri Lanka in Kandy wird als Reliquie ein Zahn des Buddha Gautama aufbewahrt und verehrt. Der Buddha hat die Geste der Erdberührung eingenommen, d.h. die
linke Hand ruht im Schoß, während die rechte die Erde berührt. Sie symbolisiert Buddhas
Sieg über den bösen Mara und stellt den erleuchteten Buddha als Verkünder der Wahrheit dar.

Stūpas enthält. Außerdem wurden in dem Bauwerk die **zehn Stufen der Vollkommenheit** architektonisch nachgebildet.

Im Tibetanischen Buddhismus besitzt die Hauptstadt **Lhasa** eine kultische Bedeutung, da sie als *Platz der Götter* gilt. Der **Jokhang Tempel** ist der heilige Ort
Tibets schlechthin. Über dem Eingang prangt das achtspeichige Rad. Vor seinen
Mauern beten die Pilger. In der Haupthalle steht die vergoldete Statue des Buddha
Shakyamuni. Die **Jobo** genannte Figur zeigt den Buddha im Alter von 12 Jahren. Um
den Tempel führen drei Pilgerrundwege, die im Uhrzeigersinn begangen werden sollen. Die Buddhabildnisse werden von den tibetischen Buddhisten durch die **Geste
der acht Punkte** geehrt. Dabei liegen sie flach auf der Erde, nur beide Hände, Stirn,
Mund, Brust, Bauch und beide Knie berühren den Boden.

Die Meditation der Achtsamkeit

Wenn das Nirwaṇa zu Lebzeiten erreichbar ist, dann existiert es in der Welt, dann ist es die Wahrheit hinter allen Erscheinungen, die Wirklichkeit hinter den Täuschungen des Lebens, die es zu erkennen gilt.

Der Gott der abrahamitischen Religionen und das Nirwaṇa haben gemeinsam, dass man weder das Nirwaṇa noch Gott vollkommen erkennen und darstellen kann, weil beide das menschliche Erkenntnisvermögen unendlich übertreffen.

Die Mystiker im Christentum und im Islam (S. 293) haben versucht, durch einen besonderen Weg der Meditation Gott zu schauen, mit Gott eins zu werden. Darin lag und liegt ihre Sehnsucht. Zum Weg des Mystikers gehören Elemente der Meditation.

Der Buddhist erreicht sein Ziel, das Nirwaṇa, letztlich über Meditationen und bestimmte Yogaübungen. Yoga bedeutet eigentlich Anspannung, Arbeit. Es bezeichnet im Buddhismus bestimmte Meditations- und Asketetechniken, die dazu führen, dass der Yogi sich von der Welt ablöst und neue Bewusstseinszustände erreicht.

Zunächst zählen dazu Übungen, die zur Atemkontrolle, zum Zurückziehen der Sinne von den Gegenständen, die durch die Sinne wahrgenommen werden, zum Festhalten der Gedanken, schließlich zur vollständigen Versenkung in sich führen. Diesen Weg kann anfangs niemand allein gehen, jeder benötigt Anweisung und Anleitung durch einen Lehrer oder Führer (*Guru*).

Das Erreichen der Erleuchtung, wenn man es denn überhaupt schafft, kann Jahrzehnte in Anspruch nehmen und wird zum Hauptinhalt des Lebens. Aber es ist aus buddhistischer Sicht schon viel erreicht, wenn man sich bei der nächsten Wiedergeburt schon in einer besseren Position befindet als bei der letzten. So kann man sich von Wiedergeburt zu Wiedergeburt zum Nirwaṇa hinarbeiten.

Der Buddha hat das Nirwaṇa auch einmal als das Erlöschen einer Flamme bezeichnet. Dieses Bild ist insofern kompliziert, aber treffend, weil im indischen Denken die Auslöschung des Feuers nicht mit dem Ende des Feuers gleichgesetzt wird, sondern es geht in einen anderen Zustand über. Es brennt weiter, wechselt aber den Realitätszustand.

Vielleicht kann man das auch mit den Sternen vergleichen, die ja auch am Tage leuchten, nur eben nicht wahrgenommen werden, weil sie von der Helligkeit der Sonne überstrahlt werden. In diesem Beispiel würde Yoga dazu verhelfen, die Sterne auch am Tage trotz Sonnenlicht wahrzunehmen, weil die Meditation dazu führt, dass wir das Sonnenlicht in unserer Wahrnehmung ausschalten können oder durch das Sonnenlicht hindurch auf die Sterne sehen. Das Sonnenlicht stellt in diesem Vergleich die Anhaftungen des Lebens, die weltlichen Leidenschaften dar, die zu überwinden sind.

Mithilfe dieser Techniken lassen sich Bewusstsein und Wahrnehmung verändern, im Extremfall sogar so weit, dass Körperfunktionen wie beispielsweise der Blutdruck oder Schmerzempfindungen sich bewusst vom Gehirn steuern lassen. Diese Extremfälle sind allerdings sicher Ausnahmefälle.

Yoga und Meditation sind keine Erfindungen des Buddhismus. Der Buddha wurde wahrscheinlich von den Asketen in diese Techniken eingeführt. Aber was er tat, war, diese uralten Techniken zur Veränderung von Wahrnehmung und Bewusstsein mit Begriffen und Bildern zu verbinden, sodass diese Techniken auch begriffen und verstanden werden konnten. Da aber beide Fähigkeiten, die meditative und die verstandesmäßige Durchdringung der Welt, selten in einem Menschen gleich stark veranlagt sind, rief der Buddha die Mönche auf, sich gegenseitig zu schätzen und nicht aufeinander herabzublicken, weil man die eine Methode höher als die andere schätzte.

Denn die Menschen sind selten, die mit ihrem Körper das Nirwaṇa berühren.

Selten sind auch die, die die tiefe Realität sehen, indem sie durch die Prajñā (Intelligenz, Weisheit) *in sie eindringen.*

Die Meditationen beginnen mit der Übung *Wache am Tor der Sinne*. Der Mönch übt sich darin, sein Sehvermögen nicht von den Formen, die er sieht, sein Hörvermögen nicht vom Klang, seinen Geschmackssinn nicht von den Aromen, seinen Geruchssinn nicht von den Gerüchen, seinen Tastsinn nicht von dem Erfühlten, sein Denken nicht von den Denkobjekten fesseln zu lassen.

Es folgt die Meditation der Achtsamkeit. Sie ist ein Bewusstmachen aller körperlichen, gefühlsmäßigen und geistigen Prozesse, die wir gar nicht mehr wahrnehmen, weil sie automatisch ablaufen. Zum Beispiel atmet der Mönch bewusst lange ein und dann wieder lange aus, er beobachtet, dass er lange atmet, dann atmet er kurz und beobachtet, dass er kurz atmet. Er beginnt allmählich, bewusst seine Atmung zu steuern. Was er aber mit seinem Atem unternimmt, das betreibt er auch mit allen anderen alltäglichen Handlungen wie Gehen, Essen, Trinken, Sprechen. Diese Form von Bewusstwerdung unterzieht die automatischen, unbewussten Handlungen einer Bewusstseinskontrolle. Dadurch erlangt der Mönch eine »Klarheit«. Diese Klarheit bestätigt ihm, dass die Welt der Erscheinungen, das *Saṃsāra*, unwirklich ist wie auch die Seele. So wie das Selbst für den Buddhisten nicht existiert, findet er auch keine Seele im Lebewesen. Dadurch aber, dass man die Existenz der Seele verneinte, hatte man sich ein Problem geschaffen. Wenn es keine Seele gibt, was wird dann wiedergeboren? Die verschiedenen buddhistischen Schulen geben hier sehr unterschiedliche Antworten, die zum großen Teil darauf hinauslaufen, dass es ein feinstofflicher Körper ist, der wiedergeboren wird.

Wenn der Mönch die Bewusstseinskontrolle perfekt beherrscht, geht er an die Beseitigung der *fünf Hindernisse*: Verlangen, Bosheit, Schläfrigkeit, Aufregung und Zweifel. Hierzu sucht der Mönch, nachdem er sich Hände und Füße gewaschen hat, einen stillen Platz, zum Beispiel unter einem Baum oder auf einem Berg, beseitigt durch Bewusstmachen (Aufmerksamkeitsmeditation) die fünf Hindernisse und richtet sein Denken auf ein Ziel.

Nun beginnt der Mönch mit den eigentlichen Techniken, die sich in drei Bereiche unterteilen: in die Meditation (*dyābna*), in die Sammlung (*samāpatti*) und die Konzentration (*samādhi*).

In den Meditationen erreicht der Mönch auf der ersten Stufe durch das Nachdenken die Vernichtung der Begierden. Die Auslöschung der Begierden bereitet ihm Glück und Freude.

Auf der zweiten Stufe bringt er das

Meditationen helfen dem Mönch, die Anhaftungen der Welt zu überwinden, frei von allen Leidenschaften und Gefühlen zu werden, und eröffnen ihm die Möglichkeit zur Erleuchtung.

Nachdenken zur Ruhe. Wieder empfindet er Glück und Freude, aber auch innere Heiterkeit.

Drittens gelingt es ihm, die Freude auszulöschen. Nun bleibt er vollkommen gleichgültig und empfindet in seinem Körper Glückseligkeit.

Im vierten Stadium gelingt es ihm, auf Freude, Schmerz und das Gefühl des Glücks zu verzichten. Er befindet sich im Zustand vollkommener Reinheit und Gleichgültigkeit.

Danach wendet er sich den vier Sammlungen zu, die das Ziel verfolgen, das Denken zu reinigen. Es wird von seinen weltlichen Inhalten geleert, indem sich der Mönch auf die Unendlichkeit des Raumes und des Bewusstseins konzentriert und schließlich die Nichtigkeit erfährt. Nun hält der Mönch jede Wahrnehmung und jede Vorstellung an. Mit offenen Augen sieht er nichts mehr, er hört nichts mehr, er riecht nichts mehr, er fühlt nichts mehr, er verspürt keine Empfindung mehr. Er ist in der Lage, aus seinem Körper ein Geist-Wesen hervorgehen zu lassen, mit dem er überall hingehen kann, wo er will. Während sich sein materieller Körper an einem Ort befindet, kann er sich mit dem Geistkörper auf Reisen begeben, weite Entfernungen zurücklegen und durch Wände gehen.

All diese Meditationen und Sammlungen führen zur Konzentration, in der er schließlich das Nirwaṇa berührt. Im Rahmen der Konzentration führen die Yogatechniken den Mönch auf den *Weg der Befreiung*, der vier Etappen beinhaltet:

Eintritt in den Strom: Der Mönch befreit sich von Zweifeln und Irrtümern. Ein Ende ist abzusehen, er wird, wenn er diese Stufe erreicht hat, nur noch siebenmal wiedergeboren.

Einzige Rückkehr: Der Mönch überwindet die Leidenschaften, den Hass und die Dummheit. Er wird nur noch einmal wiedergeboren.

Ohne Rückkehr: Alle Irrtümer, alle Zweifel, alle Begierden, alle Anhaftungen, alles, was Welt ist, ist von ihm gewichen. Er ist in einem Geistkörper wiedergeboren und erlangt die Erlösung.

Der Verehrungswürdige: Der *Arhat*, der Heilige, dem keine Unreinheiten mehr anhaften und den keine Leidenschaft mehr erreicht. Am Ende seines Lebens erreicht er das Nirwaṇa.

Der Buddhismus hat schließlich sogar im Lehr-*Satz vom Entstehen in Abhängigkeit* erklärt, wie es zu den Wiedergeburten kommt, wie eines aus dem anderen hervorgeht.

Nach den vier edlen Wahrheiten und dem edlen achtteiligen Pfad stellt der Satz vom Entstehen in Abhängigkeit einen Grundpfeiler des buddhistischen Denkens dar.

Der Lehrsatz wird von den verschiedenen Schulen unterschiedlich ausgelegt. Im Grunde erklärt er über eine

Reihe von zwölf Gliedern, die einander bedingen, also voneinander abhängig sind, den Kreislauf der Welt.

Die Grundursache, das, woraus alles entsteht, das Ur-Ei ist das Nichtwissen. Denn die Unwissenheit bringt das Bewusstsein hervor, und das Bewusstsein das Verlangen und die Begierden, die wiederum zu den Ergreifungen führen, denn an unseren Wünschen hat uns die Welt ergriffen und gepackt. Begierden und Wünsche verursachen sexuelle Leidenschaften, die wiederum bringen Zeugungen und mithin Geburten hervor, der Kreislauf von Leben, Krankheit,

Alter und Tod beginnt von Neuem. Deshalb steht am Ende des Buddha-Weges das Wissen, mit dem das Nichtwissen vernichtet wird. Wenn aber das Nichtwissen zerstört ist, ist die Ursache für das Entstehen in Abhängigkeit beseitigt. Am Ende seines Weges ist der Buddha in der Lage, die Ursache für die Wiedergeburt, das *Saṃsāra*, zu vernichten. Damit ist das *Saṃsāra* ausgelöscht. So kann man auch die Auslöschung von *Saṃsāra* Nirwaṇa nennen. Aus diesem Grund besteht das höchste Ziel des Buddhismus und das Erreichen der Erlösung im Wissen, in der Erkenntnis, in der Erleuchtung.

Mönchswesen

Der Buddhismus ist von seinem Ursprung her eine Mönchsreligion. Buddha Gautama predigte, dass der Weg zum Glück über den Weg des Mönches geht. Die buddhistische Gemeinde *(saṃgha)* besteht aus den **vier Versammlungen** *(parisad)*, den Mönchen *(bhiksu)*, den Nonnen *(bhiksuni)*, den männlichen Laien *(upāsaka)* und den weiblichen Laien *(upāsikā)*. Nach seiner Erleuchtung in Bodh-gayā nahm Buddha Gautama zunächst die Kaufleute Trapusa und Bhallika als Laienschüler auf. Nach seiner Predigt im Gazellenhain bei Vārāṇasī baten ihn die fünf Asketen, Schüler aus der Zeit vor seiner Erleuchtung, sie als Mönche aufzunehmen. Dadurch entstand die Mönchsgemeinschaft.

Während der **Hinayāna-Buddhismus** in der Nachfolge des Buddha den Weg der Mönche und Nonnen, nämlich derjenigen, die der Welt und dem Alltag den Rücken kehrten, als im Grunde einzigen Heilsweg sahen, schuf der **Mahāyāna-Buddhismus** alternative Heilswege für die Laien, ohne aber auf das Mönchswesen zu verzichten.

Eine Gemeinschaft von Mönchen nennt man eine **Saṃgha der vier Himmelsrichtungen** *(caturdisabikhsusamgha)*. Mindestens vier Mönche müssen zusammenkommen, um eine *samgha* zu bilden.

Die Gemeinde spaltete sich in verschiedene **Nikāya** (Schulrichtungen). Eine Nikāya besitzt eigene Texte, beziehungsweise schuf sich eine eigene Auswahl an verbindlichen Texten. Mönche können verschiedenen Richtungen im Buddhismus angehören, doch wenn sie in einer Nikāya, in einer Rechtsschule, ordiniert sind, dann können sie auch gemeinsam leben, weil alle rechtlichen Bestimmungen, die ihr tägliches Leben regeln, gleich sind.

Auch ein Mahāyāna-Mönch ist nach den Rechtstexten und -bestimmungen (*Vinayāna*) des Hinayāna geweiht, hat aber nur zusätzliche Regeln zu befolgen, die zumeist moralischer Natur sind. Sie folgen aus der Vorstellung, dass ein Bodhisattva seine Buddhaschaft aufschiebt, um so viele Menschen wie möglich zu erlösen. Während das Ziel des Hinayāna darin besteht, so schnell wie möglich die eigene Buddhaschaft zu erreichen.

Der buddhistische Mönch lebte zunächst davon, dass die Bevölkerung ihn durch Nahrungsmittelspenden am Leben erhielt. Zunächst existierten noch keine Klöster und die Mönche und Nonnen wanderten und übernachteten im Wald. Die **dritte Mönchsregel** im Vinayāna der Theravādin schreibt vor, dass der Mönch am Fuß eines Baumes zu nächtigen hat. Schließlich wurde gestattet, dass Mönche während der Regenzeit (Monsun) in einem Tierverschlag oder in einem Boot schlafen durften. Im Laufe der Zeit entstanden Unterkünfte, in denen die Mönche während der Regenzeit wohnten. Diese Unterkünfte entwickelten sich zu Klöstern. Die Klöster wurden oft an Verkehrsknotenpunkten in der Nähe größerer Siedlungen errichtet, weil die Mönche nicht zu nah und nicht zu fern von Städten leben sollten.

Klöster bestehen aus dem Wohnbereich und dem Kultbereich. Zum Hauptverehrungsobjekt im Kultbereich wurde die **Stūpa**. Die Stūpa existierte als Tumulus, als Rundbau, bereits vor dem Buddhismus und diente als Begräbnisstätte. Nun enthielten sie Reliquien des Buddha und symbolisierten ihn auch. In einer Stūpa in Sri Lanka befindet sich beispielsweise als Reliquie ein Zahn des Buddha Gautama. Buddha- oder Bodhisattva-Figuren stehen in den Nischen der Stūpas.

Um in einen Orden aufgenommen zu werden, ist ein Mindestalter von acht Jahren erforderlich. Zunächst ist man Novize. Zum Eintritt in eine Mönchsgemeinschaft gehören das Anlegen der gelben Robe, das Scheren der Kopf- und Barthaare, die Niederwerfung vor einem Lehrer und das Ausrufen der Zufluchtsformel:

Ich nehme meine Zuflucht zum Buddha.

Da der Mönch sich von der Welt und ihren Leidenschaften und Eitelkeiten befreien soll, ist seine Kleidung sehr einfach gehalten. Sie besteht aus drei Tüchern.

Ich nehme meine Zuflucht zur Lehre.

Ich nehme meine Zuflucht zur Mönchsgemeinde.

Außer dem, was den Laien verboten ist, ist es Mönchen untersagt, nach dem Mittag Nahrung zu sich zu nehmen, an Tanz, Musik und Gesangsaufführungen teilzunehmen, sich Schauspiele anzusehen, Salben, Parfüm und Blumenschmuck zu verwenden, ein bequemes Bett zu benutzen, Geld, Gold oder Silber anzunehmen. Die eigentliche **Weihe** macht aus dem Novizen einen Mönch. Für die Ordination ist ein Mindestalter von 20 Jahren vorgeschrieben. Bei diesem Ritual müssen mindestens zehn Mönche anwesend sein.

Die **Kleidung des Mönchs** besteht aus drei Tüchern, dem Obergewand, dem Untergewand und einem Umhang. Für den persönlichen Gebrauch besitzt er die Almosenschale, den Gürtel, das Schermesser, die Nadel, den Stock, das Zahnholz.

Als Nahrung sind zwar Fisch und Fleisch erlaubt, aber man darf *nicht sehen, nicht hören, nicht vermuten*, dass das Tier eigens für den Mönch getötet worden war.

Für den Mönch gilt ein geregelter Tagesablauf, in dessen Zentrum das Meditieren steht. Da es unterschiedliche Ordnungen gibt, soll als Beispiel **der Tag in einem Theravāda-Kloster** geschildert werden:

4.30 Aufstehen

4.31–4.50 Sport: 10 Liegestütze, 20 Kniebeugen etc., rasieren, die gelbe Robe anlegen

4.51–5.00 achtsam eine Schale Tee trinken

5.01 zum Tempel hinaufsteigen

5.15–5.45 Lob des Buddha, der Lehre, des Ordens und Zitieren von Versen aus den Heiligen Schriften

5.46 Rückkehr ins Wohnhaus

6.00–7.00 Sitzen mit verschränkten Beinen und den Geist auf das Atmen konzentrieren

7.01–7.14 Ausfegen des Wohnraums.

In dieser detaillierten und zeitlich genau festgelegten Reihenfolge schließen sich an das Reisessen, die Reinigung der Almosenschale, Aufsteigen zum Bodhi-Baum, verlangsamtes Gehen unter dem Bodhi-Baum, Lesen, Schreiben, Lernen, Reismahlzeit, Reinigung der Almosenschale und der Zähne, achtsam eine Schale Tee trinken, Aufstieg zum Tempel und Preisen des Buddha, der Lehre, des Ordens, Rezitation von Versen, entspanntes Liegen auf einer Holzpritsche, Sprachunterricht, Aufsteigen zum Bodhi-Baum, verlangsamtes Gehen unter dem Bodhi-Baum, Abstieg zum Speisehaus, achtsam eine Schale Tee trinken, den Körper waschen, Zähne mit Holzkohle polieren, Aufstieg zum Tempel und Preisen des Buddha, der Lehre, des Ordens, Rezitation von Versen.

19.00–19.30 mit den anderen Mönchen reden, Betel kauen

19.32–20.00 lesen, schreiben

20.31–21.30 sitzen mit verschränkten Beinen und den Geist auf das Atmen konzentrieren

21.31 zu Bett gehen

21.32–4.00 Nachtruhe.

Die Rangfolge im Kloster regelt das Alter, die Älteren genießen vor den Jüngeren Vorrang. Allerdings gilt ein Arhat (Heiliger) mehr als ein gewöhnlicher Mönch.

Der Weg zur Weltreligion

Nach seiner Erleuchtung predigte der Buddha noch 50 Jahre, starb mit 80 Jahren hochverehrt im 5. Jahrhundert v. Chr. und hinterließ eine große Anhängerschar. Seine Schüler gaben seine Lehre und den Inhalt seiner Predigten mündlich von Generation zu Generation weiter. Schließlich wurden mehrere Mönchsversammlungen (Konzile) abgehalten, 370 v. Chr. in Rājagrha, 350 v. Chr. und 250 v. Chr. in Pāṭaliputra, in denen man sich auf einen Kanon der Lehre und Predigten einigte und verbindliche Regeln festlegte.

Da man sich aber nicht in allen Punkten einigen konnte, kam es zur ersten Aufspaltung in verschiedene Schulen. Ein Streitpunkt war beispielsweise die Stellung und der Weg für die Laienbuddhisten, also für diejenigen, die zwar den Glauben teilten, aber nicht ihre Familien verlassen wollten, um Mönche zu werden. Ihr Weg war eigentlich in den ursprünglichen Lehren des Buddha nicht vorgesehen. So trennten sich diejenigen, die den Heilsweg nur für die Mönche vorsahen, die Theravāda-Buddhisten, von den Mahāyāna-Buddhisten, die sich stärker den Laien zuwandten und für sie einen Erlösungsweg konzipierten (S. 84).

Unter dem König Aśoka breitete sich der Buddhismus im 3. Jahrhundert v. Chr. in ganz Indien aus und wurde zur beherrschenden Religion. Von hier trat er seinen Siegeszug in den Himalaja, nach China, in die Mongolei, nach Korea, Japan, nach Thailand, Laos, Kambodscha und Vietnam an. In Thailand

Mönch in der Meditation. Zu einem festen Bestandteil des Versenkens in sich selbst und zum Anfang einer Meditation gehört die Kontrolle des Atems.

erreichte er eine besondere Stellung und wurde zur Staatsreligion.

In Indien wurde der Einfluss des Buddhismus durch die muslimischen Eroberer zurückgedrängt. Die Mönche wurden verfolgt. Außerdem verlor der Buddhismus durch das Erstarken des Hinduismus (S. 45) an Einfluss.

In Westeuropa, in den USA und Australien gewann der Buddhismus durch Einwanderung von Menschen aus Asien, die Buddhisten waren, und durch das Interesse vieler Menschen, die in den Industrienationen nach neuen Sinninhalten suchten, an Verbreitung. Nur in Südamerika und Afrika vermochte es der Buddhismus nicht, Fuß zu fassen. In Südamerika lag es an der starken Stellung des Katholizismus, in Afrika an der Stärke des Islam, des Christentums und der Stammesreligionen, die eine nennenswerte Ausbreitung des Buddhismus verhinderten.

Die buddhistischen Schulen

Im Buddhismus sind über die Jahrtausende hinweg sehr viele Schulen und Sekten entstanden. Allerdings lassen sich vier große Hauptströmungen ausmachen:

Theravāda-Buddhismus

Auf dem zweiten Konzil von Vaisali um 350 v. Chr. kam es zu einer Auseinandersetzung über die **Ordensregeln** (*vinaya*). Ein Teil der Mönche wünschte, dass die strengen Ordensregeln erleichtert würden, um den Menschen den Eintritt in die Orden zu erleichtern. Auf dem dritten Konzil von Pātaliputra im 3. Jahrhundert v. Chr. erfolgte dann die Trennung. Hier zerfiel der Buddhismus das erste Mal in zwei große Gruppierungen. Einer der wichtigen Streitpunkte bestand in der Definition des Heiligen (*arhat*).

Ein **Arhat** ist den Erlösungsweg des Buddha bis zum Schluss gegangen und hat das Nirwaṇa gesehen. Unter einem **Buddha** versteht man nicht nur den Buddha Gautama, sondern jeder Mensch, der den Erlösungsweg bis zum Ende gegangen ist, d. h. ins Nirwaṇa übertrat, und dabei eine eigene Lehre, also einen besonderen Weg, entwickelt hat, ist ein Buddha. Im Unterschied zum Buddha folgt der *arhat* lediglich der Lehre eines Buddha, anstatt die Lehre aus sich selbst heraus zu entwickeln.

Für einen *arhat* gelten sehr strenge Regeln. Weil aber viele Mönche diesen Eh-

rentitel tragen wollten, plädierten sie für Erleichterungen und für die Abschwä-
chung der Regeln. Konkret ging es um Fragen wie beispielsweise die Keuschheit des
arhat: Da die Mönche sexuell enthaltsam leben sollten, spaltete die Frage, ob ein
arhat im Schlaf und im Traum einen Samenerguss haben durfte oder nicht, das Konzil. Die Problematik, ob der *arhat* vollkommen frei von Unwissenheit und Zweifeln
sein müsse, ob er überhaupt fremde Hilfe in Anspruch nehmen dürfe, wie es mit
Magie und der magischen Gebets- und Meditationsilbe *Oṃ* als Hilfsmittel stünde,
entzweite schließlich die Mönchsgemeinschaft. Diejenigen, die sich an die strengen buddhistischen Regeln hielten, nannten sich **stahviras** (die Älteren), und diejenigen, die Buddhas Lehre weiterentwickeln wollten und den Buddhaweg für viele
Menschen, auch wenn sie Laien bleiben wollten, zu öffnen gedachten, nannten sich
mahāsāṃghikas. Der Begriff bedeutet: der großen Gemeinde zugehörig, weil sie auf
dem Konzil die Mehrheit besaßen.

Später wurden die Schulen der *stahviras* von deren Gegnern (auch abschätzig)
Hinayāna (Kleines Fahrzeug) genannt. Als bedeutendste Schule des Hinayāna
gingen die Theravādins hervor. Das Hauptwerk der Theravāda-Buddhisten ist das
Kathāvatthu aus dem *Abhidhamma-Piṭaka* (S. 57).

Die zentrale Gestalt des **Theravāda-Buddhismus** ist der Heilige (*arhat*), der
durch eigene Anstrengung und durch die kompromisslose Befolgung der Lehre Buddhas erlöst wird und das Nirwaṇa erlangt. Der Weg dorthin führt über eine strenge Ordensdisziplin und die kompromisslose Reinheit im Denken und Handeln. Gegenüber dem Laien besitzt der Mönch einen höheren Stellenwert. Der Buddha wird
konsequent als Mensch gesehen, der tatsächlich gelebt hat und aus sich selbst heraus – im Unterschied zum *arhat* – die Erleuchtung und Erlösung gefunden hat. Der
Buddha selbst wird *samyaksambuddha* genannt, der **Vollständig Erwachte**.

Die Theravāda-Buddhisten haben vor allem im Süden Indiens gewirkt und
sich in Südostasien ausgebreitet. Ihre größte Wirksamkeit in Indien entfalteten
die Theravādins im 3. Jahrhundert v. Chr., als der indische Großkönig Aśoka zum
Theravāda-Buddhismus übertrat und ihn als einigendes, religiöses Band für Indien
nutzte. So wie später Kaiser Konstantin der Große das Christentum im Römischen
Reich (S. 231) zur Staatsreligion erhob, um eine Gemeinsamkeit für die vielen Menschen und Völker des Imperium Romanum zu schaffen.

Man schätzt, dass 38 % der ca. 350 Millionen Buddhisten weltweit Theravādins sind.

Mahāyāna-Buddhismus

Mahāyāna oder das Große Fahrzeug ist die Sammelbezeichnung für eine Vielzahl von Schulen (zum Beispiel *madyahmika, yogācāra*), die aus dem *mahāsānghika* hervorgingen. Während das **Hinayāna** eher ein Weg für Mönche und Nonnen ist, so öffnet sich das **Mahāyāna** ganz dem Laien, statt Strenge und Kargheit gewinnen Milde und Fülle an Bedeutung.

Das Zentrum der religiösen Vorstellungen bildet die komplizierte **Drei-Körper-Lehre** (*tri-kāya*). Im unendlichen Weltraum existieren sehr viele Buddhas gleichzeitig. Aus dem ersten Buddha (*Ādibuddha*) sind alle folgenden Buddhas hervorgegangen. Der Buddha Gautama ist eine spätere Gestalt des *Ādibuddha*. Er ist der Buddha unseres Weltzeitalters.

Die Buddhas bilden in ihrer Gesamtheit den **Körper** (*ḳāya*) **des Gesetzes oder der Lehre** (*dharmakāya*). Aus dem *dharmakāya* entstehen durch Meditation unendlich viele Buddhas, die man *Körper des Genusses (sambhogakāya)* nennt. Diese Buddhas sind sehr fein und können auch nur in der Meditation geschaut werden. Nur die Bodhisattvas können sie mit ihren 32 Kennzeichen eines großen Mannes (z. B. goldene Hautfarbe, große Zunge) und den 80 untergeordneten Zeichen erkennen, normale Menschen nicht.

Mittels Meditation erzeugen die Genusskörperbuddhas ihrerseits reale, in der Welt wirkende Körper, die **Verwandlungskörper** (*nirmāṇakāya)*. Sind die Genusskörperbuddhas feinstofflich, also so fein, dass sie nur mittels Meditation wahrzunehmen sind, so sind die **Verwandlungskörperbuddhas** (*nirmāṇakāya)* grobstofflich und von allen Menschen erkennbar, denn sie treten in menschlicher Gestalt auf, so wie der **Buddha Gautama**. Der Verwandlungskörperbuddha ist im Gegensatz zu dem Genusskörperbuddha und dem Gesetzeskörperbuddha aufgrund seiner grobstofflichen Natur sterblich. Er kommt in menschlicher Gestalt zur Welt, um die Menschen zu bekehren.

Die Ähnlichkeit zum Monotheismus ist erstaunlich, und man fühlt sich in der Drei-Körper-Lehre an die Trinität (S. 232 und S. 235) erinnert: Gesetzeskörperbuddha (*dharmakāya*), Genusskörperbuddha (*saṃbhogakāya*) und Verwandlungskörperbuddha (*nirmāṇakāya),* der auf die Erde kommt, als erstens Gott, der schon immer war, zweitens der feinstoffliche Heilige Geist und schließlich der zur Welt kommende Sohn (Jesus).

Aus der Vorstellung des *nirmāṇakāya*, des sterblichen Buddha als Manifestation des unsterblichen Buddha folgt die **Vergöttlichung des Buddha Gautama**. Der historische Buddha wird in der Lehre des Mahāyāna zu einem transzendenten (alle Zeiten, Realitäten und Erfahrungen überschreitenden) Buddha, zu einem magischen Wesen, denn der Buddha Gautama wird nun mit Vorgängern, mit Bodhisattvas umgeben. Die Gestalt des **Arhat**, des Heiligen, wurde zunehmend von dem für das Mahāyāna typischen Bodhisattva verdrängt.

Unter einem **Bodhisattva** (Erleuchtungskörper) versteht man einen Erleuchteten, einen Buddha, der aber bewusst für eine gewisse Zeit auf seine Buddhaschaft und auf das Eingehen ins Nirwaṇa verzichtet, weil er aus Mitleid mit dem Leiden der Menschen ihnen den Weg zur Erlösung ebnen will. Zuweilen reichen für den Gläubigen ein Bekenntnis zum Bodhisattva und seine Anrufung aus, um von ihm ins Nirwaṇa versetzt zu werden. Ein Bodhisattva durchläuft sechs Stufen der Vollkommenheit, bevor er auf Stufe sieben die Wahrheit, das wirkliche Wesen der Realität, versteht. Auf Stufe zehn erreicht er die Buddhaschaft. Die **zehn Vollkommenheiten** sind: Opferbereitschaft, Sittlichkeit, Geduld, Energie, Meditation, Erkenntnis, Meisterschaft in der Anwendung der Mittel zur Bekehrung, Gelübde, Kraft und Erkennen. Die 10-Stufen-Lehre wurde im Tempel von Borobudur auf Java architektonisch gestaltet. Auf zehn Terrassen kann man die künstlerisch gestalteten Stufen des Weges des Bodhisattva bewundern.

Dem *arhat* des Hinayāna kommt es darauf an, sich selbst zu erlösen, dem Bodhisattva des Mahāyāna hingegen, die anderen zu befreien. Er schwört:

Ich habe das Gelübde abgelegt: Wenn irgendein Wesen kommt und bei mir Zuflucht nimmt, werde ich es unter allen Umständen retten und schützen. So kennt das Mahāyāna wie das Christentum die **Erlösung durch Gnade**.

Die Mahāyāna verehren acht Bodhisattvas (*aṣṭamahābodhisattva*). Wichtig ist der zukünftige Buddha, der die endgültige Erlösung für alle Menschen bringen wird: **Maitreya** (Der Liebende), der aber zurzeit noch ein Bodhisattva ist.

Der bedeutendste, wichtigste und am stärksten verehrte Bodhisattva ist **Avalokiteśvara**. Er ist der *Herr, der herabschaut*, mitleidig auf das Elend der Menschen sieht und hilft. Er ist die Verkörperung des Mitempfindenden und des Helfers.

Aus den zehn großen Übeln, von denen das indische Denken spricht, kann er Rettung bringen. Seine wichtigste Aufgabe besteht darin, den Geist von den drei Giften (Gier, Hass, Verblendung) zu befreien. Jedem, der von ihm Rettung erfleht, erscheint er in der Gestalt, in der in der Bittende braucht. Die Seelen der Verstorbenen führt er ins Glückliche Land. Der Bodhisattva, Sohn des Buddha Amitābha, wohnt auf einem Berg im Westen, der das Westliche Paradies genannt wird. Dieser Berg wird mit dem Potalaka-Berg gleichgesetzt. Der im 17. Jahrhundert in Tibet errichtete Palast des Dalai Lama heißt Potala in Anspielung auf den Potalaka-Berg, denn der **Dalai Lama** gilt als Verkörperung des Avalokiteśvara.

Das Mahāyāna entstand in Nordwestindien. Hier existierten noch Nachfolgestaaten des Alexanderfeldzuges. Deshalb ist es wahrscheinlich, dass das Mahāyāna mit der griechischen Philosophie in Berührung kam, denn das Mahāyāna bildete starke philosophische Schulen aus. In einigen Theorien der mahayanischen Philosophen finden sich Ähnlichkeiten zur Lehre der griechischen Atomisten oder des Aristoteles.

Besonders breitete sich das Mahāyāna nach Norden, nach Tibet, und nach Osten aus, nach China und Japan. Etwa 56 % der heute praktizierenden Buddhisten sind dem Mahāyāna zuzurechnen.

Tantrayāna-Buddhismus

Diese besonders in Tibet und in China praktizierte Richtung des Buddhismus wird vom Hinayāna und Mahāyāna nicht als authentisch angesehen und deshalb abgelehnt.

Unter **Tantra** (Ursprung) versteht man sowohl das Lehrsystem als auch die Schriften, in denen die Lehren niedergelegt wurden. Sie gliedern sich in vier Schwierigkeitsklassen, wobei die ersten drei Klassen (*kriyā tantra*, *caryā tantra* und *yoga tantra*) auch äußeres Tantra genannt werden, weil sie der Vorbereitung des Geistes und des Körpers auf das eigentliche Tantra dienen. Die vierte Klasse, die *anuttarayoga tantra* (inneres Tantra) genannt wird, beschäftigt sich damit, dass der Meditierende sich in sehr tiefe, sehr heilige Regionen versetzt und dadurch die höchste Erkenntnis erlangt. Dieser Weg ist ausgesprochen gefahrvoll und kann nur nach gründlicher Vorbereitung beschritten werden.

In den Schriften wird ein kompliziertes, stufenförmiges philosophisches Weltsys-

Das Kloster von Borobudur, gelegen auf einem 14 m hohen Hügel in der Kedu-Ebene auf Java: Der Grundriss stellt ein Mandala dar, das früher einmal aus 432 Buddhas bestand. Die Reliefs auf den Terrassen verdeutlichen den vorbildlichen Pilgerweg, der von der Welt der Begierden zur Welt der Formlosigkeit führt.

tem entwickelt, das dem Uneingeweihten unverständlich und verschlossen bleibt. Es wird als Geheimwissen angesehen und dem Gläubigen nur durch Initiation, d.h. durch feierliche Weihe, vermittelt. Das Ziel des Gläubigen besteht darin, durch starke, gefährliche Meditationsmethoden schnell die höchste Erkenntnis zu erlangen, die darin besteht, mit dem Absoluten zu verschmelzen. Das lässt sich sehr vorsichtig mit dem Ziel christlicher Mystiker vergleichen, mit Gott eins zu werden, in Gott aufzugehen.

Zu den wichtigen Bestandteilen des Tantrayāna zählen die Nutzung von Meditations- und Yogatechniken, die Verwendung geometrischer Diagramme (**Mandala und Yantra**), die Weihe als Weg zum Erreichen höherer Bewusstseinszustände, die Benutzung magischer Silben (**Mantra**) und Handhaltungen (**Mudrā**), die Markierung von Körperstellen mit Mandalas und die Benutzung volkstümlicher magischer Vorstellungen, wie sie beispielsweise aus der alten Bön-Religion Tibets stammen.

Der tantrische Weg gilt als gefährlich, und es wird dringend empfohlen, ihn nur mit einem Lehrmeister, einem Guru, zu gehen, niemals aber allein.

Das Tantrayāna wird auch **Vajrayāna** (Diamantfahrzeug) genannt. Die Religion des Dalai Lama, der sogenannte Lamaismus, gehört zum Tantrayāna.

6 % aller Buddhisten folgen dem Weg des Tantrayāna.

Zen-Buddhismus

Der Mahāyāna-Buddhismus drang auf leisen Sohlen in das chinesische Denken ein, denn die Chinesen fragten sich ohnehin in ihrer klassischen Philosophie, welches der rechte Weg des Menschen *(tao)* sei (S. 106). Und der Buddhismus bot eine Antwort, die perfekt in die Denkweisen der Chinesen passte. Im 5. Jahrhundert n. Chr. kam der indische Meister Bodhidharma nach China. Er lehrte einen besonderen Weg zur Erleuchtung, der über meditative Übungen ging. In einer bestimmten Sitzhaltung saß er Stunden und schaute eine leere Wand an, um nichts mehr zu schauen, um sich von der Welt zu lösen und die Leere, die Ewigkeit in sich zu spüren. Hierzu wandte er auch spezielle Atemtechniken an. Diese Meditation nun nennen die Inder *Dhyāna*, die Chinesen *Chan* und die Japaner *Zen*.

Das Zen, diese besondere Form der Meditation, stellt die eigentliche Kraft und die Quelle der Kraft im Menschen dar. Deshalb nennen die Chinesen diese Schule Chan-Buddhismus, die Japaner Zen-Buddhismus. Allerdings wurden die vielfältigen Meditationsmethoden des Buddhismus auf die Sitzmeditation reduziert.

Gerade die Unterweisung des Schülers durch den Meister, die Jahrzehnte in An-

Das Mandala wird von den Meditierenden im Vajrayana und im Lamaismus genutzt, um sich zu versenken. In dem Sinnbild ist der Palast einer Gottheit abgebildet, der von mehreren Kreisen umgeben wird, die den Meditierenden helfen sollen, das Bewusstsein zu läutern, sich zu reinigen und zu konzentrieren. Das Bild stellt eine Meditationsanleitung dar.

spruch nehmen kann, bildet den Mittelpunkt des Zen. Bedeutend in diesem Verhältnis ist das *koan*, eine Aufgabe, die der Meister dem Schüler stellt, mit deren Lösung die Erkenntnis oder Erleuchtung verbunden ist. Da die Erleuchtung individuell ist, jeder seine Wahrheit in sich finden muss, gleicht kein *koan* dem anderen.

Der Inder Bodhidharma war der erste Meister des Chan-Buddhismus. Ihm folgten in direkter Linie sechs weitere Meister, die seine Lehre und das geheime Wissen weitergaben und bereicherten. Allmählich begann man, die Lehrbeispiele, Geschichten und Aussprüche der Meister aufzuschreiben, und verfasste die Biografien der Meister, die aus Anekdoten und Aussprüchen bestanden.

Im 11. Jahrhundert kommentierte der Meister Hsüä-dou diese Sammlung durch Verse und nannte dieses umfangreiche Werk »Beispiele der Alten mit Gesängen«. Ein weiterer Meister, Yüan-wu, unterwies seine Schüler, indem er Kapitel für Kapitel der Sammlung kommentierte.

Das Thema seiner Unterweisung fasst folgender Vers zusammen:

Affen verziehen sich, das Junge im Arm
hinter die grünen Hänge.
Vögel stürzen sich, Blumen im Schnabel,
vor die Smaragdene Wand.

Er spielt darauf an, dass gerade im Flüchtigen ein Moment der Ewigkeit steckt, den es gilt zu erkennen.

In der Nichtigkeit des vergänglichen äußeren Scheins enthüllt sich für einen kurzen Moment die Wahrheit, die der Gläubige sucht. Diese Wahrheit versucht man, im Zen zu erkennen:

Hinterm Berge Rauch sehen und schon wissen: Dort brennt ein Feuer; hinter der Hecke
Hörner erblicken und alsbald merken: Da weidet Vieh.
Denn:
Hat einer gar den Strom der Mannigfaltigkeiten in sich abgeschnitten, dann mag er,
sei's im Osten, sei's im Westen, bald auftauchen, bald verschwinden, mag kreuz und
quer sich einmal widersetzen, ein andermal gehorchen, mag geben und mag nehmen,
ganz frei auf sich gestellt.

DIE RELIGIONEN CHINAS
DER WEG DER HARMONIE

Der chinesische Universismus

Es ist ein innerster Zusammenhang zwischen dem Himmel oben und dem Volke unten, und wer das im tiefsten Grund erkennt, der ist der wahre Weise. (Shu-ching: Buch der Dokumente)

In China leben rund 1,3 Milliarden Menschen. Hinzu kommen Millionen Auslandschinesen, die in vielen Ländern der Erde wohnen und zum Teil ihren religiösen Bräuchen und Vorstellungen treu geblieben sind. Rein unter zahlenmäßigem Gesichtspunkt ist der **chinesische Universismus** bereits eine Weltreligion, obwohl er sich, mit den Maßstäben eines traditionell europäischen oder arabischen Verständnisses gemessen, nur schwer als Religion einordnen lässt. Die Vorstellung eines starken, über allen und allem stehenden Schöpfergottes fehlt hier vollkommen. Wenn man aber Religionen, wie es der Theologe Paul Til-

lich vorschlug, nicht mit dem Glauben an einen Gott gleichsetzt, sondern sie als den Glauben an ein Letztes und Unbedingtes versteht, kommt man dem Phänomen näher.

Vernachlässigt man die ausländischen Religionen wie Christentum oder Islam, so stößt man im Reich der Mitte, wie China sich in früheren Zeiten genannt hat, auf ein einzigartiges religiöses Phänomen, das der niederländische Sinologe Jan Jakob Maria de Groot (1854–1921) Universismus genannt hat. Der Glaube an den Himmel vereint nämlich unter seiner mächtigen Kuppel drei Religionen:

- **den Buddhismus,**
- **den Taoismus und**
- **den Konfuzianismus**.

Die Besonderheit des chinesischen Denkens führte dazu, dass unterschiedliche Religionen nicht nur über Jahrtausende friedlich nebeneinander bestanden, sondern sich auch gegenseitig beeinflusst haben. Auf diese sehr besondere Weise entstand ein einzigartiges Geflecht von Religionen. Spätestens seit dem 4. Jahrhundert nach Christus bestehen Elemente der alten Volksreligion wie beispielsweise der Ahnenkult, der Konfuzianismus, der Taoismus und der Buddhismus nebeneinander und durchdringen einander auch.

Der **Buddhismus** ist die einzige ausländische Religion, der es in China glückte, heimisch zu werden. Die Ursache dafür, dass der Buddhismus von den Chinesen quasi adoptiert wurde, findet sich im Zusammentreffen zweier glücklicher Umstände. Erstens kam der indische Buddhismus in einer Zeit nach China, in der die Chinesen sehr offen waren für die Leistungen der indischen Kultur, und zweitens vertrugen sich die Vorstellungen des Buddhismus hervorragend mit der chinesischen Denkungsart.

Die Denkweisen der Chinesen unterscheiden sich von dem europäischen Denken sehr stark. Sie sind so vollkommen andersartig, dass man sich zuvor darüber eingehend informieren muss, wenn man den Universismus auch nur annähernd verstehen will.

Der Europäer denkt objektzentriert und analytisch. Er sieht die Probleme außerhalb von sich selbst, nimmt sie auseinander und zerlegt sie in ihre kleinsten Bestandteile. Der Chinese sucht seinen Platz in der Problematik. Er ver-

sucht, sich hineinzubegeben in den großen Zusammenhang und sieht sich als ein Teil des Ganzen. Ein Beispiel aus der Welt der Musik zeigt das sehr schön. In Europa wird einem Orchester ein Dirigent vorangestellt, der dafür sorgt, dass die einzelnen Musiker rechtzeitig einsetzen und im selben Takt und mit gleicher Geschwindigkeit spielen. In der traditionellen Musik Chinas üben die Musiker so lange miteinander, bis sie im wahrsten Sinne des Wortes vollkommen aufeinander eingespielt sind. Sie benötigen keinen Dirigenten.

Das **traditionelle Denken der Chinesen** vollzieht sich in Entsprechungen: Himmel und Erde entsprechen Oben und Unten, Tag und Nacht, Mann und Frau. Das chinesische Schriftzeichen für Regen bedeutet: Schauer der Erregung. So wie der Mann die Frau befruchtet und damit Leben zeugt, ergießt sich der Regen aus dem Himmel auf die Erde und zeugt neues Leben. Saaten brechen nach einem Regenguss aus der Erde hervor und die Welt wird grün. Neues Leben entsteht.

Richtiges, erfolgreiches Verhalten bedeutet, sich in diese großen kosmischen Zusammenhänge perfekt einzuordnen. Nicht zu viel, aber auch nicht zu wenig für sich selbst zu beanspruchen, darauf kommt alles an. Darin besteht der wahre, der richtige Weg des Menschen: das *Tao*.

Religionsstifter

Die prägende Gestalt der chinesischen Kultur, des chinesischen Denkens und folglich auch des Universismus ist **Konfuzius**. Eigentlich hieß er Kong-zi, also Meister Kong, wurde aber auch Kong-tse genannt. Die jesuitischen Missionare übersetzten seinen Namen ins Lateinische. Deshalb wurde er unter dem latinisierten Namen Konfuzius weltberühmt. Geboren soll er um 551 vor Christus im chinesischen Teilstaat Lu sein. Seine Eltern waren verarmte Adelige. Er schlug sich in verschiedenen Stellungen durch, als Aufseher der Getreidespeicher oder als Aufseher der öffentlichen Viehweiden, bis er schließlich wegen seiner hohen Bildung als Lehrer tätig wurde. Schließlich wurde er der oberste Justizbeamte von Lu.

Aus Enttäuschung, dem moralischen Verfall seiner Heimat nicht entgegenwirken zu können, nahm er seinen Abschied und ging auf eine lange Wanderschaft durch verschiedene chinesische Teilreiche, um den Herrscher zu finden, der seine Vorstellungen in Politik umsetzte. Die Suche blieb erfolglos. Seine letzten Lebensjahre soll er in seiner Geburtsstadt Qufu zugebracht haben. Dort starb er 479 vor Christus. Allerdings sind die Lebensdaten des Konfuzius unsicher und Gegenstand wissenschaftlicher Diskussionen.

Über Jahrhunderte galt der chinesische Weise Konfuzius als derjenige, der die Grundlagen für das chinesische Denken und Verhalten formuliert hat. Wegen seines großen Einflusses kann man ihn als Religionsstifter sehen.

Der wichtigste Bearbeiter, Herausgeber und Interpret der Werke des Konfuzius wurde **Meng-tse**, Meister Meng. Er wurde 372 vor Christus in einer Adelsfamilie geboren. Nach dem frühen Tod seines Vaters erzog ihn die Mutter, die berühmt für Bildung, Eigenständigkeit und Klugheit war. Nach einer erfolgreichen Lehrtätigkeit diente er verschiedenen Fürsten als Berater und Ratgeber. Ihm wurde es zur Lebensaufgabe, die Werke des Konfuzius zu verbreiten und zu lehren. Einer der wichtigsten Beiträge zum Konfuzianismus besteht in der Lehre, die besagt, dass der Mensch von Natur aus gut sei.

Chu Hsi (1130–1200 n. Chr.) begründete als einflussreichster Interpret der alten konfuzianischen Texte den Neokonfuzianismus in dem Werk *Lehre vom Tao* (Tao-xue). Im Mittelpunkt der Diskussionen stand das Verhältnis zwischen dem kosmischen Prinzip und der gestaltenden Kraft *qi*.

Eine Folge der Wiederbelebung des Konfuzianismus in der Song-Dynastie (960–1279 n. Chr.) war, dass er zum Staatskult aufstieg und zur Grundlage des Prüfungssystems für die kaiserlichen Beamten wurde. Damit ging eine sich ins Uferlose ausweitende Auslegungsliteratur einher, denn jeder, der etwas auf sich hielt, verfasste ein Kommentarwerk zu Konfuzius.

Der alte Meister Lao-tse ist eine halbmythische Figur, die der Überlieferung nach ein Zeitgenosse des Konfuzius gewesen sein soll. Einige Forscher meinen, die Taoisten haben Lao-tse nur erfunden, um der Textsammlung Tao-te ching eine höhere Autorität zu verleihen. Andere identifizieren ihn mit einem Philosophen und Einsiedler aus dem 4. Jahrhundert, der eigentlich Li Ehr geheißen habe und den ehrenden Beinamen Lao-tse trug. Folgen wir der Überlieferung, stammte er aus einem Dorf im Yangtse-Gebiet. Eine Legende besagt, dass er von einem Sonnenstrahl gezeugt wurde und seine Mutter bei seiner Geburt bereits 81 Jahre alt war. Die Vorstellung, dass er seiner alten Mutter bei der Geburt aus der Hüfte gestiegen sein soll, erinnert doch sehr an die Geburtsmythen des Buddha Gautama (S. 42). Gearbeitet habe er als Reichsarchivar in der alten Hauptstadt Lo-yang. Schließlich habe er sich zum Ende seines Lebens auf einen schwarzen Ochsen gesetzt und sei Richtung Westen geritten, um sich in den Himmel zu begeben. An der Grenze des Reiches habe ihn ein Grenzwächter aufgefordert, sein Wissen niederzuschreiben. Lao-tse kam der Aufforderung nach. Es entstand das Tao-te ching, ein Buch mit 81 Texten in Prosa und Vers. Dieses Tao-te ching bildet den Grundstock der Heiligen Schriften des Taoismus (S. 135).

Ein gutes Beispiel für die Unterschiedlichkeit des Denkens liefert auch die Schrift. Die europäischen Schriften bestehen aus Buchstaben, damit sind sie objektzentriert, analytisch. Man kann jedes Wort in Silben und jede Silbe in einzelne Buchstaben zerlegen. Die Buchstaben, die selbst keine Bedeutung tragen, können zu größeren Einheiten, die eine Bedeutung besitzen, nämlich zu verschiedenen Wörtern, zusammengesetzt werden. Ein *L* besitzt keine Bedeutung, bezeichnet nichts, sagt nichts aus. Fügt man dem *L* ein *i*, ein *e*, ein *d* hinzu, ergibt die Kombination das Wort *Lied*. Und das Wort *Lied* bezeichnet etwas, meint etwas, trägt eine Bedeutung. Mit den gleichen Buchstaben ist es auch möglich, unterschiedliche Wörter zu bilden. Wenn ich die Anordnung der Buchstaben verändere, beispielsweise *i* und *e*, entsteht ein neues Wort, nämlich *Leid*. Mit den gleichen Bestandteilen lassen sich also je nach Kombination unterschiedliche Dinge erschaffen.

Die chinesische Schrift besteht nicht aus diesen universell einsetzbaren Einzelelementen wie Buchstaben und Silben, sondern aus festgelegten Schriftzeichen, genauer aus Bildern. Wörter werden durch Schriftzeichen wiedergegeben. Um ein Schriftzeichen zu verstehen, ist es erforderlich, sowohl das Zeichen selbst zu verstehen als auch das Konzept, das dahintersteht. Das chinesische Zeichen für **Menschlichkeit** (*ren*) besteht zum Beispiel aus dem Zeichen für *Mensch* und dem Zeichen für das Zahlwort *zwei*. Menschlichkeit ist also das, wie sich ein Mensch zum anderen, zum zweiten Menschen, verhält, nämlich mildtätig, liebevoll, freigiebig, gütig.

Für die Chinesen existierte nur China, im Grunde gilt das bis heute. Man interessierte sich für das Ausland nur insoweit, wie es den eigenen Interessen diente. Reisen, um ferne Länder zu sehen, andere Kulturen kennenzulernen, gehört traditionell nicht zu den chinesischen Tugenden und Interessen. Denn der **Platz des Menschen** ist durch den Himmel oder das **Gesetz des Himmels** vorgegeben, und die Tugend besteht darin, diesen durch den Himmel bestimmten Platz zu finden und einzunehmen. Nur mit denjenigen Religionen und Lehren setzte man sich auseinander, von denen man sich einen Vorteil erhoffte, weil man sie in das eigene Denken und das eigene System einbauen und sie so weiterentwickeln konnte, dass sie dem eigenen System dienten. Dieser Isolationismus, diese nur auf sich selbst Bezogenheit prägten das Land über viele Jahrhunderte.

Gleichbedeutend für die Herausbildung des Universismus war aber auch die Grunderfahrung der **chinesischen Geschichte**.

Da man von der kosmischen Harmonie ausgeht, von den alten Büchern, in denen die Ordnung des Himmels dargestellt worden ist, äußert sich der Glauben in einer Hinwendung zur Geschichte. Die Dynastien und auch die bedeutenden Familien versuchten, ihre Vorfahren bereits möglichst früh in der Vorzeit anzusiedeln. Da diese mythischen Vorfahren vergöttlicht wurden, bezog man daraus auch die eigene Bedeutung. Man versuchte, die eigenen Vorfahren über den Ahnenkult zu vergöttlichen.

Hinzu kommt, dass die chinesische Geschichte spätestens vom 9. Jahrhundert vor Christus bis ins 20. Jahrhundert nach Christus nach einem ständig wiederkehrenden Grundmuster verlief:

Die chinesische Kultur war bis in die Mitte des 20. Jahrhunderts hinein eine Bauernkultur. Schamlose, peinigende, mörderische Ausbeutung, Korruption, Bereicherung von wenigen, Elend für viele, Hungerkatastrophen, vielleicht noch zufällig hinzutretende Missernten und Überschwemmungen trieben die Bauern in die Ausweglosigkeit. Diese katastrophalen Zustände führte man darauf zurück, dass durch großen Frevel und die Missachtung der **alten Bücher** (S. 139) das Gleichgewicht des Himmels und der Erde gestört war. Unter den alten Büchern versteht man die grundlegenden philosophischen und religiösen Texte der Chinesen, die im 6. und 5. Jahrhundert gesammelt wurden und die bis in mythische Zeit zurückreichen sollen. Sie gelten zum Teil als Offenbarungen.

Auf der strikten Befolgung der Gesetze des Himmels beruhte aber die Harmonie, die ein glückliches Leben ermöglichte. Der Zustand verschlimmerte sich so sehr, dass irgendwann jemand aus der Bauernschaft oder ein Mönch Verbündete sammelte und es sich zum Ziel setzte, die alte Harmonie wiederherzustellen. Um dieses Ziel zu erreichen, stürzte er die alte Dynastie und machte sich zum neuen Herrscher. Weil er die alten Bücher achtete, weil er den Gesetzen des Himmels folgte, erhielt er auch das Mandat des Himmels, wurde zum Sohn des Himmels und gründete eine neue Dynastie.

Das geht eine ganze Zeit lang gut. Aber irgendwann wächst wieder eine neue, alles erdrückende Bürokratie. Der Kaiser setzt Unterkaiser ein, die Unterkaiser wieder Präfekten, die Präfekten Unterpräfekten. Das Land wird nicht größer, auch die Anzahl der Bauern, die arbeiten, wächst nicht, aber die Anzahl derjenigen, die sie zu ernähren haben, vergrößert sich. Die Abgaben, die auf den Bauern lasten, nehmen demzufolge in einem erdrückenden Ausmaß zu. Aber die Beamten und Adligen, die von den Bauern leben, versuchen, weil sie weniger bekommen, da sich ihre Zahl erhöht hat, mit Gewalt mehr aus den Bauern herauszupressen. Wieder kommt es zu Hungerkatastrophen, wieder werden die Zustände so katastrophal, dass ein neuer Empörer ins Land tritt und den Aufstand wagt, um die Harmonie des Himmels und der Erde herzustellen. So wechselten in der chinesischen Geschichte die Dynastien.

Weil aber alle Qualität des Lebens von der Harmonie abhängt, ist es notwendig, sie durch eine moralisch richtige Lebensführung, die man **Tao** nennt,

Chinesen beim Räucheropfer. Durch das Räuchern reinigen sie die Luft und ehren die Ahnen.

zu erhalten. Moralisch richtiges Leben wiederum wirkt auf den Zustand des Himmels zurück, weil es zur **Harmonie des Himmels und der Erde** beiträgt. Nur wenn die Harmonie zwischen Himmel, Erde und Mensch stimmt, ist glückliches Leben möglich. Durch falsches Verhalten wird der Mensch innerhalb dieses Systems seiner Verantwortung nicht gerecht und stört die Harmonie. Man kann sich die Harmonie auch als Gleichung vorstellen, deren Glieder Himmel, Erde, Mensch heißen. So abstrakt dieser Gedanke klingen mag, so konkret wird er, wenn man ihn beispielswei-

se auf den Umweltschutz bezieht. Wenn der Mensch zum Beispiel große Wälder rodet, verändert er das Klima, und es kommt zu Naturkatastrophen. In diesem Beispiel hat der Mensch die Harmonie des Himmels, der Erde und des Menschen gestört, indem er etwas getan hat, was er gemäß den alten Büchern nicht unternehmen sollte.

Durch die Verbindung der Verhaltensregeln des Menschen mit dem ewigen Gesetz des Himmels wird der **Moral** eine religiöse Bedeutung beigemessen. »Gottesdienst« bedeutet dann auch, die eigene Stellung im Weltsystem zu erkennen und vollkommen auszufüllen. Aus diesem Grund kann man die Morallehre, die **Ethik**, nicht vom Glauben, nicht von der Welt des Religiösen trennen, deshalb bedeuten Ethik und Metaphysik, die Lehre von den letzten, göttlichen Dingen, im chinesischen Denken das Gleiche.

Das Prinzip der Welt

Will man also den Urgrund der chinesischen Religion verstehen, muss man zu den alten Texten und den alten Meistern des Denkens, die man sich als eine Mischung aus Philosoph, Theologe, Naturwissenschaftler und manchmal auch Magier und Dichter vorstellen muss, zurückgehen. Die Quellenlage für die frühe chinesische Geschichte ist leider sehr dürftig, weil der größenwahnsinnige *Erste Kaiser* Cheng im Jahr 213 vor Christus eine große Bücherverbrennung angeordnet hat, durch die viele Texte verloren gingen. Insofern kann man nur auf Rekonstruktionen aus späteren Quellen und die Archäologie zurückgreifen.

Der Universismus lehrt, dass der Himmel, die Erde und der Mensch die Bestandteile des Alls bilden, die sich in beständiger Wechselwirkung befinden.

Heilige Orte

Für die chinesischen Religionen spielen **Heilige Berge** eine bedeutende Rolle. Im I Ching gilt der Berg als Verkörperung der Einheit von Himmel und Erde und steht für Aufrichtigkeit und Geduld. Man sieht in ihm aber auch ein Sinnbild des Mönches, der Weisheit. Deshalb ist es nicht verwunderlich, dass sich die Mönche des Taoismus und des Buddhismus in die Berge zurückgezogen haben, um so abgeschieden zu leben und dem Himmel näher zu sein.

Im **Konfuzianismus** werden das Besteigen hoher Berge und die Darbringung des Räucheropfers auf dem Gipfel empfohlen. Vor allem zog es immer wieder Pilger zu einer Fahrt zu den Heiligen Bergen. Mit dem chinesischen Ausdruck *einem Berg eine Ehrung erweisen* ist eine *Pilgerreise* gemeint. Im Kaiserreich kam dem *Feng-schan-*Opfer als Staatsritus eine grundlegende Bedeutung zu. Einmal im Jahr pilgerte der Kaiser zum Berg Tai-shan und vollzog das Staatsopfer.

Der **Taoismus** kennt *Fünf Heilige Berge*, auch die *Fünf Gipfel* genannt (*wu-yue*). Da sind der:

Die Mönche zogen sich in unwegsame Berggegenden zurück und bauten ihre Klöster an unzugänglichen Orten wie hier das Hängende Kloster in dem Gebirge Heng Shan, einem der fünf Heiligen Berge, um fernab der Welt meditieren zu können und Weisheit oder Erleuchtung, auf alle Fälle aber ein langes Leben zu erlangen.

- *Tai Shan* (Großer Östlicher Gipfel), nördlich der Stadt Taián, Provinz Shandong im Osten Chinas
- *Heng Shan* (Großer Südlicher Gipfel), liegt im Süden der Provinz Hunan im Süden Chinas
- *Song Shan* (Großer Mittlerer Gipfel), liegt im Verwaltungsgebiet der Stadt Dengfeng in der Provinz Henan in der östlichen Mitte Chinas
- *Hua Shan* (Großer Westlicher Gipfel), in der Nähe der Stadt Huayin in der Provinz Shaanxi in der Mitte Chinas
- *Heng Shan* (Großer Nördlicher Gipfel), Gebirge in Nordchina im Nordosten der Provinz Shanxi.

Die Gipfel entsprechen den traditionellen fünf Himmelsrichtungen, nämlich Nord, Süd, Ost, West und Mitte. Außerdem wurden die verschiedenen taoistischen Schulen nach diesen Bergen benannt. Die Fünf Heiligen Berge wurden auch die fünf Finger des vergöttlichten Lao-tse genannt.

Der **Buddhismus** verehrt *Vier Heilige Berge*, den:

- *Jiuhua Shan*, Kreis Qingyang in der Provinz Anhui im Südosten Chinas
- *Emei Shan*, Provinz Sichuan im Südwesten Chinas
- *Wutai Shan*, im Nordosten der Provinz Shanxi in Nordchina,
- *Putuo Shan*, Berg auf der gleichnamigen Insel vor der Küste Zhejiangs in der Nähe von Shanghai in Ostchina.

Die Berge werden mit den Metallen Eisen, Bronze, Gold und Silber gleichgesetzt. Der wichtigste der vier Berge ist der Goldene, der Wutai Shan. Den Wutai Shan bilden fünf hohe Gipfel, weshalb er auch Fünffingerberg genannt wird. Der Buddha Shakyamuni hat der Legende nach aus Indien gelbes Licht zum Wutai Shan gesandt, aus dem sich der Buddha Manjushri entfaltete. Aufgabe Manjushris war es, die Chinesen für den Buddhismus zu erwärmen. Heute befinden sich im Gebiet des Wutai Shan 47 aktive Klöster. In Luoyang wurde 68 n. Chr. der erste buddhistische Tempel in China gegründet, der *Paima si* (Weißes-Pferd-Tempel).

Wichtig für den Buddhismus ist auch der Hui-yan, auf dem sich im Jahr 402 n. Chr. die *Schule des Reinen Landes* gegründet hatte.

In den **Tempeln** befinden sich die Statuen der Götter und Gottheiten, die dort verehrt und denen Opfer dargebracht werden. Die Architektur der verschiedenen Tempel, seien es buddhistische oder taoistische Klöster, ähneln sich, folgen sie doch kosmologischen Vorstellungen. Im Altertum versuchte man, die Häuser auf einer Nord-Süd-Achse zu bauen. Deshalb befindet sich der Haupteingang an der Südfront des Tempels, während der wichtigste Gott im Norden aufgestellt wurde. Den Eingang zum Tempel selbst bildet ein dreifaches Tor.

Der wichtigste Tempel in China ist der Himmelstempel in Beijing mit der runden Halle des Ernteopfers in seinem Zentrum.

Einer der bekanntesten Tempel ist der **Shaolin Tempel**, der 495 nach Christus auf dem Songshan Berg in der Provinz Henan errichtet wurde. Hier entstand der Überlieferung nach der **Chan Buddhismus** (japanisch: Zen-Buddhismus). Außerdem entwickelten die Mönche Kampfkünste. Im Jahr 1966 wurde der Tempel während der Kulturrevolution zerstört, aber nach 1982 wieder aufgebaut.

Im Rahmen der Volksreligion werden auf dem Land aber auch Schreine und Ahnentafeln verehrt, denen Opfer dargebracht werden. Das gebräuchlichste Opfer ist das Räucheropfer.

Der **Makrokosmos**, die große Welt, und der **Mikrokosmos**, die kleine Welt, entsprechen nicht nur einander, sondern man muss sich auch vollkommen in ihre Strukturen einfinden. Makrokosmos, also der *große Kosmos*, bezeichnet das Weltall, die Welt der Planeten und Sterne, während der Begriff Mikrokosmos den **Menschen** selbst **als Abbild des Universums im Kleinen**, aber auch die Welt der Menschen und ihrer Umgebung, also der Pflanzen und Tiere, meint. Die große Welt entspricht vollkommen der kleinen Welt. Alles, was im Weltall vor sich geht, wirkt auch im Menschen. Dieser Grundsatz gilt für alle chinesischen Religionen.

Innerhalb des Universums spielen die beiden miteinander und gegeneinander agierenden Kräfte **Yang und Yin**, wie auch die fünf Wandlungszustände, **Wuxing** (Holz, Feuer, Metall, Wasser und Erde), die entscheidende Rolle. Dazu treten unsichtbare, aber wirklich existierende und wirkende Geister oder geistige Wesen wie **Shen** (vergöttlichte Vorfahren und Ahnen, positive Geister) und **Gui** (übelwollende, negative Geister). Die negativen Geister sind oftmals verstorbene Vorfahren, denen die Hinterbliebenen im Ahnenkult nicht die rechte Sorgfalt und Verehrung im Opfer und im Gedenken angedeihen ließen, sodass sie nun hungrig, traurig, unbehaust und zornig durch das Universum wandern.

Außerdem dürfen weder **Shangdi**, der oberste Herr, und **Tian**, der Himmel, vergessen werden. Die Vorstellung des Ahnenkultes, das Denken über Shen, Gui, Shangdi und Tian stammen aus der Zeit der alten Volksreligion. Wie wenig Religion, Philosophie und Ethik, die Lehre also, die darüber Auskunft erteilt, wie man sich in der Gesellschaft zu verhalten hat, im chinesischen Denken getrennt voneinander sind, zeigt die Tatsache, dass es bis in jüngste Zeit im Chinesischen kein entsprechendes Wort für Religion gab. Erst im 20. Jahrhundert wird das Wort *zongjiao* für Religion verwandt. Eigentlich bedeutet *zongjiao* wörtlich: *Lehre über die Ahnen* oder auch *von den Ahnen erteilte Belehrung*. Auch daran zeigt sich, welche zentrale Bedeutung Ahnenverehrung und Tradition in der chinesischen Glaubenswelt einnehmen.

Der gesamte Kosmos wird als ein lebendes oder belebtes Wesen betrachtet.

Die Kraft der Sitte ist es, durch die Himmel und Erde zusammenwirken, durch die die vier Jahreszeiten in Harmonie kommen, durch die Sonne und Mond scheinen, durch die die Sterne ihre Bahn ziehen, durch die die Ströme fließen, durch die alle Dinge gedeihen, durch die Gut und Böse geschieden werden, durch die Freude und Zorn den rechten Ausdruck finden, durch die die Unteren gehorchen, durch die die Oberen erleuchtet sind, durch die alle Dinge trotz ihrer Veränderung nicht in Verwirrung geraten. (Li-Gi, Das Buch der Sitte)

Weil aber alles einander entspricht und das einigende religiöse Band in der Einnahme des Platzes, der für einen bestimmt ist, besteht, beginnt die Geschichte für die Chinesen als Kulturgeschichte. Sie interessiert kein Schöpfungsbericht, wo ein mächtiger Gott wie Jahwe Himmel und Erde schafft. Ein Gott im jüdischen, christlichen oder muslimischen Sinn kommt bei ihnen nicht vor. Von Anfang an werden die Stammbäume der Herrscher mit der Geschichte verbunden. Diese Herrscher können sogar

zu Göttern werden. Hauptaufgabe des Menschen ist es, sich in diese Zusammenhänge perfekt einzuordnen.

Bis in die Mitte des 20. Jahrhunderts hinein konnten nur wenige Chinesen schwimmen, weil der Mensch kein Fisch und demzufolge nicht für das Wasser bestimmt ist. Als der Revolutionsführer Mao Zedong demonstrativ in den Fluss trat und schwamm, verkündete er auch mit dieser Geste den Chinesen, dass er eine Revolution machen werde, weil er mit der Ordnung des Himmels brach.

Aus den verschiedenen Ur-Mythen wurden drei Motive wichtig: *hundun*, *pan gu* und *tao*. Denn in diesem Mythos wurde die Entstehung der Welt aus ei-

Der chinesische Kalender

In der Volksrepublik China und in der Republik China (Taiwan) gilt der gregorianische Kalender. In Taiwan beginnt allerdings die Zeitrechnung nicht mit der Geburt Christi, sondern mit dem Sturz des letzten Kaisers und mit der Gründung der Republik China im Jahr 1912, sodass man sich auf Taiwan nicht im Jahr 2010 befindet, sondern im Jahr 99.

Der traditionelle chinesische Kalender, auch Bauernkalender genannt, ist vor allem als Festtagskalender in Gebrauch. Er ist ein sogenannter lunisolarer Kalender, der sich aus den Mond- und Sonnenzyklen errechnet. Das chinesische Jahr richtet sich nach dem zweiten Neumond nach der Wintersonnenwende, was zur Folge hat, dass das neue Jahr zwischen dem 21. Januar und dem 21. Februar beginnt. Aber ganz gleich, ob der Neujahrstag nach europäischer, mathematischer Zählung auf den 21. Januar, den 21. Februar oder auf einen Tag zwischen beiden Daten fällt, das Jahr beginnt immer mit dem ersten eines Monats, denn der Beginn eines Monats fällt nach dem chinesischen Kalender immer mit dem Neumond zusammen.

Der Kalender ist nach einem 60-Jahre- und einem 60-Tage-Zyklus geordnet. Das geht auf das chinesische Horoskop mit seinen zwölf Tierkreiszeichen (Ratte, Büffel, Tiger, Hase, Drache, Schlange, Pferd, Schaf, Affe, Hahn, Hund und Schwein) zurück.

Die Legende besagt, dass der Buddha alle Tiere zu einem Fest einlud, aber nicht alle kamen. So belohnte er die zwölf treuen Tiere, die seiner Einladung Folge geleistet hatten, damit, dass sie von nun an einem Jahr vorstehen sollten, in dem sie dann das Schicksal bestimmten. Seit dem 14. Februar 2010 befinden wir uns nach chinesischer Rechnung im Jahr des Tigers, das am dritten Februar 2011 vom Jahr des Hasen abgelöst wird.

Das Jahr ist untergliedert in 24 Stationen, die eine große Bedeutung für die Landwirtschaft haben. Es sind dies:

1. Frühling

Frühlingsanfang (3.–5. Februar)
Regenwasser (18.–20. Februar)
Erwachen der Insekten (5.–7. März)
Tag- und Nachtgleiche im Frühjahr
(20.–22. März)
Helles Licht (4.–6. April)
Saatregen, die Zeit der Weizenaussaat (19.–21. April)

2. Sommer

Sommeranfang (5.–7. Mai)
Kleine Fülle: Ernte des Winterweizens
(20.–22. Mai)
Körner mit Grannen: Ende des Getreidewachstums (5.–7. Juni)
Mittsommer, Sommersonnenwende
(21.–22. Juni)
Kleine Hitze (6.–8. Juli)
Große Hitze (22.–24. Juli)

3. Herbst

Herbstbeginn (7.–9. August)
Ende der Hitze (22.–24. August)
Weißer Tau: Beginn der Trockenheit
(7.–9. September)
Tag- und Nachtgleiche im Herbst
(22.–24. September)
Kalter Tau: Blätter beginnen zu fallen
(8.–9. Oktober)
Fallender Reif: Erster Frost
(23.–24. Oktober)

4. Winter

Winterbeginn (7.– 8. November)
Mäßiger Schnee (22.–23. November)
Großer Schnee (6.–8. Dezember)
Winterankunft: Wintersonnenwende
(21.–23. Dezember)
Mäßige Kälte (5.–7. Januar)
Große Kälte (20.–21. Januar)

nem Hühnerei mit seinen bestimmenden Kräften Yang und Yin erklärt. Auch wenn die Schöpfungsgeschichte später keine große Rolle im Denken der Chinesen mehr spielte, begegnen wir hier zum ersten Mal ihren Grundbegriffen: *Hundun*, *Tao*, Yang und Yin.

Im **Hundun**, das man sich als Chaos, als Ungestaltetes oder als Hühnerei vorstellte, wurde Pan Gu in diesem Ei geboren. Das Ei öffnete sich. Das Eiweiß, **Yang**, wurde zum Himmel und das Eidotter, **Yin**, wurde zur Erde. Pan Gu aber wuchs zur Säule, die den Himmel trug. Schließlich füllte er mit seinem Körper, der weiterwuchs, Himmel und Erde aus. Als er starb, verwandelte sich sein Leib. Der Atem wurde zu Wind und Wolken, die Stimme zum Donner. Aus dem linken Auge wurde die Sonne, aus dem rechten der Mond. Aus der Wölbung des Leibes bildeten sich die Fünf Heiligen Berge, aus dem Blut die Flüsse und aus den Armen und Beinen die Dachfirste des Himmels. Sehnen und Blutgefäße verwandelten sich

Diese Zeichnung, über die man auch gern eine Weile nachdenken kann, drückt treffend das ewige Prinzip der Wechselwirkung von Yang und Yin aus: Wird der schwarze Punkt in der weißen Hälfte größer, so wächst auch der weiße Punkt in der schwarzen Hälfte. Das kann so lange geschehen, bis Schwarz und Weiß vertauscht sind, danach würde es wieder ins Gegenteil umschlagen.

zu Erzadern, Fett und Fleisch zu Ackerböden, Kopfhaare und Bart zu Sternen, Haut und Körperhaare zu Gras und Bäumen, Zähne und Knochen zu Metallen und Steinen, Schweiß zu Regen und Tau und das Ungeziefer an seinem Körper wurde durch das Wirken des Windes zu den Menschen. Viele frühe Kulturen wie zum Beispiel die Babylonier, die Inder, die Germanen, führen die Entstehung der Welt und der Menschen auf den körperlichen Zerfall eines Riesen der Urzeit zurück.

Der **Taoismus** übernahm diesen Mythos. Nun wurde der Alte Meister, **Lao-tse** (S. 96 und S. 115) mit Pan Gu gleichgesetzt, indem es hieß, dass aus den Augen von Lao-tse Sonne und Mond, aus dem Kopf der Berg Kunlun, aus den Haaren Sterne, aus den Knochen Drachen, aus dem Fleisch die Tiere wurden.

Hundun ist das Urchaos, eine formlose Masse, etwas Durchmischtes und Ununterschiedenes, das den Ausgangspunkt der Welt darstellt, das, woraus alles geworden ist. Durch Unterscheidung wurde die Welt aus dem *hundun* geformt. Innerhalb des *hundun* existiert eine heilige Ordnung, die von den Taoisten mit dem Tao gleichgesetzt wird. Nach dieser heiligen Ordnung wird alles unterschieden und geformt. Das Wort **Tao**, der vielleicht wichtigste Begriff des chinesischen Denkens, ist ausgesprochen vielgestaltig und besitzt mehrere Bedeutungen. Man kann es mit dem deutschen Wort *Weg* übersetzen, aber auch mit *Ordnung, System, Lebensregel, Lebensweg*. Es ist **das Prinzip, aus dem die Welt entstanden ist**, und der Weg, dem man in der Welt folgen muss.

Tao erzeugt das Eine, das Eine erzeugt die Zwei (also Himmel und Erde, Yang und Yin), die Zwei erzeugen die Drei (den Menschen), und die Drei erzeugen alle Dinge. Alle Dinge haben im Rücken das Dunkle und streben nach dem Licht, und die strömende Kraft gibt ihnen Harmonie. (Tao-te ching)

Himmel und Erde entstehen also aus der Ordnung, weil das richtige Prinzip erst das Formlose, Durchmischte ordnet, Himmel und Erde aus dem Ungeschiedenen entstehen lässt. In dem grundlegenden Werk des Taoismus, dem **Tao-te ching**, heißt es weiter zum Tao:

Es gibt ein Ding, das ist unterschiedslos vollendet.

Bevor der Himmel und die Erde waren, ist es schon da,
so still und einsam.
Allein steht es und ändert sich nicht.
Man kann es nennen die Mutter der Welt.
Ich weiß nicht seinen Namen.
Ich bezeichne es als Tao.

Jetzt wird klar, weshalb man das Wort Tao nur umschreiben, mit verschiedenen Bedeutungen versehen kann, weil der Name lediglich für etwas steht, was zu groß ist, als dass man es bezeichnen kann, das in immer neuen Entsprechungen immer neue Bedeutungen gewinnt.

Für den Menschen wird es zur Aufgabe, dass er den richtigen Weg, das Tao des Himmels, erkennt und diesen auch geht. Alles andere würde die Harmonie stören und für ihn nachteilige Folgen haben. Aus dem Tao aber gehen auch die mächtigen Wirkkräfte Yang und Yin hervor, die vielfältige Entsprechungen besitzen, zumal die chinesischen Denker nicht müde wurden, immer neue Entsprechungen zu suchen und zu definieren. So entspricht Yang dem Himmel, dem Hellen, dem Tag, dem Mann, dem Schöpferischen, dem Positiven, dem Aktiven, der Bewegung, während Yin der Erde, dem Dunklen, der Nacht, der Frau, dem Bewahrenden, dem Negativen, dem Passiven, der Ruhe entspricht.

Diese beiden Kräfte bilden aber keinen Gegensatz. Sie bekämpfen sich nicht, sondern stellen zwei Pole dar, ohne den einen könnte der andere nicht sein. Beide Pole sind notwendig, um ein Kraftfeld zu erzeugen. Die Elektrizität gibt hierfür ein schönes Beispiel, denn ohne den negativen und den positiven Pol würde kein elektrisches Feld entstehen. In den Jahreszeiten sind Yang und Yin unterschiedlich stark anwesend: Im Frühjahr ist Yang sehr stark und Yin kaum vorhanden, der Sommer besteht fast nur noch aus Yang, im Herbst dreht sich das Verhältnis, sodass im Winter kaum noch Yang und fast ausschließlich Yin anwesend ist. Auch im Menschen wirken Yang und Yin:

Der Mensch vereint in sich die Geisteskräfte von Himmel und Erde, in ihm gleichen sich die Prinzipien des Lichten und Schattigen aus, in ihm treffen sich die Geister und Götter, in ihm finden sich die feinsten Kräfte der fünf Wandelzustände (wuxing). Darum ist der Mensch das Herz von Himmel und Erde und der Keim der fünf Wandelzustände. Wenn man Himmel und Erde zur Grundlage nimmt, so kann man alle Dinge erreichen. Wenn man das Licht als Hilfsmittel nimmt, so kann man die Gefühle des Menschen ergründen … Wenn man die Geister und Götter zu Gehilfen nimmt, so steht jede Arbeit unter sicherem Schutz. Wenn man die fünf Wandelzustände zum Stoff (als Material) nimmt, lässt sich jede Arbeit wiederholen. (Li Gi, Das Buch der Sitte)

Unter dem Prinzip von Licht und Schatten verbirgt sich das Yang als Licht und das Yin als Schatten. Auch diese Bezeichnung gibt die Bipolarität von Yang und Yin sehr schön wieder, denn es gäbe ohne Licht keinen Schatten. Im Menschen selbst wirken Yang und Yin ebenfalls, denn sein Herz besteht aus Himmel und Erde. Deshalb geht der Mensch nach seinem Tod auch in die Geisterwelt, in die Welt der Ahnen ein. Man kann nicht von der Seele sprechen, sondern das Irdene am Menschen, Yin, sinkt zur Erde zurück und verwest, wird wieder zu Erde. Aber der leichtere Stoff, das Yang, das vom Himmel kommt, der Atem des Menschen, bleibt in der Welt. So bleibt alles durch das ununterbrochene, gegensätzliche Wirken von Yang und Yin im *yi*, im Fluss der Wandlungen.

Die Chinesen bemühten sich, alle Dinge in der Erscheinungswelt auf nicht mehr reduzierbare, nicht mehr teilbare Elemente zurückzuführen. Diesen Elementen schrieben sie eine aktive Rolle zu, deshalb benutzte man ein aktives Verb zur Begriffsbildung für die fünf Elemente, die man definiert hatte, nämlich *xing*, was so viel wie gehen oder sich bewegen heißt. So nannten sie die fünf

Elemente: **Wuxing**, nämlich die **fünf Wandlungszustände**. Die fünf Wandlungszustände stellen die Grunddinge, die Elemente, die allem zugrunde liegen und aus denen alles hervorgeht, dar, mit denen es der Mensch zu tun hat. Die Griechen kannten vier Elemente: Feuer, Erde, Wasser und Luft. Die Chinesen unterscheiden die *wuxing*, die fünf Wandlungszustände oder die fünf Elemente. Allerdings, und das ist ein wenig schwierig, darf man sich die fünf Elemente nicht nur als stofflich-konkrete Gegenstände vorstellen, sondern muss sie vor allem als Kräfte verstehen. Es sind dies: Holz, Feuer, Metall, Wasser und Erde. Im Buch der Sitten heißt es dazu:

Holz ist das organisch von innen sich Gestaltende, Feuer ist das Emporsteigende, Metall das von außen mechanisch Gestaltete, Wasser das nach unten Sinkende, die Erde ist der gemeinsame Mutterboden.

Interessant ist, dass in einer vollkommen auf die Natur bezogenen Sicht die grundsätzlichen Kräfte unterschieden werden, nämlich: das, was wächst, das, was gemacht wird, das, was steigt, das, was sinkt, und die Grundlage des Ganzen bildet die Erde. Die fünf Wandlungszustände wirken in Natur und Gesellschaft gleichermaßen. So geht die Volksmedizin beispielsweise davon aus, dass in der Leber der Metallgeist, in der Milz der Holzgeist, in der Lunge der Feuergeist, in der Niere der Wassergeist und im Herzen der Erdgeist herrscht. Auch hier finden sich wieder die *wuxing*. Alles bleibt in Bewegung, in Veränderung, geht ineinander über, wandelt sich.

Die **Wandlungen** kann man sich untereinander im Wechselspiel ein wenig so wie beim Knobeln vorstellen: Erde saugt Wasser auf, Wasser löscht Feuer, Feuer schmilzt Metall, Metall schneidet Holz, Holz pflügt Erde. Nach dieser Theorie zerstören sich die fünf Wandlungszustände oder überwinden einander. Aber auch die gegenteilige Theorie wurde aufgestellt, wonach die fünf Elemente einander erzeugen: Holz erzeugt Feuer, Feuer erzeugt Erde als Asche, Erde erzeugt Metall, Metall erzeugt, wenn es schmilzt, Wasser, Wasser erzeugt Holz, weil der Baum nur wächst, wenn er genügend Wasser bekommt.

Das chinesische Denken hat endlose Entsprechungen für die fünf Wandlungszustände ersonnen. So entspricht der Erde, um einige Beispiele zu nennen, unter anderem als Sinn das Gefühl, als Farbe gelb, als Geschmack süß, als Geruch duftend, als Tier der Ochse, als Organ das Herz, als Regierung Sorgfalt und als Himmelsrichtung die Mitte. Wie gesagt, die Entsprechungslisten sind lang, vielfältig und widersprechen je nach Ansicht einander. Das chinesische Denken ist im Theoretischen wie im Praktischen ein Einordnungsdenken.

Yang und Yin, die das Rad der Welt in Bewegung halten, werden als Kreis symbolisiert, in dem eine Hälfte weiß, die andere schwarz ist. Aber in der weißen Hälfte gibt es einen schwarzen Punkt, wie es in der schwarzen Hälfte einen weißen Punkt gibt. Wird der weiße Punkt im Schwarzen größer, nimmt auch der schwarze Punkt im Weißen zu, bis das Weiße schwarz und das Schwarze weiß ist. So ist alles in Bewegung und die Welt ein einziger, riesiger Organismus, der sich ständig wandelt:

Des Himmels Kreislauf,
der Erde Beharren,
die Art, wie Sonne und Mond einander
folgen:
wer ist's, der sie beherrscht?
Wer ist's, der sie zusammenbindet?
Wer ist's, der weilt ohne Mühe
Und alles das in Gang hält?
(Meister Chuang)

Nach uralter Auffassung regiert Shangdi, der oberste Himmelsherrscher, am Polarstern, den die Chinesen auch den Nagel des Himmels nennen, in seinem purpurnen Palast. Da aber Shangdi, obwohl er alles ins Werk setzte, merkwürdig distanziert bleibt und untätig dem Weltgeschehen zuzusehen scheint, verblasst er in der Vorstellung der Menschen immer mehr und wird zu einem Prinzip, einer Personifikation der allgemeinen und universalen Ordnung. Diese Ordnung zeigt sich in der Natur, in den Riten und in der Gesellschaft.

Wichtiger wird der Himmel, Tian. Er bringt mit der Erde, die auch als seine Frau gesehen wird, alles hervor. *Himmel und Erde sind Vater und Mutter der zehntausend Wesen*, heißt es auch. Der Philosoph Zhu Xi (1130–1200 n. Chr.) bringt diese grundlegende Auffassung auf den Punkt:

Jedes Menschen Körper ist zweifellos von Vater und Mutter erzeugt. Das aber, wodurch Vater und Mutter zu Vater und Mutter geworden sind, das ist Himmel und Erde. Wenn man also in der Betrachtung von Vater und Mutter ausgeht, dann muss man sagen, dass jedes Ding seinen Vater und seine Mutter hat; wenn man aber von Himmel und Erde ausgeht, dann muss man sagen, dass alle Dinge einen gemeinsamen Vater und eine gemeinsame Mutter haben. Haben aber alle Dinge einen gemeinsamen Vater und eine gemeinsame Mutter, wie sollte dann nicht das, wodurch mein Körper zum Körper geworden ist, ein Stoffsaum von Himmel und Erde, und das, wodurch mein lebendiges Wesen zum lebendigen Wesen geworden ist, nicht die Führung

Im Norden des Himmelstempels in Peking befindet sich die Halle des Ernteopfers, in der früher einmal im Jahr der Kaiser das wichtige Ernteopfer vollzog, um für eine gute Ernte zu sorgen.

von Himmel und Erde sein? Die Weisen des Altertums hatten dieses Gesetz als die Wahrheit erkannt, darum behandelten sie ihre Verwandten als ihre Verwandten, und zu den anderen Menschen waren sie gütig, und indem sie zu den anderen Leuten gütig waren, liebten sie alle Wesen. Dadurch kam es so weit, dass sie die ganze irdische Welt für eine Familie halten konnten und das Reich der Mitte für einen Menschen darin.

In diesem großen Zusammenhang von Himmel und Erde muss sich der Mensch orientieren, seinen Platz finden und gemäß seiner Stellung im Einklang mit den Gesetzen des Himmels und den Lehren der alten Meister handeln. Das ist es, was man **Tao** nennt und das ein **glückliches und langes Leben** ermöglicht. Und so ist es kein Zufall, dass der chinesische Ausdruck für Welt (*tiandi*) Himmel und Erde bezeichnet. Das Reich hingegen als Reich der Mitte heißt *tianxia*, nämlich *das, was unter dem Himmel ist*.

Die Menschen werden nach dem *Shu-jing*, dem alten Buch der Dokumente (S. 139), in **fünf Klassen** eingeteilt: Väter, Mütter, ältere Brüder, jüngere Brüder und Söhne. Hieraus geht hervor, dass wie in der Gesellschaft auch in der Familie eine klare Hierarchie vorherrscht. So wichtig den Chinesen die Nation ist, geht ihnen die Familie doch noch darüber. Der Mensch lebt als Teil einer Familie, sogar über den Tod hinaus, denn dann wird er als Ahn verehrt, mit einer Ahnentafel versehen, vor der regelmäßig geopfert wird.

Das dauert bis in die siebente Generation hinein, bevor der Ahn die Familie verlässt und in den Himmel eingeht. Was in Europa die Stellung des Individuums ausmacht, nimmt in der chinesischen Denkweise die Familie ein. Vor der Struktur der Familie verschwimmt der Einzelmensch, der Teil der Struktur ist, der immer auch eine Funktion wahrnimmt, Vater oder älterer Bruder oder Sohn ist und sich der Rolle gemäß zu verhalten hat.

Die wichtigste **Tugend** ist deshalb die **Kindespietät** (*xiao*), die Verehrung der Eltern und Ahnen, und die größte Sünde besteht demzufolge in der Pietätlosigkeit.

Die erste Pietätlosigkeit ist, seine Glieder nicht zu regen und darüber die Pflege der Eltern zu vernachlässigen; die zweite Pietätlosigkeit ist, zu spielen und zu trinken und darüber die Pflege der Eltern zu vernachlässigen; die dritte Pietätlosigkeit ist, selbstsüchtig das eigene Weib und die eigenen Kinder zu bereichern und darüber die Pflege der Eltern zu vernachlässigen; die vierte Pietätlosigkeit ist, den Lüsten der Sinne zu folgen und dadurch Schande auf die Eltern zu bringen; die fünfte Pietätlosigkeit ist, sich in Waghalsigkeiten und Streitereien ein-zulassen und dadurch die Eltern in Gefahr zu bringen.
(Meng-tse, der wichtigste Meister des Konfuzianismus nach Konfuzius, S. 95)

Der Mensch hat sich zeit seines Lebens zu bessern, indem er sich selbst kultiviert. *Was der Himmel anordnet, wird Natur genannt. Was mit der Natur übereinstimmt, wird der rechte Weg (Tao) genannt. Was auf den rechten Weg weist, wird Unterweisung genannt.* Um sich selbst zu kultivieren, um sich unaufhörlich zu bessern, muss der Mensch der Unterweisung folgen.

Der Glauben an die Harmonie des Himmels, an das Wirken von Yang und Yin, die Notwendigkeit der Einordnung in Natur und Gesellschaft, verstanden als Tao, Ahnenverehrung, Pietät, Menschlichkeit und Güte, Befolgung der goldenen Regel, anderen nicht das anzutun, was man selbst nicht erleiden möchte, bilden die gemeinsamen Grundlagen der chinesischen religiösen Vorstellungen.

Feiertage

Zwischen dem 21. Januar und dem 21. Februar beginnt das chinesische **Neujahrsfest**, auch Frühlingsfest genannt. Das Fest wird eine Woche gefeiert. Die Chinesen bekommen frei und alle Geschäfte und Restaurants bleiben geschlossen. Diese Urlaubswoche ist traditionell und fester Bestandteil des chinesischen Alltags wie bei uns die Weihnachtsferien.

Das **astrologische Jahr** beginnt allerdings immer zu Frühlingsanfang zwischen dem 3. und dem 5. Februar.

Das **Laternenfest** fällt auf den 15. Tag des 1. Mondmonats und beschließt das mehrtägige Neujahrsfest. Es ist ein Fest der Familie und gilt auch dem Familienfrieden, aber ebenso der Brautschau und Eheschließung. Laternen werden aufgestellt und getragen. Auf die Laternen können Rätsel geklebt sein, und wenn Kinder die Rätsel erraten, bekommen sie Süßigkeiten geschenkt.

Im April wird der **Totengedenktag** begangen, der auch der **Tag des Hellen Lichtes** genannt wird, weil er immer 106 Tage nach der Wintersonnenwende und somit zu einer hellen und angenehmen Jahreszeit gefeiert wird. Dieses Fest des Hellen Lichtes spielt eine große Rolle in der Ahnenverehrung. Die Gräber der Vorfahren werden aufgesucht, die Grabstätten gefegt und gereinigt und Opfergaben dargebracht.

Das **Drachenbootfest** findet im Juni statt und erinnert an den Dichter und Nationalhelden Qu Yuan (332–296 v. Chr.), der aus Protest gegen Ungerechtigkeit und soziale Missstände ins Wasser ging und ertrank. Dieses Fest findet auf den Seen und Flüssen Chinas statt. Der Name stammt von den langen und schmalen Booten, die Drachenboot genannt werden. Gegessen werden *zongzi*, das sind Bambuswickel mit Klebereisfüllung.

Das **Mittherbstfest**, das auch **Mondfest** genannt wird, feiern die Chinesen im Herbst. Traditionell feiern die Chinesen das Fest gern im Freien und essen im Mondlicht sogenannte Mondkuchen mit unterschiedlichen Füllungen.

Das **Fest der Liebenden** wird im August gefeiert. Es entspricht dem europäischen Valentinstag und geht auf eine Legende zurück. In der Geschichte hatten sich ein Kuhhirte und eine Fee ineinander verliebt. Die erzürnte Himmelskaiserin trennte die Liebenden, weil eine Fee sich nicht mit einem Kuhhirten einlassen durfte, und schuf einen Fluss als unüberwindliches Hindernis zwischen den Liebenden. Doch ihre Lie-

Verbrennung von Räucherstäbchen im Shijing Tempel in Chengdu. Der Rauch soll Krankheiten und böse Geister abhalten. Außerdem schärft nach taoistischem Denken der Rauch die Sinne und hilft bei der Konzentration auf das Tao.

be war so groß, dass die Elstern eine Brücke über den Fluss bildeten, sodass die Fee und der Kuhhirte zusammenkommen konnten.

Das **Geisterfest**, das an einem Vollmondtag im August begangen wird, stammt aus dem Buddhismus. An diesem Tag kehren die Geister der Toten aus der Unterwelt zurück. Man stellt Speisen vor die Häuser oder verbrennt als Opfer sogenanntes Totengeld. Um den Geistern die Richtung zu weisen, lässt man auch Laternen und Papierboote auf dem Wasser schwimmen.

Im Herbst, wenn die Chrysanthemen aufblühen, wird das **Doppelneunfest** (Chongyang) begangen, das seinen Namen nach dem chinesischen Mondkalender erhielt, man feiert es nämlich am 9. Tag des 9. Monats. An diesem Tag muss man den Chongyang-Kuchen essen und es wird ein Berg bestiegen oder eine Pagode aufgesucht. Die Chongyang-Kuchen haben übrigens neun Schichten und ähneln einer Pagode.

Der alte Meister

Die älteste der drei Religionen Chinas ist der **Taoismus**. Man muss zwischen dem philosophischen und dem religiösen Taoismus unterscheiden. Stellt Ersterer ein sehr komplexes Nachdenken über den Weg des Menschen in seinem Leben dar, bildet der religiöse Taoismus ein viel engeres System, das konkret auf das religiöse Handeln der Menschen im Alltag ausgerichtet ist. Dazu zählen Riten, Gebete und Priester.

Seinen Anfang finden sowohl der religiöse als auch der philosophische Taoismus in einer halbmythischen, ausgesprochen geheimnisvollen Figur, nämlich die des alten Meisters: **Lao-tse**, denn nichts anderes bedeutet sein chinesischer Name (*lao* = Greis, alter Mann, *tse* = Meister). Die Legende besagt, dass er China, auf einem schwarzen Ochsen reitend, verlassen wollte. Der Befehlshaber des Gebirgspasses trat ihm in den Weg und bat ihn, seine Gedanken über die Welt und wie man in ihr leben sollte, vorher aufzuschreiben. Das Buch, das er deshalb verfasste, wurde Tao-te ching genannt, zu Deutsch etwa *Das Buch vom Weltgesetz und seinem Wirken*. In 81 teilweise gereimten kurzen Abschnitten verkündet Lao-tse seine Weisheit. Auch für die Taoisten existiert am Anfang ein Zustand des Ungeordneten, aus dem sich ein geordnetes, aber ver-

mischtes Sein (*hundun*) entwickelt, das aber noch vollkommen ununterschieden und vermischt ist, eine Art Ursuppe. Aus diesem Sein, dieser All-Einheit gehen Yang und Yin hervor, aus dem wirkenden Prinzip von Yang und Yin der Lebensodem, aus Yang, Yin und dem Lebenshauch alle Lebewesen der Welt. Das **Tao aber ist das schöpferische Prinzip** und der Garant für die Harmonie von Yang und Yin.

Der alte Meister, Lao-tse, wollte auf einem schwarzen Büffel seine Heimat verlassen, um der heranbrechenden Zeit der Wirren zu entgehen, wurde aber an einem Gebirgspass aufgefordert, sein Wissen niederzuschreiben. Er kam dem nach und es entstand das Tao-te ching.

Wenn der Mensch sich vom Tao entfernt und egoistischen Zielen folgt, gerät er ins Unglück.

Die Farben machen seine Augen blind, die Töne seine Ohren taub, die Gewürze seinen Gaumen schal, Wettrennen und Jagd sein Begehren wild, seltene Güter seinen Wandel irr.

Daraus folgt, dass der Mensch die Begierden aufgeben soll und schließlich der **Weisheit des Wu-wei** (Nichthandeln) folgen soll. Nicht zu handeln, sei besser, als hektisch kurzfristigen Zielen hinterherzulaufen. Denn schließlich, sagt Laotse, ist es das Weichste auf Erden, das Wasser, das auch das Härteste, das Gestein, überwindet. Durch das Beispiel soll der Weise wirken. *Das* **Tao des Himmels** *ist Fördern und nicht Schaden, das Tao des Weisen ist Wirken und nicht Streiten.*

Innerhalb des Taoismus hat sich aus einem metaphysischen Bedürfnis heraus in Auseinandersetzung mit dem Rationalismus des Konfuzianismus (S. 126) und der Esoterik des Buddhismus im 2. Jahrhundert n. Chr. eine Religion herausgebildet. Die Befolgung der moralischen Regeln des Konfuzianismus, vor allem eine formale Ahnenverehrung, reichte vielen Menschen angesichts des Leides und der Not der Welt und ihres Lebens nicht aus. Sie sehnten sich nach einer Religion mit rituellen Praktiken, die ihnen Glück und ein langes und gesundes Leben oder die Unsterblichkeit bescherten. Was hilft die Vernunft angesichts des eigenen Todes? Diese Bedürfnisse erfüllte der Buddhismus, aber auch der **religiöse Taoismus**.

Getragen wurde er von (ein-)geweihten Priestern, den Meistern des Tao, den **Tao-shih**, die auch Himmelsmeister genannt wurden. Im Grunde ist der Tao-shih ein Kommunikationsexperte, ein Übersetzer zwischen allen göttlichen Kräften der verschiedenen Welten. Die Fähigkeit hat er in einer komplizierten Ausbildung erworben. Er allein kann die heiligen Schriften des Taoismus lesen, weil er in der geheimen Überlieferung unterwiesen wurde, durch deren Kenntnis erst manches, was aufgeschrieben wurde, einen Sinn ergibt. Grundlage des Wirkens des Tao-shih ist also die Kenntnis der heiligen Schriften. Der **taoistische Kanon der heiligen Schriften** bildet sich im 5. Jahrhundert nach Christus. Unter der Bezeichnung **Drei Höhlen** (*San-tung*) wurden die drei Textsammlungen *Ling-pao*, *Shang-ch'ing* und *San-huang wen* zusammengestellt. Die Schriften bestehen aus religiösen Begriffsbestimmungen, aus religiös-philosophischen Darstellungen und Handlungsanleitungen.

Deshalb vollzieht der Tao-shih Rituale bei besonderen Anlässen, wie bei Totenfeiern, bei Opferungen für die Ahnen und bei bestimmten örtlichen Festen.

Der Weg der Erlösung des Menschen besteht darin, ein langes, glückliches Leben zu haben und bereits im Leben schon in die Unsterblichkeit überzugehen. Dazu muss der Mensch seinen Körper überwinden und mit seinem ganzen Denken und Fühlen in eine andere Realität übergehen. Hierzu hält der Taoismus ein ganzes Arsenal an Methoden bereit, die von **Hygiene** und Körperpflege über **Alchemie** und **Meditation**, über **Diätethik** bis hin zur **Medizin**, die beispielsweise die Akupunktur entwickelt hat, reichen.

Ein glückliches Leben kann der Mensch mithilfe der Tätigkeit der Tao-shih erreichen, die sowohl den Umgang mit den alten heiligen Büchern beherrschen als auch magische Rituale durchführen können. Dabei geht der Taoismus von einer ganzheitlichen Vorstellung aus. Die Welt stellt für ihn einen geschlossenen Kreis dar und der Weltraum ein Ganzes, ein Makrokosmos, dessen Bestehen auf dem Wirken von Yang und Yin beruht. Will man nun das Leben der Menschen verlängern, muss man Religion als Heil-Kunst verstehen, in der zwischen Seele und Körper des Menschen nicht mehr unterschieden wird oder genauer, die Unterscheidung auf einer anderen Ebene stattfindet. Wenn der Mikrokosmos dem Makrokosmos entspricht, dann findet sich im Menschen alles wieder, was auch im Universum wirkt, dann gibt es bestimmte göttliche Kräfte, die auch entsprechend im Körper des Menschen wirken. Mit anderen Worten, die Kräfte, die

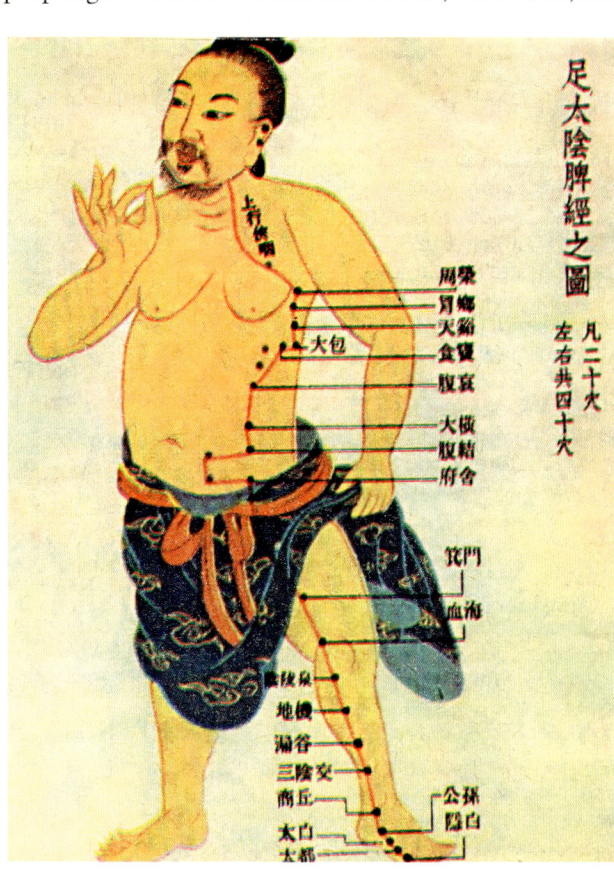

Bereits in der traditionellen chinesischen Medizin spielte die Akupunktur eine wichtige Rolle. Sie wurde insbesondere von taoistischen Priestern angewandt, die in das Geheimnis der Akupunkturpunkte und ihrer Bedeutung eingeweiht wurden.

die Struktur des Kosmos bilden, wirken als Körperkräfte im Menschen. Allein der Tao-shih ist in der Lage, diese Kräfte anzusprechen, aufzurufen, im Ritus einzusetzen und damit nutzbar zu machen.

Die Heiligen Schriften des Taoismus (S. 135) enthalten neben den Offenbarungen und den Handlungsanleitungen für Rituale auch Register (*lu*), in denen die Namen der Gottheiten und Kräfte verzeichnet sind, mit deren Hilfe der Tao-shih die Götter und Kräfte ansprechen kann. Allerdings kann nur jemand, der in die Geheimnisse eingeweiht ist, die Register verstehen und anwenden. Zu den Methoden, die von den Tao-shih angewandt werden, gehören die sogenannte äußere und innere Alchemie.

Mit den Verfahren der **äußeren Alchemie** (*wai dan*) versuchen die Eingeweihten, magische Elixiere und Pillen herzustellen, durch deren Einnahme das Leben verlängert werden kann, oder durch die man sogar unsterblich wird, indem man sich mit dem Tao vereinigt. In diesem Zusammenhang steht Tao eher für das allgemeine Weltprinzip, die universelle Lebenskraft.

Mancher Kaiser trank regelmäßig eine von den taoistischen Alchemisten hergestellte Goldtinktur oder andere Essenzen. Ob diese Behandlung nun das Leben verkürzt oder verlängert hat, ist nicht überliefert, aber unsterblich ist bis jetzt wohl keiner geworden. Im Jahr 144 v. Chr. wurde ein Edikt gegen die Goldfälscher erlassen. Weil der Staat fürchtete, dass die Alchemisten ihre Kenntnisse zum Goldfälschen anwandten, wurden sie verfolgt. Deshalb wirkten sie oft im Verborgenen und gaben ihre Kenntnisse mündlich weiter oder schützten ihre Schriften dadurch, dass die Texte durch Tarnnamen und nur den Eingeweihten bekannte Gleichnisse für Außenstehende unverständlich und also unbrauchbar wurden. Nebenbei brachte die taoistische äußere Alchemie höchst praktische Erfindungen hervor, so entdeckten die Taoisten den Salpeter und erfanden bereits um 900 das Schießpulver, die sogenannte *Feuerdroge*, und stellten bereits Granaten her.

Voraussetzung für das Wirken der Essenzen war, dass die entsprechenden Elixiere im Körper des Menschen gereinigt und von ihren groben, physischen Fesseln befreit wurden. Um das zu erreichen, musste der »Patient« zunächst die **moralischen Grundanforderungen** erfüllen, indem er die Pflichten **Pietät, Menschlichkeit, Güte, Gehorsam, Loyalität und Treue** erfüllte. Der große Alchemist Ge Hong (253 – ca. 333 n. Chr.) beschrieb in einem Traktat die Grundregeln zum Erlangen der Unsterblichkeit. Verlangt wurde das Streben nach Ruhe, Einsamkeit, dem Absehen von der eigenen Person, der Liebe zu allen lebenden Wesen, selbst zum Käfer oder zum Wurm, schließlich dem Verzicht auf Fleisch und außerdem rückhaltloser Nächstenliebe. Wenn diese Forderungen nicht voll und ganz erfüllt waren, würde das Elixier nicht wirken.

Religiöse Geheimgesellschaften

Wo es geheime Überlieferungen gibt, da entstehen auch Geheimgesellschaften, um sie zu schützen. Die ältesten Geheimbünde der Welt existieren in China und Hongkong. Diese Geheimbünde hatten vor allem religiöse Ziele. Es ging um Erlösung. Sie unterschieden sich von Mönchsorden aber darin, dass sie nicht jedem ihr Wissen mitteilten und dass sie einen strengen und unbedingten Gehorsam verlangten.

Wenn aber durch politische und soziale Unruhen der Ruf nach Veränderungen laut wurde, konnten diese geheimen Gesellschaften schnell zum Ausgangspunkt von politischen Rebellionen werden. Denn sie sahen ihre Aufgabe auch darin, die Welt im Gleichgewicht zu halten. Wir kennen vermutlich nur die wenigsten religiösen Geheimbünde, weil ihr Wirken nur überliefert wurde, wenn sie politisch aktiv wurden und Aufstände anzettelten. Aber die Tätigkeit der religiösen Geheimbünde, die wir kennen, ist hinsichtlich ihrer langen Wirksamkeit, zuweilen über 1000 Jahre hinweg, und der Resultate, die sie erzielten, ausgesprochen beeindruckend.

Die erste für uns fassbare der zahlreichen chinesischen Geheimgesellschaften bildete sich im 11. Jahrhundert unter dem Anführer Fang La. Die Mitglieder ernährten sich streng vegetarisch und huldigten neben einem ausgeprägten Dämonenkult dem Buddhismus. Schließlich setzten sie sich an die Spitze eines Aufstandes. Sie überfielen und töteten Reiche und Beamte, bis ihr Führer in Gefangenschaft geriet. Die Rebellion brach zusammen und die Mitglieder des Geheimbundes töteten sich in großen Gruppen selbst.

Im 13. Jahrhundert erreichten die Dekadenz und Dreistigkeit der mongolischen Fremdherrschaft ihren Höhepunkt, sodass sich die Aufstände der Chinesen häuften. Als es 1267 zu einer Lebensmittelknappheit und einem ruinösen Preisanstieg kam und dazu auch noch religiöse Gefühle verletzt wurden, weil die Regierung beschloss, die Gräber in den Feldern einzuebnen, um die Anbauflächen zu vergrößern, brachen Aufstände aus. Die eigentlich religiösen Geheimgesellschaften, die schöne Namen wie **Bai-lian** (Weißer Lotos), **Bai-yun** (Weiße Wolke) oder **Hong-jin** (Roter Turban) trugen, wurden zu Zentren des Widerstandes. Der **Bai-lian-Bund** war schon 1133 von Mao Ziyuan aus Suzhou gegründet worden. Die Mitglieder ernährten sich vegetarisch und weigerten sich, Steuern zu zahlen und Frondienste zu leisten.

Sie verehrten den Buddha Amitābha (S. 40 und S. 88). Das Symbol dieses Buddha ist der Lotos. Ähnlich agierten die Anhänger des **Bai-yun-Bundes**, den der Mönch Kong Qingijao ins Leben rief.

Die wichtigste unter diesen alten Geheimgesellschaften verbarg sich hinter der Bezeichnung **Hong-jin**, die sich nach den roten Turbanen ihrer Mitglieder benannte. Aus den verschiedenen religiösen Lehren, wie dem Manichäismus (S. 236) und dem Maitreya-Buddhismus (S. 42), entwickelten sie eine Lichtreligion. Zu ihrem ersten legendären Führer wurde der Mönch Peng (*Peng Yinyu*). Zum Anführer der Roten Turbane des Nordens stieg später **Zhu Yuanzhang** auf, der sein Hauptquartier in Najing errichtete.

In der Mitte des 14. Jahrhunderts nach Christus geriet China in eine schwere Krise, die das Land weiter destabilisierte. Ein Kampf aller gegen alle griff immer stärker um sich. Lokale Machtzentren bildeten sich, jeder kleine Provinzfürst trat auf wie ein Kaiser. Banditen verunsicherten und verheerten das Land. In den Provinzen entstanden zum Schutz aus der Bevölkerung heraus Selbstverteidigungsorganisationen, und schließlich versuchte die Zentralmacht, ihre Regierungsgewalt wieder durchzusetzen. Plündernde Heere plagten die Bevölkerung. Als der Yangtse-Fluss 1351 über die Ufer trat, entfesselten die Hong-jin einen Aufstand, der zur Ablösung der Yuan-Dynastie führte.

Zunächst beherrschten die Roten Turbane die nordchinesische Tiefebene und die Provinz Anhui. Ihr Anführer Han Shantong wurde als Reinkarnation des Maitreya-Buddha verehrt. Han Shantong wurde festgenommen und 1351 hingerichtet. Sein Sohn Lin'er, den man auch den König des Lichts (*Ming wen*) nannte, geriet mit seiner Mutter 1563 in Gefangenschaft. Es war **Zhu Yuanzhang**, der die beiden befreite und so zum Führer der Roten Turbane aufstieg. Zhu Yuanzhang operierte immer erfolgreicher, stürzte den Yüan-Kaiser, wurde selbst zum Kaiser und wandte sich schließlich gegen die Roten Turbane. Diese zogen sich, um zu überleben, wieder in die Schattenwelt des Geheimen und des Untergrundes zurück. Zhu Yuanzhang begründete die **Ming-Dynastie**, die Herrschaft des Lichts, denn das Schriftzeichen Ming bedeutete Licht oder erleuchtet. So stürzte ein religiöser Geheimbund eine Dynastie und ermöglichte die Herrschaft einer neuen.

Bei Aufständen im 19. Jahrhundert in Südchina trat zum ersten Mal eine Geheimgesellschaft in Erscheinung, die sich **Sanhehui oder Tiandihui** (Bruderschaft des

Himmels und der Erde, »Trias-Gesellschaft«) nannte. Die Anhänger sahen sich als Brüder und schworen einander unbedingte Treue. Die Trias-Bruderschaft wuchs rasch, verzweigte sich und wurde in den folgenden Jahren zur einflussreichsten Geheimgesellschaft in Südchina.

Am bekanntesten wurde schließlich die Geheimgesellschaft der Yihequan (Faust der Eintracht und der Gerechtigkeit), die von den Europäern wegen ihrer Vorliebe für bestimmte Kampftechniken, die wir unter den Sammelnamen Karate und vor allem Kung-Fu kennen, Boxer genannt wurde. Die Angehörigen dieses Bundes entwickelten die alten Techniken des chinesischen Boxens zur Methode des psychischen und physischen Trainings. Magische Praktiken sollten sie unverwundbar machen. Ihre Initiationsrituale fan-

Ursprünglich wurden die Künste zur Selbstverteidigung wie Kung-Fu und Karate in den Klöstern und von den Meistern der verschiedenen religiösen Bünde entwickelt, um den Schülern auf dem Weg der Konzentration, Selbstbeherrschung und Meditation zu helfen, bald aber schon wurden sie zu einer Waffe für die Mitglieder religiöser Geheimbünde im Kampf gegen korrupte Regierungen.

den in den Tempeln statt, in deren Innern, jene Zeitlosigkeit herrschte, die das diffuse Licht des Halbdunkels schafft. Es zeigten sich Chen Wu, der Gott der Magie, und Kuanti, der Gott der Bewaffneten. Durch Beschwörungen, Magie und Drogen wurde ein Gefühl der Ekstase erzeugt. Das Thema der Initiation des Kandidaten war die Reise durch die Unterwelt, die am Ort des Großen Friedens endete.

Religiöse Vereinigungen wie der Weiße Lotos erfreuen sich nach Jahren der Verfolgung auch in der Volksrepublik China wieder großer Beliebtheit.

Ge Hon, der sich Baopuzi (Meister, der die Einfachheit umfasst) nannte, schrieb über den Weg der Läuterung:

Dieser Weg ist von der größten Bedeutung. Ihr dürft ihn nur diejenigen lehren, die weise und tugendhaft sind … Wer immer diese Unterweisung empfängt, muss als Pfand das goldene Bild eines Menschen und eines Fisches in einen Fluss, der ostwärts fließt, werfen. Er muss das Blut eines Opfertieres auf seinen Mund schmieren … Man muss den Zinnober mischen auf einem berühmten Berg, der von Menschen unbewohnt ist, in der Gesellschaft von nicht mehr als drei Personen. Zunächst muss man für 100 Tage fasten und sich in Wasser waschen, das mit fünf wohlriechenden Substanzen gemischt ist und so absolute Reinheit bewirken. Vermeide die Nähe von schmutzigen Dingen und halte Abstand von der Menge. Gib Leuten, die nicht an den Weg glauben, keine Information. Sie würden das Elixier verleumden und damit unbrauchbar machen …

Die Metalle Quecksilber, Blei und Zinnober werden mit den verschiedenen Organen und Substanzen des menschlichen Körpers gleichgestellt und nun in einem Prozess der physischen und seelischen Umerziehung zum Wirken gebracht:

Der Drache ist Quecksilber. Er ist der Same und das Blut. Es geht von den Nieren aus und wird in der Leber aufgespeichert … Der Tiger ist Blei. Er ist Atem und körperliche Stärke. Er geht von der Seele aus und die Lunge trägt ihn … Wenn die Seele bewegt wird, handeln der Atem und die Stärke zusammen mit ihr. Wenn die Nieren ausgespült werden, so fließen der Same und das Blut mit ihnen …

Die **innere Alchemie** (*nei dan*) beschäftigt sich ausschließlich mit den inneren Zuständen des Körpers, den inneren Kräften, mit der Seele der Substanzen. Der abendländische Begriff der Seele, das muss einschränkend gesagt werden, trifft es nicht genau, weil es in der chinesischen Religion nicht das gibt, was wir Seele nennen, das eigentliche, personale Selbst, das, was wir sind, und das, was an uns unvergänglich ist. Man könnte wohl dem, was die Chinesen darunter verstehen, eher mit dem griechischen Begriff des Pneuma, des Lebenshauches, näherkommen, der **wirkenden Lebenskraft**.

Die Eingeweihten der inneren Alchemie entwickelten im Rahmen dieser Selbstkultivierung ein **System von Meditationstechniken**. So führte die Vorstellung der Taoisten vom Atem dazu, dass man mit bestimmten Techniken versuchte, den Atem zu halten, weil man glaubte, dass man durch Atmen die Lebensenergie verbrauchte. Durch die Zirkulation des Atems, des Blutes und des Samens durch die Organe verjüngte sich der Eingeweihte. Dazu dienten auch verschiedene Bewegungsübungen, die mit Atemtechniken verbunden wurden. Aus diesem Grund entstand das *Taiji quan (Tai chi)*. Das Taodejing fordert, weich wie Wasser zu sein, weil das Wasser auch das Härteste bezwingt. Diese Vorstellung führte auch zur Entwicklung von Kampftechniken, die dem Weg des Nachgebens folgten, wie das *Rudao*, das die Japaner *Judo* nennen.

Das Ziel der Langlebigkeit wird auf dem Weg der äußeren und der inneren Alchemie oder einer Kombination aus beidem erreicht, wenn es zur **mystischen Vereinigung mit dem Tao** kommt.

Abstinenz und Diät spielen in China eine große Rolle. Das **Fasten** (*zhai*) gehört für die Taoisten zu den wichtigen Reinigungsritualen und hilft ihnen, sich den reinen kosmischen Kräften anzugleichen, indem sie den irdischen Schmutz überwinden und abstreifen. Das Fasten gewann eine wichtige kultische Bedeutung.

Eine höhere Form des Fastens stellt das **Fasten des Herzens** (*xin zhai*), eine Meditationstechnik, dar. Es ist notwendig, weil weder die Abstinenz noch das einfache Fasten zur Vereinigung mit dem Tao führen, weil man es weder physisch noch rituell noch sprachlich erfahren kann. Es setzte eine Methode des vollkommenen in sich Versenkens voraus. Man ist so tief in sich versunken, dass das Äußere unbelebt wie eine äußere Schutzmauer steht, von der man sich längst in den allerinnersten Teil zurückgezogen hat. Von jemandem, der in die inneren Tiefen während der Meditation verschwunden ist, sagt man auch: Er sitzt wie ein Holzklotz, mit leerem Gesichtsausdruck wie ein Toter. Hat er sich von allem gelöst, kann der Meditierende mittels der Register (S. 118) die bösen Geister verjagen und die guten Geister oder Gottheiten in sich versammeln, um so mit dem Tao eins zu werden.

Die dritte Form des Fastens ist das **liturgische Fasten** (*huanglu zhai*). Es stellt eine Liturgie dar, ein Gebet für einen Verstorbenen, den man aus der Unterwelt befreien möchte. Dieses Ritual, das auch *Fasten des gelben Registers für die Erlösung aus der Hölle und von der Ursache der Sünden, für die Befreiung von sieben Generationen der Vorfahren aus den neun Finsternissen* heißt, nimmt auch heute noch im religiösen Denken Chinas einen bedeutenden Platz ein. Mit diesem Ritual erfüllt man seine Pflicht den Ahnen gegenüber und bittet für die Vergebung ihrer Sünden. So werden Jade und Seide vergraben, um dadurch die Vorfahren von den Unterweltgeistern loszukaufen. Das eigentliche Ritual findet unter strengen Vorschriften im Freien oder im Tempel statt.

In seiner Geschichte hat der Taoismus viel vom Buddhismus übernommen, vor allem aber die Spekulation über die Wie-

dergeburten. Auch bietet er denjenigen, denen der rationale Konfuzianismus zu diesseitig ist, Antwort auf die Fragen nach der Ewigkeit und hilft, die eigene Zukunft zu bewältigen.

Mönche

Mönche existieren sowohl im Buddhismus als auch im Taoismus. Sie leben in Klöstern, oft in unzugänglichen Bergen, aber auch in den Städten. In 3000 taoistischen Klöstern und Tempeln leben ungefähr 25 000 Nonnen und Mönche. Die Tempel und Klöster sind zum Teil wirtschaftlich unabhängig, weil sie kleine Wirtschaftsbetriebe wie beispielsweise Restaurants oder Kampfkunstschulen unterhalten.

Die Taoisten der **Quanzhen**-Schule leben in Klöstern und sind zu Keuschheit und Ehelosigkeit verpflichtet. In vollkommener Abgeschiedenheit widmen sich die Mönche und Nonnen der Meditation. Das Kloster der Weißen Wolke in Beijing ist das größte taoistische Kloster in der Volksrepublik China.

In den taoistischen Tempeln wirken auch die Tao-shih (S. 116 und S. 136), die priesterliche Funktionen ausüben und heiraten dürfen.

Das **Mönchstum der Buddhisten** in China unterscheidet sich in einer Hinsicht sehr stark von dem indischen. Viele chinesische Mönche lehnten das Betteln, wie es in Indien Brauch war, ab. So zogen sie sich in Klöster zurück, in denen sie dauerhaft lebten. Dadurch entstanden sehr früh schon straff organisierte Klostergemeinschaften. Die Klöster befinden sich oft in den Bergen, in unwegsamen und einsamen Gegenden, weil man der Welt zu entfliehen trachtet. Wichtig für das Ansehen eines Klosters sind die Meister oder die Weisen, die dort leben oder gelebt haben. Novizen wandern von Kloster zu Kloster, bis sie den richtigen Meister, der sie unterweist, gefunden haben. Dieses Meister-Schüler-Verhältnis wird als ein Vater-Sohn-Verhältnis gesehen, wie es in der chinesischen Gesellschaft traditionell verstanden wird: als vollkommene Unterordnung des Sohnes unter den Vater. Der Abt wird von den Mönchen gewählt, muss aber in der Volksrepublik China von der Regierung bestätigt werden. Die angesehensten Mönche in einem Kloster sind die *fashi*, die Meister des Gesetzes.

Einer der bedeutendsten chinesischen Buddhisten des 20. Jahrhunderts, Jinghui, trat 1958 in ein Kloster ein. Seine Klostergemeinschaft wurde im Zuge der Kulturrevolution 1968 zerstört und die Mönche vertrieben. Nach Maos Tod konnte er wieder in den Mönchsstand zurückkehren und wurde 1988 Abt des Bailin-Klosters in Hebei. Eine seiner ersten Amtshandlungen bestand darin, eine Halle errichten zu lassen, die 10 000 vergoldete Buddhastatuetten enthält. Er bemüht sich um eine Reform des Buddhismus, indem er dafür eintritt, dass die Mönche kulturvoll und hoch gebildet sind und eine starke Laienbewegung entsteht. Sein Konzept eines *lebendigen Chans* (Meditation) verbindet eine tiefe Meditation mit einer aktiven Teilnahme am Leben. Sein Motto ist ein Zitat des buddhistischen Reformers Taixu (1890–1947): *Buddhismus muss nicht nur die Moderne wollen, sondern auch die Moderne verändern.*

In dieser Art versteht sich die wachsende Zahl der buddhistischen Klöster als Orte der Frömmigkeit und der gesellschaftlichen Tätigkeit. Sie unterhalten enge Beziehungen zu denen, die sie finanziell unterstützen und in mannigfaltiger Hinsicht fördern. Die Förderer und Unterstützer der Klöster glauben, dass sie durch ihr Engagement für die Klöster Glück, Zufriedenheit und ein langes Leben erreichen. Denn in den Klöstern werden durch die Frömmigkeit der Mönche und das Wirken der Meister Verdienste angehäuft, die wiederum den gläubigen Laien zugutekommen. Die Verdienste gelten als Schätze, die ein Kloster reich machen.

Ein taoistischer Mönch meditiert in einem Bergkloster, um den richtigen Weg, das richtige Tao zu finden. Weltferne und Konzentration sind Voraussetzungen für die Meditation.

Der Plan der Welt

Um die zweitausend Jahre bestimmte das Denksystem, das man dem Meister **Kung** (**Konfuzius**) zuschrieb, das Leben in China. Wer eine Beamten- oder Gelehrtenlaufbahn einschlagen wollte, durchlief ein System von Prüfungen. Den Prüfungsstoff bildeten die Lehren des Konfuzius. Auch wenn mit dem Ende des Kaiserreichs 1912 der Konfuzianismus abgeschafft und in der sogenannten Kulturrevolution 1968 die konfuzianischen Tempel gestürmt und verwüstet wurden, hatte dieses Denken die gesellschaftlichen Eliten über einen so langen Zeitraum geprägt, dass bis zum heutigen Tag eine starke unterschwellige Wirkung davon ausgeht. So ist die offizielle Staatsdoktrin der Volksrepublik China, der Marxismus, ein Marxismus, der chinesisch, d. h. konfuzianisch, interpretiert wurde.

Auch im chinesischen Marxismus blieb die Welt geordnet und an die Stelle des vergöttlichten Konfuzius trat der vergöttlichte Mao. Eine Zeit lang war es in der Volksrepublik Pflicht, die Maobibel, eine Ansammlung von Sprüchen Maos, bei sich zu tragen. Aber auch in Europa und in den USA huldigten kritische Intellektuelle kritiklos den weisen Worten des Großen Vorsitzenden Mao, eines Mannes, der für den Tod von Millionen Menschen verantwortlich ist.

Das alles hat selbstverständlich mit dem Konfuzianismus nur insoweit zu tun, als dass diejenigen, die ihn verwarfen, im Grunde dem Ordnungs- und Einordnungsdenken nicht entkamen, sondern die Denkstrukturen übernahmen, aber auf die Inhalte verzichteten.

Generell unterscheidet man zwischen dem **Konfuzianismus** und dem **Neukonfuzianismus**. Der Unterschied zwischen beiden besteht in der Entwicklung. Der ursprüngliche Konfuzianismus wurde im 11. Jahrhundert n. Chr. stärker von den Kaisern gefördert, von den Gelehrten systematisiert und als grundlegendes Bildungssystem für das Reich der Mitte ausgebaut. Der Neukonfuzianismus bildete nicht nur den Prüfungsstoff, sondern fand nun Eingang in alle gesellschaftlichen Bereiche.

Der Konfuzianismus ist keine Glaubensfrage, sondern ein **Organisationsmodell** mit festen Regeln für das Leben. Der Konfuzianer glaubt zunächst erstmal nicht nur an den Konfuzianismus, viel wichtiger ist es, dass er ihn lebt.

Ein **glückliches Leben, Gesundheit und Wohlstand** sind nur zu erlangen, wenn der Himmel, die Erde und der Mensch sich in einem harmonischen Verhältnis befinden. Die Regeln des Konfuzianismus haben zum Ziel, diese Harmonie im Leben der Menschen zu verwirklichen. Das ist umso notwendiger, weil die Menschen durch ein falsches, nicht tugendhaftes Leben diese Harmonie empfindlich zu stören vermögen. Aus der Störung des Gleichgewichts aber resultieren Chaos, Armut, Willkür, Krankheit und Unrecht.

Dieser Regelkanon bildete und bildet im gewissen Sinn noch immer die Basis der volkreichen chinesischen Gesellschaft und hat über lange historische Epochen das Land zusammengehalten.

Dieser Tempel wurde während der Kulturrevolution zertört. Ein chinesischer Familienvater bringt vor dem Ahnenschrein pflichtgemäß für die Ahnen ein Räucheropfer dar.

Aber nicht die Nation, obwohl sie darauf beruht, ist der wichtigste Wert im Denken der Chinesen, sondern die Familie. Deshalb geht es den Chinesen nicht um Selbstverwirklichung im westlichen Verständnis: also nicht um *meine* Selbstverwirklichung, um *meine* Erlösung oder um *meine* Leben im Sinne des freien, Glück suchenden Individuums, sondern um die Einordnung in die **Familie**, um die Verehrung der Ahnen, um die Fürsorge für die Eltern, um die Erziehung der Kinder, kurz, um die harmonische Einordnung des Menschen als Familienmitglied in den Familienverband und die Erfüllung der damit verbundenen Pflichten. Der Mensch existiert nicht als Individuum, sondern als Mitglied der Familie. Die Familie stellt das erste und wichtigste Ordnungsmodell dar:

Wie herrlich sind doch die Geisteskraft der Götter und der Ahnen! Man schaut nach ihnen und sieht sie nicht, man horcht nach ihnen und hört sie nicht. Und doch gestalten sie die Dinge und keines kann ihrer entbehren. Sie bewirken, dass die Menschen auf Erden fasten und sich reinigen und Feiergewänder anlegen, um ihnen Opfer darzubringen. Wie Rauschen großer Wasser (ist ihr Wesen), als wären sie zu Häupten, als wären sie zur Rechten und zur Linken. In den Liedern steht: Der Götter Nahen lässt sich nicht ermessen, wie dürfte man sie missachten! So weit geht die Offenbarung des Geheimnisvollen, die Unverhüllbarkeit des Wahren. (Konfuzius im Buch der Riten)

Die Familie bildet einerseits die Entsprechung zur Nation und anderseits das Gegenstück zum Himmel. Die **Familienharmonie wird so zur Voraussetzung der Harmonie des Staates und des Himmels**, der gesamten Welt. Da also diese große Verantwortung auf dem einzelnen Menschen lastet, kann er sie nur bewältigen, indem er sich beständig selbst kultiviert, ein im konfuzianischen Sinn *Edler* wird. Dazu sind zwei Dinge erforderlich: Erstens müssen die Riten von Kindesbeinen an geübt werden, sodass man ein rituell richtiges Verhalten (beispielsweise Ahnenkult) an den Tag legt, und zweitens soll man, um Wissen zu erwerben, eifrig die konfuzianischen Klassiker (S. 139) studieren. *Pietät und Gehorsam sind die Wurzeln des Menschen.* (Konfuzius im Lün-yu, *Gespräche*)

Die **Wurzeln des Konfuzianismus** liegen in der Zeit des Überganges von der Shang- zur Chou-Dynastie im 11. Jahrhundert. Der Kaiser war mit Priestern oder Schamanen dafür verantwortlich, die Opfer zu bringen und die Riten durchzuführen. Die Fürsten standen zu ihm in einem Lehensverhältnis. Einer der Fürsten führte stellvertretend für alle Lehensnehmer einmal im Jahr den rituellen Tanz vor dem Kaiser auf, um

Meng-tse war Schüler des Konfuzius und derjenige, der die Aussprüche des Konfuzius redigierte. Er hat die Lehren des Konfuzius weiterentwickelt.

damit dem Kaiser als Herrn zu huldigen und so das Lehensverhältnis zu beglaubigen.

Nicht die Verträge, sondern Riten und Musik sicherten also das gesellschaftliche Gefüge. Anders ausgedrückt: Riten und Musik bildeten eine Art Grundgesetz, dem alle Verträge nachrangig waren. Sieht man die Ahnenverehrung und die Riten, deren Ausführung die Gesellschaft absicherten, versteht man, dass es notwendig wurde, **Riten und Zeremonialieder** genau aufzuschreiben, zumal sowohl Riten als auch Lieder und Tänze immer komplizierter wurden.

Alles, was der Kaiser tat, hatte einen religiösen Charakter, deshalb mussten seine Handlungen in **Chroniken** verewigt werden.

Die Priester und der Kaiser vermochten über die verschiedenen Orakel mit den Göttern zu kommunizieren, ihren Willen oder ihre Meinung zu erforschen. Aus diesem Grund entstand das Orakelbuch, das **I Ching**, das Buch der Wandlungen.

Das **Buch der Lieder**, das **Buch der Riten**, das **Buch der Urkunden**, das **Buch der Chroniken** (Das Buch der Frühlings- und Herbstannalen) und das **I Ching** bilden die Überlieferung aus alter Zeit, die heiligen Texte, die Konfuzius bearbeitet haben soll, um daraus die Pflichten des Menschen in der gewaltigen kosmischen Harmonie konkret zu bestimmen.

Im Zentrum der Bemühungen stehen richtiges rituelles Verhalten und Bildung. Bildung wird erreicht durch das Studium der Klassiker und durch das Gespräch des Meisters mit dem Schüler.

Der Staat der Chou-Dynastie geriet zu Lebzeiten des Konfuzius im 6. Jahrhundert v. Chr. in heftige Krisen. Rebellionen und Naturkatastrophen schienen einander abzulösen. Deshalb sah Konfuzius den Himmel in Unordnung geraten. Für Konfuzius war die Welt **ohne Tao**: Sie hatte den rechten Weg verlassen und trudelte ins **Chaos**. Kinder respektierten ihre Eltern nicht mehr, der Adel den König nicht und Lüge, Mord, Intrige und Gewalt regierten nach dem Gesetz des Stärkeren. So stellte sich für ihn die Frage, wie die Welt wieder in Ordnung zu bringen sei.

Den Schlüssel dafür fand er im **menschlichen Benehmen**. Wenn der Mensch sich richtig in der großen Ordnung des Himmels und der Erde benimmt, dann kommt auch das Leben wieder in die Ordnung. Der erste Schritt war seiner Ansicht nach, die heiligen Bücher richtig zu lesen. Um das zu können, musste man die Namen (Begriffe) ordnen.

Zi-Lu (der Schüler) *sprach zu Konfuzius:*
»Wenn Euch der Herrscher des Staates Wu die Regierung anvertraute – was würdet Ihr zuerst tun?«
Der Meister antwortete: »Unbedingt die Namen richtigstellen.«
Darauf Zi-Lu: »Damit würdet Ihr beginnen? Das ist doch abwegig. Warum eine solche Richtigstellung der Namen?«
Der Meister entgegnete: »Wie ungebildet

Rituelle Gegenstände

Als wichtigste rituelle Gegenstände gelten die Heiligen Schriften. Sowohl die Taoisten als auch die Konfuzianer bringen ihnen eine hohe Verehrung entgegen. Gleichzeitig werden sie für den konkreten Ritus benötigt, weil sie den Ablauf des Ritus festlegen, im Orakel befragt werden und für die Taoisten die Anweisungen enthalten, die Grundlage ihrer religiösen Praktiken bilden.

Die Bedeutung der Ahnenverehrung räumt allen rituellen Gegenständen, die für die Ahnenpflege benötigt werden, einen besonderen Platz ein. Hierzu zählen die Räucherstäbchen und die Duftbrenner. Nach uralter Vorstellung reinigt das Rauchopfer die Luft, die Atmosphäre und damit den Aufenthaltsort der Ahnen. In vielen, vor allem bäuerlichen Familien spielt der Ahnenschrein des Hauses eine große Rolle. Auf ihm befinden sich Bilder oder Fotos der Ahnen. Er ist mit Obst bedeckt. Der älteste Sohn der Familie vollzieht vor ihm regelmäßig das Ahnenritual und be-

Der Qingyang Gong von Chengdu ist eine berühmte taoistische Tempelanlage in Chengdu, in der Provinz Sichuan.

tet für das Wohl der Toten und Lebenden. In den **Tempeln** können sich ebenfalls **Ahnentafeln** befinden, die dort verehrt werden.

Die **Konfuzianer** verwenden für ihre würdevollen, exakt abgezirkelten rituellen Tänze zum Beispiel zur Feier des Geburtstages des Konfuzius blaue oder rote **Gewänder**, **Flöten** und **Federstäbe**, die sie in den Händen halten und nach festen Vorschriften bewegen.

Die **Taoisten** verwenden für ihre mannigfaltigen religiösen Zeremonien bunte, reich geschmückte **Gewänder**, **Trommeln** und **Glocken**, für die Vertreibung böser Geister rituelle **Schwerter**. Wichtig und von grundlegender Bedeutung sind die **Anweisungen**, **Talismane**, **Embleme** und **Hexagramme**, die zu den ergänzenden Schriften der **Drei Höhlen** (S.135) gehören.

Im **Taoismus** und im **Buddhismus** spielen die Bilder und Figuren der Götter und Gottheiten, die in den **Tempeln** verehrt werden, eine große Rolle. Die obersten taoistischen Gottheiten stellen die **Drei Reinen** (*San Quing*) dar. Das sind Lao-tse (S. 96), der Jadekaiser und der gelbe Kaiser. Der **Jadekaiser** herrscht über Himmel und Erde und wird oft mit einem schwarzen Bart, auf einem Drachenthron sitzend, dargestellt. Der **gelbe Kaiser** ist der mythische Kaiser, der erste Kaiser Chinas, der auch ein Buch über die chinesische Medizin, über Akupunktur und Akupression verfasst haben soll.

Für die **Buddhisten** spielen die Bildnisse des Maitreya oder des Amitābha und je nach Schule anderer Buddhas und Bodhisattvas eine große Rolle. (Zu den rituellen Gegenständen der Buddhisten siehe Kapitel über den Buddhismus.)

du doch bist, Zi-Lu! Der Edle ist vorsichtig und zurückhaltend, wenn es um Dinge geht, die er nicht kennt. Stimmen die Namen und Begriffe nicht, so ist die Sprache konfus. Ist die Sprache konfus, so entstehen Unordnung und Misserfolg, so geraten Anstand und gute Sitten in Verfall. Sind Anstand und gute Sitten infrage gestellt, so gibt es keine gerechten Strafen mehr. Gibt es keine gerechten Strafen mehr, so weiß das Volk nicht, was es tun und was es lassen

soll. Darum muss der Edle die Begriffe und Namen korrekt benutzen und auch richtig danach handeln können … «
(Konfuzius, Lün Yu)

Um dieses richtige Handeln ging es, das Konfuzius die Chinesen lehrte und das sie in zweitausend Jahren der Beschäftigung mit diesem Denken in eine vollkommen eigene Welt der Umgangsformen, der Normen des Benehmens, der

Sitte und der Etikette verwandelten. Grundlage dafür bildeten die fünf großen Tugenden: Weisheit, Güte, Treue, Ehrfurcht und Mut.

Für den einzelnen Menschen bedeutete das, sich der fünf Tugenden zu befleißigen und dem Ahnenkult nachzukommen. Nicht adlige Geburt, sondern Bildung war für Konfuzius das entscheidende Kriterium.

Erhöhe die Rechtschaffenen und setze beiseite die Schlechten, dann wird das Volk sich unterwerfen. Wenn du aber die Schlechten erhöhst und die Rechtschaffenen beseitigst, so wird das Volk sich nicht unterwerfen.
(Konfuzius, Lün yu)

Im Staat bedeutet die *Richtigstellung der Namen* die Errichtung der vollkommenen Hierarchie nach dem Vorbild der heiligen Könige.

Ernährung, Wehrkraft und das Vertrauen des Volkes sind die Grundlagen des Staates; von diesen dreien kann im Notfall auf die Wehrkraft verzichtet werden, von den übrig bleibenden beiden anderen Faktoren kann nötigenfalls noch die Ernährung preisgegeben werden, niemals aber das Vertrauen, denn ohne das Vertrauen kann keine Regierung Bestand haben.
(Konfuzius, Lün yu)

Die Edlen aber sollen sich in vier Dingen schulen, in den Schriften, dem richtigen Verhalten, der Loyalität und der Aufrichtigkeit. Wichtigster Lehrstoff sind ihm das Buch der Riten, das Buch der Lieder und das Buch der Urkunden.

Konfuzius bildete Schüler aus. Diese Schüler trugen seine Lehren weiter. Meng-tse (372–289 v. Chr.) interpretierte, ordnete und redigierte die Werke des Konfuzius. Ihm ist es zu verdanken, dass der Konfuzianismus zu einer mächtigen Schule neben dem Taoismus wurde. Er fügte der Lehre des Konfuzius den Grundsatz hinzu, dass der Mensch von Natur aus gut sei. Die Welt, die Leidenschaften, die Genüsse verleiten den Menschen zum Schlechten und verderben ihn. Deshalb muss der Mensch durch rituell richtiges Verhalten, tugendhaftes Leben und ständiges Studium das Gute in sich stärken.

Wer Güte übt, ist imstande, alles Land innerhalb der vier Meere zu beschirmen, wer dies nicht tut, vermag nicht einmal Weib und Kind zu schützen.

Nach der Quin-Dynastie (221–206 v. Chr.), in der leider auch die große Bücherverbrennung stattfand, begann der eigentliche Aufstieg des Konfuzianismus in der nachfolgenden Han-Dynastie, die in Konfuzius den eigentlichen Denker ihrer Staatsphilosophie sah. Im

Jahr 174 vor Christus besuchte der erste Kaiser der Han das Grab des Konfuzius in Qufu. Der Grabstein trägt die Inschrift: *Grab des heiligen Königs der Kultur, der die Vollkommenheit erlangt hat.*

Im Jahr 120 vor Christus wurde der erste Tempel zu seinen Ehren errichtet, im Jahr 555 nach Christus wies ein kaiserliches Edikt an, dass in jeder Präfekturstadt ein Konfuzius-Tempel zu errichten sei. Am 30.12.1906 wurde Konfuzius sogar durch kaiserliches Dekret den Gottheiten von Himmel und Erde gleichgestellt.

Der Tanz der Religionen

Konfuzianismus und Taoismus gingen von den gleichen Grundvorstellungen aus, davon nämlich, dass die Voraussetzung für ein glückliches Leben in der Harmonie des Himmels und der Erde bestand und der Mensch für sie insofern verantwortlich war, als dass er in diesem Gesamtzusammenhang den richtigen Weg und das ihm gemäße Verhalten *(tao)* fand. Wie das geschehen kann, darauf gaben sie unterschiedliche Antworten. So standen diese Religionen in einem gewissen Spannungsverhältnis. Während die Taoisten ihr Ideal in der

engen Verbindung mit den spontanen Äußerungen des Menschen sahen, gehörte die strenge Befolgung der Riten für die Konfuzianer zum wichtigen Bestandteil ihrer Lehre.

Der taoistische Philosoph Zhunagzi drückte das so aus:

Zur Zeit als die Menschen noch nicht verdorben waren, lebten sie zu Hause, ohne zu wissen, was sie tun sollten, spazierten umher, ohne zu wissen, wohin sie gingen. Sie aßen und tranken vergnügt, klopften sich auf den Bauch und wanderten heiter umher. Ihr Können beschränkte sich auf diese Dinge. Doch als die (konfuzianischen) Weisen mit ihren rituellen Verrenkungen und ihrer Musik auftraten und darauf abzielten, die Handlungen in der ganzen Welt zu reglementieren, als sie anhuben, ihre Tugend herauszustellen, in der Hoffnung, damit die Geister zu gewinnen, da begannen die Menschen, sich um der Liebe zur Wissenschaft (Lehre) willen anzustrengen und um des Reichtums willen zu streiten, und es gab kein Halten mehr. Darin liegt der Irrtum der Weisen.

Zwar bestand zwischen den Lehren immer eine gewisse Spannung, wie diese taoistische Kritik zeigt, mal mehr, mal weniger, doch entwickelten sich beide Systeme neben- und miteinander.

Zu den beiden Vorstellungen trat im 3. Jahrhundert nach Christus der **Bud-**

dhismus, den indische Meister wie Bodhidharma nach China trugen. Er brachte den Chinesen eine mystische, höchst emotionale Religion, die sie bisher nur im Taoismus fanden. So war es kein Wunder, dass sich Buddhismus und

Während der Kulturrevolution wurden konfuzianische und taoistische Tempel verwüstet. Stattdessen huldigte man einem neuen, allerdings sehr blutigen Gott: Mao-tse-tung.

Taoismus stärker gegenseitig beeinflussten. War der Konfuzianismus im Wesentlichen die Lebensvorstellung und Lebensregelung der Gebildeten, der Eliten, so entwickelten sich Buddhismus und Taoismus zu Volksreligionen. Aber der indische Buddhismus wurde in China adoptiert und veränderte

sich zu einem chinesischen Buddhismus. Als eigene Schule entstand der Chan-Buddhismus (S. 90). Die Verehrung des Buddha Amitābha (S. 40) führte zur Herausbildung des Buddhismus des reinen Landes (S. 57), und der künftige Buddha, der Buddha Maitreya (S. 42) wurde in China zu einer Heilsfigur. Maitreya, Amitabha und die Vorstellung der Wiedergeburt fanden auch Eingang in taoistische Überlegungen. Über die Grenzen Tibets breitete sich auch der tantrische Buddhismus (S. 38) in China aus.

Mit der Gründung der Volksrepublik China begann zunächst die staatliche Propaganda gegen die Religionen als Werkzeuge des Feudalismus und Ausdruck der Rückständigkeit, führte aber bald schon zur Verfolgung.

Der Konfuzianismus überlebte einerseits in Taiwan, in Hongkong und Südkorea, andererseits stellte er eine nicht zu unterschätzende Schulung des Denkens dar, der nicht einmal Chinas Marxisten entgingen, weil dieses Denken die geistige Kultur des Landes zwei Jahrtausende lang geprägt hatte. Seit den Neunzigerjahren des vorigen Jahrhunderts gewinnt er auch in der Volksrepublik wieder an Bedeutung. China ist bis zum heutigen Tag ein Land mit einer überwiegend auf dem Lande lebenden Bevölkerung. Bauern und Mönche hielten die Religionen am Leben.

Die volksreligiösen Praktiken wie die

Ahnenverehrung, der religiöse Taoismus und die Schulen des Buddhismus überstanden die atheistischen Kampagnen der Kulturrevolution und erfreuen sich einer wachsenden Beliebtheit.

Hinzu trat aber paradoxerweise der **chinesische Marxismus** als neue Religion mit der Verehrung Maos und dem **Mao-Kult**, der in Vielem an den Konfuzius-Kult erinnert.

Aber es ist eine alte Weisheit, dass die Menschen, wenn man ihnen den Glauben an Gott nimmt, ihresgleichen zu Göttern machen.

Heilige Schriften

Bücher wurden im Chinesischen mit dem Wort *ching* oder *jing* bezeichnet. Ching bedeutet aber eigentlich Holzstäbchen. Die frühen Schriften wurden auf Holzstäbchen geritzt und diese Stäbchen anschließend zusammengebunden. Daraus ergeben sich zwei Probleme. Zum einen wurden die Stäbchen von oben bis unten ohne Interpunktion beschrieben, was zu einer Quelle unterschiedlicher Interpretationen führte.

Das zweite Problem besteht darin, dass die Schnüre im Laufe der Zeit rissen und die Stäbchen in anderer Reihenfolge neu verknotet wurden. Deshalb unterscheiden sich die Übersetzungen dieser Heiligen Schriften und manchmal sagen sie in den verschiedenen Fassungen Gegenteiliges aus. Aber nicht nur die Übersetzer, auch die modernen Chinesen kämpfen mit dem Problem der Vieldeutigkeit. Deshalb entstand in China eine sehr große Kommentarwissenschaft, d. h. die zu den Texten verfassten Kommentare übertreffen die eigentlichen Schriften um ein Vielfaches.

Die Taoisten verehren als Heilige Schriften eine Sammlung von Texten, die unter dem Titel *Drei Höhlen* (San-tung) zusammengefasst wurden.

In der Vorstellung der Taoisten begann alles damit, dass Gottheiten die Offenbarung verkündeten und Lehrmeister sie verbreiteten.

Und zwar war es der Himmelswürdige des Uranfangs (*Yüan-shih t'ien-tsun*), der im Text *Shang-ch'ing* (Himmel der höchsten Reinheit) die Rettung des Menschen offenbarte.

Die *Ling-pao*-Schriften (Das magische Juwel) handeln von den Meditationstechniken und den inneren Visionen und wurden von dem Himmelswürdigen des magischen Juwels, dem Gott *Ling-pao t'ien-tsun,* verkündet. Der Himmelswürdige des allererhabensten Tao-te (*T'ai-shang tao-te t'ein-tsun*) verkündete die Lehre, und der alte Meister (Lao-tse) verfasste schließlich auf dieser Grundlage die Lehre für das tägliche Leben, nämlich das Tao-te ching, das berühmteste Werk Chinas über den Taoismus, das von großer Weisheit und Schönheit ist.

Das Wort Höhle (*tung*) kann auch als Hindurchgehen (*t'ung*) verstanden werden und würde somit auch den Durchgang zum Göttlichen bedeuten, also den Durchgang des Menschen zum Göttlichen, zum Einswerden mit den Göttern. Diese Schriften wurden mit der Zeit durch zahlreiche Ergänzungen erweitert und im Laufe der Jahrhunderte wurde das Schrifttum durch das Denken vieler Meister und Priester immer umfangreicher und facettenreicher.

Für den Laien sind die Heiligen Schriften allerdings nur von beschränktem Nutzen. Er benötigt die Hilfe des Priesters, des Himmelsmeisters, des Tao-shih. Das Ziel des taoistischen Priesters, des Tao-shih, besteht darin, die Menschen zu heilen, zu retten und ihnen den Weg zum Glück, zum Wohlstand und zum ewigen Leben zu ebnen. Das klingt sehr allgemein, aber die Angst vor dem Tod befällt jeden Menschen einmal. Die Christen und die Muslime haben den Menschen ein Leben nach dem Tode versprochen. Die Taoisten eröffnen ihnen die Chance auf ein ewiges Leben.

Letztlich geht es ums Gleiche, nämlich darum, nicht sterben zu müssen, nicht zu Staub zu zerfallen. Dafür verfügt der Tao-shih über das notwendige Wissen. Er weiß, wie er das menschliche Leben in einen kosmischen Zusammenhang einfügt, wie die Entsprechungen ausfindig zu machen sind. Wenn der Mensch eins wird mit dem Kosmos, kann er die Unsterblichkeit erlangen. Der taoistische Priester schließt Mensch und Kosmos zusammen, er vermittelt zwischen dem Göttlichen und dem Menschlichen. Um das zu können, bedarf er der göttlichen Bücher, die sowohl die Zusammenhänge darstellen als auch praktische Ratgeber, Handlungsanleitungen und Rezeptbücher sind, wenn man sie denn lesen kann.

Der Kosmos bildet sich im Menschen exakt in den sogenannten Körpergöttern ab. Die Körpergötter entsprechen menschlichen Organen. Es ist die Aufgabe des Tao-shih, diese Körpergötter entsprechend der Ordnung des Universums im Körper des Menschen ausfindig zu machen. Wenn ihm das gelingt, kann er heilen, kann er zur Unsterblichkeit verhelfen. Für den Taoismus ist die doppelte Bedeutung von Heil und Heilen wichtig. Wenn Körper und Seele geheilt sind, dann erfahren sie das Heil. Mit kranker Seele wird niemand körperlich gesunden. Deshalb sind die Heiligen Schriften der Taoisten zugleich auch heilende Schriften, und die ganzheitliche Medizin, die

In den berühmten Gräbern aus Mawangdui aus der Han-Dynastie (206 v. Chr. – 220 n. Chr.) wurden in Grab 3 Seidenbücher gefunden, darunter auch Bücher über Medizin. In Letzterem finden sich Texte und Abbildungen zur Meditation und zur Kultivierung von Körper und Geist durch bestimmte Bewegungsformen. Wir kennen sie unter den Namen Tai Chi oder Chi gong.

auch bei uns zu hohem Ansehen kam, orientiert sich an der taoistischen Vorstellung von der Gesamtheit des Menschen.

Die Heiligen Schriften teilen sich in zwei Typen, einmal in die Offenbarungen und zum anderen in die Register und Amulette.

Die Register enthalten die Namen aller Gottheiten und die damit verbundenen Anrufungsformeln. Der Kraft der Gottheiten kann man sich nur versichern, wenn man sie mit dem richtigen Namen und den richtigen Formeln anzurufen weiß. Namen der Götter und Anrufungen, die man sich ein wenig wie Zauberformeln vorstellen kann, stehen in den Listen der Register verzeichnet, teilweise aber in verschlüsselter Form.

Die Register (fu-lu) sind Offenbarungen der Himmlischen Archive. Mit diesen Archiven verhält es sich im Grunde wie mit allen Archiven der Welt. Man muss in ihren Gebrauch eingeweiht und eingewiesen werden und ihr Ordnungssystem kennen, sonst sind sie wertlos, ein Buch mit sieben Siegeln. Dieses Wissen erwirbt der Tao-shih im Laufe vieler Jahre. Auch wird er von seinem Meister erst nach und nach in das Geheimwissen, wie diese Register benutzt werden können, eingeführt. Die Register werden mit Amuletten verbunden, die durch ihre besondere grafische Form göttliche Kräfte herberufen können. Im Text eingestreut, können die Amulette auch böse Geister abschrecken und vertreiben.

Wie das praktisch funktioniert, soll ein Beispiel zeigen. Zu den grundlegenden Texten des **Ling-pao** gehört auch ein Buch, das den blumigen Namen *Schrift und Karten zu den vierundzwanzig Lebenskräften des Magischen Juwels des Höhlenhimmels* trägt. Der Text selbst besteht aus 48 Doppelseiten. Ein Prosatext führt ein, es folgen drei Gruppen mit Gedichten, die jeweils mit einem Abschlusstext und 8 Amulettzeichen verbunden sind. Dem schließen sich Prosatexte an, die mit den Amulettzeichen des schützenden *Dämonenkönigs* versehen wurden. Die Seiten 21–48 füllen dann die Register mit den Namen und Titeln der (Körper-)Gottheiten, ihrer Streitrösser und schließlich Texte in Siegelschrift. Die Siegelschrift ist eine Art Geheimschrift, die nur Eingeweihte zu lesen vermögen. Die 24 Karten werden mit 24 Gottheiten verbunden. Die Gottheiten stellen die Kräfte im Körper der Menschen dar.

So wie man den Himmel in 24 Zonen unterteilt hat, so tat man es entsprechend auch mit den Regionen des menschlichen Leibes. Da jede dieser Zonen auch Quelle der Kräfte des Himmels oder des Menschen ist, hat man sie auch als Kraftzentren bezeichnet, als die Quellen der Lebenskraft. Jeder Teil des menschlichen Leibes entspricht einer Region des Himmels. Nebenbei bemerkt stellen diese Unterteilungen auch die Grundlage für die Akupunktur und andere chinesische Heilverfahren dar. Die 24 Gottheiten wirken in den jeweils 8 Sphären der drei Abschnitte. Unter den drei Abschnitten versteht man: *den Palast des oberen Ursprungs* (Gehirn), *den Palast des mittleren Ursprungs* (Brust), *den Palast des unteren Ursprungs* (Bauch).

Durch Meditation bringt der Mensch die Körpergötter in Einklang mit den kosmischen Kräften, indem er ihre Entsprechungen miteinander kommunizieren lässt. Der Mensch wird bildlich gesprochen direkt an die Kraftzentren des Himmels angeschlossen.

Wenn der Mensch alle Voraussetzungen erfüllt, tugendhaft gelebt und sich gereinigt hat, wenn das Ritual richtig durchgeführt wird, so kann er in der Meditation zum Unsterblichen werden und als Unsterblicher leben. Da die Schriften in dem Ritual eine so große Rolle spielen, werden sie als heilig verehrt. Im Grunde stellen sie Offenbarungen von himmlischen Dokumenten dar, die man mündlich an die irdischen Meister weitergab, bis sie eines Tages zu Papier gebracht wurden.

Der taoistische Textkanon erfüllt drei Funktionen. Erstens erklärt er die Welt, zweitens stellt er Mittel und Wege zur Verfügung, um dem Menschen ein glückliches und langes Leben zu ermöglichen, und drittens dient er selbst als Objekt der Anbetung. Als von Himmelsgöttern offenbartes heiliges Wissen kommt ihm religiöse Verehrung zu.

In noch weit höherem Maße als die Taoisten waren und sind die **Konfuzianer** an den alten Büchern und den Schriften interessiert. Zum einen betrachten sie die ideale Verfassung der Welt, die Grundlage für Glück, Wohlstand und ein langes Leben in den alten Büchern ein für alle Mal als gültig beschrieben. Deshalb ist die eigentliche Haupttugend des Konfuzianismus das lebenslange Lernen, das im Studium der Heiligen Schriften besteht.
Diese Heiligen Schriften gliedern sich in drei Gruppen:

I. Klassiker, die Konfuzius bearbeitet hat. Sie bilden die **Fünf Bücher** (*Wu-ching*):
  I Ching, das *Buch der Wandlungen*, ist ein Orakelbuch, dessen Inhalt auf das 12. Jahrhundert vor Christus und auf die Shang-Dynastie zurückgeht. Im Grunde stellt das I Ching das Handbuch des Staatsorakels dar. Um einen Urtext haben sich andere Texte wie wachsende Jahresringe über die Jahrhunderte angelagert. Den äußersten Ring bilden die Kommentare, besonders der *shi yi* (Die zehn Flügel), der von Konfuzius mitverfasst worden sein soll. Das hohe Alter des Buches garantiert den Konfuzianern die Gültigkeit und Rechtmäßigkeit der Texte. Für die Konfuzianer steht im Mittelpunkt ihres Denkens, den rechten Weg *(tao)* zu finden. Dazu ist es legitim, das Orakel zu befragen, welchen Weg es in besonderen Situationen empfiehlt. Die Grundlage dafür bilden 64 Schafgarbenstängel, die kunst- und geheimnisvoll geworfen werden. Mit einem komplizierten mathematischen Schlüssel kann man nun einen Spruch aus dem Werk errechnen, der aber der Interpretation bedarf, weil die Antwort immer rätselhaft klingt. Auf die Frage, ob man eine Reise antreten soll, kann beispielsweise die Antwort lauten: »Anmut hat Gelingen. Im Kleinen ist es fördernd, etwas zu unternehmen.« Den Orakelspruch kann man so interpretieren, dass man eine kleine Reise unternehmen, eine große aber vermeiden soll. Das I Ching spielt auch im Taoismus eine wichtige Rolle.
  Shu-ching, das *Buch der Urkunden*, besteht aus den ältesten überlieferten Staatsdokumenten Chinas. Die Urkunden sind der zeitlichen Reihenfolge nach in vier Ab-

teilungen entsprechend den Dynastien (Yü, Hsia, Shang und Chou), aus denen sie stammen oder stammen sollen, geordnet. Die Bedeutung des Buches besteht darin, dass anhand konkreter Beispiele und Situationen korrektes Regierungshandeln in der Vergangenheit dargestellt wird, nach dem man sich in der Gegenwart richten kann. Umgekehrt ließ sich aber auch jede Maßnahme der Regierung unter Bezug auf die vorbildliche Vergangenheit rechtfertigen.

Shi-ching, das *Buch der Lieder*, enthält 305 Lieder. Es gliedert sich in vier Teile: Im ersten Teil finden sich 160 Volkslieder, im zweiten 74 kleine Oden, die Ereignisse an den Fürstenhöfen zum Inhalt haben, drittens 31 große Oden über die Chou-Herrscher und viertens 40 Hymnen für die Staatsfeiern. Die Konfuzianer begreifen Musik als Mittel zur Verfeinerung des Menschen und als Teil der Riten, deshalb spielen die Lieder eine wichtige Rolle im politisch und rituell korrekten Verhalten. So wurden im alten China rituelle Tänze vollführt, die bestimmte rechtliche Situationen, wie zum Beispiel das Eingehen eines Lehensvertrages, öffentlich demonstrierten.

Li-chi, das *Buch der Riten,* ist eine Sammlung der wichtigen Rituale, die von Beamten, Literaten und dem Kaiser, aber auch allen, die es sich leisten konnten, durchzuführen waren. Es gab sehr konkrete Handlungsanweisungen, weil es sicherstellen sollte, dass die Rituale korrekt ausgeführt wurden. Zu den Riten gehören die konkreten Zeremonien in der Ahnenfeier und im Ahnengedenken, der Trauerfeier und der Hochzeit.

Ch'un-ch'iu, das *Buch der Frühlings- und Herbstchroniken*, die über die Ereignisse in der Zeit von 722–481 vor Christus im Staat Lu berichten. Die Ereignisse wurden mit Kommentaren versehen, die ihrerseits an konkreten Beispielen richtiges Verhalten definieren.

II. Bücher, die von Konfuzius selbst oder seinen Schülern stammen. Sie werden auch die **vier klassischen Bücher** (*Ssu-shu*) genannt:

1. **Lun yü**, die Gespräche des Konfuzius, stellen eine Sammlung von Aphorismen, Überlegungen und kleinen lehrreichen Geschichten dar. Im Mittelpunkt der Gespräche steht der Philosoph Konfuzius. Die Äußerung des Konfuzius darf nicht infrage gestellt werden, man kann nur versuchen, sie in ihrer ganzen Weisheit zu verstehen. Die grundlegenden Weisheiten und Regeln, wie der Mensch sich zu verhalten habe, werden in 20 Kapiteln und in 12 700 Schriftzeichen dargelegt.

2. **Meng-tse**, enthält die Ideen des Gelehrten Meng-tse, der die Überlegungen und Lehren des Konfuzius systematisiert und weiterentwickelt hat.

3. **Ta-hsüeh**, das Große Lernen oder die Große Lehre, ist eine Sammlung von kleinen philosophischen Aufsätzen, die in gedrängter und pointierter Form die Lehre des Konfuzius enthalten.

4. **Chung-yung**, der Weg der Mitte, zeigt, teils von Sprüchen des Konfuzius ausgehend, die innere Gelassenheit, die der Weise erreichen soll.

III. Werke, die nicht unbedingt zu den Heiligen Schriften gehören, aber im Lehrsystem so wichtig sind, dass sie faktisch dazugehören. Zu ihnen gehören Chroniken, historische Werke, aber auch wichtige Wörterbücher, die zur Übersetzung der alten Texte notwendig sind.

Zu den Heiligen Schriften, die sowohl von den **Konfuzianern** als auch von den **Taoisten** benutzt werden, gehören:

- das *Zuozhuan* (Die Überlieferung des Zuo), eine Quelle für die Mythologie,
- das *Huainanzi* (Schriften des Meisters aus Huainan), ein philosophisches Werk, das sich mit dem Schöpfungsprozess befasst,
- das *Chuci* (Elegien von Chu) beschäftigt sich mit der Entstehung der Welt, mit den Göttern und Helden,
- das *Liezi* (Schriften des Meisters Lie) diskutiert die Schöpfungsmythen,
- das *Shanhaijing* (Das Buch der Berge und Meere) stellt eine Kosmografie, eine Himmelsbeschreibung dar
- und das *Zhuangzi* (Schriften des Meisters Zhuang), das zu einem klassischen Werk des Taoismus wurde und sich mit Mythen beschäftigt.

Zu den Texten des **chinesischen Buddhismus** siehe Heilige Schriften des Buddhismus (S. 55). Allerdings hatten die chinesischen Buddhisten eine wahre Sammelwut nach buddhistischen Texten entwickelt. Deshalb reisten sie im 6. und 7. Jahrhundert nach Christus nach Indien und nahmen so viele Texte, wie sie bekommen und transportieren konnten, von dort mit nach Hause. In China wurden die Texte dann übersetzt. Viele buddhistische Originalschriften sind zwar verloren gegangen, aber dank der chinesischen Übersetzungen erhalten geblieben.

DAS JUDENTUM
IM BUND MIT GOTT

Die Reise

Jede Religion beginnt mit Menschen, die an Gott oder die Götter glauben und von ihrer Allmacht zutiefst überzeugt sind. Gleichzeitig aber muss dieser Gott sich nach dem Verständnis der Gläubigen auch den Menschen zuwenden, sein Volk auserwählen. Insofern erzählt jede Religion von der Beziehung zwischen dem Gläubigen und dem Allerhöchsten, zwischen Gottes Volk und Gott, davon, wie der Mensch erschaffen, ihm ein Gesetz gegeben, er durch die Gefahren des Lebens geführt und gleichzeitig im Glauben geprüft wurde. Denn Glauben bedeutet, treu zu Gott zu stehen.

So ist es auch im Judentum, in der seit mehr als dreitausend Jahren gewachsenen Religion der Juden. Von dieser oftmals voller Abenteuer und ergreifender menschlicher Schicksale steckenden Geschichte der Juden mit ihrem Gott erzählt der **Tanach**, die Hebräische Bibel, ihre Heilige Schrift. Und die ist im wahrsten Sinne des Wortes grundlegend.

Weil die Christen und die Muslime den gleichen Gott wie die Juden verehren, schauen sie mit ihnen auf den gleichen Beginn zurück, der im Tanach beschrieben wird.

Tanach ist eigentlich ein Kunstwort und leitet sich her von den Anfangsbuchstaben der drei Teile der Hebräischen Bibel: **T**hora (Gesetz), **N**ewiim (Geschichts- und Prophetenbücher) und **Ch**etuwiim (Schriften).

Die Thora selbst gliedert sich in fünf Teile, die fünf Bücher Moses oder auch Pentateuch (zu deutsch Fünfbücherwerk) genannt. Das erste Kapitel der Thora heißt demzufolge auf Hebräisch – der Sprache der jüdischen Bibel – auch *Bereschit*, zu deutsch Anfänge (lateinisch: Genesis), weil es von den Anfängen des Menschen und seiner Beziehung zu Gott berichtet.

Die Christen nennen die Hebräische

Bibel das Alte Testament, den Alten Bund mit Gott, dem sie einen Neuen Bund, ein Neues Testament folgen lassen. Die Muslime erkennen das Alte und das Neue Testament als Bücher an, in denen sich Gott offenbarte, verstehen aber den Koran als die letzte und gültige Offenbarung von Gottes Willen. Die *Anfänge* aber sind allen gemeinsam.

Vor einer unvorstellbar langen Zeit, vor 4000 Jahren, verließ ein Mann namens Thara mit seiner Familie die Stadt Ur in Chaldäa, um nach Kanaan zu gehen. Warum er das tat, liegt im Dunkeln. Wir können nur Vermutungen anstellen.

Die Stadt Ur lag im Zweistromland und war eine bedeutende, eine reiche Stadt, Mittelpunkt des gleichnamigen Stadtstaates. Doch unterwegs – sei es, weil ihn der Mut verließ, ihm die Kraft ausging oder es ihm an diesem Ort so gut gefiel – siedelte er sich in Charran an.

Dort nun sprach Gott zu Tharas Sohn Abraham:

Gehe weg aus deinem Land und aus deiner Verwandtschaft und aus dem Haus deines Vaters in das Land, das ich dir zeigen werde.
(Bereschit, Genesis 12, 1)

Und Gott versprach, dass er dafür Abraham zum Stammvater eines großen Volkes machen werde. Seine Nachkommen würden so zahlreich wie die Sterne sein. Er verkündete, dass Abraham ein Segen sein würde, dass also sein Leben gesegnet war und er anderen Segen brächte.

Gott hielt, was er versprach, denn Abraham sollte mit seiner Frau einen Sohn haben, den er Isaak nannte, und Isaak wurde der Stammvater der Juden. Aber Abraham hatte noch eine zweite Frau, die hieß Hagar. Und auch mit ihr hatte er einen Sohn, den nannte er Ismael. Und von Ismael stammen nach der Überlieferung die Araber ab. Deshalb verehren Juden wie Muslime Abraham heute noch gleichermaßen als ihren Stammvater. In der Machpela-Höhle in Hebron wurde Abraham schließlich begraben.

Aber gemeinsame Verehrung stiftet nicht nur Frieden, wie man denken sollte, sondern auch Feindschaft. Im Jahre 1976 zerstörten fanatische Muslime die Synagoge in der Grabeshöhle und schändeten die Thorarollen. 1994 tötete ein nicht minder fanatischer Jude dort Muslime. Seitdem ist die Grabeshöhle in einen jüdischen und einen muslimischen Bereich geteilt.

Noch aber befinden wir uns in einer Zeit, in der es keine Juden und keine Araber gab, nur den Mann aus Ur, der auch seine zweite Heimat, Charran, verließ, um nach Kanaan zu gehen, das Land, in dem Milch und Honig fließen sollten, wie Gott versprach.

Faszinierend ist, dass diese frühen

Wanderungen tatsächlich stattfanden, dass Menschen aus dem fruchtbaren Zweistromland aufgebrochen sind und andere Gebiete besiedelt haben. Die Bibel, und deshalb müssen wir die historischen Ereignisse im Blick haben, erzählt uns diese Geschichte. Aber sie erzählt sie nicht in der Art und Weise, wie heute Historiker Geschichte darstellen, nicht wissenschaftlich, sondern in der Form von Mythen und Legenden, die jedoch einen wahren Kern besitzen. Diesen zu erkennen, darauf kommt es an.

Kanaan oder, wie es die Römer später nannten, Palästina war aber ein ganz besonderes Land. Weshalb sollte Gott es auch sonst seinem Volk versprechen, wenn es nichts Besonderes gewesen wäre? Es lag am Meer, es war fruchtbar. Die Handelsrouten der Großreiche durchquerten das Gebiet, das die Reiche der Assyrer, der Babylonier und der Perser mit Ägypten verband. Die Nord-Süd-Handels- und die Militärrouten führten durch Palästina. Wahrlich ein Land, in dem Milch und Honig flossen.

Die Angelegenheit hatte nur einen Haken. In diesem schönen Land lebter bereits Menschen, die Kanaaniter. So kam es zu Auseinandersetzungen. Auch hier ist die Bibel wieder sehr konkret, denn die Archäologen haben in diesem Gebiet sehr viele Siedlungen aus der Jungsteinzeit und aus der folgenden Bronzezeit ausgegraben. Man kann verfolgen, wie aus Nomaden, aus umherziehenden Jägern, allmählich Ackerbauern und Viehzüchter wurden, wie Siedlungen entstanden, aus Siedlungen schließlich kleine Städte erwuchsen.

Abrahams Enkel, Jakob, zeugte mit drei Frauen zwölf Söhne, aus denen die Stämme Israels hervorgehen sollten: Ruben, Simeon, Levi, Juda, Issaschar, Sebulon, Josef, Benjamin, Dan, Naftali, Gad und Ascher.

Josef, den Jakob von all seinen Söhnen am liebsten hatte, wurde von seinen eifersüchtigen Brüdern in eine Zisterne geworfen und dann nach Ägypten in die Sklaverei verkauft.

Die Geschichte Josefs leitet nun zum wichtigsten Ereignis der jüdischen Geschichte hinüber. Er wird in der Fremde zu einem geachteten Mann, zum Berater des ägyptischen Großkönigs, des Pharaos. Josefs Brüder treibt später eine Hungersnot nach Ägypten, sie versöhnen sich mit ihrem Bruder, der ihnen vergibt. Sie leben im Wohlstand. Die Volksgruppe der Israeliten wächst und gedeiht und wird immer zahlreicher.

Josef stirbt hochgeachtet und verehrt im Alter von 110 Jahren in Ägypten. Am Sterbebett aber verheißt er seinen Brüdern:

»Gott aber wird nach euch sehen und er wird euch aus diesem Land in das

Land zurückführen, das Gott euren Vätern ... zugeschworen hat.«
(Bereschit, Genesis 50, 24)

So wie Abraham von Gott aufgetragen wurde, ins Land Kanaan zu gehen, das ihm und seinen Nachkommen versprochen worden war, so prophezeit der Enkel die Rückkehr der Israeliten ins Gelobte Land.

Die Ankunft

Immer wieder drangen fremde Völker, wie die Hyksos oder die Seevölker, in Ägypten ein und verheerten das Land, brachten Unsicherheit und Not. Ein neuer Pharao hatte bald schon Josefs Verdienste vergessen und starrte nur auf das in seinen Augen bedrohliche Anwachsen des Volksstammes der Israeliten. Er fürchtete, dass sie sich mit Feinden verbünden, ja sogar fremde Heerscharen ins Land rufen könnten, um sich zur Herrschaft aufzuschwingen. Deshalb befahl er den hebräischen Hebammen, alle männlichen Neugeborenen zu töten und nur die weiblichen am Leben zu lassen. Davon erzählt das zweite Buch der Thora, Schemot (Auszug, lateinisch: Exodus), vor allem aber von dem Jungen, der nach der Geburt vor der Ermordung bewahrt und schließlich in einem Binsenkorb im Fluss ausgesetzt wurde. Der Korb wurde ein Stück weiter ans Ufer gespült, wo ihn eine ägyptische Prinzessin fand und das Findelkind großzog. Moses, wie der Junge genannt wurde, wuchs am Hof des Pharaos auf.

Eines Tages beobachtete er, wie ein Ägypter einen Hebräer schlug, griff ein und tötete den Ägypter. Aus Angst vor Verfolgung floh er nach Madian und kam bei einem Priester unter. Er verliebte sich in eine der Töchter des Mannes und heiratete sie. Eigentlich hätte er so sein Leben verbringen können. Doch Gott hatte anderes mit ihm vor. Moses wurde ein Sohn geboren, den er Gersam nannte. Und das bedeutete:

Ein Fremder bin ich in fremdem Land.
(Schemot, Exodus 2, 22)

Es erinnerte ihn daran, dass er in der Fremde weilte.

Die Hebräer, die unter den Pharaonen Sklaverei, Ausbeutung und Unterdrückung litten, riefen Gott um Hilfe an. Damit beginnt die eigentliche jüdische Geschichte. Moses weidete die Schafe seines Schwiegervaters am Berg Horeb. Plötzlich beobachtete er, wie ein Engel des Herrn in einen Dornbusch fuhr, der trockene Strauch daraufhin lichterloh entflammte, aber nicht verbrannte. Das verwunderte ihn so sehr, dass er zu dem Feuer ging, um die geheimnisvolle

Heilige Schriften

Der **Tanach** stellt das Heilige Buch der Juden dar. Es ist weitgehend identisch mit dem Alten Testament der Christen. Das Buch leitet seinen Namen von den Anfangsbuchstaben seiner drei großen Teile her, nämlich Thora, Newiim und Chetuwim.

Grundlage der Hebräischen Bibel ist die **Thora**. Sie enthält die Geschichte der Entstehung des jüdischen Volkes, seines Bundes mit Gott, der Besiedlung des Gelobten Landes und vor allem die Zehn Gebote und die Gesetze, die Moses auf dem Berg Sinai von Gott erhielt. Gebote und Gesetze stellen die Grundlage des Bundes zwischen Gott und seinem Auserwählten Volk dar.

Die Geschichts- und Prophetenbücher des zweiten Teiles (**Newiim**) erzählen vom Leben im Gelobten Land, von der Gründung Jerusalems und der Erbauung des Tempels. Sie handeln auch davon, wie Gottes Volk wiederholt Gott die Treue bricht und dafür von Gott bestraft wird. Die Propheten (Gottbegabte oder Gottbegeisterte) sind

Orthodoxe Juden lesen die Thora, die nicht als Buch gebunden ist, sondern eine Rolle bildet, die von rechts nach links gelesen wird.

immer wieder das Sprachrohr Gottes, die dem untreuen Volk Gottes Mahnung und Gottes Willen übermitteln. Die prophetischen Bücher wurden der Thora zwischen 400 und 200 vor Christus hinzugefügt und behandeln die Geschichte des jüdischen Volkes bis zur babylonischen Gefangenschaft, begründen aber vor allem in der David-Geschichte die Vorstellung vom jüdischen Staat und vom Messias.

Als letzter Teil wurden der Heiligen Schrift im 2. und 1. Jahrhundert vor Christus die Schriften (**Chetuwim**) hinzugefügt, die Gesänge und Lobpreisungen Gottes (Psalmen), Liebesdichtung (Das Hohelied Salomos), Weisheitsbücher mit philosophischen und theologischen Betrachtungen, aber auch Magie und Zukunftsentwürfe enthalten. Im Jahre 100 nach Christus legten die jüdischen Schriftgelehrten endgültig die bis auf den heutigen Tag verbindliche Fassung der Heiligen Schrift fest.

Dem Tanach wird der **Talmud** an die Seite gestellt. Es existieren zwei Fassungen des Talmuds, der babylonische Talmud *(Talmud Bavli)* und der weniger umfangreiche Jerusalemer Talmud *(Talmud Yerushalmi)*. Allerdings wird der Talmud Yerushalmi kaum benutzt. Wenn vom Talmud gesprochen wird, meint man eigentlich den Talmud Bavli.

Zum einen gehen die Juden davon aus, dass Gott Moses eine Lehre verkündet hat, die zwar grundsätzlich, aber nicht vollständig in die Thora eingegangen ist und die mündlich weitergegeben wurde. Sie bestand aus Religionsgesetzen *(halacha)* und aus Geschichten und Gleichnissen moralischen Inhaltes *(haggadah)*. Aus Sorge, dieses Wissen könnte verloren gehen, wurde es aufgeschrieben. Diesen Text nennt man die *mischna* (Wiederholung), da er bis dahin durch mündliche Wiederholung erlernt und weitergegeben wurde. Die *mischna* teilt sich in sechs Ordnungen auf: Saaten, Festzeiten, Ehe- und Familienrecht, Beschädigungen (Zivil- und Strafrecht), Heilige Dinge (Tempel- und Opferriten) und Reinheitsgebote.

Rabbi Schlomo ben Jitzchak, genannt Raschi, (1040–1105 n. Chr.), der in Troyes in der Champagne gelebt und in Mainz und Worms studiert hatte, kommentierte die *mischna*. Sein Kommentar ist in Quadratschrift am rechten Rand vermerkt, der Kommentar seiner Schüler am linken Rand und unter dem Text finden sich die »kleinen« Kommentare. Den die *mischna* in Quadratschrift umgebenden Kommentar nennt man *gemara*. *mischna* und *gemara* bilden gemeinsam den Talmud, den man nicht lesen, sondern nur in langwierigen, geduldigen Studien erlernen kann.

Erscheinung aus der Nähe zu betrachten. Im Feuer aber verbarg sich Gott, der ihm nun zurief:

»Tritt nicht näher heran! Löse das Schuhwerk von deinen Füßen! Denn der Ort, auf dem du stehst, ist heilige Erde.« Und er sagte zu ihm: »Ich bin der Gott deines Vaters, Gott Abrahams und Gott Isaaks und Gott Jakobs.«
(Schemot, Exodus 3, 5–6)

Gott verbarg sich deshalb, weil es kein Mensch ertragen würde, das Angesicht des Herrn zu schauen, ohne durch die Überforderung in Wahnsinn zu fallen. Nachdem Moses nun wusste, mit wem er es zu tun hatte, wandte er seinen Blick ab.

Was hier mit einfachen Worten beschrieben wird, gehört zu den Grundlagen des jüdischen Glaubens, denn Gott ist so mächtig, so groß, dass der Mensch ihn nicht schauen kann. Alles, was man sieht, kann man auch erkennen, aber was man nicht anschauen kann, das kann man auch nicht begreifen. Gott ist größer als jede Vorstellung, die sich der Mensch von ihm machen kann. Deshalb lehnen die Juden bildliche Darstellungen Gottes ab, weil es einen Frevel bedeuten würde, sich eine Vorstellung, ein Bild von Gott zu machen. Durch die bildliche Darstellung würden die Gläubigen nämlich Gott verkleinern, weil man ihn nur mit Menschenmaß darstel-

len könnte und folglich erniedrigen würde. Dieser Gedanke ist so grundsätzlich und für die Juden so wichtig, dass wir ihn später in den Zehn Geboten wiederfinden werden.

Nun aber kommt Gott zu dem Grund, warum er Moses persönlich als brennender Dornbusch erschien:

»Ich habe wahrhaftig die Unterdrückung meines Volkes in Ägypten gesehen … Und ich bin herabgestiegen, um sie zu erretten aus der Hand der Ägypter und um sie aus jenem Land herauszuführen und um sie hineinzuführen in ein gutes und geräumiges Land, ein Land, das Milch und Honig strömen lässt … Und nun auf! Ich will dich senden zu Pharao, dem König Ägyptens, und du wirst mein Volk, die Israeliten, aus dem Land Ägypten herausführen!«
(Schemot, Exodus 3, 7–11)

Das ist eine gewaltige und vor allem riskante Aufgabe, sodass Moses erschrocken fragt, wer er denn sei, dass er so einfach zum König gehen kann und dann auch noch das Volk führen soll, Männer, Frauen und Kinder, für die er alle Verantwortung übernimmt. Natürlich ist die Aufgabe zu groß für einen Menschen, und deshalb beruhigt ihn Gott und verspricht ihm:

»Ich werde mit dir sein!« Und er prophezeit ihm: »Wenn du mein Volk aus Ägypten

Immer wieder dienten Künstlern, besonders Malern der Renaissance, Geschichten aus dem Alten Testament als Motive für ihre Bilder, wie in dem Bild von Rosso Fiorentino, auf dem Moses die Töchter des Jethro verteidigt.

herausführst, dann werdet ihr Gott an diesem Berg verehren.« (Schemot, Exodus 3, 12)

Das klingt so geheimnisvoll, wie Prophezeiungen nun einmal klingen, nicht ganz auflösbar, nicht ganz verstehbar und vor allem mehrdeutig. Wir werden später sehen, wie wichtig dieser hier noch unverständliche Satz ist, wie sehr er der jüdischen, der christlichen und der islamischen Welt ein Gepräge geben wird.

Wenn Moses auch nicht an Gott zweifelt, so doch an sich und an seinen Fähigkeiten. Sich vor die Israeliten zu stellen und ihnen zu sagen, lasst alles stehen und liegen, verlasst eure Häuser und kommt mit mir, wir ziehen in ein anderes Land, ist das eine, aber was soll er ihnen antworten, wenn sie ihn fragen, warum sie das um alles in der Welt denn tun sollen. Er kann zwar behaupten, dass Gott ihn gesandt habe, dass er nur seinen Auftrag ausführt, aber was soll er entgegnen, wenn sie ihn nach Gott fragen, nach Gottes Namen. Hier gelangen wir an einen zweiten wichtigen Punkt der jüdischen Religion. Der Name Gottes.

Die meisten Menschen reagieren sehr empfindlich darauf, wenn mit ihrem Namen Spott getrieben wird. Scherze über ihr Äußeres oder über eine misslungene Handlung ertragen sie leichter als Witze über den eigenen Namen. Das liegt daran, dass in unserem Namen auch unser Wesen ausgedrückt wird. Ob wir unseren Namen mögen oder nicht, spielt dabei keine Rolle. Aber unser Name ist unsere Identität. Von klein auf wissen wir, wenn unser Name genannt wird, dass wir gemeint sind, dass wir gerufen werden. Er ist der Ausdruck unserer Existenz, d. h. er gibt Auskunft darüber, wer unsere Eltern sind, woher wir stammen, wo wir wohnen, mit einem Wort: wer wir sind.

Aber da Gott größer ist als unser Denken, gibt es für ihn nur Umschreibungen, denn seinen Namen könnten wir nicht erfassen. So wie wir nicht seinen Anblick ertragen können, weil wir ihn nicht verstehen können, so können wir ihn nicht bei seinem Namen nennen, weil wir ihn nicht erkennen können, weil wir nicht wissen, wer er ist. Moses bittet also darum, dass Gott sich zu einem Teil zu erkennen gibt, ihm und den Israeliten, dass er ihm sozusagen ein Losungswort mitgibt, an dem die anderen ersehen werden, dass Gott ihm tatsächlich erschienen war und er nicht lügt oder prahlt.

Da sagte Gott zu Moses: »Ich bin der Seiende! ... So sollst du den Israeliten sagen: Der Seiende hat mich zu euch gesandt! ... Der Herr, der Gott eurer Väter, Gott Abrahams und Gott Isaaks und Gott Jakobs hat mich zu euch gesandt.«
(Schemot, Exodus 3, 14)

Gehen wir davon aus, dass die Israeliten an diesen Namen erkennen werden, dass Gott tatsächlich Moses erschienen ist und ihn gesandt hat. Warum aber nennt sich Gott, wenn er einer ist, der Gott Abrahams, der Gott Isaaks und der Gott Jakobs? Die Antwort auf diese Frage drückt ein wesentliches Religionsverständnis der Juden aus. Denn so wie jeder dieser Patriarchen, wie also Abraham und Isaak und Jakob Gott für sich erkennen mussten, so wird zwar auch jede neue Generation dem einzigen und immergleichen Gott begegnen, da sie ihn aber nicht als Ganzes, nicht vollkommen erkennen kann, weil die Größe Gottes jedes menschliche Denken und jede Vorstellungskraft bei Weitem übersteigt, hat jede neue Generation auch Gott neu zu entdecken, für sich und für ihre Zeit. Denn Gott lebt mit dem jüdischen Volk mit, so wie die Juden tagtäglich, also auch im Alltag, mit Gott leben, mit seinen Vorschriften, mit seinen Geboten und Verboten. Weil aber der Name Gottes uns nur einen Teilaspekt seines Wesens verdeutlichen kann, verfügt er über viele Namen: *der Seiende*, was bedeutet, dass alles Sein, alles Leben aus ihm hervorgeht und zu ihm zurückkehrt, *der Ewige*, weil Gott keinen Anfang und kein Ende kennt, es für ihn also den Begriff der Zeit gar nicht gibt, *der Vater*, weil alles von ihm kommt und er über alles gebietet, *der Hirte*, weil er über alle wacht und alles beschützt. Oder einfach *Adonai* – der Herr.

Häufig sprechen Juden den Namen Adonai aus, wenn sie in der Schrift den

Feiertage

Die jüdische Religion kennt viele Feste und Festzeiten, die mit großer Anteilnahme begangen werden.

Das Jahr beginnt mit **Rosch ha-Schana** im Monat Tischri (September/Oktober des gregorianischen Kalenders). Das zweitägige Neujahrsfest stellt Besinnung, Rechenschaft und das Gebet für eine schöne Zukunft in den Mittelpunkt. Es leitet die Hohen Feiertage ein. In zehn Tagen der Buße und der Sühne denkt man über das alte Jahr nach, versucht, begangenes Unrecht wiedergutzumachen und nach Aussöhnung mit denjenigen zu suchen, mit denen man sich zerstritten oder die man nicht gut behandelt hat. Das fünfundzwanzigstündige Fasten im Anschluss daran dient der Reinigung von Körper und Geist und leitet zum **Yom Kippur**, dem Versöhnungsfest, hinüber.

Das ebenfalls im Monat Tischri stattfindende Laubhüttenfest **(Sukkot)** geht nicht nur auf ein altes Erntedankfest zurück, sondern erinnert die Juden an die Wanderung durch die Wüste (S. 154) nach dem Auszug aus Ägypten und daran, dass sie zu dieser Zeit in Laubhütten wohnten.

Simchat Thora, das Fest der Freude über die Thora, das auch im Monat Tischri stattfindet, feiert den Abschluss der Lesung aller fünf Bücher der Thora, die über das Jahr verteilt Abschnitt für Abschnitt in der Synagoge vorgelesen werden.

Chanukka, das achttägige Lichtfest in den Monaten Kislew und Tewet, das häufig mit dem christlichen Weihnachtsfest verglichen wird, hat die Rückgewinnung des Tempels von Jerusalem durch die Makkabäer zum Inhalt.

Purim im Monat Adar, das sehr fröhlich und ausgelassen gefeiert wird, gedenkt des Sieges über den Perserkönig Haman, der die Juden töten wollte. Es ist ein Fest, das seine Fröhlichkeit aus einer großen Erleichterung darüber gewinnt, dem Tod entronnen zu sein.

Vier-Buchstaben-Namen YHWH lesen, den sie nicht aussprechen dürfen. Dieses Tetragrammaton (Vierbuchstabenwort) ist nun sehr geheimnisvoll. Man hat es immer wieder zu entschlüsseln versucht. Viele Generationen haben sich darüber den Kopf zerbrochen. Es enthält die hebräischen Buchstaben *yod*, *hey*, *vav* und *hey* und soll sich von dem Verb *hayah* – sein – herleiten, könnte aber auch heißen: *Ich bin der Ich bin*, was ein anderer Ausdruck für *Sein* ist: voraussetzungs-

Das Pessachfest ist das zentrale Fest des Judentums. Es wird in der Woche vom 15. bis 22. Nissan als Familienfest mit verschiedenen Riten gefeiert.

Das **Pessachfest**, das wie Sukkot ein Erntedankfest ist, erinnert an den Auszug aus Ägypten (S. 154), während **Shavu'ot**, mit dem eine Fastenzeit zu Ende geht, der Offenbarung Gottes und der Übergabe der Zehn Gebote an Moses am Berg Sinai (S. 159) gedenkt.

Yom ha-Shoa ist den Opfern des Holocaust gewidmet und **Yom ha-Atzmaut** feiert den Unabhängigkeitstag des Staates Israel.

Den bedeutendsten Feiertag im jüdischen Kalender stellt der **Sabbat** dar, der Tag in der Woche, der nur der Ruhe, dem Gebet und dem Studium der Thora vorbehalten bleibt. Mit dem Sonnenuntergang am Freitag beginnt der Sabbat und endet bei Sonnenuntergang am Samstag.

loses, ewiges Sein. Es ist vollkommen richtig, dass Gott ist, was er ist. Was das aber ist, das er ist, zu erkennen, ist der ständigen Erforschung Gottes anheimgestellt. Dieses Bemühen gehört zu den religiösen Pflichten der Juden.

Gott verkündet Moses aber noch mehr. Er sagt ihm voraus, dass der Pharao sich weigern wird, die Israeliten ziehen zu lassen. Gott kennt die Menschen und weiß, wie sie zu beeindrucken sind. Mit einem Event, mit einer Megashow würden wir heute sagen. Er stattet seinen Gesandten mit der Fähigkeit aus, Zeichen zu erwirken, also zu zaubern. Es kommt wie vorausgesehen, Moses überzeugte die Israeliten mit ein paar Wundern, und Gott sandte zur Unterstützung zehn Plagen (Katastrophen) über Ägypten, um den Pharao gefügig zu machen. Da gab Pharao nach und die Juden glaubten Moses.

So brachen sie auf, 600 000 Mann zu Fuß. Weil aber am Ende alles sehr überstürzt vor sich ging, konnten sie keine Reiseverpflegung vorbereiten und nahmen nur ungesäuerten Teig mit. Noch heute erinnert das Pessachfest, das man auch das Fest der ungesäuerten Brote nennt, die Juden an den Schutz Gottes und den Auszug aus Ägypten.

Kaum aber waren die Israeliten fort, überkamen den Pharao Zorn und Reue, dass er sie in die Freiheit entlassen hatte, und er jagte dem schwerfälligen Treck

der Juden ins Gelobte Land hinterher. Natürlich war er mit seinen Bewaffneten auf den Streitwagen und auf den flinken Pferden schneller als der lange Zug der hebräischen Männer, Frauen und Kinder und hatte sie bald eingeholt. Vor sich das Meer, hinter sich die Krieger des Pharao, saßen sie in der Falle. Der Anblick des nahenden Kriegsvolkes jagte den Israeliten Angst ein, und sie bereuten, dass sie auf Moses gehört hatten:

»Hast du uns etwa, weil es keine Gräber im Land Ägypten gibt, herausgeführt, damit wir in der Wüste sterben? Warum hast du uns das angetan, nachdem du uns herausgeführt hast aus Ägypten. War dies nicht das Wort, das wir dir schon in Ägypten gesprochen haben: Lass uns, damit wir weiter den Ägyptern dienen? Denn es ist besser für uns, den Ägyptern zu dienen, als in der Wüste zu sterben.«
(Schemot, Exodus 14, 11)

Die Angst der Menschen, die Heftigkeit der Vorwürfe kann man sich leicht vorstellen. Und Moses ruft ihnen zu, dass sie Zuversicht haben und auf Gott vertrauen sollen. *Der Herr wird für euch kämpfen, und ihr sollt schweigen …* (Schemot, Exodus 14, 14). Aber dem Herrn ist nicht daran gelegen, mit ägyptischem Kriegsvolk zu kämpfen, mit seinem Volk als Zuschauer, wenn es auch eleganter und vor allem eindrucksvoller geht. Er schimpft mit Moses, weil der zu ihm schreit, anstatt den Israeliten den Aufbruch zu befehlen. Moses soll stattdessen seinen Stock erheben, das Meer spalten und *die Israeliten sollen hineingehen mitten ins Meer auf trockenem Grund* (*Schemot*, Exodus 14, 16).

Und Moses tat, wie ihm geheißen. Das Meer teilte sich und die Menschen gingen trockenen Fußes hindurch. Als aber die Ägypter ihnen folgen wollten, streckte Moses auf Weisung des Herrn abermals seine Hand aus. Das Meer kehrte zurück und ertränkte die ägyptischen Heerscharen in den Fluten.

Es ist viel über diesen Auszug aus Ägypten gerätselt worden. In den ägyptischen Quellen finden sich keine Hinweise auf den Auszug der Israeliten. Nun sind uns einerseits nicht alle Quellen bekannt, andererseits könnte Josef in der Zeit der Wirren, beispielsweise während der Herrschaft der Hyksos in Ägypten, gelebt haben und die Entmachtung der Hyksos auch die Vertreibung seiner Nachkommen zur Folge gehabt haben.

Auch die Wanderung der Israeliten durch die Wüste, die 40 Jahre gedauert haben soll, bleibt ein weithin offenes Feld der Forschung. Zumal man Zeitangaben nicht allzu wörtlich nehmen darf, sie sind eher symbolisch gemeint. Wenn die Thora von 40 Jahren Wanderschaft spricht, denkt sie eher an eine Generation und will sagen, dass eine Generation in der Wüste herumirrte und erst die neue, die junge Generation, die Generation, die schon nicht mehr in der ägyptischen Gefangenschaft geboren worden war, in der Freiheit, im neuen Leben, im Gelobten Land, ankommt. Das ist ein sehr schönes, ein sehr tiefsinniges Bild: Erst die Generation, die nicht mehr die Fessel der Gefangenschaft am eigenen Leib erfahren hat, wird in der Freiheit leben. Die anderen können nur immer dorthin unterwegs sein, aber so wie sie ihre Erinnerungen nicht verlieren können, werden sie nie ganz die Fesseln abstreifen, weil sich ihnen diese Erfahrung des Gefangenseins tief eingeprägt hat.

Die übrigen drei Bücher *Wajjikra* (Priestertum, lateinisch: Levitikus), *Bemidbar* (Wüstenzug, lateinisch: Numeri) und *Debarim* (Rückschau, lateinisch: Deuteronomium) erzählen die Stationen der Wanderschaft bis hin zur letzten Rede Moses'. Er stirbt an der Grenze zum Land Kanaan, ohne das Gelobte Land zu betreten. Bis hierhin hat er sein Volk verlässlich und klug geführt. Er hat die Aufgabe, die Gott ihm gestellt hat, erfüllt. Die Erzählungen in der Thora, die darüber berichten, sind faszinierend. Doch ein Ereignis überragt alle anderen wegen der enormen Wirkung, die es bis auf den heutigen Tag entfaltet: die Offenbarung des göttlichen Gesetzes.

Heilige Orte

Grundsätzlich ist **Eretz Israel**, das *Land Israel*, heilig, denn Gott hat dieses Land den Juden zum Eigentum gegeben. In diesem Land ist Gott gegenwärtig. Ältere, gläubige Juden verbringen deshalb gern ihren Lebensabend in Israel oder lassen sich dort zumindest begraben. Eine andere Möglichkeit besteht darin, wenn der Verstorbene außerhalb Israels beerdigt wird, eine Handvoll israelischer Erde mit in den Sarg zu legen.

Vier Städte gelten traditionell als heilig: **Jerusalem**, **Hebron**, **Safed** und **Tiberias**. Vorrang genießt **Jerusalem**. Auf den Berg Moira stieg Abraham, um seinen Sohn Isaak zu opfern. Die Stadt wurde vom zweiten jüdischen König, David, als Hauptstadt errichtet. Als *Stadt des Friedens* stellt sie den heiligen und geistigen Mittelpunkt des Judentums dar. So heißt es im Psalm 122:

Ich freute mich über die, die zu mir sagten:
Zum Haus des Herrn wollen wir gehen.
Unsere Füße standen
in deinen Vorhöfen, Jerusalem.
Jerusalem ist erbaut wie eine Stadt,
an der alle miteinander Anteil haben.
Denn dort zogen die Stämme hinauf,
die Stämme des Herrn als Zeugnis für Israel,
um den Namen des Herrn zu preisen.
(...)
Bittet doch für das, was Jerusalem Frieden bringt,
und Wohlergehen werde denen zuteil, die dich lieben.

Auf dem Tempelberg, dem Berg Moira, der ebenfalls heilig ist, wollte Abraham Gott das Opfer darbringen und später errichtete der Nachfolger des Königs David, der weise König Salomo, dort den ersten Tempel. Und im Tempel befand sich das Allerheiligste, der Raum, in dem Gott an- und abwesend war und den nur besondere Priester betreten durften. Auch stand hier die Bundeslade, in der die Tafeln lagerten, die das Gesetz enthielten, das Moses von Gott entgegennahm. Es ist Gottes Ort:

Denn der Herr hat Zion (den Berg Moira, den Tempelberg) ausgewählt,
hat ihn erwählt zur Wohnung für sich selbst.
Dies ist mein Ruheort von Ewigkeit zu Ewigkeit.
Hier werde ich wohnen, denn ich habe ihn erwählt.
(...)
Seine Feinde werde ich in Schande kleiden,
über ihm aber wird meine Heiligkeit blühen. (Psalm 132)

Der Tempel Salomos wurde zerstört, dann unter dem König Herodes wieder aufgebaut, schließlich nach dem jüdischen Aufstand 70 n. Chr. von den Römern zerstört. Was von ihm erhalten geblieben ist, ist die Westmauer. Die Juden erwarten, dass ei-

Orthodoxe Juden lesen an der Klagemauer, der erhalten gebliebenen Westmauer des zweiten Tempels von Jerusalem, Texte aus der Thora, singen Psalmen und beten.

nes Tages der Tempel ein drittes Mal errichtet wird. Doch der *Dritte Tempel* wird kein Menschenwerk sein, sondern er wird vom Himmel herabgesenkt werden. Auf dem Tempelberg liegt nach jüdischer Vorstellung auch der Stein, auf dem die Bundeslade stand.

Die **Westmauer**, das, was vom Tempel blieb, auch die **Klagemauer** genannt, erfreut sich besonderer Beliebtheit. Nach der Balfour-Erklärung von 1917, die den Juden einen eigenen Staat in Palästina versprach, wurde die Klagemauer zum Symbol der Rückkehr der Juden nach Israel. Da nach islamischer Überlieferung der Prophet Muhammad dort seinen Buraq, ein weißes Reittier mit Flügeln und menschlichem Antlitz, angebunden haben soll, weigerten sich die Muslime, den Juden die Klagemauer zu überlassen. Von 1947 bis 1967 wurde den Juden von den Jordaniern der Besuch der Klagemauer verwehrt. Nach der Einnahme von Jerusalem durch israelische Soldaten im Sechs-Tage-Krieg wurde die Klagemauer ab 1967 für die Juden wieder zugänglich. Seitdem wird sie eifrig besucht. Viele Gläubige beten dort, berühren die Mauer, stecken in die Ritzen und Spalten der Mauer Zettel mit Wünschen und Bitten. Bar-Mizwa und Bat-Mizwa werden hier gefeiert.

Heilig ist auch die Stadt **Hebron**, in der die Machpela-Höhle verehrt wird. Hier liegen der Erzvater Abraham und dessen Frau Sara begraben, aber auch die Stammväter Isaak und Jakob ruhen hier mit ihren Ehefrauen. Außerdem war die Stadt einige Zeit lang die Hauptstadt des Königs David, bevor er Jerusalem zu seiner Hauptstadt erkor, in der sein Sohn Salomo den ersten Tempel erbauen ließ.

Die Stadt **Safed** gilt als Zentrum jüdischer Gelehrsamkeit, vor allem der jüdischen Mystik (Kabala). Bedeutende Gelehrte lebten hier und wurden hier bestattet, so Rabbi Isaak ben Salomo Luria (1534–1572), Rabbi Chaim Vital (1534–1620), aber auch Rabbi Schelomo Alkabetz (1505–1584) und Rabbi Josef Karo (1488–1575).

In **Tiberias**, der vierten heiligen Stadt, wurde der große jüdische Gelehrte Rabbi Moses ben Maimon (Maimonides) bestattet. Sein Grab entwickelte sich zu einer wichtigen Pilgerstätte. Auch der Gründer des Lehrhauses in Javne, Rabbi Jochanan ben Sakkai, und der berühmte Rabbi Akiva wurden hier beigesetzt.

Zu erwähnen ist noch das Dorf **Meron**. Zum Fest von Lag ba-Omer pilgern Hunderttausende von Juden auf den Berg Meron, um am Grab des Kabbalisten Rabbi Schimon bar Jochai Lag-Baomer zu feiern.

Die Zehn Gebote

Als nun Moses mit seinem Volk am Berg Horeb, dort wo er einst Schafe gehütet hatte und von Gott ausersehen worden war, eintraf, ließ er die Menschen sich ausruhen und bestieg den Berg. Hier nun kommt es zur erneuten Begegnung mit dem Allmächtigen und Gott gibt ihm genaue Anweisungen. Zurückgekehrt zu den Seinen, reinigt er sie, sie waschen ihre Kleidung und leben keusch. In den frühen Morgenstunden des dritten Tages dann *geschahen Donnerstimmen und Blitze und es entstand eine finstere Wolke auf dem Berg Sinai. Eine gewaltige Posaune ertönte. Und es erzitterte das ganze Volk, das im Lager war. Und Moses führte das Volk zur Begegnung mit Gott aus dem Lager heraus und sie stellten sich am Fuße des Berges auf. Der Berg Sinai aber war völlig schwarz vor Rauch, weil Gott im Feuer auf ihn herabgestiegen war, und der Rauch stieg auf wie Rauch aus einem Ofen; und das ganze Volk erstaunte gewaltig.* (Schemot, Exodus 19, 16–18)

Gott wird sich auch noch in einer Donnersäule dem Volk zeigen und reden, damit sie glauben, dass er es ist, der mit Moses spricht. Während das Volk am Fuß des Berges ausharrt, weil ihm verboten worden war, den Berg zu betreten, empfängt auf dem Gipfel Moses von Gott die *Zehn Gebote*, das Gesetz, wonach die Israeliten fortan leben sollen. Die Übergabe von Gottes Gesetz an die Menschen ist das wichtigste Ereignis der Thora, wenn man so will der Kern der Thora, denn Thora heißt ja Gesetz, Regel, das, wonach zu leben ist.

Man muss zwischen den Zehn Geboten, die so etwas wie eine Verfassung oder ein Grundgesetz darstellen, und den umfangreichen Gesetzen, die alle Bereiche des Lebens durchdringen, unterscheiden. Die Zehn Gebote sind eine so grundlegende Norm, dass sie sowohl von den Christen als auch den Muslimen übernommen wurden und ein Teil der Zehn Gebote unseren Gesetzen in der modernen Gesellschaft zugrunde liegt.

Die ersten vier Gebote beziehen sich auf grundlegende Glaubensforderungen, beispielsweise darauf, dass es nur einen Gott gibt und die Israeliten keinem anderen als diesem einen Gott dienen dürfen. Das bedeutet das Verbot der Vielgötterei, die ansonsten zu dieser Zeit gang und gäbe ist. Während alle anderen Völker einer Vielzahl an Stammes- und Vegetationsgöttern huldigen (siehe S. 25), wird hier zum ersten Mal in der Geschichte der Menschheit, sieht man von der kurzen Echnaton-Episode ab (siehe S. 34), die Forderung aufgestellt, nur an einen einzigen, aber allmächtigen Gott zu glauben und ihm zu dienen:

Ich bin der Herr, dein Gott, der ich dich herausgeführt hat aus dem Land Ägypten, aus dem Hause der Sklaverei. Du sollst keine anderen Götter haben außer mir.
(Schemot, Exodus 20, 2)

Aus der Außerordentlichkeit Gottes, der für den Menschen nicht zu begreifen, dessen Wesen vom Gläubigen nicht zu erfassen ist, resultiert das Bilderverbot: *Du sollst dir kein Bild machen.* Außerdem darf der Name Gottes, weil er heilig ist, nicht missbraucht werden. Und der Sabbat gilt als geheiligt.

Gedenke an den Tag des Sabbats, ihn zu heiligen. Sechs Tage sollst du arbeiten und alle deine Werke tun. Am siebenten Tag aber sind Sabbate für den Herrn, deinen Gott. Du sollst an ihm keinerlei Arbeit tun … Denn in sechs Tagen machte der Herr den Himmel und die Erde und das Meer und alles, was darinnen ist, und am siebten Tag ruhte er. Darum segnete der Herr den siebten Tag und heiligte ihn.
(Schemot, Exodus 20, 8–11)

Die folgenden sechs Gebote aber sind so allgemeingültig, dass sie, unabhängig ob man an Gott glaubt oder nicht, Geltung besitzen, denn es versteht sich von selbst, dass man seine Eltern ehrt, dass man weder mordet noch stiehlt noch lügt noch neidisch ist auf das, was einem anderen gehört.

Außer den Zehn Geboten wurde Moses aber noch das Gesetz, das aus den Zehn Geboten resultiert, übermittelt. Dieses Gesetz beantwortet alle Lebensfragen, angefangen von Kultgesetzen, in denen alle Bereiche der Religionsausübung, der Opfer, der Priester, der Festtage bis ins Kleinste geregelt werden, bis hin zum Umgang mit Verbrechern und Verbrechen, von Viehdiebstahl beginnend, über Körperverletzung bis hin zum Mord.

Mit den Zehn Geboten und den Gesetzen beantwortet Gott eine große Menschheitsfrage: Wie lebe ich richtig, wie lebe ich nach Recht und Gesetz. Wie lebe ich gerecht und was ist Gerechtigkeit? Was ist der Sinn des Lebens und wer bin ich? Was darf ich tun und was muss ich unterlassen und vermeiden? Deshalb stellt die Thora die Regeln für ein gottgefälliges Leben auf, die gleichzeitig die Grundlagen für das Zusammenleben der Menschen festlegen. Ohne diese Regeln, ohne das Gesetz ist kein Mensch mehr sicher vor Diebstahl, vor Gewalt, vor Mord und die Welt würde in Chaos und Brutalität untergehen. Jeder Mensch würde unglücklich werden, denn auch der Starke ist irgendwann einmal schwach und braucht den Schutz des Gesetzes.

Die Thora endet mit der großen Rede Moses' und dem Tod des Propheten.

Was für ein Leben! Was für ein Mann! Was für ein Prophet!

Es entstand kein Prophet mehr in Israel wie Moses, den der Herr von Angesicht zu Angesicht kannte mit allen Zeichen und Wundern; ihn hatte der Herr gesandt, sie im Lande Ägypten an Pharao, an seinen Gefolgsleuten und an seinem ganzen Land zu tun, nämlich die großen Wundertaten und die mächtige Hand, das, was Moses vor ganz Israel tat.

(Debarim, Deuteronomium 34, 10–12)

Der jüdische Kalender

Die Zeit beginnt für die Juden mit der Erschaffung der Welt, die sich aus der Thora errechnen lässt. So haben Gelehrte das Jahr 3761 vor Christus als den Anfang von allem ermittelt. Diese Rechnung ergibt sich aus den in der Thora genannten und aufgezählten Generationen. Da das Lebensalter der Väter und Söhne angegeben ist und ihr Aufeinanderfolgen lückenlos aufgezählt wird, lässt sich diese Zeit errechnen. Nach jüdischer Weltrechnung befinden wir uns heute (2010) **im Jahr 5771**. Die Teilung in vor Christi und nach Christi ist für die Juden sinnlos, weil sie Jesus nicht als Messias sehen und er für sie keine besondere Rolle spielt.

Während die Monate nach den Mondphasen berechnet werden, ermittelt man die Jahre nach der Sonne. Deshalb muss alle vier Jahre ein zusätzlicher Monat eingeschoben werden. Mit diesem auf den ersten Blick komplizierten Verfahren erreicht man allerdings, dass die drei wichtigen Feste im Jahr (Pessach, Shavu'ot und Sukkot) (S. 153) mit den drei Erntezeiten in Israel zusammenfallen und die Verbindung zum Land, zu den Zyklen des Erntens gegenwärtig bleiben.

Zu den Monaten

Das Jahr beginnt mit dem Monat **Tischri**. Er liegt im gregorianischen Kalender in den Monaten September/Oktober.

1.–2. Tischri: Rosch ha-Schana ist das jüdische Neujahrsfest.

3. Tischri: Fasten Gedalja erinnert an den jüdischen Statthalter Gedalja Ben Achikam, mit dessen gewaltsamem Tod die jüdische Souveränität nach der Zerstörung des Ersten Tempels endete.

10. Tischri: Yom Kippur, der »Versöhnungstag«, ist der höchste jüdische Feiertag.

15.–21. Tischri: Sukkot ist das (siebentägige) Laubhüttenfest.

22. Tischri: Schmini Azeret ist der »Achte Tag der Versammlung«.

23. Tischri Simchat Thora ist das »Thora-Freudenfest«.

Cheschwan liegt im gregorianischen Kalender in den Monaten Oktober/November. Es fallen keine jüdischen Feste in diesen Monat.

Kislew liegt im gregorianischen Kalender in den Monaten November/Dezember.

25. Kislew – 2. Tewet: Chanukka ist das jüdische Lichterfest in Erinnerung an die erneute Einweihung des Zweiten Tempels.

Tewet liegt im gregorianischen Kalender in den Monaten Dezember/Januar.

10. Tewet: Der Fastentag erinnert an die Belagerung Jerusalems durch die Babylonier im 6. Jahrhundert vor der Zeitrechnung.

Schwat liegt im gregorianischen Kalender in den Monaten Januar/Februar.

15. Schwat: Tu BiSchwat ist das »Neujahrsfest der Bäume«.

Adar liegt im gregorianischen Kalender in den Monaten Februar/März.

In Schaltjahren kommt zu den zwölf Monaten des jüdischen Kalenders ein weiterer Monat, der **Adar II**, hinzu. Die Feste des Monats Adar werden dann im hinzugefügten Monat gefeiert.

13. Adar: Fasten Esther erinnert an das mehrtägige Fasten der Königin Esther.

14. Adar: Purim ist das »Losfest« in Erinnerung an die Errettung der persischen Juden.

Nissan liegt im gregorianischen Kalender in den Monaten März/April.

15.–22. Nissan: Pessach, das »Überschreitungsfest«, erinnert an die Rettung der Juden aus Ägypten.

27. Nissan: Yom ha-Schoa ist der Gedenktag für die Opfer des Holocaust.

Ijar liegt im gregorianischen Kalender in den Monaten November/Dezember.

5. Ijar: Jom HaAzma'ut, am 5. Ijar wird der Unabhängigkeitstag des modernen Staates Israel gefeiert.

18. Ijar: Lag ba-Omer. Zwischen Pessach und Schawu'ot liegen sieben Wochen, in denen zu Tempelzeiten das Omer-Opfer dargebracht wurde. Am 33. Tag des Omer endete in der Antike eine Seuche, der viele Gelehrtenschüler zum Opfer gefallen waren. Lag ba-Omer steht als Feiertag für das Ende dieser Seuche.

28. Ijar: Yom Jeruschalajim erinnert an die Wiedervereinigung Jerusalems 1967.

Siwan liegt im gregorianischen Kalender in den Monaten Mai/Juni.

6.–7. Siwan: Schawu'ot ist das Fest der Übergabe der Thora. Die Offenbarung Gottes an Moses.

Tamus liegt im gregorianischen Kalender in den Monaten Juni/Juli.

Im Gelobten Land

Josua, von Moses als Nachfolger eingesetzt, und zwar durch Handauflegung, *denn Moses hatte seine Hände auf ihn gelegt* (Debarim, Deuteronomium 34, 9), führt die Israeliten nach Kanaan. Damit beginnt der zweite Teil des Tanach, die Geschichts- und Prophetenbücher, die von der Eroberung Kanaans berichten.

Zwei Versionen werden erzählt. Die eine Variante berichtet von einer friedlichen Landnahme, die andere von einer Eroberung.

Träfe die erste Vorstellung zu, kann man davon ausgehen, dass dieser Prozess vor ca. 3200 Jahren stattgefunden hat. Sollte es zu einer kriegerischen Besiedlung gekommen sein, böte sich für diesen Vorgang ein Zeitraum von vor über 3300 Jahren dafür an. Der Unterschied von ca. 100 Jahren hängt mit dem archäologischen Befund zusammen, also mit den letzten Funden von Hinterlassenschaften der früheren Bewohner des Gelobten Landes.

Möglich ist aber auch, dass beides geschah, sowohl die friedliche Besiedlung als auch die Eroberung, entsprechend den örtlichen Bedingungen, und einen längeren Zeitraum in Anspruch nahm. Da die Bibel anhand des Handelns von Menschen erzählt, konzentriert und verknappt sie historische Prozesse. Das Werk vieler, das Generationen in Anspruch nahm, wird oft in einer einzigen Person sinnfällig berichtet. Insofern erzählt die Bibel die Wahrheit, sie tut es nur auf ihre eigene Weise.

Die Herrschaft übten in der Zeit der Landnahme Richter aus. Deshalb heißt auch das zweite Buch der Newiim *Schofetim*, das *Buch der Richter*. Das Buch der Richter stellt die wechselvolle Geschichte der Juden im Gelobten Land dar. Hier siedeln sich die zwölf jüdischen Stämme an. Nur der Stamm Levi bekommt kein Land zugewiesen, weil aus ihm die Priester, die Leviten, hervorgehen werden.

Das Heilige Land ist vielfältig: Trockene, steppenartige Landstriche mit kargem Gebirge wechseln sich ab mit fischreichen Seen, wie dem See Genezareth, und fruchtbaren Äckern in der Nähe von Seen und Flussläufen.

Vor 3000 Jahren wird Saul erster jüdischer König. Ihm folgt der große König David, der Jerusalem zur Hauptstadt macht und das Reich auf den Höhepunkt seiner Macht führt. David stellt sich als von Gott berufen dar. Später werden die Juden glauben, dass der Messias, der am Ende der Zeit eintrifft und die Juden befreit, und auf den sie warten, niemand anders sein kann als jemand, der aus Davids Familie stammt, ein Nachkomme Davids ist. Die Christen halten Jesus dafür, die Juden, für die Jesus ein Rabbi, höchstens ein Prophet

ist, warten hingegen noch heute auf den Messias.

Davids Sohn Salomo, der als einer der weisesten Männer gilt, erbaut den Tempel von Jerusalem, in dem die Bundeslade verehrt wird. Die Bundeslade enthält die Gesetzestafeln, die Moses auf dem Berg Sinai von Gott empfangen hatte.

Schließlich zerfällt nach Salomos Tod das Reich in ein Nordreich (Israel) und ein Südreich (Juda), mit den Hauptstädten Samaria und Jerusalem. Als Ursache für die Misserfolge und auch für die Katastrophen, die über die Israeliten hereinbrechen, findet sich immer wieder der Vorwurf einer **Abkehr von Gott**. Immer wieder lassen sich die Israeliten verleiten, gegen die Gebote zu verstoßen und alten Stammesgöttern zu opfern, wie beispielsweise Baal. Während die Geschichtsbücher die Geschehnisse darstellen, berichten die Prophetenbücher zwar auch über die historischen Ereignisse, aber sie bewerten sie. Vor allem findet in diesen Büchern das **Ringen Gottes um sein Volk** statt, der durch die Propheten zu seinem auserwählten Volk spricht.

In den **Prophetenbüchern** treten nun die Propheten (Gottbegeisterten) auf, die gegen den Abfall des Volkes von Gott predigen und mit schlimmen Strafen drohen. Doch das Volk hört nicht auf sie. Vor der Katastrophe aber geschieht noch etwas ganz und gar Merkwürdiges, das den Untergang für einige Jahre aufschiebt.

Der Hohepriester Chelkias (auch: Hilkija) findet in einem Winkel des Tempels ein altes, verstaubtes Buch. Als er es aufschlägt und ihm die Buchstaben vor den Augen zu tanzen scheinen, bleibt ihm fast das Herz stehen: Es ist das Bundesbuch, das Buch des Bundes, den Gott mit seinem auserwählten Volk geschlossen hatte, wahrscheinlich handelte es sich hierbei um das *Debarim* (Deuteronomium).

Manches aus dem Buch ist inzwischen vergessen, manches unbeachtet geblieben. Als dem König Joschija aus dem Buch vorgelesen wird, erschrickt er über das frevelhafte Leben der Juden, die sich von Gott abgewandt haben, und zerreißt sich in Todesfurcht die Kleider. Dann fragt er die Prophetin Olda, die ihm die Botschaft Gottes übermittelte:

So spricht der Herr: »Siehe, ich bringe Unheil über diese Stätte, all die Worte, die in dem Buch geschrieben stehen, das vor dem König von Juda verlesen wurde. Weil sie mich verlassen und fremden Göttern Räucheropfer dargebracht haben, damit sie mich mit all den Werken ihrer Hände erzürnen, ist mein Zorn auf diese Städte entbrannt und wird nicht erlöschen … Du hast dich vor mir gedemütigt und deine Kleider zerrissen und vor mir geweint. Und ich habe es gehört, spricht der Herr. Siehe, ich werde dich zu deinen Vätern versammeln und du wirst in Frieden zu deiner Grabstätte versammelt werden. Deine Augen sollen all das Unheil nicht sehen, das ich über diese Stätte und seine Bewohner bringen werde.«

Und Gott hielt Wort. Nach Joschijas Tod brach der Kriegssturm über Judäa herein. Bereits 722 vor Christus wurde das Nordreich mit seiner Hauptstadt Samaria von den Assyrern zerstört und die Bevölkerung verschleppt. Die Geschichte hat ihre Erinnerung bewahrt. Sie hießen fortan die *zehn verlorenen Stämme*.

Noch einmal verschonte Gott Jerusalem. Die Assyrer belagerten die Stadt, da brach im assyrischen Heer eine Seuche aus. Schließlich gelang es dem jüdischen König Joschija sogar, einen Teil des Nordreichs zu erobern, aber er fiel in der Schlacht bei Megiddo 609 v. Chr., dem Armageddon der Bibel, im Kampf gegen die Ägypter. Nun waren Judäas Tage gezählt. Im Jahr 586 v. Chr. eroberten die Babylonier Jerusalem. Sie zerstörten den Tempel und verschleppten die Elite der Juden, Priester, Gelehrte und Handwerker nach Babylon.

In der Heimat blieben nur Bauern zurück. Einer kleinen Gruppe der Elite gelang die Flucht nach Ägypten, unter ihnen der Prophet Jeremia. Die folgende Zeit nannte man deshalb das *Babylonische Exil* und es wurde entscheidend für das Judentum. Genauer gesagt entstand das Judentum erst im Exil.

Rituelle Gegenstände

Das Gebet **Amida** (das Achtzehnbittengebet) und das **Sch'ma Israel** (Höre, Israel) sind die beiden großen und zentralen Gebete des Judentums. Das Amida ist ein tägliches Gebet, in dem man den Beistand Gottes erfleht. Es hat einen festgelegten Ablauf, besteht aus einem Anfangsteil mit Worten aus der Thora, einem Hauptteil, in dem die persönlichen Bitten geäußert werden, und einem Schlussteil, den wiederum Texte aus der Thora bilden.

Diese Gebete werden in der Synagoge gesprochen. Gott und Mensch stehen sich dabei ohne Vermittlung eines Priesters gegenüber.

Die **Synagoge** ist das Gemeindehaus der jüdischen Gemeinde. Das Wort Synagoge leitet sich aus dem Griechischen her, von *syngo* (sich versammeln). Die hebräische Bezeichnung lautet Beth Knesset (Versammlungshaus). Sie dient zur Versammlung, zum Gebet und zum Studium, deshalb sind Synagogen unterteilt in einen großen Gebetsraum und Lehrräume sowie kleinere Räume für Versammlungen. Da es keine Bauvorschriften gibt für Synagogen, unterscheiden sie sich oft in ihrer architektonischen Gestaltung.

Der Gebetsraum entspricht oft symbolisch dem Tempel in Jerusalem. In Richtung Jerusalem wurde der **Thoraschrein** eingelassen. In ihm werden die Thorarollen aufbewahrt. Über dem Schrein befinden sich eine symbolische Gebotstafel mit den Zehn Geboten und ein Licht, das die Juden an die Feuersäule erinnern soll, die sie in der Wüste beschützte. Die Thorarollen bestehen aus Pergament. Für das Perga-

Für das Äußere einer Synagoge gibt es keine bindende Festlegung. Die neue Synagoge in München auf dem Jakobsplatz verblüfft durch ihre moderne und dennoch eindringliche und mahnende Architektur.

ment darf nur das Leder von Tieren genommen werden, die als rein, also als koscher, gelten. Die Pergamentblätter werden mit Kuhsehnen zu einer Rolle zusammengenäht. Die Rolle wird auf zwei Seitenbrettern, *die Lebensbäume* genannt werden, eingerollt. Mit einer Schnur wird die Rolle verschlossen und dann in eine reich verzierte Hülle gelegt. Vorn schmückt sie ein Schild und oben prangen Glocken und Krone. Die Krone deutet darauf hin, dass die Thora der König des jüdischen Lebens ist, der es beherrscht, führt und um den sich alles dreht.

Nur besonders ausgebildete Schreiber dürfen mit einer Gänse- oder Truthahnfeder Gottes Wort auf Pergament bringen. Die strengen Vorschriften für die Schreiber bestehen seit dem frühen Mittelalter unverändert. Nichts darf er aus dem Gedächtnis schreiben, jeden einzelnen Buchstaben muss er korrekt von der Vorlage abschreiben. Worttrennungen sind verboten. Jede Zeile muss exakt am Ende der Spalte aufhören. Für eine vollständige Thorarolle benötigt man 40 Pergamentblätter. Der Text wird von rechts nach links gelesen. Das Blatt darf beim Vorlesen nicht mit den Fingern berührt werden, deshalb benutzt man ein Zeigegerät in Form einer nachgebildeten Hand mit gestrecktem Zeigefinger, das den Namen **Yad** trägt.

Der **Gebetsmantel** *(tallit)*, der aus Wolle, Leinen oder Seide ist, wird vom Tag der Bar Mizwa an beim Morgengebet getragen. Der tiefgläubige Jude wird in seinem Gebetsmantel begraben, nachdem man zuvor die Ärmelquasten *(zizzit)* abgerissen hat. Der Gebetsriemen *(terillin)* wird an der linken Hand und am linken Arm getragen. In der Kapsel befinden sich kleine Schriftrollen mit Thoraversen. Moses sagt in Debarim 6, 8 über die Gebote des Herrn: *Und du sollst sie zum Zeichen an deine Hand anbinden und sie sollen unerschütterlich vor deinen Augen sein.*

Der siebenarmige Leuchter, Menora genannt, den Moses in der Wüste gefertigt haben soll, symbolisiert die Erleuchtung, die dem Volk Israel durch Gott zuteilwurde. Moses soll sie aus einem Stück gehämmert haben. Der Urleuchter ging nach der Zerstörung des Zweiten Tempels im Jahre 70 n. Chr. verloren.

Mit einem zweiten Gebetsriemen wird eine Kapsel mit Thoraversen auf der Stirn des tiefgläubigen Juden befestigt, die er beim Morgengebet an Wochentagen trägt, damit er sie, wie der Debarim fordert, vor Augen hat.

Das **Schofar**, ein Blasinstrument, das aus dem gebogenen Horn eines Widders gefertigt wurde, erklingt an Rosh Hashanah und eröffnet die zehntägige Bußzeit, die mit dem Yom Kippur beendet wird. Den Gottesdienst zu Yom Kuppur beschließt ebenfalls das Schofar.

Die **Menora** ist der siebenarmige Leuchter, den Moses mit Gottes Hilfe bereits in der Wüste gefertigt hat. Er symbolisiert die Erleuchtung, die dem jüdischen Volk durch Gottes Offenbarung zuteilgeworden ist.

Zeit des Exils, Zeit der Erinnerung

Die babylonische Gefangenschaft, in die die Juden vor 2500 Jahren geführt wurden, stellt das wichtigste Ereignis für die Entstehung der Heiligen Schrift der Juden und die Entstehung der ersten monotheistischen Buchreligion dar, einer Religion, die sich auf ein Buch, auf eine Heilige Schrift stützt und nicht von lokalen Heiligtümern abhängig ist, in denen angeblich die Götter wohnen. Mit dem Entstehen der Buchreligion, wie sie dann teilweise das Christentum und der Islam auch sind, kann man Gott »mitnehmen«. Er wohnt an keinem speziellen Ort mehr, verwirklicht sich in der Geschichte und spricht in der Heiligen Schrift. Plötzlich ist er allgegenwärtig, überall und ständig.

Zur verschleppten Oberschicht zählen der von den Babyloniern geblendete König Zedekia und dessen Familie, Hohepriester (Saduzzäer), Priester (Leviten) und Kaufleute.

Doch nun geschieht etwas ganz und gar Neues und Unerhörtes: Die Juden in Babylonien gehen nicht in der lokalen Bevölkerung auf. Sie vermischen sich nicht, wie es üblich war, sondern bleiben unter sich. Die Verschleppten treffen sich in eigenen Versammlungshäusern, in den Synagogen, um ihren Gott zu verehren und ihre Angelegenheiten zu besprechen. Die Juden beginnen, die Überlieferungen zu sammeln, haben das Bundesbuch dabei und fügen die Schriften zu einem Heiligen Buch zusammen. Dieses entstehende Buch tritt als Heiligtum an die Stelle des Tempels und der zerstörten Bundeslade. Es ist der Tanach, der schließlich die Geschichte des Bundes der Juden mit ihrem Gott festhält.

Aus dem König David, dessen Rückkehr erwartet wird, wird der Messias, der aus seinem Stamm kommt und am Ende der Zeit erscheinen und Gerechtigkeit und Glück auf Erden errichten wird.

Die Priester beschäftigen sich mit der Heiligen Schrift und die Schriftgelehrten legen sie aus und vervollkommnen sie. Aus den Gebeten, die symbolisch an das Opfer erinnern, entwickelt sich die jüdische Liturgie. Die Liturgie beinhaltet Rituale, die überall, an jedem beliebigen Ort auf der Welt durchgeführt werden können und nicht mehr an den Tempel gebunden sind. Unter Liturgie versteht man die Ordnung des Gottesdienstes, zu dem Riten, Lieder, im Wortlaut festgelegte Gebete und Handlungen wie beispielsweise das Segnen oder Weihen gehören.

Die Vorstellung bildete sich heraus, dass Gott Moses nicht nur das geschriebene Gesetz, die Thora, auf dem Berg Horeb offenbart hatte, sondern auch eine mündliche Lehre, die *mischna*.

Diese Lehre wurde mündlich weitergegeben und enthielt Religionsgesetze für alle Bereiche des Lebens und erläuternde Geschichten, Gleichnisse und Begebenheiten. Jehuda ha Nasi ordnete die mündliche Lehre und hielt sie schriftlich fest, um sie vor dem Verlust zu schützen. Gleichzeitig wurden Gesetzestexte und Erzählungen gesammelt, diskutiert und bearbeitet. Sammlung und Kommentar, *mischna* und *gemara*, ergaben den Talmud, die zweite Heilige Schrift nach dem Tanach. Ein Beispiel für eine erläuternde Geschichte im Talmud ist folgende:

Die Geschichte geschah wiederum an einem Nichtjuden, der zum Rabbi (Lehrer, Meister im Sinne von Weisheitsmeister) Schammaj kam und sprach: »Bekehre mich, indem du mich die ganze Thora lehren willst, solange ich auf einem Bein stehen kann.« Da stieß Schammaj ihn fort mit einem Maßstecken (Maßstab), wie sie die Zimmerleute gebrauchen. Da ging der Heide von Rabbi Schammaj weg und kam zu Rabbi Hillel und fragte auch ihn, ob er ihn die ganze Thora lehren wollte, solange er auf einem Bein stehen könne. Da bekehrte ihn Rabbi Hillel auf seine Worte hin und sprach: »Ich will dich die ganze Thora lehren, solange du auf einem Bein stehen kannst.« Und sprach zu dem Heiden: »Halte dich an den Schriftvers: ›Du sollst deinem Nächsten nichts Ärgeres tun, als du dir gern getan haben willst.‹ Das ist der

Urgrund der ganzen Thora. Der Rest ist Auslegung. Geh hin und lerne weiter.« So lehrte Rabbi Hillel ihn die ganze Thora, während er auf einem Bein stand.

Im Exil muss man sich auf das besinnen, was man ist und woran man glaubt. Deshalb beginnt jetzt die eigentliche Geschichte der Zusammenstellung der Heiligen Schriften, des Tanach und des Talmud, die sich bis ins 2. Jahrhundert nach Christus fortsetzen sollte. Nun wurden auch die Geschichten von Moses, der die Israeliten aus der ägyptischen Gefangenschaft führte, wichtig. Die nach Babylon verschleppten Juden verbanden mit der Geschichte des Moses die Hoffnung auf ihre eigene Rückkehr nach Jerusalem, nach Eretz Israel, in ihre Heimat. Denn Eretz (das Land) Israel ist das Gelobte und das Heilige Land. Nicht umsonst endet ein Feiertagsgebet, das die Juden auf der ganzen Welt beten, mit den Worten: *Und nächstes Jahr in Jerusalem.*

Die Auseinandersetzung mit dem Land des Exils und seiner Religion warf für die Juden die brennende Frage auf, ob mit dem Sieg der Babylonier über die Juden auch der Triumph der babylonischen Götter über den Gott der Juden verbunden ist?

So spricht der Herr, Gott, zu meinem Gesalbten, Kyros, dessen Rechte ich ergriffen

Der Tempelberg in Jerusalem ist einer der heiligsten Orte der Welt, weil er gleich für drei Religionen eine zentrale Bedeutung besitzt: Für die Juden, denn hier erhob sich der salomonische und später der herodianische Tempel. Die Muslime errichteten über dem Ort, an dem Mohammeds Himmelsfahrt stattfand, den Felsendom, und bedeutende Ereignisse im Leben Jesu fanden hier statt.

habe, dass Völkerschaften vor ihm gehorchen (Jesaja 45). Nein, verkündete der Prophet Jesaja, nicht Gott unterlag, sondern Gott benutzte die Babylonier, um die abtrünnigen Israeliten, um sein untreues Volk zu strafen. *Denn ich bin der Herr, der Gott, und es gibt nicht sonst außer mir einen Gott – und du kanntest mich nicht –, damit die vom Aufgang der Sonne und die vom Untergang erkennen, dass es außer mir einen Gott nicht gibt, ich bin der Herr, der Gott, und es gibt nicht einen sonst; ich bin der, der Licht bereitet und Finsternis gemacht hat, der Frieden macht und Böses schafft, ich bin der Herr, der Gott, der dies alles macht.* (Jesaja 45)

Aber so wie Gott die Juden für den Bruch des Gesetzes bestraft hat, so wird er auch sein Volk schützen und nach Hause führen, wenn es wieder gottesfürchtig lebt und die Gesetze einhält.

*Tröstet, tröstet mein Volk, spricht Gott.
Ihr Priester redet zum Herzen Jerusalems,
tröstet die Stadt; denn voll geworden ist
das Maß ihrer Demütigung, aufgelöst ist
ihre Schuld, denn sie hat entgegennehmen
müssen aus der Hand des Herrn Doppeltes
für ihre Sünden … Bereitet den Weg des
Herrn, macht gerade die Straßen unseres Gottes … Und sichtbar werden wird
die Herrlichkeit des Herrn, und sehen wird
alles Fleisch die Rettung durch Gott.*
(Jesaja 40)

Jetzt wird es zur Pflicht eines jeden Juden, sich mit der Thora zu beschäftigen,
sie unter lebenslangem Lernen zu studieren und in die Weisheit und den Sinn
der 613 darin enthaltenen Gesetze ein-
zutauchen. Denn so verlangt es Gott in
seinem Bund mit dem Volk Israel. Wenn
die Israeliten nach den Gesetzen leben,
so wird Gott ihnen beistehen, so sie aber
die Gesetze brechen oder andere Götter
anbeten, so wird er sie bestrafen. Deshalb besteht die jüdische Geschichte aus
der Beziehung des Gottesvolkes mit und
zu seinem Gott.

Im Exil veränderte sich die jüdische
Religion. Die Lehrer, die Weisen, die den
Unterricht der Juden in der Thora über-
nahmen und bei der Beantwortung aller
Lebensfragen, ausgehend vom Gesetz
Gottes, halfen, verdrängten die Pries-
ter. Der Rabbiner wurde nun die wichti-

ge Autorität, der das Leben der jüdischen
Gemeinde leitet und immer wieder hilft,
die Veränderungen des Lebens in Über-
einstimmung mit den Gesetzen zu bringen. Man darf das nicht unterschätzen.

Die Fragen, die der Alltag an gesetzestreue Juden stellt, sind groß. Nur ein
Beispiel: Wenn am Sabbat nicht gearbeitet werden darf, wie steht es dann darum, wenn der Jude am Sabbat in die
Synagoge gehen will? Gehen ist Arbeit. Zu diesem Zweck wurde die Sab-
batmeile eingeführt, eine Meile darf der
gesetzestreue Jude am Sabbat zurücklegen. Aber ein gesetzestreuer Jude darf
auch nicht den Lichtschalter betätigen,
weil das Schließen des Stromkreises
dem Entfachen eines Feuers in frühe-
rer Zeit entspricht. Und das Verbot der
gewerblichen Tätigkeiten bezieht sich
auch ausdrücklich auf das Anzünden eines Feuers. So behilft man sich mit Zeit-
schaltern. Aber auch das Benutzen des
Fahrstuhls, weil man einen Schalter be-
tätigt und einen Stromkreis schließt, und
das Autofahren sind am Sabbat verboten.

613 Gesetze wollen mit der sich immer wieder verändernden Welt in Einklang gebracht werden. Sehr fromme Juden besitzen beispielsweise zwei
Kühlschränke, einen mit Beleuchtung
und für den Sabbat einen ohne Beleuchtung, denn es ist untersagt, ein Licht an-
zuzünden.

Noch komplizierter verhält es sich mit den Speisegesetzen. Die Thora schreibt genau vor, welche Nahrungsmittel *koscher* sind, also vom *Kaschrut* erlaubt werden. Der Kaschrut umfasst vor allem die Speisegesetze. So dürfen Juden kein Schweinefleisch und keinen Fisch ohne Schuppen und Flossen verzehren. Unter das Verbot fallen Aal, Wels, Stör, Seeteufel und Hai, aber auch Hummer, Langusten, Tintenfische, Krabben, Aus-tern und Muscheln. Fleisch darf nur gegessen werden, wenn die Tiere ausgeblutet worden sind und das Fleisch kein Blut mehr enthält. Man nennt diese Art der Schlachtung *Schächten*. Durch einen Schnitt in den Hals verblutet das Tier. Das Verbot rührt daher, dass der Tanach davon ausgeht, dass das Blut die Seele ist und der Mensch nicht mit dem Fleisch die Seele des Tieres verspeisen soll.

Häretiker

Ketzerische Bewegungen im Judentum sind nicht zu vergleichen mit denen im Christentum. Verfolgungen von Ketzern durch eine Inquisition sind dem Judentum fremd. Der Begriff der Orthodoxie, was Rechtgläubigkeit meint, trifft es nicht genau, weil es sich eigentlich um die Orthopraxie handelt, also um die richtige Art und Weise, die Religion zu praktizieren.

Für extrem orthodoxe Juden können deshalb alle Juden, die von den 13 Grundregeln des jüdischen Glaubens, wie sie **Moses Maimonides** aufgestellt hat, abweichen, bereits Häretiker sein. Demzufolge sehen sie auch im liberalen oder dem aus ihm hervorgegangenen Reformjudentum bereits Ketzerei. Jemanden als Häretiker zu verurteilen, bedeutet allerdings nicht, ihn aus dem Judentum auszuschließen, sondern man stellt lediglich seinen rechten Glauben infrage.

Als Häretiker werden die **Samaritaner** angesehen, eine Religionsgemeinschaft, die aus dem untergegangenen Nordreich hervorgegangen ist. Die Hauptstadt hieß Samaria. Daher stammt ihr Name. Die Samaritaner leben heute in Israel und im Westjordanland. Nach der Niederlage des Nordreichs 702 vor Christus siedelten die Assyrer neue Völker um Samaria an. Als die Judäer 546 vor Christus aus dem Babylonischen Exil zurückkehrten und den Tempel in Jerusalem errichten wollten, boten die Samaritaner ihre Hilfe an. Dieses Angebot wurde aber mit der Begründung abgelehnt, dass die Samaritaner inzwischen unrein seien, weil sie mit den angesiedelten Völkern in Berührung gekommen waren und sich auch mit ihnen vermischt hätten. Daraufhin gründeten die Samaritaner ihr eigenes Heiligtum auf dem Berg Garizim. Sie nahmen von diesem Zeitpunkt an nicht mehr an der Entwicklung der jüdischen Religion teil. Sie erkennen als Heilige Schrift nur die Thora an, nicht aber die Geschichtswerke *(Newiim)*, nicht die Prophetenbücher und auch nicht die Schriften *(Chetuwiim)*. Sie haben die alte hebräische Schrift beibehalten, während die heutige hebräische Schrift eine aramäische Schrift ist, die von den Juden aus dem babylonischen Exil mitgebracht wurde.

Der Hauptvorwurf, den die Samaritaner an die Juden richten, lautet, dass sie in den Prophetenbüchern Gott menschliche Eigenschaften angedichtet hätten und dadurch gegen Gottes Gebot, dass man sich kein Bild von Gott machen darf, verstoßen haben. Sie anerkennen das Hohepriestertum noch, das nach der Zerstörung des Tempels durch die Römer von den Juden abgeschafft worden war, und führen auch noch das Tieropfer durch.

Eine andere aus jüdischer Sicht häretische Sekte sind die **Karäer**. Vom 8. bis zum 12. Jahrhundert nach Christus wurde das rabbinische Judentum von einer Sekte angegriffen, die den Talmud ablehnte und sich allein auf die Thora bezog und nur diese gelten ließ. In den Lehren der Karäer spiegelt sich ein islamischer Einfluss wider. Die Karäer lebten auch überwiegend in muslimisch beherrschten Gebieten wie in Anatolien, auf der Krim und im Khanat der Chasaren.

Der jüdische Gelehrte Saadia Gaon (882–942), wobei Gaon der Titel des Oberhauptes der Babylonischen Akademie war, bekämpfte die Karäer wirksam, indem er ihren Einfluss zurückdrängte, sodass sie schließlich bis heute nie über den Status einer Sekte hinauskamen.

Der bis auf den heutigen Tag beeindruckendste und legendenumwobenste Ketzer ist der **»jüdische Messias« Sabbatai Zwi**. Er wurde 1626 in Smyrna, dem heutigen Izmir, geboren. Im Alter von 15 Jahren begann er ein asketisches Leben und folgte einem geistigen Führer, den er Rabbi Isaac nannte. In dieser Zeit vertiefte er sich in die Lehren der jüdischen Mystik, besonders in die des großen Kabbalisten Isaak Luria, und begann schon bald in jüdischen Kreisen als Messias aufzutreten. Das war die Geburtsstunde des **Sabbatäismus**, der bis ins beginnende 20. Jahrhundert im Orient, in Polen und Böhmen gewirkt und den Chassidismus (S. 179) beeinflusst hat.

Ende 1664, Anfang 1665 wollte Sabbatai sich von dem Kabbalisten Rabbi Aschkenasi unterweisen lassen, doch der lehnte ab und hielt ihm entgegen, er benötige kei-

Sabbatai Zwi (1626–1676) ist eine der schillerndsten Persönlichkeiten der jüdischen Geschichte, ein Religionsgelehrter, der sich selbst zum Messias ausrief. Die einen sehen in ihm einen Scharlatan, andere eine herausragende Gestalt.

ne Unterweisung, er sei der Messias. Von diesem Tag durchlief die jüdische Welt die Kunde, dass der Messias erschienen sei. Und ein Messias tat den Gemeinden in Deutschland und in Polen mehr als not. In Deutschland endete gerade der Dreißigjährige Krieg und in Polen trieb der Kosakenführer Bogdan Chmelnizki sein Unwesen, der die Juden verfolgte.

Sabbatais Versuch, auf dem Tempelberg von Jerusalem von den Vertretern der 12 Stämme als Messias anerkannt zu werden, schlug fehl, und er wurde vom Jerusalemer Rabbinat mit dem Bann belegt. Er kehrte nach Smyrna zurück, besetzte die Synagoge und zog dann mit seinen Anhängern weiter nach Konstantinopel. In Galiopoli wurde er von den Türken verhaftet. Man stellte ihn vor die Wahl: Tod oder Annahme des Islams. Sabbatai trat zum Islam über und starb am 16. September 1676, zehn Jahre nach seinem Übertritt zum Islam, in der Verbannung. All das minderte nicht die große Wirkung, die seine Person und seine Vorstellungen bis ins beginnende 20. Jahrhundert ausgeübt haben. Die Sehnsucht nach einem Erlöser war groß.

Die Sekte der **Frankisten** oder **Sohariten** ging auf Jakob Frank (1726–1791) zurück, der von sich behauptete, dass er nach David, Elias, Jesus und Mohammed die aktuelle Verkörperung des Messias sei. Zuerst war er ein Anhänger der Sekte des Sabbatai Zwi. Nach einer Reise ins osmanische Reich kehrte er nach Polen zurück und propagierte seine Glaubensauffassung, die den Talmud durch den Sohar, dem wichtigen Buch der Kabbala, ersetzen wollte. Der vermeintliche Messias ließ sich christlich taufen und vermischte jüdisch-kabbalistische und christliche Vorstellungen. Die Sekte bestand über seinen Tod hinaus bis zum Ende des 19. Jahrhunderts.

Die Rückkehr

Im Jahr 539 vor Christus besiegte der Perser Kyros die Babylonier und erlaubte den Juden die Rückkehr in die Heimat nach Israel. Die Juden sehen in Kyros ein Werkzeug Gottes, der sie aus dem Exil errettet hatte, wie sie vorher in den Babyloniern Gottes Mittel sahen, sie zu bestrafen.

Es gelingt den Juden noch einmal, ein Königreich zu errichten und den Tempel erneut aufzubauen, bevor sie unter die Herrschaft zunächst Alexanders des Großen und seiner Nachfolger und anschließend der Römer geraten. Verehrt wird im Tempel nun die Heilige Schrift. Gott ist im Allerheiligsten im Tempel von Jerusalem zugleich anwesend und abwesend. Denn er ist gegenwärtig. Da man Gott aber nicht in einem Raum einsperren kann, ist er gleichzeitig auch abwesend. Denn der größte Saal der Welt wäre verschwindend winzig, verglichen mit Gottes Größe.

Lange stritten verschiedene Richtungen im Judentum, welche Texte zur Heiligen Schrift gehören, bis man sich schließlich im 2. Jahrhundert auf einen Kanon einigte.

So wie heute Englisch als internationales Verständigungsmittel dient, sprach man damals Griechisch, und so wurde die Heilige Schrift ins Griechische übersetzt. Weil diese Übersetzung von 70 Weisen vorgenommen worden sein soll, heißt sie Septuaginta, nach dem griechischen Wort für siebzig. Als Septuaginta verbreitete sich die Hebräische Bibel in der gesamten zivilisierten Welt des Altertums.

Die Juden vervielfältigten ihre Heilige Schrift, deren Sprache Hebräisch ist, durch Abschreiben. Bei diesem Abschreiben darf den Kopisten weder ein Fehler noch die geringste Abweichung unterlaufen. Diese schriftkundigen und hochgelehrten Kopisten des hebräischen Urtextes der Heiligen Schrift heißen **Masoreten**. Es muss unterschieden werden:

- der jüdische, der masoretische Text des Tanach
- und die griechische Übersetzung, die Septuaginta.

In der Auseinandersetzung mit den Nachfolgern Alexanders des Großen, der mächtigen geistigen und kulturellen Strömung des Hellenismus und schließlich mit den römischen Eroberern bilden sich im Judentum verschiedene Vorstellungen, wie die Thora zu interpretieren und auf das veränderte Leben anzuwenden sei, heraus. Im Judentum zur Zeit Jesu finden wir mindestens vier Strömungen:

- die mächtigen Tempelpriester, die **Sadduzäer**. Das religiös-politische Zentrum der Juden war der Tempel in Jerusalem. Dadurch kam den Pries-

Juden beim Freitagsgebet in der Yousef Abad Synagoge im Zentrum von Teheran.

tern im Tempel eine enorme religiöse, aber auch politische Bedeutung zu.
- die Schriftgelehrten, die **Philister**, für die die Thora das Entscheidende war,
- eine Sekte von sehr konsequenten, sehr frommen und unter sehr einfachen Verhältnissen lebenden Juden, die **Essener**.
- und diejenigen Juden, die mit Gewalt die römische Fremdherrschaft abschütteln und einen jüdischen Staat errichten wollten, die **Zeloten**.

Nach der Zerstörung des Zweiten Tempels durch die Römer als Reaktion auf den **Bar-Kochba-Aufstand** vor fast 1900 Jahren wurden die Juden über die ganze Welt zerstreut. Die Sadduzäer büßten ihre Macht mit dem Ende des Tempels und dem Verlust von Jerusalem ein. Der Tempelschatz wurde nach Rom gebracht, die Juden aus Jerusalem vertrieben und die Stadt zu einer römischen Metropole unter dem Namen Aelia Capitolina gemacht. Juden durften diese neue Stadt nicht mehr betreten.

Man nennt die folgende historische Periode, die erst mit der Gründung des Staates Israel 1948 endete, die Diaspora, die Zerstreuung. Denn von nun an lebten sie über Europa, Afrika und Asien verstreut.

Was den Juden durch die fast zwei Jahrtausende währende Wanderschaft in der Fremde Halt gab und ihre Glaubensgemeinschaft am Leben erhielt, waren ihr Glauben und die Heilige Schrift.

Religionsstifter

Im Sinne von Zarathustra, Buddha, Jesus Christus oder Mohammed kennt das Judentum keinen Religionsstifter. Andererseits gibt es viele große Gestalten in der jüdischen Geschichte, angefangen mit dem Stammvater Abraham. Dennoch überragt ein Mann sie alle, nämlich Moses. Ohne ihn gäbe es zumindest nicht das Wirken von Jesus Christus und Mohammed.

Bereits sein Anfang ist bemerkenswert. Als Neugeborener ausgesetzt, überlebt er nur, weil Gott ihn auserwählt hat. Ihn hat er beauftragt, die Israeliten ins Gelobte Land zu führen, ihm hat er die Gebote und Gesetze offenbart. Moses ist der einzige Prophet, dem Gott, wenn auch verhüllt, persönlich gegenübergetreten ist; mehr noch, er ist der Einzige, der direkten Kontakt zu Gott hatte. Gemessen an seiner Bedeutung, wissen wir nicht viel über ihn. Er tritt uns nur aus einer einzigen Quelle, dafür aber umso machtvoller, entgegen, aus der Thora, den fünf Büchern Moses, mit denen jede Bibel, ob hebräisch oder christlich, beginnt. Die große Neuerung, die Moses ins Werk setzt, ist die Verkündung einer monotheistischen Religion, der Glaube an einen übermächtigen Gott, der war und ist und bleiben wird. Christen und Muslime werden in dieser Tradition denken und auf diesem Fundament das Gebäude ihres Glaubens errichten. Wissenschaftliche und halbwissenschaftliche Versuche, seine Herkunft und sein Leben genauer zu erforschen, hat es in Fülle gegeben und wird es weiterhin in großer Zahl geben.

Manche glauben, dass er ägyptischer und nicht hebräischer Herkunft war, dass er ein Sohn Echnatons, ein Vertrauter des Pharao Sethos, gewesen sei, ein ägyptischer Prinz, der mit seinen Anhängern in Ungnade gefallen war, weil er nach der Macht griff oder den Eingottglauben Echnatons wieder zur Herrschaft bringen wollte.

Was wir wissen, ist dies: Vor über 3300 Jahren floh auf Weisung Gottes ein junger Mann mit Männern, Frauen und Kindern aus Ägypten, führte sie auf der Suche nach dem Gelobten Land vierzig Jahre durch die Wüste, verkündete Gottes Gesetz, das damit beginnt, dass es nur einen Gott gibt. Damit schuf er einen mächtigen Glauben, der die Geschichte entscheidend bestimmt hat und für drei Milliarden Menschen auf der Erde aktuell ist. Und das alles nur aus einem Grund: weil er seinem Gott geglaubt hat. In Moses begegnen wir dem Gläubigen, dem Propheten, dem Priester und dem König. Von ihm wissen wir wenig, von dem, was er bewirkt hat, sehr viel.

Die Rabbiner

Während der Belagerung Jerusalems aber wurde der Schriftgelehrte Yochanan Ben Zakkai aus der Stadt geschmuggelt. Er gründete in **Yavneh** bei Jaffa eine Schule, die sich schnell zu einem **Zentrum der Thorastudien** entwickelte und maßgeblichen Anteil an der Entwicklung des rabbinischen Judentums besaß. In Yavneh saß nun die höchste Autorität für alle jüdischen Gemeinden im Römischen Reich. Unter einem seiner Nachfolger, nämlich Judah h-Nasi wurde die mündliche Thora, die *mischnah*, zusammengestellt und bearbeitet.

In Babylon, einem anderen Zentrum jüdischer Gelehrsamkeit, schloss man den sogenannten *Babylonischen Talmud* am Ende des 5. Jahrhunderts ab.

Im Mittelalter lebten die jüdischen Gemeinden unter christlicher und muslimischer Herrschaft. Während die Juden in Europa oft von den Christen verfolgt wurden, lebten sie unter den Muslimen recht frei. In dieser Zeit spielten sie eine große Rolle bei der Wiederentdeckung der antiken Philosophie, indem sie griechische Texte, die arabische Wissenschaftler ins Arabische übersetzt und kommentiert hatten, ins Lateinische brachten. Das maurische Spanien wurde zu einer Brücke der Kulturvermittlung.

Der große jüdische Philosoph Moses Maimonides (1135–1204) verfasste auf Arabisch das grundlegende Werk *Führer der Unschlüssigen*, das die Thora in Einklang mit dem philosophischen Fortschritt der Zeit brachte.

Zeitgleich entstand eine bis heute einflussreiche Strömung im Judentum, die sich mit dem Namen der Kabbala verbindet. In allen Religionen gibt es Menschen, die von der Sehnsucht beherrscht werden, zu Gott aufzusteigen, Gott zu schauen und sich mit Gott zu vereinigen. Man nennt sie Mystiker, weil sie das Verborgene entdecken wollen.

Besonders im Osten Europas wuchs eine religiöse Bewegung unter den Juden, die sich Chassidismus nannte und sich von dem Begriff *chasid* (fromm) herleitete. Auf der einen Seite gehen mit dieser Bewegung streng asketische Praktiken einher, streng religiöse Lebensregeln, anderseits entsteht eine weltzugewandte Volksreligion, in deren Mittelpunkt der Zadik steht, der Heilige, der sogar in der Lage ist, Wunder zu tun.

Im Mittelalter lebten die Juden in Europa in Ghettos. Die Päpste wollten die Juden vor den Christen und die Christen vor den Juden schützen. Das nannte man die doppelte Schutzherrschaft. Schlimme Verfolgung, Zwangstaufen, die Vertreibung der Juden aus Spanien 1492 konnte dieses Konzept der doppelten Schutzherrschaft jedoch nicht verhindern.

Aber etwas anderes sollte die jüdische Welt Europas nachhaltig verändern, weil sich nämlich Europa von Grund auf wandelte. Die Aufklärung stieß die Religion, vor allem das Christentum, von ihrem Thron und erklärte sie zur Privatsache. Was wir heute als normal empfinden, nämlich die Trennung von Kirche und Staat, nahm hier seinen Ausgang. Aus Untertanen wurden Staatsbürger. Für alle Menschen galten von nun an die gleichen Menschenrechte, die gleichen Gesetze, die gleichen Rechte, Pflichten und Verbote. Aber wie stimmten die Befolgung des jüdischen Gesetzes, die moderne Gesellschaft und die Geltung der Gesetze des Staates überein? Wie sollte man den modernen Arbeitsalltag mit der Einhaltung der jüdischen Gesetze und Vorschriften gewährleisten?

Es galt für gesetzestreue Juden der 9. Glaubensgrundsatz, den Moses Maimonides aufgestellt hatte: *Die Aufhebung. Das heißt, dass diese Thora nicht aufgehoben und dass von Gott keine andere außer ihr gegeben wird. Zu ihr wird nichts hinzugefügt, nichts von ihr abgestrichen werden, weder hinsichtlich des Wortlautes noch hinsichtlich der Auslegung.*

Was geschieht, wenn Gottes Volk nicht die Treue zu Gott und Gottes Gesetz hält, hatte man in der Geschichte hinlänglich erlebt.

Andererseits gilt der Grundsatz, dass jede neue Generation ihren Weg zu Gott finden muss.

So entstanden in der Neuzeit als Antwort auf die Herausforderungen der modernen Gesellschaft, die Religion als Privatsache der Bürger versteht, verschiedene Strömungen im Judentum:

Die Orthodoxen (Rechtgläubige): Sie beziehen sich auf den Satz des Moses Maimonides und leben wortwörtlich nach den Auslegungen der Gesetze der unveränderbaren Thora.

Die Chassidim halten wie die Orthodoxen an der wortwörtlichen Auslegung der Thora fest. Zugleich ist ihr Glaube stark mystisch geprägt. Sie suchen, Gott unmittelbar zu begegnen, und richten all ihre Anstrengungen darauf. Askese, Meditation und Ekstase im Gebet bilden den Mittelpunkt ihres Lebens.

Infolge der europäischen Aufklärung entwickelte sich das liberale Judentum. Diese Aufklärung trägt im Judentum den Namen Haskala. Ihr bedeutendster Denker war Moses Mendelssohn. Gotthold Ephraim Lessing, der mit ihm befreundet war, hat Moses Mendelssohn in der Figur des Nathan in seinem gleichnamigen Drama ein literarisches Denkmal gesetzt. Der Gottesdienst wurde reformiert. Frauen durften neben ihren Männern in der Synagoge sitzen, Orgelspiel wurde eingeführt. Die Gemeinden leiteten Rabbiner, die auch für die religiöse Erziehung zuständig waren.

Jüdisches Leben

Vor der Geburt und nach der Geburt wird das Sch'ma Israel gebetet. Jüdische Jungen werden kurz nach der Geburt beschnitten, d. h. ihnen wird die Vorhaut vom Penis entfernt. Damit gehen sie ihren Bund mit Gott ein.

Am Fest Lag ba-Omer wird dem dreijährigen Knaben, wenn er orthodox erzogen wird, das erste Mal das Haar geschnitten. Mit diesem Tag beginnt sein Unterricht in der Thora. Es heißt in der *mischna*, dass ein Fünfjähriger für das Studium der Bibel, der schriftlichen Thora, ein Zehnjähriger für das der *mischna*, der mündlichen Thora, ein Dreizehnjähriger für die Erfüllung der Gebote, ein Fünfzehnjähriger für das Studium des Talmuds befähigt sei.

Mit dem 13. Lebensjahr werden jüdische Jungen und Mädchen religiös volljährig, sie feiern das Fest Bar-Mizwa *(Sohn der Pflicht)* oder Bat-Mizwa *(Tochter der Pflicht)*. Diese Feier ist ein großes Ereignis. Zum ersten Mal darf der jüdische Junge einen Abschnitt aus der Thora auf Hebräisch in der Synagoge öffentlich vorlesen. Der Dreizehnjährige legt zum ersten Mal die Gebetsriemen *(tefillin)* an und zählt beim *minjan* mit. Für den orthodoxen Gottesdienst ist die Anwesenheit eines *minjans* erforderlich, der aus zehn volljährigen jüdischen Männern besteht.

Die Feiertage (S. 152) werden in der Familie, je nachdem wie religiös man ist, gefeiert. Wobei Yom Kippur, Pessach, Sukkot und Shavu'ot die Hauptfeste bilden. Zum Teil sind die Speisen wie beim Pessach rituell vorgeschrieben. In Erinnerung an den Auszug aus Ägypten dürfen nur ungesäuerte Brote gegessen werden. Orthodoxe Familien besitzen dafür auch gesondertes Geschirr, um zu verhindern, dass das Pessachmahl mit den gewöhnlichen Alltagsspeisen in Berührung kommt. Pessach wird zwei Tage mit Gebeten, Rezitationen, Lesungen, Liedern, besonderen Speisen und Wein gefeiert.

Zentral ist im Judentum die Forderung nach Lernen und Lehren, nach einem lebenslangen Studium der Thora. *Wo keine Kinder lernen, da sind keine Schüler; wo keine Schüler sind, da sind keine Gelehrten, und wo keine Gelehrten sind, da sind keine Ältesten, und wo keine Ältesten sind, da sind keine Propheten, und wo keine Propheten sind, da lässt Gott auch nicht seine Schechina auf ihnen ruhen* (Bereschit Rabba, Auslegungs-Midrasch zum Buch Genesis). Unter *Schechina* versteht man die Anwesenheit Gottes, die Verbundenheit Gottes mit Israel.

Im Mittelpunkt des Judentums steht wie gesagt der Bund, den Gott mit dem Auserwählten Volk geschlossen hat. Der Mensch besitzt für die Juden einen frei-

Einer der größten und wichtigsten Momente im Leben eines jüdischen Jungen: Zu seiner Bar-Mizwa liest er erstmals in der Synagoge öffentlich aus der Thora. In seiner rechten Hand führt er den *yad*. Er ist nun religiös volljährig und zählt beim *minjan* mit.

en Willen und kann zwischen Gut und Böse unterscheiden. Demzufolge besitzt er auch eine Verantwortung für sein Leben. Da aber Gott den Menschen nach seinem Ebenbild geschaffen hat, besitzt er alle Anlagen zum Guten. Wie er in seiner Zeit Gottes Bund zu halten und zu erfüllen und ein guter Mensch zu sein hat, darin besteht die spezielle, die persönliche Frage für jeden Juden nach seinem Jüdischsein in der Welt. Danach muss er sein ganzes Leben lang forschen.

Am Ende der Zeit wird der Gesalbte Israels, der König, der Messias erscheinen, und er wird aus dem Stamm Juda kommen und zu seiner Hauptstadt Jerusalem ziehen, um Frieden und Gerechtigkeit zu bringen. In Erwartung dieses Tages leben gläubige Juden.

Antisemitismus

Immer wieder wurden die Juden nach der Zerstreuung in alle Welt *(Diaspora)* in der Geschichte verfolgt, weil sie ihrem Gesetz treu blieben. Vor allem die Christen haben sie als Bedrohung empfunden. Im Mittelalter machte man sie verantwortlich für Naturkatastrophen oder Epidemien wie die Pest, weil sie durch die Kreuzigung Jesu Christi den Zorn Gottes erregt hätten. Vertreibung und Verfolgung fanden deshalb regelmäßig zu Krisenzeiten statt. Jüdische Viertel wurden überfallen, beraubt, niedergebrannt und Männer, Frauen und Kinder getötet. Diese Pogrome fanden bis ins 20. Jahrhundert hinein statt. Häufig wurde den Juden vorgeworfen, dass sie Jesus Christus getötet hätten. Dabei vergaßen diese »christlichen« Judenhasser (Antisemiten), dass Jesus Jude war und ganz aus der jüdischen Tradition heraus gewirkt hat.

Besonders perfide war das Schauermärchen von den Ritualmorden. Angeblich würden die Juden christliche Kinder entführen und töten, um mit ihrem Blut die Mazze für das Pessachfest zu backen. Sie täten das, um Christus zu verhöhnen, denn Ostern und Pessach fallen bekanntlich zusammen.

Aufgrund dieser Lüge kam es immer wieder zu grausamen Verfolgungen wie beispielsweise 1475 in Trient. Dort wurde ein christliches Kind umgebracht. Man schob dann die Leiche des Kindes den Juden unter und behauptete, dass sie es getötet hätten. Die Männer der Gemeinde wurden gefoltert und verbrannt, die Frauen zwangsgetauft und bis zum Ende ihres Lebens gefangen gehalten.

Papst Benedikt XIV. verbot 1744 allen katholischen Christen in einer Briefbulle (Lehramtliches Schreiben mit Gesetzeswirkung), zu behaupten, dass Juden Ritualmorde an christlichen Kindern vornähmen.

Mit der Machtergreifung der Nationalsozialisten 1933 wurde der Antisemitismus zur Regierungspolitik in Deutschland. Die Nationalsozialisten fügten dem Antisemitismus eine rassistische Begründung hinzu, wonach das jüdische Blut minderwertig sei und man deutsches (höherwertiges) Blut schützen müsse.

Unter allen menschlichen Verirrungen ist der Rassismus die schlimmste. Er widerspricht allen abrahamitischen Religionen, die sich vom Stammvater Abraham herleiten, also dem Judentum, dem Christentum und dem Islam. Die Bibel sagt, dass alle Menschen von Adam und Eva abstammen. Wenn aber alle Menschen von Adam und Eva abstammen, dann sind auch alle Menschen gleich. Weder in der Bibel noch im Koran findet sich auch nur eine Begründung für den Rassismus. Im Gegenteil, man kann weder Jude noch Christ noch Muslim sein und zugleich Rassist. Dass der Rassismus allen biologischen Gesetzen und Erkenntnissen widerspricht, kommt hinzu.

Dennoch setzten die Nationalsozialisten ihre verbrecherische Ideologie in die Wirklichkeit um. Es begann mit dem Boykott jüdischer Geschäfte am 1. April 1933. Auf der Grundlage des *Gesetzes zur Wiedereinführung des Berufsbeamtentums* wurden jüdische Beamte in den

wer Jude sei, nun nicht an die Religionszugehörigkeit, sondern an die Abstammung gebunden war. Ahnenpässe wurden eingeführt, und jeder musste, wenn er studieren oder in den Staatsdienst eingestellt werden wollte, einen Ahnenpass vorlegen. Mit diesem Pass wies der Bewerber nach, dass er keine jüdischen Vorfahren hatte, sondern arischer Abstammung war.

In den Jahren 1935–1938 wurden durch das *Reichsbürgergesetz* und das *Gesetz*

Mehr blieb nicht von ihnen übrig, von den Frauen, Männern und Kindern, die von den Nationalsozialisten nach Auschwitz deportiert und ermordet worden waren: ihre Koffer. Stumme Zeugnisse unsühnbarer Verbrechen.

Ruhestand versetzt und Juden der Zugang zu Staatsämtern verwehrt. Das betraf auch getaufte Juden, selbst Juden, die sich vollkommen als Deutsche fühlten, sich assimiliert hatten und im Ersten Weltkrieg für ihr deutsches Vaterland gekämpft hatten, weil die Definition,

zum Schutze des deutschen Blutes und der deutschen Ehre die Juden von der Teilnahme am öffentlichen Leben ausgeschlossen. Sie durften keine öffentlichen Ämter bekleiden. Eheschließungen zwischen Juden und Nichtjuden wurden verboten.

Auf der Wannseekonferenz 1942 wurde die sogenannte *Endlösung der Judenfrage* beschlossen und organisiert. Von nun an sollten alle Juden, die im deutschen Machtbereich lebten, systematisch ermordet werden. Vernichtungslager wie Auschwitz und Treblinka wurden eingerichtet, um dort jüdische Menschen geradezu »industriell« zu töten (möglichst viele in möglichst kurzer Zeit). Ein Drittel des jüdischen Volkes, zwei Drittel der europäischen Juden wurden von

Angesichts dieser Barbarei ist es die Pflicht eines jeden Menschen, vor allem aber der Deutschen, alles dafür zu tun, dass so etwas nie wieder geschehen kann. Menschen, die den Holocaust leugnen, wie der iranische Präsident Mahmud Ahmadinedschad, der Piusbruder Williamson oder der Engländer David Irving, rechtfertigen damit nachträglich den Mord an den Juden.

Im Jahr 1948 wurde schließlich der Staat Israel gegründet, weil man aus der

Von Hamas-Raketen zerstörte israelische Siedlung. Oftmals wird vergessen, dass die islamistische Hamas, aber auch der Präsident des Irans sich die Vernichtung Israels zum Ziel gesetzt haben.

den Nationalsozialisten und ihren Helfershelfern bis 1945 umgebracht.

Dieser Völkermord am jüdischen Volk wird Holocaust (aus dem Griechischen *holokauston* für *vollkommen verbrannt*) oder auch Shoa (aus dem Hebräischen für *Katastrophe, großes Unheil*) genannt.

Geschichte gelernt hatte. Die Juden sollten und mussten einen eigenen Staat bekommen, dessen Aufgabe im Schutz des jüdischen Volkes besteht.

Viele Juden sind nach einer fast zweitausendjährigen Diaspora nach Eretz Israel zurückgekehrt.

DAS CHRISTENTUM
DIE RELIGION DER LIEBE

Geburt eines Gottes

*T*röstet, tröstet mein Volk, spricht Gott. *Ihr Priester, redet zum Herzen Jerusalems, tröstet die Stadt; denn voll geworden ist das Maß ihrer Demütigung ... da ist die Stimme eines Rufenden in der Wüste: Bereitet den Weg des Herrn, macht gerade die Straßen unseres Gottes! Jede Schlucht wird angefüllt werden, und jeder Berg und Hügel wird erniedrigt werden, und es wird alles Krumme zu geradem Weg und der raue Weg zu glatten Straßen werden. Und sichtbar wird die Herrlichkeit des Herrn, und sehen wird alles Fleisch die Rettung durch Gott. (Jesaja 40, 1–5)*

So verkündet es der sprachgewaltige Prophet Jesaja den Juden, so kann man es noch heute in der Hebräischen Bibel, dem Tanach, nachlesen. Christen sehen in diesen Worten die Vorhersage des Wirkens Jesu.

Jeder Priester in Israel, jeder leidlich gottesfürchtige Mensch des jüdischen Jahres 3758 oder des Jahres 2 vor Christus nach unserer Zeitrechnung kannte diese Stelle, in der dem Volk Israel die ersehnte Ankunft des Messias verkündet wird. Fest stand für die Juden, Gott wird den »Gesalbten« schicken, denn der hebräische Begriff Messias *(maschiach)* bedeutet *Gesalbter*. Die siebzig Gelehrten, die den Tanach ins Griechische übertrugen, verwandten für *maschiach* oder Messias den Ausdruck χριστός – Kristos, auf Lateinisch *Christus*, zu Deutsch *der Gesalbte*.

Aus dem Stamm des gesalbten Königs David würde der Retter hervorgehen, selbst mit göttlichem Öl gesalbt und deshalb heilig, der als König schließlich die Juden in ein glückliches, paradiesisches Leben führen wird. Das sollte am Ende der Zeit geschehen. Dann würde den Menschen, die aus dem Paradies vertrieben worden waren, ein irdisches Paradies geschenkt werden, ohne Leid, Drangsal, Krankheit und Tod. Es ging hierbei nicht um ein Leben nach dem Tode, sondern Gott würde seinem Volk verzeihen und das Glück auf Erden ermöglichen.

Die Zeiten selbst waren friedlich, aber nicht rosig. Die römische Herrschaft – *pax romana* – sicherte den Frieden im Mittelmeerraum und im westlichen und teilweise auch nördlichen Europa. Handel und Wirtschaft gediehen. Aber die Fremdherrschaft saß den Juden wie ein Stachel im Fleisch. Es beruhigte sie keineswegs, wenn einheimische Herrscher wie Herodes als abhängige Klientelfürsten der Römer in deren Auftrag über Teile von Israel geboten. Denn Israel galt ihnen als das Land des Volkes Israel schlechthin, als das Gelobte Land, das Gott seinem Volk schenkte.

Nicht weniger bedrohlich wirkte auf die frommen Juden die griechische Kultur, die immer gewaltiger ins Land floss und von den Herrschereliten angenommen wurde. Dass Herodes den Tempel, der sich im Wiederaufbau befand, nach dem Vorbild griechischer Göttertempel vollenden wollte, erregte den Abscheu vor allem der Pharisäer, der Schriftgelehrten. Sie missbilligten jeden Verstoß gegen die göttlichen Ge- und Verbote.

Der steigende Wohlstand, die neue Freizügigkeit und das Zusammenleben mit Menschen in der Fremde, besonders in den jüdischen Gemeinden außerhalb von Israel, ließen die Frage nach dem Sinn des Lebens, nach der rechten, der guten Art, das Leben zu führen, immer wichtiger werden.

Die Römer ließen im Grunde alle Religionen zu. Sie verlangten lediglich, dass man den römischen Reichsgöttern, vor allem dem vergöttlichten Herrscher, dem *divinus* Augustus, huldigte. Das war aber mehr eine politische Angelegenheit, ein religiös verbrämtes staatsbürgerliches Bekenntnis zum Römischen Reich. Ansonsten interessierte es die Römer herzlich wenig, woran jeder privat glaubte. Doch die Frage, die sich immer weniger abweisen ließ, lautete: Wie lebt man richtig?

Sollte man sich Genüsse versagen, wo doch unbestreitbar eine Zeit kommen würde, in der es für all diese Vergnügen zu spät sein würde, weil man tot und begraben lag? Die Juden hatten zwar in ihrer Geschichte reichlich Erfahrung machen dürfen, was geschah, wenn man Gottes Gesetze missachtete. Aber zumindest äußerlich betrachtet, erging es Menschen anderer Völker, die anderen Göttern huldigten, auch nicht anders. Sie wurden wie die Juden geboren, wuchsen auf, gründeten Familien, bekamen Kinder und starben eines Tages. Nur zu gut beschreibt das der Psalm 90:

Unser Leben währet siebzig Jahre,
und wenn's hochkommt, so sind's achtzig
Jahre,

und was daran köstlich scheint, ist doch nur
vergebliche Mühe;
denn es fähret schnell dahin, als flögen wir
davon.
(…)
Lehre uns bedenken, dass wir sterben
müssen,
auf dass wir klug werden.

Oder in anderer Übersetzung: *auf dass wir weise werden*. Die Griechen propagierten die Weisheit – *sophia* – als Führerin des menschlichen Lebens. Wanderprediger und Philosophen durchzogen das Reich, verkündeten auf Marktplätzen ihre Lehren und versuchten, Anhänger, Schüler oder reiche Gönner zu finden.

In Israel kam hinzu, dass verschiedene religiöse Gruppen miteinander in teilweise erbitterter Konkurrenz lagen. Die Sadduzäer gehörten als Tempelpriester der Oberschicht an und wachten über alle Belange des Tempels in Jerusalem. Sie vertraten eine religiöse Vorstellung, in derem Zentrum Wallfahrt zum Tempel und Opferung standen. Der Tempel selbst in Jerusalem, mit seinem Allerheiligsten, dem Raum, in dem Gott zugleich anwesend und abwesend war, bildete das Herrschaftszentrum des Landes. Zum einen glaubte man, dass Gott sich im Tempel befand, da aber der Allmächtige zu groß und zu gewaltig war, als dass man ihn in einem kleinen Raum ein-

schließen konnte, war er zugleich auch abwesend und dadurch allgegenwärtig.

Sich von den Sadduzäern fernhaltend, lehrten die Schriftgelehrten – die Pharisäer –, wie man gottgefällig die Gesetze des Herrn einhielt. Immer wieder musste das sich entwickelnde Leben an die Gesetze angepasst werden. Für die Pharisäer besaß nicht der Tempel die überragende Bedeutung, sondern die Thora, das Gesetz Gottes galt ihnen als das Allerheiligste. Gottesdienst hieß für sie, intensives Studium der Schriften zu betreiben. Deshalb unterhielten sie auch Lehrhäuser und Schulen.

Schließlich gab es Gruppen, die sich nicht vom Leben bestechen und zu Sünden verleiten lassen wollten. Sie hatten sich aus den Städten in die Wüste zurückgezogen. Eine dieser Gruppen, die Essener, führten rituelle Waschungen durch und sangen Gotteslieder auch bei der Arbeit. So eine Gemeinschaft der Reinen lebte in Qumran am Toten Meer. Aus dem Dunkel der Geschichte traten sie uns unerwartet entgegen, als Hirten 1946 in Höhlen um das Tote Meer herum in Tonkrügen alte Schriftrollen fanden. Sie waren wahrscheinlich von den Essenern beschrieben und versteckt worden.

Schließlich gab es noch Menschen wie die Nasiräer, die, um Gott zu gefallen, besonders strenge Lebensregeln befolgten. So durften sie weder Alkohol trinken noch sich die Haare schneiden. Sie mieden Speisen, die nicht koscher, also nach besonderen Regeln, hergestellt worden waren, und hüteten sich davor, mit Leichen in Berührung zu kommen. Man war der Meinung, dass sie zu besonderen Taten berufen seien, weil sie als heilig galten. Man unterschied zwei Arten von Nasiräern. Die einen waren von Geburt bereits zum Nasiräertum berufen, die andern legten für eine bestimmte Zeit ein Gelübde ab, als Nasiräer zu leben.

In dieser Zeit und in dieser Welt ereignete sich eine Sensation, die, obwohl vorausgesagt, der Öffentlichkeit zunächst verborgen blieb. Dennoch sollte diese Begebenheit den Lauf der Welt grundsätzlich ändern. Im letzten Winkel von Israel, in Galiläa, verkündete der Engel Gabriel einer jungen Frau, dass sie schwanger würde vom Heiligen Geist. Dieses Galiläa maß allenfalls 40 mal 80 km.

Der Heilige Geist stellt das Handeln Gottes dar. Er führt die Menschen zum richtigen, gottgefälligen Tun. Inwieweit der Mensch einen freien Willen besitzt und es ihm beispielsweise freisteht, dem Heiligen Geist zu folgen oder ihn zu ignorieren, ist eine der großen theologischen Streitfragen.

Dass diese Ankündigung die junge Frau erschreckte, verwundert nicht. Wie sollte Maria ihrem künftigen Ehemann,

dem Zimmermann Josef, diese Schwangerschaft erklären. Bei allem Glauben klang ihre Erklärung für die nicht von Josef verursachte Schwangerschaft doch eher danach, als wollte sie ihn hinters Licht führen. Als wollte sie nur vertuschen, dass sie sich mit einem anderen Mann eingelassen hatte:

Mit der Geburt Jesu Christi war es so: Maria, seine Mutter, war mit Josef verlobt; noch bevor sie zusammengekommen waren, zeigte sich, dass sie ein Kind erwartete – durch das Wirken des Heiligen Geistes. Josef, ihr Mann, der gerecht war und sie nicht bloßstellen wollte, beschloss, sich in aller Stille von ihr zu trennen. Während er noch darüber nachdachte, erschien ihm ein Engel des Herrn im Traum und sagte: »Josef, Sohn Davids, fürchte dich nicht, Maria als deine Frau zu dir zu nehmen; denn das Kind, das sie erwartet, ist vom Heiligen Geist. Sie wird einen Sohn gebären; ihm sollst du den Namen Jesus geben; denn er wird sein Volk von seinen Sünden erlösen.« (Matthäus 1, 18–21)

In diesen Tagen ordnete der Kaiser Augustus eine Volkszählung im ganzen Römischen Reich an. Jeder sollte, falls er in der Fremde lebte, sich dorthin begeben, wo er herstammte. So kam es, dass Josef mit seiner hochschwangeren Frau aus dem galiläischen Nazareth nach Bethlehem in Judäa aufbrach. Denn Josef stammte aus Davids Stamm. Für den Verlauf der Geschichte ist diese Reise nach Bethlehem besonders wichtig, weil ja bereits im Tanach prophezeit worden war, dass der Messias aus dem Stamme

gehen, um Herrscher in Israel zu sein. Seine Ursprünge sind von Anfang her, aus Tagen der Vorzeit. Deshalb wird er sie preisgeben bis zur Zeit der Niederkunft für die Gebärende. Sie wird gebären und

Höhlen von Qumran. Hier fanden Hirten wichtige Texte, die einer jüdischen Sekte zugeschrieben werden: den Essenern. Einige Forscher glauben, dass Jesus vor seiner Taufe durch Johannes zu den Essenern gehörte.

Davids kommen würde. Auch eine zweite Vorhersage erfüllte sich, denn der Prophet Micha hatte im Tanach verkündet:

»Und du Bethlehem, Haus von Ephratha, sehr klein bist du, um unter den Tausenden Judas zu sein. Aus dir wird einer hervor-

dann wird der Rest ihrer Brüder zurückkehren zu den Söhnen Israels. Und er wird dastehen und schauen und weiden seine Herde in der Kraft des Herrn und in der Herrlichkeit des Namens des Herrn, ihres Gottes, werden sie wohnen. Denn jetzt wird er groß sein bis zu den Enden der Erde. Und es wird dies Friede sein …

Eine wichtige Rolle in der Geschichte des Christentums spielt der See Genezareth. Petrus arbeitete hier als Fischer, hier erwirkte Jesus das Fischwunder und ging über den See, um seinen Jüngern während der stürmischen Überfahrt zu Hilfe zu eilen: *Fürchtet euch nicht!*

Es wird sich erheben deine Hand auf deine Bedränger und all deine Feinde werden vernichtet werden.« (Micha 5, 2–9)

Es steht außer Frage, der hier verkündet wird, ist der Messias, der Israel den Frieden bringen wird. Dieser Gesalbte Gottes wird in Bethlehem geboren. Er kommt aus Davids Geschlecht. So und nicht anders hatten es die Propheten Jesaja, Micha und Maleachi verkündet. Das Neugeborene erfüllte alle Kriterien dieser Verkündigung. Der kleine Jesus stammte aus dem Geschlecht Da-

vids. Im Neuen Testament beginnt der Evangelist Matthäus die Erzählung vom Leben und den Taten Jesu mit einer Abstammungsliste, die von Josef bis hin zum König David zurückreicht.

Obwohl im kleinen Bethlehem geschehen, blieb die Geburt nicht unentdeckt. Der Engel Gabriel schickte Hirten, um dem Neugeborenen zu huldigen. Schließlich hatte es der Engel ihnen deutlich gesagt: »*Heute ist euch in der Stadt Davids der Retter geboren, er ist der Messias, der Herr.*«

Drei Weise aus dem Morgenland, die

einen großen Stern hatten aufgehen sehen, folgten ihm. Sie beeilten sich, um dieses Wunder der Welt zu schauen und zu beschenken. Schließlich wurde gemäß eines alten Brauches der Säugling zum Tempel nach Jerusalem gebracht, damit er dort gereinigt und beschnitten werden würde. Aber auch hier blieb die Einmaligkeit seiner Existenz nicht verborgen: Einem alten und frommen Mann, der auf die Rettung Israels wartete, also auf das Erscheinen des Messias, hatte der Heilige Geist offenbart, dass er nicht eher stürbe, bis er den Messias geschaut habe.

Als Maria und Josef mit dem kleinen Jesus auf dem Arm den Tempel betraten, kam ihnen Simeon entgegen. Er nahm ihnen den Säugling aus dem Arm und pries ihn:

»Nun lässt du, Herr, deinen Knecht,
wie du gesagt hast, in Ruhe scheiden.
Denn meine Augen haben das Heil gesehen,
das du vor allen Völkern bereitet hast,
ein Licht, das die Heiden erleuchtet
und Herrlichkeit für dein Volk Israel.«
(Lukas 2, 29–32)

Zum ersten Mal geht es hier nicht nur um Israel, sondern um alle Länder, um alle Menschen, um die ganze Welt. Jesus ist nicht nur der Messias Israels, sondern aller Menschen. Dann weissagt Simeon der Mutter des Kindes:

»Dieser ist dazu bestimmt, dass in Israel
viele durch ihn zu Fall kommen und
viele aufgerichtet werden, und er wird
ein Zeichen sein, dem widersprochen
wird. Dadurch sollen die Gedanken vieler
Menschen offenbar werden. Dir selbst aber
wird ein Schwert durch die Seele dringen.«
(Lukas 2, 34–35)

Über die Kinder- und Jugendzeit Jesu schweigen sich die Lebensgeschichten, die Evangelien, aus. Matthäus erwähnt, dass Herodes nach dem Leben des Kindes trachtete und deshalb alle Kinder unter drei Jahren in Bethlehem töten ließ, aber zu diesem Zeitpunkt waren Josef, Maria und Jesus bereits auf der Flucht nach Ägypten. Ein Engel hatte sie rechtzeitig gewarnt. Nach dem Tod des Herodes kehrte die Familie nach Nazareth zurück. Lukas erzählt die Geschichte, dass Jesus seine Eltern mit zwölf Jahren zum Pessachfest (siehe Seite 153) nach Jerusalem, zum Tempel, begleitete. Als die Eltern nach Hause reisen wollten, vermissten sie ihren Sohn. Schließlich fanden sie ihn nach bangem Suchen drei Tage später im Tempel. Er saß zwischen den Lehrern, lauschte ihren Worten und stellte Fragen. Über die nächsten Jahre erfahren wir nur:

Jesus aber wuchs heran, und seine Weisheit
nahm zu, und er fand Gefallen bei Gott und
den Menschen. (Lukas 2, 52)

Die christlichen Kalender

Für die Christen beginnt die Zeitrechnung mit der Geburt von Jesus Christus, für die Römer galt der julianische Kalender, den Julius Cäsar im Jahr 45 vor Christus eingeführt hatte. Die Zählung der Jahre setzte für die Römer mit der sagenhaften Gründung Roms ein. Die Kalenderreform wurde notwendig, weil der Kalender nicht mit den zugeordneten Sonnenständen übereinstimmte, d. h. es fehlten Tage. Julius Gaius Cäsar hatte in Ägypten eine Kalenderform kennengelernt, die regelmäßig einen Tag oder einen Monat hinzufügte, um Sonnenstände und das Datum wieder anzugleichen. Es wurde in jedem vierten Jahr dem 24. Februar ein Tag hinzugefügt. An jedem 24. Februar folgte also alle vier Jahre ein zweiter 24. Februar. Das Kalenderjahr hat danach eine durchschnittliche Länge von 365,25 Tagen. Das Konzil von Nicäa, das auch das Glaubensbekenntnis definierte, legte den Frühlingsanfang auf den 21. März fest.

Papst Gregor XIII. führte im 16. Jahrhundert eine Kalenderreform durch, um die Schaltregeln zu verbessern. Seitdem haben wir in allen Jahren, die durch vier teilbar sind, den 29. Februar als Schalttag, den Tag, der in den Kalender zusätzlich eingeschaltet wird. Um die damals klaffende Lücke zu überspringen, folgte im Jahr 1582 bei Einführung des gregorianischen Kalenders auf den 4. Oktober der 15. Oktober. Nur bei Jahrhundertjahren wie 1700, 1800, 1900, 2000, 2200 usw. wird der 29. Februar eingeführt, wenn die Jahreszahl nicht durch 4, sondern durch 400 teilbar ist. Das gregorianische Kalenderjahr hat eine durchschnittliche Länge von 365,2425 Tagen.

Der gregorianische Kalender trat in den katholischen Ländern in Kraft, während in den protestantischen Ländern der julianische Kalender bis ins 18. Jahrhundert hinein galt. In Russland blieb der julianische Kalender bis ins beginnende 20. Jahrhundert in Kraft. Noch heute begehen einige orthodoxe Kirchen die kirchlichen Feste nach dem alten Kalender. Daher fällt beispielsweise das orthodoxe Weihnachtsfest nicht mit dem protestantischen und katholischen Fest zusammen. Das Kalenderjahr nach dem orthodoxen Kirchenkalender hat eine durchschnittliche Länge von 365,24222 Tagen.

Wichtig ist aber zu bedenken, dass erst in unserer Zeit das genaue Datum wichtig geworden ist. Die Anfänge der christlichen Geschichtsschreibung in den Klöstern beispielsweise richteten sich nicht nach Daten, die Stunde, Tag, Monat und Jahr in

Zahlen ausdrückten. Die Eckdaten des Jahres bildeten nicht Zahlen, sondern kirchliche Feiertage. Im Kloster Fulda richtete sich beispielsweise alles nach den Osterzyklen. Die Geschichtsschreibung begann dort damit, dass man unter den Osterdaten notierte, was sonst noch Wichtiges in dieser Zeit geschah, zuerst noch zurückhaltend, dann immer ausführlicher. Man sagte damals nicht, am 29. Juni habe das und das stattgefunden, sondern am Tag von Sankt Peter und Sankt Paul im Jahre des Herrn soundsoviel geschah das, was man berichten wollte.

Der Beginn der Zeitrechnung bezog sich auf Christi Geburt, wie sie der Mönch Denys der Kleine (Dionysius Exiguus) im 6. Jahrhundert errechnet hatte. Bis dahin galt die römische Zeitrechnung, die vom Jahr der Gründung Roms ausging, oder die der einzelnen Fürsten in Europa. Sie rechneten in den wichtigen Daten ihrer Dynastie, wann sie oder ihr Vater die Herrschaft antraten. Erst mit dem ersten Kaiser des christlichen Abendlandes, mit Karl dem Großen, wurde ab 800 die Zeitrechnung im Jahre des Herrn, also seit Christi Geburt, nach Christus oder, wenn ein Ereignis vorher lag, vor Christus allgemein akzeptiert.

Denn für die Christen fällt der Anfang der Zeit mit Christi Geburt und das Ende mit dem Jüngsten Gericht, mit Christi Wiederkehr, zusammen:

Er sitzt zur Rechten des Vaters
und wird wiederkommen in Herrlichkeit,
zu richten die Lebenden und die Toten.
(Credo von Nicäa)

Die Berufung

Unter weniger komfortablen Bedingungen, nämlich in der Wüste, wuchs gleichzeitig ein Junge namens Johannes auf. Weil er aber in der Wildnis lebte, finden wir ihn auf vielen Gemälden, besonders denen der Renaissancezeit, in Tierfelle gekleidet. Johannes wird von Gott zum Bußprediger berufen. Sein Auftrag besteht darin, Menschen dazu zu bringen, ihre Sünden einzusehen. Er soll sie überzeugen, dass es Zeit zur Umkehr ist. Wenn sie Gottes Strafe nicht erleiden wollen, müssen sie jetzt ihre Sünden bereuen. Lügen, stehlen, heucheln, morden, das alles sind Sünden. Seine Frau oder seinen Mann zu betrügen, Kinder oder Frauen zu schlagen, schlecht über andere zu reden, sind Verhaltensweisen, die Gott nicht schätzt. Die Menschen sollen sich bessern. Sie sollen ehrlich und gut zueinander sein, einander mit Achtung und Respekt begegnen, Nächstenliebe üben und den Armen und Bedrängten helfen. Um es in einem Wort zu sagen, er redete den Leuten mit aller Sprachgewalt ins Gewissen.

Johannes wird zu dem, was man einen Bußprediger nennt, und eröffnet damit eine große Tradition, die in der christlichen Kirche aufblühen wird. Diejenigen, die ihr falsches Handeln, ihre Sünden, bereuen und ihre Fehler büßen wollen, tauft er dafür im Namen Gottes in den Wassern des Flusses Jordan. **Die Taufe** bedeutet zweierlei, einmal die Reinigung von den Sünden, die man im wahrsten Sinne des Wortes abwäscht, und als zweites den Bund, den man mit Gott schließt. Auf Buße, Reue und Reinigung folgt Vergebung. Den Sündern ist nun verziehen und Gottes Auge ruht wohlgefällig und liebevoll auf ihnen.

Man fragt sich, ob Johannes, der in der Wüste aufwuchs und sich nur von wildem Honig und Heuschrecken ernährte, bereits ein Nasiräer vom Mutterleib an war. Auf jeden Fall war Johannes die von Jesaja vorausgesagte Stimme in der Wüste, die dem Herrn den Weg bereitete: *Bereitet den Weg des Herrn, macht gerade die Straßen unseres Gottes!* (Jesaja 40, 3) Die Menschen, die zu ihm kamen,

aber fragten ihn verständlicherweise, ob er vielleicht der **Messias** sei. Denn sie kannten ja noch keinen anderen, denn Jesus lebte noch im Verborgenen und hatte sich noch nicht gezeigt. Aber Johannes antwortete, dass er der wäre, der mit Wasser tauft und zur Buße für die begangenen Sünden aufruft, aber nach ihm käme einer, *der stärker ist als ich, und ich bin es nicht wert, ihm die Schuhe aufzuschnüren. Er wird euch mit dem Heiligen Geist und mit Feuer taufen.* (Lukas 3, 16)

Mit **Jesu Taufe**, wohl im Jahre 3789 oder nach unserem Kalender im Jahr 29, beginnt sein eigentliches Wirken. Es muss ein unglaubliches, ein vollkommen erstaunliches Ereignis gewesen sein. Johannes taufte im Jordan Bußwillige im Namen des Heiligen Geistes. Plötzlich schaute er auf. Vor ihm stand ein knapp dreißigjähriger Mann. Sofort erkannte er in ihm den, den er erwartet hatte. Nirgends hatte er ihn zuvor gesehen. Jesus lehnte jede Sonderbehandlung ab, zusammen mit allen, die zufällig anwesend waren, mit dem ganzen Volk ließ auch Jesus sich taufen.

Wenn man das Lukas-Evangelium weiterliest, bekommt man den Eindruck, als hielte für einen kurzen Moment die Welt an. Der leichte Luftzug, der über den Fluss wehte, erstarb. Der Himmel öffnete sich und der **Heilige Geist** kam sichtbar in Gestalt einer Taube auf ihn herab. Eine Stimme aus dem Himmel sprach: »*Du bist mein geliebter Sohn, an dir habe ich Gefallen gefunden.*« (Lukas 3, 22)

Wortwörtlich mit der Schilderung des Lukas von Gottes Wort stimmten der zweite Evangelist Markus und auch Matthäus überein, obwohl sie sich doch ansonsten in manchem unterscheiden. Das zeigt, wie wichtig diese Worte sind, denn an diesem Ort und zu dieser Stunde vor fast zweitausend Jahren geschah etwas völlig Neues. Vor den in seinem Namen getauften Menschen, die also den Bund mit ihm eingegangen waren, sprach plötzlich der Allmächtige selbst, wie er vorher nur zu Abraham und zu Moses gesprochen hatte, und bekannte sich zu seinem Sohn Jesus.

Es war Johannes nicht ganz geheuer, denjenigen, der größer war als er selbst, der Gottes Sohn und ohne Schuld war, zu taufen. Verwundert fragte er deshalb Gottes Sohn: »*Ich müsste von dir getauft werden und du kommst zu mir?*« (Matthäus 3, 14). Aber Jesus bestand darauf, von Johannes getauft zu werden, obwohl er dessen eigentlich nicht bedurfte. »*Lass es nur zu! Denn nur so können wir die Gerechtigkeit ganz erfüllen.*« (Matthäus 3, 15), erwiderte Jesus. Denn darum geht es.

Jesus ist **Gottes Sohn** und er ist der Menschensohn, Gott und Mensch in einem. Da ist das vollkommen Neue, das ganz und gar Unterschiedliche zum Judentum. Gott baut eine Brücke aus Fleisch und Blut zu den Menschen, er

lädt sie ein, er nähert sich ihnen und holt sie näher zu sich. Jesus als Sohn Gottes hat das Leben der Menschen zu teilen und ihre Sünden auf sich zu nehmen, damit ihnen vergeben werden kann. Im Evangelium des Johannes lässt der Autor seinen Namensvetter, den Täufer Johannes, bei Jesu Anblick ausrufen: »*Seht, das Lamm Gottes, das die Sünden der Welt hinwegnimmt.*« (Johannes 1, 29) In diesem Bericht steht es nun ganz direkt:

Und Johannes bezeugte: »Ich sah, dass der Geist vom Himmel herabkam wie eine Taube und auf ihm blieb. Auch ich kannte ihn nicht; aber er, der mich gesandt hat, mit Wasser zu taufen, er hat mir gesagt: Auf wen du den Geist herabkommen siehst und auf wem er bleibt, der ist es, der mit dem Heiligen Geist tauft. Das habe ich gesehen, und ich bezeuge: Er ist Gottes Sohn.« (Johannes 1, 32–34)

Hier wird es ganz klar angesprochen: Jesus ist Gottes Sohn. Er hat sich nicht taufen lassen von Johannes, weil er Buße tun, seine Sünden bereuen wollte. Da gab es keine Sünden und nichts, was zu bereuen gewesen wäre. Aber er wollte den Menschen, die sich durch die Taufe zu Gott bewegten, auf halbem Weg durch die eigene Taufe entgegenkommen. Jetzt sind wir gleich, sagt er den Menschen, und jetzt folgt mir nach.

Aber ein anderes Thema wird hier

bereits angesprochen, das später wichtig wird. Das **Lamm Gottes** ist das Opferlamm. Wir kennen den Begriff des Sündenbockes. In alter Zeit belud man einen Ziegenbock mit den Sünden und opferte ihn dann Gott. Oder trieb ihn in die Wüste hinaus. Stellvertretend für die

Zwei Dinge sind bereits hier klar, dass Jesus Gottes Sohn ist und dass er zur Welt kam, um stellvertretend für die Menschen die Sünden auf sich zu nehmen und zu sühnen. Dafür wird er gekreuzigt werden. Das wurde Maria kurz nach der Geburt bereits von Simeon ge-

Das Wirken Jesu beginnt mit der Taufe durch Johannes, hier gemalt von Joachim Patinir, die der Täufer in der Nähe von Jericho vornahm: *Zusammen mit dem ganzen Volk ließ auch Jesus sich taufen. Und während er betete, öffnete sich der Himmel, und der Heilige Geist kam sichtbar in Gestalt einer Taube auf ihn herab, und eine Stimme aus dem Himmel sprach: Du bist mein geliebter Sohn, an dir habe ich Gefallen gefunden.* (Lukas-Evangelium)

Menschen, die ihre schlechten Handlungen bereuten, wurde er bestraft. So ist es auch mit dem Lamm Gottes, vollkommen unschuldig nimmt es die Schandtaten der anderen auf sich und wird dafür getötet, geopfert.

weissagt: »*Dir selbst aber wird ein Schwert durch die Seele dringen.*« (Lukas 2, 35)

Doch bevor Jesus den Menschen Gottes Wort bringen konnte, wurde er vom Heiligen Geist in die Wüste geführt. Dort versuchte **der Teufel**, ihn zu verführen, Gott zu verraten und Schlimmes und Böses zu tun. Satan oder der Teufel oder der *antiquus hostis* – der alte Feind –, wie ihn die frühen Mönche voll Abscheu nannten, ist das Böseste, was man sich vorstellen kann. Damit ist es auch das Gefährlichste, was für den Menschen existiert. Gott setzte seinen Sohn nach der Taufe der größten aller denkbaren Gefahren aus, schickte ihn in den Kampf gegen das schrecklichste Monster aller Zeiten. Der Kirchenvater des Ostens, Johannes Chrysostomos, schrieb: *Untertauchen und Auftauchen sind das Bild für Abstieg in die Hölle und Auferstehung.* Die Taufe stellt eben zweierlei dar, Reinigung von den Sünden, **eine Teufelsaustreibung**, und das **Eingehen des Bundes mit Gott**. Der Täufling, ganz gleich ob Kind oder Erwachsener, soll der Macht und dem Einfluss Satans entzogen werden. Deshalb gehört zum Taufgelübde auch die exorzistische Formel:

Widersagst du dem Satan?
Ich widersage ihm.

Als Jesus während der Taufe im Fluss Jordan untertauchte, da begab er sich symbolisch in die Hölle und kehrte beim Auftauchen als neuer Mensch auferstanden zurück. Der Heilige Geist kam *wie eine Taube* auf ihn herab. Geist und Stimme Gottes salbten ihn und setzten ihn in sein neues Amt ein. Denn Gottes Wort *Das ist mein geliebter Sohn …* ist nichts anderes als ein Einsetzungswort.

Nun ist er der Gesalbte, **der Messias**, ist der Menschensohn auch Gottessohn. Sowohl das Alte Testament als auch das Neue Testament sind voller **Einsetzungsworte**, mit denen Gott jemanden in ein heiliges Amt einsetzt, ihm Vollmacht erteilt und Kraft dafür gibt.

So gerüstet begegnete er Satan. Der Kampf fand in der Wüste, am leeren Ort, statt. Niemand war dort außer Jesus und dem Satan. Nur diese beiden Duellanten. Was allerdings der *alte Feind* nicht wusste, war, dass Jesus bereits in der Taufe – und hierin liegt eine verborgene Bedeutung der Taufe – hinabgestiegen in die Hölle und wiederauferstanden war.

In der Wüste angekommen, fastete er vierzig Tage und Nächte. Als er Hunger bekam, trat der Teufel zu ihm und sagte:

»Wenn du Gottes Sohn bist, so befiehl, dass aus diesen Steinen Brot wird.«
Er aber antwortete: »In der Schrift heißt es: Der Mensch lebt nicht nur vom Brot, sondern von jedem Wort, das aus Gottes Mund kommt.« (Matthäus 4, 3–4)

Später wird Jesus in einigen Wundern, die er bewirkt, beweisen, dass er dazu imstande ist. Hier aber lehnte er ab, obwohl er doch einen sehr großen Hunger verspürte. Der Teufel versucht, den Menschen bei seinen einfachen Bedürfnissen, bei Hunger und Durst, zu packen. Warum sollte Jesus nicht darauf eingehen, wo er doch brav gefastet hatte? Wenn der Mensch aber nur noch seinen allerersten Bedürfnissen folgt, von ihnen, anstatt vom Glauben oder von der Moral regiert wird, dann lebt er nur seinen Instinkten ausgeliefert. Er kennt keine Hemmungen mehr, sich zu verschaffen, was immer er will. Das wäre der Krieg aller gegen alle. Deshalb antwortete Jesus, der Mensch lebt nicht nur vom Brot allein, sondern von Gottes Ordnung. Von **Gottes Gesetz**. Das Leben nach dem Gesetz sichert das Leben der Menschen. Wer meint, es sei eine feine Sache, wenn man sich jederzeit das zum Essen und zum Trinken herbeizaubern kann, worauf man gerade Lust hat, der lese in der Geschichte vom Schlaraffenland nach.

Essen und Trinken maßvoll zu genießen, ist eine wunderschöne Angelegenheit, die zur Kultur gehört. Essen und Trinken müssen auch von der Kultur bestimmt werden. Hat uns der »Teufel« nicht schon verführt, wenn wir glauben, jedes Nahrungsmittel muss täglich zur Verfügung stehen? Erdbeeren wachsen nun einmal nicht im Winter. Und wer im Winter Erdbeeren will, bekommt bald Früchte, die wie Erdbeeren aussehen, aber nicht mehr so schmecken, und bald werden sie auch im Sommer nicht mehr schmecken, weil ganze Industrien daran arbeiten, Erd-

beeren mit unnatürlichen Mitteln herzustellen. Die Beispiele ließen sich endlos aneinanderreihen. Wir spielen Gott, weil wir uns allmächtig dünken, alles zu jeder Zeit haben zu können, meinen, wir könnten den Stein in Brot verwandeln.

Jesus lehnte ab, gegen Gottes Ordnung zu verstoßen. Aber so schnell gab der Teufel nicht auf. Er nahm ihn mit sich nach Jerusalem und stellte ihn auf die Zinne des Tempels:

»Wenn du Gottes Sohn bist, so stürz dich hinab; denn es heißt in der Schrift:
Seinen Engeln befiehlt er,
Dich auf ihren Händen zu tragen
Damit dein Fuß nicht an einen Stein stößt.« (Matthäus 4, 6)

Diesmal tritt der Teufel als Schriftgelehrter auf. Unverblümt forderte er ihn auf, zu beweisen, dass er der Messias und nicht nur ein Aufschneider sei. Aber Jesus hatte es nicht nötig, dem Teufel etwas zu beweisen. Nicht der Teufel sollte ihn anerkennen. Bei seinem Widersacher Anerkennung zu suchen, bedeutet nur Eitelkeit. Er konterte den Psalm, den der Teufel verfälschend zitierte, mit Gottes unumstößlichem Gesetz, das er Moses auf dem Sinai gegeben hatte. *Du sollst den Herrn, deinen Gott, nicht auf die Probe stellen.* (Matthäus 4, 7)

Nachdem weder die Verführung

durch leibliche Genüsse noch durch die Eitelkeit verfing, spielte der Teufel sein stärkstes Mittel aus: **die Macht**. Er stellte ihn auf einen sehr hohen Berg und zeigte ihm alle Reiche dieser Welt, die gesamte Pracht und Herrlichkeit.

Das alles will ich dir geben, wenn du dich vor mir niederwirfst und mich anbetest. (Matthäus 4, 9)

Wir wollen hier nicht vorschnell urteilen. Der Herrscher von allem und über alle zu sein, alles zu besitzen, zu allem die Macht zu haben, ist schon ein starkes Angebot. Man kann die Macht ja auch für etwas Gutes einsetzen. Sie lässt sich auch dafür nutzen, um den Hunger und die Ungerechtigkeit, Gewalt, Raub, Krieg und Mord aus der Welt zu verbannen und alle Menschen glücklich zu machen. Die Gegenleistung für all das Gute, das man tun kann, besteht nur darin, den Teufel anzubeten. In Anbetracht des erbarmungswürdigen Zustandes der Welt, begonnen beim Hunger in der Dritten Welt bis hin zur Erderwärmung, ist es da nicht geradezu geboten, alle Mittel zur Verbesserung zu nutzen?

Der große russische Schriftsteller **Fjodor Dostojewski** hatte dieses Gedankenspiel einmal in einer Geschichte angestellt. In der Erzählung *Der Großinquisitor*, die das fünfte Kapitel des fünften Buches seines Romans *Die Brüder Karamasov* bildet, kehrte Jesus im 16. Jahrhundert auf die Erde zurück. Nicht nur

die Menschen erkennen ihn, auch der **Großinquisitor** weiß, wen er vor sich hat. Die anfangs begeisterten Gläubigen lassen es zu, dass der Großinquisitor Jesus verhaftet und ins Gefängnis bringt. Dort sucht er ihn auf und wirft ihm vor, dass er zurückgekehrt sei. Schließlich habe er den Menschen nur den Traum von der Freiheit gebracht. Der Großinquisitor habe den Menschen zwar die Freiheit genommen, dafür aber das Brot gegeben. Das Volk sei jetzt zwar unfrei, aber dafür satt.

Das war es, was der Teufel verlangte, die **Freiheit** aufzugeben und ihn dafür anzubeten. Darauf kannte Jesus nur eine Antwort: *Weg mit dir, Satan!*

Denn nichts Gutes lässt sich mit schlechten Mitteln erreichen. So ist die Machtferne, die Machtabstinenz des Erlösers entscheidend. Der Messias darf sich nicht mit der Macht einlassen. Hier ist die Botschaft des Christentums, des Evangeliums eindeutig. Auch wenn die christlichen Kirchen jeglicher Konfession diesen Grundsatz immer wieder vergessen haben, selbst verführbar waren durch die Möglichkeiten der Macht und der dazugehörigen Allmachtsfantasien, ändert das nichts an der Aussage der Evangelien.

Der zurzeit amtierende Stellvertreter Christi, Papst Benedikt XVI., hat diese zentrale Botschaft des christlichen Glaubens sehr klar benannt:

... der Kampf darum, dass Jesu Reich mit keinem politischen Gebilde identisch sein kann, muss alle Jahrhunderte geführt werden. Denn der Preis für die Verschmelzung von Glauben und politischer Macht besteht zuletzt immer darin, dass der Glaube in den Dienst der Macht tritt und sich ihren Maßstäben beugen muss.

Als der Teufel, der mit allen Mitteln versucht hatte, Jesus zu verführen, seine Niederlage einsehen musste und sich zurückzog, traten die Engel zu Jesus. Er kehrte nach Galiläa zurück, denn er hatte alle Prüfungen bestanden. *Von da an begann Jesus zu verkünden: »Kehrt um! Denn das Himmelreich ist nahe.«* (Matthäus 4, 17)

Er kam an dem See Genezareth vorbei. Da sah er zwei Fischer bis zu den Knien im Wasser stehen, die ihre Wurfnetze herauszogen. Jesus rief einen der beiden Fischer beim Namen: »Simon.« **Simon** wandte sich neugierig um und entdeckte auf dem Weg einen schlanken jungen Mann, von dem in seiner sanften Art etwas Bezwingendes ausging. Andreas tat es ihm gleich. Der Mann sagte:

»Kommt her, folgt mir nach! Ich werde euch zu Menschenfischern machen.« (Matthäus 4, 19)

Das bedeutete, wie Fischer die Fische, werdet ihr Menschen einfangen für die neue Lehre. Mag uns heute dieses Wort befremden, so dürfen wir nicht vergessen, dass fast zweitausend Jahre zwischen uns und Jesus liegen. Um sich allen verständlich zu machen, sprach er in den Bildern ihrer Alltagserfahrung. So redete er zu Fischern in den Bildern, die ein Fischer kennt, und zu Bauern in den Bildern, die ein Bauer jeden Tag sieht.

Durch die Taufe, die in allen christlichen Konfessionen ein Sakrament darstellt, wird der Täufling in den Bund Gottes aufgenommen, und es wird ihm dadurch der Weg zum ewigen Heil eröffnet. Getauft wird: im/auf den Namen des Vaters und des Sohnes und des Heiligen Geistes. Der Begriff Taufen geht auf das griechische Wort *baptizein* zurück, was so viel wie untertauchen bedeutet.

Andreas und Simon jedenfalls ließen das Netz fallen und folgten ihm. Unterwegs erklärte ihnen Jesus, dass er das Wort Gottes verkünde, und dass die, die ihm folgen würden, belohnt würden, denn das Himmelreich wäre ihrer. Er predigte diesen einfachen Fischern aus Galiläa, Menschen, die bei den Hohepriestern in Jerusalem nicht besonders gut angesehen waren, weil die Menschen hier im Grenzland in dem nicht ganz unbegründeten Verdacht standen, halbe Heiden zu sein, dass es eben gerade auf sie ankäme, dass ausgerechnet sie, die Verachteten und Ausgelachten, die Diskriminierten und Verdächtigten, *das Salz der Erde* (Matthäus 5, 13) und das *Licht der Welt* (Matthäus 5, 14) seien.

Nicht die Könige, Sadduzäer und Pharisäer, sondern sie, einfache, fehlbare, sündige Menschen, erhielten **die Schlüssel zum Himmelreich**. Denn, so sagte Jesus: *Die Starken bedürfen des Arztes nicht, sondern die Kranken … Ich bin gekommen, die Sünder zu rufen und nicht die Gerechten.* (Matthäus 9, 12–13) Den Verachteten, den einfachen Leuten sollte das ewige Leben gegeben werden? Wie sollte man das verstehen? Das war ein völlig neuer Gedanke, der die Welt und ihre Werte vollkommen auf den Kopf stellte. Es hieß doch allerorten, dass derjenige in der Gunst Gottes oder der Götter stand, dem es gut ging, der reich war.

Es klingt verrückt, dass ein verheirateter Mann alles, was bis dahin sein Leben ausmachte, aufgab, um offensichtlich einem Wanderprediger zu folgen, der alles forderte und dafür das Himmelreich versprach. Also etwas, das später käme, sich aber heute nicht überprüfen ließe. Sonst nichts! Simon, so viel steht fest, folgte Jesus. Er war der erste Jünger des Herrn, und nach ihm sein Bruder und dann Jakobus und Johannes und schließlich die Frau Simons. Sie war zu dieser frühen Stunde nicht die einzige Frau, die sich dem Messias anschloss.

Für sie alle aber wurde es, wie für Simon, eine endgültige Entscheidung, die dem eigenen Leben eine radikal neue Richtung gab. Weniger verlangte der Wunderrabbi aus Nazareth auch nicht:

Will mir jemand nachfolgen, der verleugne sich selbst und nehme sein Kreuz auf sich und folge mir. Denn wer sein Leben erhalten will, der wird's verlieren, wer aber sein Leben verliert um meinetwillen, der wird's finden. Was hülfe es dem Menschen, wenn er die ganze Welt gewönne und nähme doch Schaden an seiner Seele? Oder was kann der Mensch geben, womit er seine Seele auslöse?
(Matthäus 16, 24–26)

Auf das Gewissen kam es an, nicht auf die politische Korrektheit, auf **die Wahrheit**, nicht auf die Heuchelei.

Feiertage

Die drei wichtigsten, allen christlichen Kirchen gemeinsamen Feiertage sind: Weihnachten, Ostern und Pfingsten.

Weihnachten: Das Weihnachtsfest drückt die große Freude über Christi Geburt aus. Am 24. Dezember endet mit dem Heiligen Abend die Adventszeit. Im Monat des Advents bereiten sich die Christen auf das Fest von Christi Geburt vor. In der Alten Kirche bedeutete die Adventszeit auch eine Zeit des Fastens. Gefastet wird, um Geist und Körper zu reinigen. Seit 1917 fordert die katholische Kirche das Adventsfasten nicht mehr. Am 25. Dezember wird Jesu Geburt gefeiert. Der Brauch, sich zu Weihnachten zu beschenken, leitet sich von den drei Weisen aus dem Morgenland her, die mit Geschenken zu Jesus kamen.

Da ein genaues Geburtsdatum nicht feststeht, wurde der Zeitpunkt von Weihnachten festgelegt. Die heidnischen Römer feierten am 25. Dezember die Geburt des unbesiegbaren Sonnengottes, des *sol invictus*. Kaiser Konstantin, der das Christentum zur Staatsreligion erhoben hatte, sah in Christus den *sol invictus*. Das spricht für die Annahme, dass die zeitliche Festlegung zu Beginn des 4. Jahrhunderts erfolgte. Das orthodoxe Weihnachtsfest und das der koptischen und äthiopischen Kirche finden eine Woche nach Neujahr, also am 6. und 7. Januar, statt, weil die orthodoxe Kirche den Julianischen Kalender für das Kirchenjahr beibehalten hat.

Ostern ist ein beweglicher Feiertag und der höchste in der christlichen Liturgie. Beweglich heißt, dass Ostern nicht immer zum gleichen Datum stattfindet. Ostern wird berechnet nach den Mondzyklen. Der erste Sonntag nach Vollmond nach dem Frühlingsanfang ist Ostersonntag. Frühlingsanfang wurde auf den 21. März datiert. Zu Ostern gedenken die Christen am Karfreitag der Kreuzigung Christi und am Ostersonntag der Auferstehung Christi. Der Gründonnerstag ist der Tag vor der Kreuzigung. An ihm wird des letzten Abendmahles im Garten Gethsemane gedacht.

Für die Protestanten ist der Karfreitag der höchste Feiertag. Katholiken versammeln sich am Karfreitag zur Todesstunde Christi um 15 Uhr zu einem Gottesdienst ohne Abendmahl. Für sie ist Ostersonntag der höchste Feiertag. Die Botschaft, dass Christus auferstanden ist und den Tod überwunden hat, gibt den Christen die Gewissheit, dass auch sie in der Nachfolge Christi den Tod überwinden und das ewige Leben erreichen können.

Zu Ostern denken die Christen an den Tod, vor allem aber an die Auferstehung von Jesus Christus, weil seine Auferstehung von den Toten den Weg der Erlösung für alle Menschen eröffnet. Im römisch-katholischen Ritus wird die Osterkerze mit den Worten entzündet: *Christus ist glorreich auferstanden vom Tod. Sein Licht vertreibe das Dunkel der Herzen.*

Weil aber Jesus sich zum jüdischen Pessach-Fest nach Jerusalem begeben hatte, deshalb zu diesem jüdischen Fest gekreuzigt wurde und wiederauferstanden ist, hängt das christliche Ostern immer mit dem jüdischen Pessach zusammen.

Christi Himmelfahrt feiert die Rückkehr von Jesus Christus zu seinem Vater im Himmel, zu Gott, am 39. Tag nach Ostern.

Pfingsten ist das Fest der Ausgießung des Heiligen Geistes. Es ist auch ein bewegliches Fest, weil es immer 50 Tage nach Ostern stattfindet. Die Bezeichnung leitet sich aus dem griechischen Wort für den fünfzigsten Tag her. Zu Pfingsten kommt der Heilige Geist auf die Jünger herab. Auch hier ist der Feiertag abhängig von der jüdischen Feiertagsliturgie, denn die Jünger hatten sich zu dem nach Pessach stattfindenden Fest Shavu'ot versammelt, als der Heilige Geist auf sie herniederkam. In der christlichen Tradition markiert dieses Datum den Beginn der Kirche. Indem der Geist Gottes auf die Jünger herabkommt und sie eine Gemeinde bilden, entsteht durch sie und aus ihnen die christliche Kirche.

Es existiert eine Reihe von Feiertagen, die nicht allen christlichen Kirchen gemein, d. h. ausschließlich katholisch, orthodox oder evangelisch sind.

Die evangelische Kirche feiert den **Buß-und Bettag** am Mittwoch vor dem Ewigkeitssonntag, dem letzten Sonntag des Kirchenjahres, elf Tage vor dem ersten Advent. An diesem Tag tritt die Kirche als Fürbitter vor Gott auf und bittet den Allmächtigen, den Gläubigen die Schuld zu verzeihen, die sie auf sich geladen haben. Die Kirche benennt an diesem Tag aber auch die Sünden der Zeit, für die sie Gott ebenfalls um Verzeihung bittet. Schließlich prüfen evangelische Christen an diesem Tag ihr Gewissen vor Gott.

Ein rein katholischer Feiertag ist **Fronleichnam**, der immer am 60. Tag nach Ostersonntag stattfindet und die leibliche Anwesenheit Jesu Christi im Abendmahl feiert. Den Mittelpunkt der Feier bilden die Messe und in ihr das Abendmahl. Die liturgischen Texte nehmen Bezug auf das Geheimnis der Eucharistie. Die Messe kann auch im Freien gefeiert werden und oftmals schließt sich eine Prozession an.

Ein Stück vom Himmelreich

Noch eines zeigt die ganze Fragwürdigkeit der Entscheidung der Jünger, Jesus zu folgen: Sie trafen sie nämlich nicht aus wissenschaftlicher Analyse heraus, sondern aus der Einfalt ihrer Herzen. Auf **Treu und Glauben**, denn Jesus hatte ihnen ja kein Statut der Jesusbewegung vorgelegt. Indem sie mit ihm zogen, lernten sie seine Lehre und seine Botschaft erst richtig kennen, durch ihn eröffnete sich ihnen eine neue Welt.

All diese jungen Menschen, die dem Wunderrabbi aus Nazareth folgten, waren in gewisser Weise Durchschnitt, nichts Besonderes oder nur etwas Besonderes in dem Sinn, dass jeder Mensch etwas Besonderes ist. Sie kamen nicht aus den Dynastien der Sadduzäer und stammten auch nicht aus den bekannten Familien der Pharisäer. Sie waren nicht der Weizen, sondern die Spreu, die es zu allen Zeiten gab und die zu allen Zeiten fortgeweht wurde vom Wind der Geschichte. Nichts blieb von ihnen, denn es kam scheinbar ja auch auf sie nicht an.

Aber durch ihre Entscheidung wurden sie zu etwas Besonderem, denn jetzt machten sie sich auf einen Weg, der ja nicht nur ihr Leben, sondern auch sie selbst verändern sollte. Sie traten ein in die Geschichte. Darin bestand die neue **Lehre des Rabbis aus Nazareth**, dass es eben doch auf sie ankam, und auf sie zuallererst, wenn sie nur im Bewusstsein dieser Verantwortung handelten. Aus der Apostelgeschichte schlägt uns noch heute die borniere Verwunderung der Sadduzäer über die beiden Fischer **Petrus** und Andreas aus Karfanaum, dem kleinen Provinznest im übel beleumdeten Galiläa, entgegen, dass sie es plötzlich verstanden, wie Priester und Schriftgelehrte vor der Menge zu reden.

Als die Hohepriester **Petrus** vorführten, glaubten sie, leichtes Spiel mit dem dummen Fischer zu haben, der nichts studiert und nichts gelernt hatte. Zu ihrem Schrecken argumentierte er sie in Grund und Boden. Die Begabung, so hatte Jesus gelehrt, verteilt Gott nicht nach dem Reichtum der Familien, sondern nach einem Prinzip, das bis heute niemand entschlüsselt hat. Mit seinem Blick für Begabungen hatte Jesus die Richtigen ausgewählt und vorbereitet auf ihre Tätigkeit im neuen Glauben. Petrus und später Paulus

erkannten, dass sie sich ihrer Begabungen nicht rühmen durften, weil sie nicht ihren Verdiensten entsprangen, sondern sie hatten sie, wie es das deutsche Wort sehr schön wiedergibt, als Gabe erhalten, um mit dieser Be-Gabung für das Wohl der Menschen zu wirken.

Begabung bedeutete für Petrus zuallererst Verpflichtung, wie es ihn sein Meister lehrte:

Denn wem viel gegeben ist, bei dem wird man viel suchen; und wem viel anvertraut ist, von dem wird man umso mehr fordern. (Lukas 12, 48)

Liest man die Evangelien aus der Perspektive des Petrus, so erleben wir einen einzigartigen Bildungsroman. Er handelt von einem einfachen Fischer vom Rand der jüdischen Welt, der zu einem sprachmächtigen **Apostel** und zu einer der Gründerfiguren einer Weltreligion wird.

Wie viele mögen es im Anfang gewesen sein, die Jesus folgten? Vier oder fünf oder sieben, irgendwann einmal zwölf? Nicht Auserwählte wollte Jesus, sondern einfache, normale Menschen, die aber allesamt in der Lage waren, über sich hinauszuwachsen. Im Übrigen, und darin besteht das ungemein Umstürzlerische der neuen Religion: Wenn diese Menschen die Nachfolge Christi antreten konnten, dann können es auch alle anderen. Denn Jesus wählte keine Elite, sondern normale Menschen, den Durchschnitt aus. Dann kann es jeder. Werde, der du bist. Kann der Mensch aus dem Glauben heraus gerecht werden, fragte Paulus, und Petrus beantwortete diese Frage durch sein Leben.

Bei allen Gefahren mutete es doch wie ein Stück vom Himmelreich an. Ihr Leben veränderte sich in aufsehenerregender Weise. Es musste wie eine Befreiung gewirkt haben, befreit von Unsicherheit und Ängsten, befreit aus einem Leben, das vor allem Arbeit und Sorge bedeutete, befreit aus der Unmündigkeit, erlöst vom alten Adam durch die Verheißung vom neuen Menschen. Dafür wurden einem das ewige Leben und das Himmelreich versprochen. Diese jungen Leute, die **Jünger** genannt wurden, erprobten in der Tat ein neues Leben.

Religionsstifter

Der eigentliche Begründer des Christentums ist **Jesus**. Über die historische Person existieren außerhalb des Neuen Testaments nur wenige Quellen. Der römische Geschichtsschreiber Publius Cornelius Tacitus erwähnt ihn, aber auch der jüdische Historiker Josephus Flavius. Der geringe Niederschlag, den das Leben Jesu in außerchristlichen Quellen gefunden hat, besagt nichts, weil viele Quellen der römischen Kaiserzeit durch Brände, aber auch durch die Plünderung durch die Westgoten im Jahre 410 und 455 durch die Vandalen vernichtet wurden.

Geboren wurde er nach neueren Forschungen etwa 6–3 vor Christus in Bethlehem als Sohn des Zimmermannes Josef und seiner Frau Maria. Über Kindheit und Jugend erfahren wir kaum etwas. Gut dokumentiert ist die Zeit seines Wirkens. Jesus ist etwa 30 Jahre alt, als er von Johannes dem Täufer im Jahre 28 nach Christus im Jordan getauft wird. Nach den 40 Tagen, die er in der Wüste verbringt, fastet und mit dem Teufel ringt, begibt er sich nach Galiläa, predigt und versammelt Schüler um sich, die Jünger.

Im Jahre 30 nach Christus geht er nach Jerusalem, verkündet dort die Frohe Botschaft vom Kommen des Reiches Gottes, wird auf Betreiben des jüdischen Hohen Rates wegen religiöser Unruhestiftung verhaftet, verurteilt und am 14. Nisan des Jahres 3790 nach jüdischem Kalender oder nach unserem Kalender am 5. April des Jahres 30 gekreuzigt. Nach sechs Stunden am Kreuz stirbt er gegen 3 Uhr am Nachmittag.

Nicht nur dass Maria und Maria Magdalena am übernächsten Tag das Grab leer fanden, er erschien in den folgenden Tagen und Wochen den Jüngern, aber auch anderen Menschen. Das galt als Beweis dafür, dass er tatsächlich auferstanden und Gottes Sohn war und beglaubigte seine Lehre.

Jesu Verkündigung gewann Anhänger und wurde zum Kern und zur Basis der christlichen Kirchen. Ob er wirklich eine neue Religion gründen wollte, ob er sich selbst wirklich als Sohn Gottes und als Messias gesehen hat, wird in der Forschung heftig diskutiert. Angesichts der Tatsache aber, dass Christen seit fast zweitausend Jahren daran glauben, spielt dieser theologische Streit keine Rolle. Der Glauben hat Fakten geschaffen.

Zu den Gründern der Religion gehören auch die zwölf Jünger, die zuerst nach seiner Lehre lebten und in seiner Nachfolge die gute Nachricht verkündeten.

Die Apostel (Gesandten) wurden vom auferstandenen Jesus Christus berufen, um das Evangelium zu predigen und die Heiden zu missionieren. Der Wichtigste unter ihnen ist Paulus.

Paulus wurde zu Beginn des 1. Jahrhunderts in der Stadt Tarsus in Zilizien als Sohn frommer jüdischer Eltern geboren. Er war also nur wenig jünger als Jesus Christus. Der Name, den er zu seiner Geburt erhält, lautet Schaul, also Saulus. Der Vater, obwohl Jude, bekommt das römische Bürgerrecht verliehen. Dadurch erhält Schaul einen zweiten, einen lateinischen Beinamen, nämlich Paulus. In Jerusalem erhält er eine Ausbildung zum Gesetzeslehrer und geht in die Schule des Pharisäers Gamaliel des Älteren. Hier wird er mit den Christen konfrontiert und wird Zeuge der Steinigung des Stephanus.

Er hasst und verfolgt die Christen. Nach Damaskus geschickt, begegnet er unterwegs Christus, der ihn bekehrt. Von nun an wirkt Paulus als christlicher Missionar, gründet u. a. in Ephesos und in Korinth christliche Gemeinden. Schließlich wird er im Jahr 57 in Jerusalem verhaftet und nach Rom gebracht. In Rom erleidet er um das Jahr 67 den Märtyrertod.

Durch seine bedeutenden Briefe an die verschiedenen Gemeinden, die den ältesten Teil des Neuen Testaments bilden, wird er zur prägenden Figur der christlichen Theologie. Wenn man so will, nimmt alle christliche Theologie, die Lehre vom christlichen Gott, von ihm seinen Ausgang.

Unter der Bezeichnung **Kirchenväter** wird eine Gruppe bedeutender christlicher

Theologen verstanden, die zwischen dem 1. und dem 8. Jahrhundert sowohl die Kirche als auch die christliche Lehre von Gott (Theologie) geschaffen haben. Sie stellten nicht nur das Neue Testament zusammen, sondern lieferten die Grundlagen für die Beschlüsse der großen Kirchenversammlungen (Konzilien). Einer der Beschlüsse ist als das Glaubensbekenntnis in die Geschichte eingegangen und definiert, woran Christen glauben.

Einer der wichtigsten Kirchenväter war **Aurelianus Augustinus** (13.11.354–28.8.430), der Bischof von Hippo Regius, der im ausgehenden 4. und beginnenden 5. Jahrhundert die Fragen des Glaubens, der göttlichen Gnade, der Taufe, der Trinität (Dreifaltigkeit Gottes) und in dem Buch *Vom Gottesstaat* die christliche Geschichtsphilosophie behandelte. Als Bischof der nordafrikanischen Diözese Hippo Regius kämpfte er gegen die donatistischen Ketzer für die katholische Lehre.

Martin Luther, Theologe, Bibelübersetzer und Reformator, prangerte die Sittenlosigkeit der Kirche und den Ablasshandel an. Vor dem Reichstag zu Worms verteidigte er sich vor Kaiser Karl V. und dem Legaten des Papstes mit den Worten: Hier stehe ich, ich kann nicht anders. Gott helfe mir, Amen.

Martin Luther (10.11.1483–18.2.1546) sollte Rechtswissenschaften studieren. Als er auf dem Rückweg von einem Besuch seiner Eltern in Mansfeld zu seinem Studienort Erfurt in ein schweres Gewitter gerät, ruft er die heilige Anna zu Hilfe und schwört, dass er Mönch wird, wenn sie ihn rettet. Gegen den Willen seines Vaters tritt er 1505 in das Kloster der Augustiner-Eremiten in Erfurt ein. Im Oktober 1512 promoviert er zum Doktor der Theologie und beginnt, an der Wittenberger Universität Vorlesungen zu halten. Am 31. Oktober 1517 veröffentlicht Luther die 95 Thesen zum Ablasshandel. Luther arbeitet seine Theologie aus. 1521 beginnt er mit der Bibelübersetzung, 1524 legt Martin Luther die Ordenskutte ab und heiratet 1525 die ehemalige Nonne Katharina von Bora. Am 18. Februar 1546, nach einem unablässigen Wirken für die Reformation, stirbt Martin Luther im Alter von 63 Jahren in Eisleben und hinterlässt eine von Rom unabhängige, im Wachsen begriffene Kirche.

Johannes Calvin **wurde am 10. Juli 1509 als Jean Cauvin in Noyon geboren. Er studierte Kirchenrecht und arbeitete in verschiedenen Verwaltungsämtern. Das reformatorische Denken beschäftigte ihn, aber auch die Einwände, die der große Humanist Erasmus von Rotterdam gegen Luthers Theologie erhob. Seinem Vater, der sich im kleinen Kirchenbann befand, wurde das Sterbesakrament verweigert, obwohl er sein ganzes Leben für die Kirche gearbeitet hatte. Diese Erfahrung verstärkte seine Zweifel an der katholischen Kirche. Die Auseinandersetzung mit Humanismus, Luthertum und der katholischen Kirche führte Calvin zu einer eigenen reformatorischen Theologie. Er starb am 27. Mai 1564 in Genf, wo er mit der Institutio Christianae Religionis, der Genfer Kirchenordnung und dem Genfer Katechismus, die grundlegenden Werke des Calvinismus schuf.**

Johannes Calvin (eigentlich Jean Cauvin) begründete eine eigene reformatorische Theologie, die besonders in der Schweiz und in Frankreich Fuß fasste, aber auch in Deutschland. Obwohl protestantisch, herrschte zwischen Calvinisten und Lutheranern anfangs eine erbitterte Konkurrenz.

Der Wanderprediger wird zur Sensation

V on Karfanaum aus zogen Jesus und die Jünger durch ganz Galiläa, und er verkündete seine Botschaft, **das Evangelium** (zu Deutsch: die gute Nachricht oder Botschaft): Liebe deinen Nächsten wie dich selbst. Lass nicht zu, dass selbst dem Geringsten ein Unrecht widerfährt, denn Gott hat den Menschen nach seinem Bild geschaffen. Schließlich strömten viele Menschen aus Galiläa, aus Jerusalem und Judäa und auch aus dem Gebiet jenseits des Jordan zu ihm, die von ihm gehört hatten.

Seine Worte, aber auch seine Taten, die Wunderheilungen, die er im Volke an den Leidenden und Kranken vorgenommen hatte, sprachen sich in ganz Israel herum. Voller Neugier und voller Hoffnung kamen die Leute zu ihm, all die Beladenen, all die Unzufriedenen, all die Sehnenden und Hoffenden.

Der Kern der christlichen Religion,

das was das Christentum ausmacht und was Jesus lehrte, findet sich konzentriert in der **Bergpredigt**. Sie gehört zu den ergreifendsten Texten der Religionsgeschichte und bekam ihren Namen von dem Ort, an dem Jesus zu den Menschen sprach:

Als Jesus die vielen Menschen sah, stieg er auf einen Berg. Er setzte sich und seine Jünger traten zu ihm. Dann begann er zu reden und lehrte sie. Er sagte:
»Selig, die arm sind vor Gott; denn ihnen gehört das Himmelreich. (…) Selig, die keine Gewalt anwenden; denn sie werden das Land erben.
Selig, die hungern und dürsten nach der Gerechtigkeit; denn sie werden satt werden.
Selig die Barmherzigen; denn sie werden Erbarmen finden.
Selig, die ein reines Herz haben; denn sie werden Gott schauen.
Selig, die Frieden stiften; denn sie werden Söhne Gottes genannt werden.
Selig, die um der Gerechtigkeit willen verfolgt werden; denn ihnen gehört das Himmelreich.
Selig seid ihr, wenn ihr um meinetwillen beschimpft und verfolgt und auf alle mögliche Weise verleumdet werdet.
Freut euch und jubelt: Euer Lohn im Himmel wird groß sein. Denn so wurden schon vor euch die Propheten verfolgt.
Ihr seid das Salz der Erde. (…)
Ihr seid das Licht der Welt. Eine Stadt, die

auf einem Berg liegt, kann nicht verborgen bleiben.
Man zündet auch nicht ein Licht an und stülpt ein Gefäß darüber, sondern man stellt es auf den Leuchter; dann leuchtet es allen im Haus.
So soll euer Licht vor den Menschen leuchten, damit sie eure guten Werke sehen und euren Vater im Himmel preisen. (…)
Ihr habt gehört, dass gesagt worden ist: Auge für Auge und Zahn für Zahn.
Ich aber sage euch: Leistet dem, der euch etwas Böses antut, keinen Widerstand, sondern wenn dich einer auf die rechte Wange schlägt, dann halt ihm auch die andere hin.
Und wenn dich einer vor Gericht bringen will, um dir das Hemd wegzunehmen, dann lass ihm auch den Mantel.
Und wenn dich einer zwingen will, eine Meile mit ihm zu gehen, dann geh zwei mit ihm.
Wer dich bittet, dem gib, und wer von dir borgen will, den weise nicht ab.
Ihr habt gehört, dass gesagt worden ist: Du sollst deinen Nächsten lieben und deinen Feind hassen.
Ich aber sage euch: Liebt eure Feinde und betet für die, die euch verfolgen,
damit ihr Söhne eures Vaters im Himmel werdet; denn er lässt seine Sonne aufgehen über Bösen und Guten, und er lässt regnen über Gerechte und Ungerechte.
Wenn ihr nämlich nur die liebt, die euch

lieben, welchen Lohn könnt ihr dafür erwar-
ten? Tun das nicht auch die Zöllner? (…)
Ihr sollt also vollkommen sein, wie es auch
euer himmlischer Vater ist.«
(Matthäus 5, 1–48)

Ihr seid das Licht der Welt. Eine Stadt, die auf einem Berg liegt, kann nicht verborgen bleiben … So soll euer Licht vor den Menschen leuchten, damit sie eure guten Werke sehen und euren Vater im Himmel preisen. Die Bergpredigt gilt als zentrale Botschaft Jesu an die Menschen.

Indem sich Jesus auf einen Berg begab, erinnerte er an Moses, der auf dem Sinai die **Thora**, das Gesetz Gottes, erhielt. Jesus aber ist Gottes Sohn. Er verkündete das Gesetz des **Neuen Bundes**, das nicht das mosaische Gesetz infrage stellen will, sondern es einhalten, weiterführen und vervollkommnen möchte. Er ist mehr als der neue Moses oder er ist Moses und Gott in einem.

Dass er sich setzt wie auf eine Cathedra (Lehrstuhl), weist ihn als Lehrer aus. Die Menschen staunten über seine Lehre, denn er *lehrte sie wie einer, der (göttliche) Vollmacht hat, und nicht wie ihre Schriftgelehrten.* (Matthäus 7, 29)

Die Bergpredigt ist deshalb so wichtig im gesamten Evangelium, weil sie die zentrale Botschaft, das Gesetz enthält. Im Grunde verkündet Jesus Christus vor allem **die Liebe Gottes** zu den Menschen, die ihrerseits die Liebe der Menschen zu Gott, aber auch der Menschen untereinander fordert. Deshalb wurde das Christentum eine **Religion der Liebe** genannt.

Die Lehre war das eine, das andere aber war die Forderung, dass sie in den Herzen der Menschen ankern musste. Es bedurfte einer Beglaubigung, eines Beweises dafür, dass das mehr als gute Worte waren, dass dieser junge Mann tatsächlich Gottes Wort verkündete. Und weil es aber die Worte des Höchsten waren, so mussten sie auch mit dem Höchsten bekräftigt werden, nämlich mit dem eigenen Leben.

Heilige Orte

Das Christentum kennt eine Vielzahl heiliger Orte. Zuallererst müssen die **Kirchen** genannt werden, denn sie sind als Ort, an dem sich die christliche Gemeinde versammelt, ein heiliger Ort. Denn hier erleben Christen im Abendmahl die Gegenwart ihres Gottes, ob sie die Anwesenheit Christi nun real oder symbolisch empfinden, ist im wahrsten Sinne zweitrangig. Die Kirche als Versammlung des Gottesvolkes wird auch als Leib Christi verehrt. Hinzu können Reliquien (S. 228), besondere Altäre (S. 228), geweihte und wundertätige Altarbilder oder Ikonen treten.

Ähnlich wie für das Judentum ist Israel auch für die Christen Heiliges Land oder **das Heilige Land**, nicht aber weil Gott ihnen das Land gegeben hätte, sondern weil es die Stätte von Leben, Wirken, Leiden und Auferstehung von Jesus Christus ist.

Hier spielt natürlich *Jerusalem* als **Heilige Stadt** eine besondere Rolle. Im Garten von *Gethsemane*, an der Stelle, an der heute die *Todesangst-Basilika* steht, hielt Jesus das letzte Abendmahl, hier wurde er von Judas verraten und von den Römern festgenommen.

Die *Via Dolorosa* wird verehrt als die Straße, die vom Gefängnis zum Hinrichtungsort Jesu auf dem *Schädelberg* (*Golgatha*) führt, der Weg, auf dem Jesus unter einer Dornenkrone das Kreuz zum Schädelberg schleppen musste, verhöhnt von den Schaulustigen. Dort wo Jesu gekreuzigt wurde, auf dem Berg Golgatha, steht heute die *Auferstehungskirche*. Das Gotteshaus besteht aus zwei Kapellen. In der ersten Kapelle befindet sich eine in Silber gefasste Vertiefung im Stein. Hier soll das Kreuz gestanden haben, an dem Jesus starb. Vor der zweiten Kapelle befindet sich ein Vorraum, die Kapelle der Engel. Hier liegt der Stein, den der Engel von Jesu Grabgrotte wälzte. In der Marmorkapelle befindet sich der Grabstein, auf dem der tote Körper Jesu gelegen hat, bevor er, von den Toten auferstanden, gen Himmel gefahren ist. Hier, in der *Grabeskapelle*, wurde auch der vom Papst zum Ketzer erklärte Staufer Kaiser Friedrich II. am 18. 3. 1229 zum König von Jerusalem gekrönt. Die Grabeskirche bildet auch die letzte, nämlich die 14. *Station der Via Dolorosa, des Leidensweges Christi*.

Die 14 **Kreuzwegstationen** führen vom Hof der muslimischen Mädchenschule Omariya (weil dort die römische Festung *Antonia* stand, in der der römische Statt-

Die Geburtskirche in Bethlehem. An der Stelle, an der man die Kirche erbaute, soll Jesus vor etwa 2000 Jahren geboren worden sein.

halter Pontius Pilatus residierte) über die *Franziskanerkapelle der Verurteilung und der Geißelung* bis zum Grab Jesu in der *römisch-katholischen Auferstehungskapelle*. Der Kreuzweg erinnert an den letzten Weg, den Jesus durch Jerusalem zur Hinrichtungsstätte nahm und an sein Grab, aus dem er schließlich auferstanden war.

Neben Jerusalem gilt die **Geburtskirche in Bethlehem** als heiliger Ort. Ein Silberstern mit 14 Zacken ist in den Boden der Geburtskirche eingelassen. Hier stehen die lateinischen Worte *Hic de Virgine Maria Jesus Christus natus est* (Hier wurde Jesus Christus von der Jungfrau Maria geboren). Die Krippe steht in einer Marmornische, die mit 15 goldenen Lampen und Kerzen beleuchtet wird. Nebenan befindet sich die Gebetskapelle, in der **der heilige Hieronymus** die lateinische Ausgabe der Bibel übersetzte, die *Vulgata*.

Im 11., 12. und 13. Jahrhundert brachen Kreuzfahrerheere aus ganz Europa auf, um das Heilige Land und die Heilige Stadt von den Arabern zu befreien; die hatten das Land erobert, als sie sich aus dem Inneren der arabischen Halbinsel anschickten, die Welt zu unterwerfen.

Die Christen sahen in Jerusalem die Heilige Stadt schlechthin, die aber unerreichbar für sie wurde. Doch mit der Zeit nahm **Rom** die Rolle Jerusalems als Heilige Stadt ein und wurde zum neuen, zum zweiten Jerusalem. Die frühen Christen verehrten die Stätten, an denen Märtyrer gewirkt und das Martyrium erlitten hatten. So bezog Rom, die Ewige Stadt, ihre religiöse Bedeutung auch daher, dass neben den vielen Märtyrern, die hier starben, vor allem die wichtigen Apostel Petrus und Paulus (S. 225 ff.) hier getötet und begraben wurden. Den religiösen Mittelpunkt der katholischen Christenheit bildet Rom, genauer der **Petersdom**, der über dem Grab des Apostels Petrus errichtet wurde.

Eine Pilgerfahrt nach Rom schließt die Wallfahrt zu den sieben Wallfahrtskirchen Roms ein. Das sind:

- Der *Petersdom*. Nicht nur, dass er über dem Grab des Heiligen Petrus errichtet wurde, die vier Vierungspfeiler bergen wertvolle Reliquien, so beispielsweise die Lanze, mit der dem gekreuzigten und im Todeskampf sich quälenden Jesu von dem römischen Legionär Longinus die Seite geöffnet wurde; das Schweißtuch der Veronika, auf dem sich ein Gesichtsabdruck Jesu erhalten hat, das Haupt des heiligen Andreas, das man 1964 aber der orthodoxen Kirche übergab; und Splitter vom Kreuz Jesu. Vom inneren Kuppelrand prangen auf Latein die berühmten Einsetzungsworte aus dem Matthäus-Evangelium (S. 223): *Du bist Petrus und auf diesen Felsen werde ich meine Kirche bauen.*
- *San Giovanni in Laterano*, die Bischofskirche des Bischofs von Rom, also des Papstes. Denn der Papst ist zugleich der Bischof von Rom.
- Die Basilika *San Paolo fuori le mura* (Sankt Paul vor den Mauern, weil die Kirche außerhalb der Stadtmauern Roms lag) wurde an der Stelle errichtet, an der der Apostel Paulus geköpft wurde. Paulus wurde nicht gekreuzigt, sondern enthauptet, weil ihm als römischem Bürger ein »ehrenvoller« Tod zustand. Hier befindet sich auch sein Grab.

- In *San Lorenzo fuori le mura* existiert eine Kapelle mit den Fußabdrücken Jesu. Er soll sie hier hinterlassen haben, als er dem fliehenden Petrus in den Weg trat.
- In *Santa Maria Maggiore* befindet sich das Grab des 13. Apostels, Matthäus, der anstelle des Verräters Judas ausgewählt wurde.
- *Santa Croce in Gerusalemme*, hier wurde das Kreuz aufbewahrt, an das man Jesus geschlagen hatte und das die Kaiserin Helena, die Frau Kaiser Konstantins des Großen, in Jerusalem gefunden und nach Rom gebracht hatte.
- *San Sebastiano alle Catacombe* erhebt sich über der Sebastian-Katakombe, in der sich das Grab des Märtyrers Sebastian befindet.

Heilig sind auch die **Pilgerwege**. Die berühmtesten sind der Weg nach Jerusalem, der Weg nach Rom und der gerade in letzter Zeit populär gewordene **Jakobsweg** nach Santiago de Compostella in Spanien, in die Kathedrale, die das Grab des Apostels Jakobus birgt.

Die *Orthodoxe Kirche* verehrt den heiligen Berg **Athos**. Auf ihm befinden sich 20 große Klöster, die zu den verschiedenen orthodoxen Kirchen gehören (griechisch-orthodoxe, russisch-orthodoxe, serbisch-orthodoxe und bulgarisch-orthodoxe Kirche), und eine Vielzahl von Einsiedeleien. Frauen dürfen seit dem 11. Jahrhundert den Heiligen Berg nicht betreten, selbst weibliche Tiere werden hier nicht geduldet. Für die orthodoxen Christen ist der Heilige Berg Athos nach Jerusalem der wichtigste heilige Ort. Heilig ist der Berg vor allem, weil hier viele Heilige und Asketen gewirkt haben und wirken. Pilger suchen weniger den Kontakt mit heiligen Gnadenbildern und Reliquien, sondern vielmehr die Begegnung mit den Mönchen, Asketen, Weisen und Heiligen, die in der Mönchsrepublik leben.

Stärker als in den anderen christlichen Religionen ist in der Orthodoxie die Heiligkeit in der Kirche verankert, denn die Gläubigen dürfen den Altarraum, der vom Kirchenraum durch eine Bilderwand (**Ikonostase**) getrennt ist, nicht betreten. **Ikonen** werden nicht als schöpferische Produkte eines Künstlers angesehen, sondern sie sind göttlich inspiriert, das heißt von Gott eingegeben. Sie sind ein Abdruck des himmlischen Urbildes. Die mithilfe des heiligen Handwerks entstandene Ikone wird geweiht.

Heilig sind aber auch alle Orte, an denen Heilige und Märtyrer gewirkt haben wie beispielsweise die **Johannesgrotte**, in der Johannes der Seher die Offenbarung verfasst hat.

Der Weg des Kreuzes

Jesus zog mit den Jüngern durch das Land, predigte, heilte und vollbrachte Wunder. Oft sprach er in Gleichnissen. Diese Gleichnisse waren kleine Geschichten – Fabeln –, die bestimmte Gedanken verdeutlichten. Schließlich sprach er zu einfachen und ungebildeten Leuten. Für sie war es einfacher, dieses neue Gesetz anhand von Episoden, die in ihrem Alltag spielten, zu verstehen. Dann sandte er die zwölf Jünger aus, damit sie die Lehre verbreiteten, Krankheiten heilten und böse Geister austrieben. In dieser Zeit gehörten das Heil der Seele und das Heil des Körpers zusammen. Krankheiten wurden von unreinen Geistern verursacht, die durch alle Körperöffnungen den Menschen befielen.

Die Anzahl der Jünger weist auf die zwölf Stämme Israels hin, denen das Heil gebracht werden soll. Der Auftrag lautete klar und deutlich:

Geht und verkündet: das Himmelreich ist nahe. Heilt Kranke, weckt Tote auf, macht Aussätzige rein, treibt Dämonen aus! Umsonst habt ihr empfangen, umsonst sollt ihr geben … Seht, ich sende euch wie Schafe mitten unter die Wölfe; seid daher klug wie die Schlangen und arglos wie die Tauben. (Matthäus 10, 7–8 und 10, 16)

Jesus war kein Politiker, er belog seine Leute nicht, er verharmloste nichts, er machte ihnen nichts vor. Was sie nicht wussten, war, dass er sie zur Probe aussandte. Sie sollten lernen, allein, ohne ihn, das Reich Gottes zu verkünden, denn er wusste, dass er den Weg des Kreuzes schon bald betreten würde.

Es gibt im Deutschen den Ausdruck, *das Kreuz auf sich nehmen.* Das bedeutet, dass man ein schweres Schicksal bewusst annimmt. Die Sünden aller Menschen wollte und sollte Jesus auf sich nehmen als Sohn Gottes und Menschensohn, um Vergebung für alle zu erwirken. Deshalb machte er sich auf den Weg nach Jerusalem, um in der Heiligen Stadt in Auseinandersetzung mit den Sadduzäern und Pharisäern das Evangelium zu verkünden und am Kreuz zu sterben. Auf dem Weg fragte er die Jünger, wofür sie ihn halten. Simon erkannte seine wahre Gestalt und antwortete: *Du bist der Messias, der Sohn des lebendigen Gottes.* (Matthäus 16, 16)

Indem aber Simon ihn erkannte, zeigte er, dass er die Lehre verstanden und Gott ihn erwählt hatte. Deshalb setzte ihn Jesus zu seinem Nachfolger ein, denn er wusste, dass die Zeit sich näherte, in der es Abschied zu nehmen hieß:

Selig bist du, Simon Baronja; denn nicht Fleisch und Blut haben dir das offenbart, sondern mein Vater im Himmel. Ich aber

In der berühmten Capella degli Scrovegni in Padua malte der große Maler Giotto den Lebensweg Jesu und so auch die Kreuzigung: *Als die sechste Stunde kam, brach über das ganze Land eine Finsternis herein. Sie dauerte bis zur neunten Stunde. Und in der neunten Stunde rief Jesus mit lauter Stimme: Mein Gott, mein Gott, warum hast du mich verlassen?*

sage dir: »*Du bist Petrus und auf diesen Felsen werde ich meine Kirche bauen und die Mächte der Unterwelt werden sie nicht überwältigen. Ich werde dir die Schlüssel des Himmelreichs geben; was du auf Erden binden wirst, das wird auch im Himmel gebunden sein, und was du auf Erden lösen wirst, das wird auch im Himmel gelöst sein.*« (Matthäus 16, 17–19)

Jetzt sprach er von der Kirche, von der Gemeinde der Gläubigen, und regelte seine Nachfolge, indem er Simon zu Petrus machte, zu dem Felsenmann, auf dem er seine Kirche zu errichten gedachte. Den Jüngern teilte er mit, dass er nach Jerusalem gehen müsse und *von den Ältesten, den Hohepriestern und den Schriftgelehrten vieles erleiden* (müsse); *er werde getötet werden, aber am dritten Tag werde er auferstehen.* (Matthäus 16, 21)

Die Jünger reagierten erschrocken. Plötzlich sollte dieses Leben, das sie mit Jesus geführt hatten, enden. Plötzlich sollte man sich in große Gefahr begeben und vor allem den geliebten und verehrten Meister verlieren, sozusagen sehenden Auges in die Katastrophe rennen? Petrus drang in Jesus, um den Meister von dem verhängnisvollen Entschluss abzubringen. Muss man denn wirklich immer den schwersten Weg wählen?

Darf man es nicht einmal ein bisschen einfacher haben im Leben? Doch Jesus fuhr ihn nur vor allen anderen barsch an:

Weg mit dir, Satan, geh mir aus den Augen! Du willst mich zu Fall bringen; denn du hast nicht das im Sinn, was Gott will, sondern was die Menschen wollen.
(Matthäus 16, 23)

Jesus verglich ihn mit Satan, der ihn einst in der Wüste verführen wollte, weil auch Petrus ihn zu verleiten suchte, den Weg des Leidens und des Todes zu verlassen und sich in Sicherheit zu bringen. Der Vergleich stimmte insofern, weil es nur allzu menschlich ist, das Leben und nicht den sicheren Tod zu wählen. Schamesröte stieg brennend in Petri Gesicht, blamiert, belehrt, gemaßregelt stand er vor den anderen Jüngern da und hatte doch nur ausgesprochen, was alle dachten.

Doch Jesus hatte den **Kreuzweg**, den Gottesweg gewählt, nicht den Weg des Menschen. Damit warnte er Petrus vor der Schwäche, die in ihm immer wieder zum Vorschein kommen würde, hieß ihn, auf der Hut zu sein vor der Klugheit des galiläischen Fischers, sich mit den Verhältnissen zu arrangieren.

Nicht um Gefälligkeit ging es, sondern um Wahrheit. Wer ihm folgte, der hatte eine Verantwortung übernommen, für sich, für andere, für die Schöpfung. Der durfte nicht nur an sich denken, der musste zuerst und vor allem an alle denken. Denn wenn Jesus die Freiheit brachte, dann war es die wirkliche, die unbequeme Freiheit. Es war die Freiheit, die viele eben nicht meinen, wenn sie von Freiheit sprechen, die mühselige und einzige Freiheit, die zur Voraussetzung die Verantwortung hat. Denn Freiheit ohne Verantwortung führt lediglich zur Verwahrlosung.

Obwohl Jesus um die Schwächen seiner Jünger wusste, hatte er eben diese erwählt und keine anderen. Die Zeit nach seiner Kreuzigung wurde für alle zur Bewährung, nicht nur zu einer einzigen, sondern zu vielen täglichen Bewährungen, sich nicht vom Wege abbringen zu lassen. Ob es gelingen würde? Aber wenn es mit ihnen nicht ginge, wenn es nicht mit Petrus, nicht mit Andreas, nicht mit Jacobus und Johannes ginge, dann würde es mit keinem Menschen gelingen.

Doch der Menschensohn war zutiefst davon überzeugt, dass die Menschen den Kreuzweg zum ewigen Leben gehen können. Beim **letzten Abendmahl**, das sie gemeinsam hielten, legte Jesus eine große Verantwortung in die Hände des Petrus, trotz der Schwächen oder gerade weil er um sie wusste:

Simon, Simon, siehe, der Satan hat begehrt, euch zu sieben wie Weizen. Ich aber habe für dich gebetet, dass dein Glaube nicht aufhöre. Und wenn du dereinst dich bekehrst, so stärke deine Brüder. (Lukas 22, 23)

Es kam also nicht auf die Unfehlbarkeit des Petrus an, sondern auf die Fähigkeit, Irrtümer zu erkennen und vom falschen Weg immer wieder umzukehren.

In Jerusalem verkündete Jesus das **Jüngste Gericht**, das er halten werde am Tag seiner Wiederkehr.

Wenn der Menschensohn in seiner Herrlichkeit kommt und alle Engel mit ihm, dann wird er sich auf den Thron seiner Herrlichkeit setzen. (Matthäus 25, 31)

Er wird über alle Menschen Gericht halten. Die Sünder *werden weggehen und die ewige Strafe erhalten, die Gerechten aber das ewige Leben.* (Matthäus 25, 46) Die Menschen, die sich um ein gottwohlgefälliges Leben bemüht haben, kommen in den Himmel. Diejenigen aber, die gegen Gottes Gesetze verstießen, werden sich in der Hölle wiederfinden.

Das letzte Abendmahl, das Jesus unmittelbar vor seiner Verhaftung hielt, geriet zum wichtigen Moment der späteren Kirche. Noch einmal saßen sie zusammen. Jesus brach das Brot und gab es den Jüngern, wie er ihnen auch Wein reichte. Dazu sagte er die Worte, die noch heute in jeder Abendmahlsfeier in den christlichen Kirchen zu hören sind:

Nehmt und esst; das ist mein Leib (Matthäus 26, 26)
Und: *Trinkt alle daraus, das ist mein Blut, das Blut des Bundes, das für viele vergossen wird zur Vergebung der Sünden.* (Matthäus 26, 27–29)

Das ist die Grundsituation der Kirche. Im gemeinsamen Abendmahl, der **Eucharistie**, ist Jesus anwesend, in diesem Moment ragt jedes Gemeindemitglied ein Stück weit in die Ewigkeit. Es ist ein Stück vom Himmel.

So wie er es vorausgesagt hatte, wurde Jesus verhaftet, gefoltert, verspottet und gekreuzigt. Kreuzweg bedeutet, dass er das Leiden und die Sünden aller Menschen auf sich genommen hat.

Gekreuzigt wurden nur Verbrecher, insofern stellte diese Hinrichtungsart eine Schande dar. Qualvoll war sie überdies, da der zum Tode Verurteilte ans Holz genagelt wurde und dort über lange, nicht vergehen wollende Stunden hinweg verendete.

Von der sechsten bis zur neunten Stunde herrschte eine Finsternis im ganzen Land. (Matthäus 27, 45)
Mit ihm starb die Welt:
Jesus schrie noch einmal laut auf. Dann hauchte er den Geist aus. Da riss der Vorhang im Tempel von oben bis unten entzwei. Die Erde bebte und die Felsen spalteten sich. (Matthäus 27, 51–52)

Das geschah an einem Freitag. Jesus wurde begraben und das Grab von Soldaten bewacht, denn die Hohepriester fürchteten, dass jemand den Leichnam stehlen und dann behaupten würde, dass Jesus auferstanden wäre. Wenn aber diese Prophezeiung einträfe, wäre Jesu Lehre für alle bewiesen. Am Sabbat durften laut jüdischem Gesetz keine Arbeiten ausgeführt werden. Also kamen Maria, Jesu Mutter, und Maria Magdalena am Sonntag, um nach dem Grab zu sehen.

Als sie das Grab betreten wollten, bebte die Erde. Ein **Engel** kam vom Himmel herab und wälzte den Stein, der das Grab des Herrn verschloss, weg. Vor Schreck fielen die Wächter wie tot zu Boden. Aber der Engel beruhigte die Frauen. Er führte sie an das **Grab**, das sich in einer Höhle befand, und zeigte ihnen, dass es leer war. Er beauftragte sie, den Jüngern zu verkünden, dass Jesus auferstanden war. So wie er es vorausgesagt hatte.

Bald darauf erschien Jesus ein paar Frauen, denen er auftrug, seinen Jüngern auszurichten, dass sie nach Galiläa gehen sollten.

Dort traf er sie auf dem Berg, den er ihnen nennen ließ.

Und als sie Jesus sahen, fielen sie vor ihm nieder. Einige aber hatten Zweifel. Da trat Jesus auf sie zu und sagte zu ihnen: »Mir ist alle Macht gegeben im Himmel und auf der Erde. Darum geht zu allen Völkern und macht alle Menschen zu meinen Jüngern; tauft sie auf den Namen des Vaters und des Sohnes und des Heiligen Geistes, und lehrt sie, alles zu befolgen, was ich euch geboten habe. Seid gewiss, ich bin bei euch alle Tage bis zum Ende der Welt.« (Matthäus 28, 17–20).

Und das ist, woran alle Christen glauben: an die **Zehn Gebote**, daran, dass Jesus Christus zur Welt gekommen ist, um den Menschen das Gebot der Nächstenliebe zu bringen, dass er der **Sohn Gottes** ist und im Glauben an ihn die Menschen heimfinden zu Gott. Dass er am Karfreitag gekreuzigt wurde und am Sonntag von den Toten auferstand. Deshalb ist für die Christen nicht der Sabbat, sondern der Sonntag heilig.

Zu Weihnachten gedenken die Christen Christi Geburt und zu Ostern Christi Tod und Auferstehung. Denn so lautet die Frohe Botschaft, die er gebracht hat: Dass es ein **ewiges Leben** gibt und die Menschen vom Tod wiederauferstehen durch die **Gnade Gottes**. Aber diese Auferstehung ist an ein Gericht gebunden. Denn nur der bekommt das ewige Leben, der sich bemüht hat, Gottes Gesetze einzuhalten, nicht zu sündigen, sondern tugendhaft zu leben. Da es aber nicht so einfach ist, tugendhaft zu sein, wird dem Menschen, wenn er seine Sünden aufrichtig bereut, vergeben.

Die Heiligen Schriften

Für die Christen besteht die Heilige Schrift oder die Bibel aus dem Alten Testament (AT) und dem Neuen Testament (NT). Das NT existiert heute in drei Varianten:

- dem griechischen NT,
- dem katholischen NT
- und der Lutherbibel.

Wobei alle drei Varianten 27 Schriften enthalten und sie in den Schriften und der Reihenfolge der Schriften übereinstimmen. Das katholische NT besitzt noch einen Anhang mit dem *Gebet Manasses*, dem *3. und 4. Esra-Buch* und dem *151. Psalm*.

Das NT beginnt mit den Evangelien, mit der Lebensgeschichte und der Lehre von Jesus Christus. Allerdings stellen die Evangelien keine vollständige Biografie im heutigen Sinne dar. Das Leben wurde gestaltet als Erfüllung der Verheißung des Messias im AT. Häufig finden wir deshalb im Text die Redewendung *damit erfüllt werde die Schrift*, nämlich die Prophezeiung des AT. Die Redakteure des NT achteten darauf, dass AT und NT sich aufeinander beziehen und einander entsprechen, auch im Aufbau. So setzt das christliche *Evangelium* die jüdische *Thora* fort.

Der alte Bund, der in den ersten fünf Büchern des AT von Moses gestiftet wird, wird in den ersten vier Büchern des NT im neuen Bund aufgehoben. Wie im AT folgen im NT die Geschichtsbücher, hier allerdings als ein Geschichtsbuch, nämlich die Apostelgeschichte des Lukas.

Den Propheten entsprechen als dritter Teil des NT die Briefe, u. a. die Briefe des Paulus, die theologische Unterweisungen und kirchenpolitische Festlegungen enthalten.

Die Offenbarung des Johannes, die mit den »Schriften« des AT korrespondiert, beschließt das NT als Zukunftsvision. Die ältesten Texte des Buches sind die Briefe des Paulus, der mithilfe der Briefe wichtige Maßregeln für das Leben der jungen christlichen Gemeinden festhielt und dadurch zum ersten Theologen der entstehenden Kirche wurde.

Die Aussprüche Jesu wurden von den Aposteln und von ihren Schülern verbreitet, schließlich, damit sie nicht in Vergessenheit gerieten, notiert. Außerdem begann man auch, Ereignisse aus dem Leben Jesu aufzuschreiben. Aus den Aussprüchen, den Erlebnissen und der Kenntnis von Bildern und Sprüchen aus der jüdischen Tradition

Da die Heilige Schrift als heiliger Gegenstand verehrt wird, entstanden und entstehen immer wieder prachtvolle Ausgaben mit wertvollen Buchmalereien, wie die Cranach-Bibel von 1534.

entstanden die Evangelien für den Gebrauch in den Gemeinden. Umso mehr Zeit seit Jesu Tod vergangen war, umso mehr Augenzeugen inzwischen verstorben waren, umso wichtiger wurde die schriftliche Fixierung.

Ursprünglich gab es viel mehr *Evangelien*. Da man nicht weiß, wie viele Texte verloren gegangen sind, lässt sich deren Zahl nicht bestimmen. Aber neben den vier das NT eröffnenden *Evangelien* existieren noch das *Geheime Markus-Evangelium, Berliner Evangelium, Hebräer-Evangelium, Nazaräer-Evangelium, Ebioniten-Evangelium, Ägypter-Evangelium, Evangelium Veritatis, Evangelium des Philippus, Evangelium des Jakobus, Kindheitsevangelium des Thomas, Evangelium nach Maria, Judas-Evangelium*, um nur einige zu nennen.

Dass es zur Auswahl der vier kam, hat verschiedene Ursachen. Zum einen war es sinnvoll, die Anzahl zu begrenzen, um zu einem handhabbaren Buch zu kommen, zum anderen wurden die Evangelien in den Gemeinden benutzt. Deshalb entschied man sich einfach für die Evangelien, die in jener Zeit am populärsten waren. In den theologischen Auseinandersetzungen des 3., 4. und 5. Jahrhunderts wurden bestimmte Richtungen im Christentum als ketzerisch, als häretisch verurteilt. Die Schriften dieser Richtungen fanden keinen Eingang in die Bibel. Interessant ist, dass die Unterschiede in den vier *Evangelien* damit zusammenhängen, für wen sie bestimmt waren, in welchen Gemeinden sie benutzt wurden. Ob sie für Judenchristen oder für Heidenchristen gedacht waren. Bei der Redaktion schied man aus damaliger Sicht Wichtiges von Unwichtigem. Was nicht bedeutend genug war, um in den Kanon aufgenommen zu werden, nennt man heute apokryphe Schriften. Sie sind nicht falsch, dürfen verwandt werden, besitzen aber nicht genügend Bedeutung, um in die Bibel aufgenommen zu werden. Klar davon unterschieden werden müssen die sogenannten häretischen Schriften.

Die einzelnen Schriften des NT sind seit dem 2. und 3. Jahrhundert in Form von Schriftrollen erhalten, von denen nur Teile die Zeiten überdauert haben. Ab dem 4. Jahrhundert wurden die Schriften dann auf Pergament, das aus Tierfellen gegerbt wurde und deshalb haltbarer war, in dem berühmten Codex Vaticanus, Codex Sinaiticus und dem Codex Alexandrinus überliefert, die die Grundlage unserer heutigen Ausgaben bilden. Codex meint ein handgeschriebenes Buch und der Beiname Vatikan, Sinai oder Alexandria verweist auf die Fund- oder Herkunftsorte der Codices.

Für die erste gedruckte Ausgabe des griechischen NT sorgte der Humanist Erasmus von Rotterdam. Diese Ausgabe benutzte Martin Luther für seine Bibelübersetzung. Die Ursprache des NT ist die Koine, ein im gesamten Römischen Reich und der Welt des Mittelmeers benutztes Umgangsgriechisch, vergleichbar mit dem heute auf der Welt gesprochenen Englisch, das sich sehr vom Oxford-Englisch unterscheidet. Im 39. Osterbrief des Athanasius wurde im Jahr 367 n. Chr. der Umfang des NT verbindlich festgelegt.

Die Nachfolger

Die Jünger blieben trotz Verfolgung zusammen und bildeten eine kleine Sekte im Judentum. Man nennt sie deshalb **Judenchristen**. Einer ihrer ärgsten Verfolger, Saulus, war ein junger, äußerst begabter Pharisäer. Er bekam den Auftrag, nach Damaskus zu gehen, um dort die Christen zu verfolgen.

Plötzlich traf ihn in dieser blühenden Landschaft, in dem Moment, in dem er kurz den Blick nach oben richtete, das Licht. Saulus wurde von dem Licht geblendet und wie von harter Hand sofort zu Boden geworfen. Bevor er noch versuchen konnte, sich zu orientieren, hörte er bereits eine Stimme, die ihn fragte:

»Saul, warum verfolgst du mich?« Er antwortete: »Wer bist du, Herr?« Dieser sagte: »Ich bin Jesus, den du verfolgst. Steh auf

und geh in die Stadt; dort wird dir gesagt werden, was du tun sollst.« (Apostelgeschichte 9, 5–6)

In dieser eigentlich verstörenden Situation, in der Saulus an seinem Verstand zweifeln könnte, war er angewiesen auf den einfachen, den schlichten Glauben. Und das in zweifacher Hinsicht, nämlich indem er Jesus und seinen Gefährten glaubte, denn hilflos, wie er war, musste er sich ihnen ganz anvertrauen, sich ihnen ganz in die Hand geben. Das bedeutete, und das wird für die **Theologie des Paulus** wichtig, er, der Hochfahrende, der Hochvermögende, wurde erniedrigt, er musste an Jesus als Christus und an die Menschen in Demut glauben.

Wie lange er zu warten hatte, ob er jemals wieder sehend würde, er wusste es nicht. Er war wie abgestorben. Die Gefährten führten ihn durch einen der drei Bögen des prächtigen Osttores der großen Stadt Damaskus. Doch die Pracht war nicht für ihn, er sah sie nicht. Nicht als kühner Glaubenskämpfer zog er ruhmvoll und stolz in die reiche Stadt ein, wie erträumt, sondern blind, demütig und scheinbar von Gott geschlagen. Saulus war in seinen Grundfesten erschüttert. Sein ganzes, junges Leben mochte in diesen Stunden in ihm ablaufen. Saulus aß und trank nichts, sondern betete zu Gott.

Zur gleichen Zeit erschien Jesus dem angesehenen Judenchristen Hananias. Er beauftragte ihn, Saulus aufzusuchen und ihn im Geiste Jesu zu taufen. Das verwunderte Hananias sehr, denn er hatte bereits von Saulus gehört, dass der ein Christenverfolger und übler Patron sei. Doch wer wollte mit Gottes Ratschluss hadern? So begab sich Hananias zu Saulus, legte ihm die Hände auf und sprach:

»Bruder Saul, der Herr hat mich gesandt, Jesus, der dir auf dem Weg hierher erschienen ist; du sollst wieder sehen und mit dem Heiligen Geist erfüllt werden.« (Apostelgeschichte 9, 17)

Saulus sah wieder, und zwar die Welt mit neuen Augen. Wie viel Gottvertrauen mag in diesem einfachen Christen Hananias in unsicherer, in bedrohter Zeit gelebt haben, dass er auf die Stimme gehört hatte, den gefährlichen Verfolger »Bruder« zu nennen und ihn zu taufen?

Im Grunde hatte Saulus, der dadurch zu **Paulus** wurde, im Galaterbrief 2, 19 das Damaskuserlebnis beschrieben:

Ich bin durch das Gesetz dem Gesetz gestorben; damit ich Gott habe. Ich bin mit Christus gekreuzigt.

Die Blindheit war seine Kreuzigung und wie Jesus und mit Jesus ist er wiederauferstanden, als Hananias ihm die Hän-

Der Apostel Paulus zog durch das Römische Reich und predigte den Menschen das Wort Gottes. Wie hier auf einem Gemälde von Eustache Le Sueur dargestellt.

de auflegte und die Geisttaufe vornahm. Weil Paulus im Pharisäertum Gott nahezukommen suchte, auf dem Weg des Gesetzes, wurde für ihn die Erkenntnis grundlegend, dass er im Gesetz Gott immer fernbliebe und nur der Weg des Kreuzes ihn zu Gott führen konnte.

Vorerst muss er aus Damaskus fliehen. Doch wohin? Nach Jerusalem zurück? Dort loderte der Hass auf den abtrünnigen Pharisäer, der zum Christen geworden war, kaum weniger als in Damaskus.

Viel Zeit blieb nicht, möglichst vielen Menschen das Evangelium zu bringen und sie zu bekehren, denn die ersten Christen lebten in der **Naherwartung des Jüngsten Gerichtes**. Sie waren zutiefst überzeugt davon, dass das Gottesreich noch zu ihren Lebzeiten anbrechen würde. Es gab im jüdischen Denken die Vorstellung von **drei Zeitaltern**: erstens vom Zeitalter des Chaos, des »Tohuwabohus«, zweitens dem Zeitalter des Gesetzes, der Thora, und schließlich dem messianischen Zeitalter. Darin bestand Einigkeit, nur dass Paulus das Zeitalter des Messias für begonnen hielt, weil der Messias in Gestalt Jesu von Gott gesandt und wiederauferstanden war. So konnte es bis zur Rückkehr von Jesus Christus als **Weltenrichter** nicht mehr allzu lange dauern. Paulus entschied, zunächst in den Südosten zu gehen, ins Reich der Nabatäer, um dort die Juden, aber auch die Heiden, die in arabischen Städten wie Petra oder Hegra lebten, zu bekehren.

Paulus überzeugte gemeinsam mit Petrus die Judenchristen in Jerusalem, dass sie die Heiden bekehren müssten, denn Jesus wäre als Messias für alle Menschen gekommen.

Von da ab missionierten Petrus, Paulus und andere Apostel, die wir nur zum Teil namentlich kennen, die Menschen im Römischen Reich. Und sie hatten Erfolg, die Religion der Liebe, die für alle Menschen, für Frauen, für Sklaven, für die Armen offenstand und ein Leben im Paradies nach dem irdischen Jammertal verhieß, zog die Menschen an.

Das Christentum war eine moderne Religion, eine Religion, die vor allem in den Städten um sich griff und die mobilsten Schichten der römischen Bevölkerung in ihren Bann zog. Das Christentum entwickelte sich aus einer ursprünglich jüdischen Sekte zu einer **Weltreligion**, weil Petrus und Paulus mit der **Heidenmission** begannen und sie zu allen Völkern des Römischen Reiches brachten. Jeder konnte Christ werden. Vor Gott sind alle gleich. So lautete die Basis der Mission.

Rituelle Gegenstände

Christen aller Konfessionen ist als tiefstes Symbol ihres Glaubens das **Kreuz** gemeinsam. Es erinnert sie daran, dass Jesus am Kreuz für ihre Sünden und für ihre Erlösung, für das Heil der Welt gestorben ist. Das Kreuz ist insofern sowohl ein Symbol der Trauer als auch der Hoffnung. Das Allerheiligste in einer Kirche ist der **Altar**, an ihm betet der Priester, an ihm beten die Gläubigen. In den alten Religionen wurde am Altar das Opfer vollzogen. Deshalb ist der Altar die Stelle, an der der Gläubige mit Gott redet. In den christlichen Kirchen erinnert der Altar an das Opfer, das Christus für alle Menschen gebracht hat. Deshalb steht auf dem Altar ein Kreuz. Auf Altären können auch **Altarbilder** stehen, die zumeist Maria mit dem Jesuskind im Gespräch mit Heiligen oder würdigen Personen zeigt. Obwohl dieses Motiv, das man *sacra conversatione* (Heiliges Gespräch) nennt, beliebt ist und häufig vorkommt, ist es nicht vorgeschrieben. In einem Altar können sich auch Reliquien befinden.

Reliquien (lat. Überbleibsel) stellen die älteste Form der Heiligenverehrung dar und gehen auf die Zeit der Christenverfolgungen in den ersten drei Jahrhunderten zurück. Bei Reliquien kann es sich um Knochen bzw. Knochensplitter, Haare oder Schädelteile eines oder einer Heiligen handeln, die in kostbaren, oft goldenen und

Reliquienschreine kennt man in verschiedenen Religionen, zum Beispiel im Katholizismus, Buddhismus oder Hinduismus.

edelsteinbesetzten Behältnissen aufbewahrt werden. Die protestantischen Kirchen lehnen die Reliquienverehrung ab, während in der katholischen und der orthodoxen Kirche an die Wunder bewirkende Kraft der Reliquien geglaubt wird.

Zentral wie das Kreuz ist der **Kelch**. Der Kelch erinnert nicht nur an das Abendmahl, sondern er wird zu jeder Eucharistiefeier dem Gläubigen gereicht, dass er daraus trinke, um mit Christus eins zu werden. Denn im gemeinsamen Mahl ist Christus für alle Christen anwesend. In den verschiedenen Konfessionen wird zwar diese Anwesenheit unterschiedlich verstanden, das ändert aber nichts daran, dass im Abendmahl, dem heiligsten Ritus der Kirche, die Gemeinde sich mit Christus vereint.

Man übersieht es häufig, aber im gewissen Sinn ist auch die **Bibel** ein ritueller Gegenstand. Nicht umsonst nennt man sie auch Heilige Schrift, weil sie das Wort Gottes enthält. In der katholischen Messe, wie sie vor dem II. Vatikanum (1962–1965) gefeiert wurde, wurde die Bibel feierlich an den Gläubigen vorbei in die Kirche und zum Altar getragen. Dort zeigte man sie dann der Gemeinde, bevor sie auf den Altar gestellt wurde.

Die katholische Kirche verwendet vor allem für Prozessionen Monstranzen. Eine **Monstranz** (lat. *monstrare* – zeigen) ist ein kostbar gearbeitetes Behältnis mit einem Sichtfenster. Hinter dieses Fenster wird eine in der Messe geheiligte Hostie gelegt. Die Hostie steht für die leibliche Anwesenheit von Jesus Christus, der mit den Gläubigen diese Prozession unternimmt.

In der orthodoxen Kirche gelten **Ikonen**, das sind Heiligenbilder, als rituelle Gegenstände. Sie werden angebetet. Ihre Funktion besteht darin, Ehrfurcht beim Betrachter zu erwecken und ihn über das Dargestellte oder über den Dargestellten nachdenken zu lassen. Da Ikonen geweiht werden, sind sie heilige Gegenstände, die eine Verbindung zwischen dem Betenden und Gott herstellen.

Der **Rosenkranz** ist eine Zählkette, zumeist eine Perlenkette. Die Anordnung der Perlen führt den Gläubigen durch das Gebet, sie bestimmt die Abfolge der Gebete. Die protestantischen Kirchen lehnen den Rosenkranz ab, während er in der anglikanischen, der orthodoxen und der katholischen Kirche eine große Bedeutung hat. Das katholische Rosenkranzgebet entwickelte sich aus den frühmittelalterlichen Mariengebeten.

Das **Taufbecken** oder der **Taufstein** steht häufig am Eingang der Kirche. In der katholischen Kirche wird zu Ostern und in der orthodoxen Kirche zum Theophaniefest das Taufwasser geweiht. Durch die Taufe wird die Gemeinschaft des Christen mit Gott hergestellt, es ist das grundlegende Sakrament der christlichen Kirche.

Es existieren in den verschiedenen christlichen Kirchen eine Vielzahl ritueller Gegenstände, die hier nicht alle aufgeführt werden können, wie beispielsweise der Fischerring des Papstes, das Pallium, eine weiße Stola, die über der Schulter getragen wird und zur Erinnerung an die fünf Wundmale Jesu mit fünf schwarzen oder roten Kreuzen bestickt ist.

Das **Parament** bezeichnet in der katholischen Kirche alle im Gottesdienst verwandten Gewänder und Stoffe, während es in der evangelischen Kirche die Schmuckbehänge an Altar und Kanzel benennt. Heiligenbilder, Kreuze, Kruzifixe (Darstellungen des leidenden Jesu am Kreuz) können geweiht und dadurch zu rituellen Gegenständen werden.

Die **Kanzel** besitzt für die evangelische Kirche eine große Wichtigkeit, denn von der Kanzel wird das Wort Gottes gepredigt. Der evangelische Gottesdienst ist nicht nur, aber zuallererst ein Wortgottesdienst.

Kirche der Macht

Petrus und Paulus gingen nach Rom und brachten diese neue Religion in die Hauptstadt des Reiches. Dadurch kam sie mit der Staatsmacht in Berührung. In Paulus fand die neue Religion ihren ersten Theoretiker, ihren ersten Theologen. Die Worte und das Leben Jesu mussten zu einer Lehre von Gott werden.

Welche Feste wann gefeiert werden, woran man genau glaubt, welche Riten befolgt werden, das alles muss für die christlichen Gemeinden geregelt werden. Als immer klarer wurde, dass Jesus nicht mehr zu Lebzeiten der Apostel und der Schüler der Apostel zurückkehrte, stellten sich viele praktische Fragen. Was heißt es, als Christ zu leben? Soll man heiraten? Soll man Kinder haben? Wie sieht eigentlich ein Gottesdienst aus? Ausgehend von Jesu Wirken, mussten die Religion und die Kirche als Versammlung der Gläubigen erst entstehen.

Zunächst aber war man gezwungen, mit Verfolgung und Diskriminierung zu leben. Große Christenverfolgungen setzten ein. Christen sollten entweder den römischen Reichsgöttern opfern oder sterben. Das durften sie aber nicht, weil sie sich sonst der Vielgötterei schuldig gemacht hätten. Nicht wenige wählten den Tod, das Martyrium.

Denn Martyrium bedeutet nach christlichem Verständnis, mit seinem eigenen Blut Zeugnis für den Glauben an Gott abzulegen. Nicht fremdes Blut durfte ein Märtyrer vergießen, er musste bereit sein, sich für den Glauben töten zu lassen. Das unterscheidet die Vorstellung vom Martyrium von einer islamistischen Sichtweise. Christliche Blutzeugen zweifelten nicht daran, dass sie das Martyrium sofort aus dem irdischen Jammertal in den Himmel, ins Paradies versetzen würde. Darin folgten sie ihrem Herrn Jesus Christus auf dem Kreuzweg. Petrus wurde in Rom gekreuzigt, Paulus dort enthauptet, weil er als römischer Bürger Anrecht auf die ehrenvollere Art der Hinrichtung hatte. In den großen Städten des Reiches entstanden trotz Verfolgung starke Gemeinden. Im Gegenteil, es wirkte fast so, als ob die Verfolgungen die Gemeinden sogar noch stärkten.

Kaiser Konstantin entdeckte, dass das Christentum als Religion den Zusammenhalt des großen Reiches fördern konnte. Also erhob er die neue, bis dahin verfolgte Religion 313 n. Chr. zur Staatsreligion des Römischen Reiches.

In dieser Zeit maß sich die Bedeutung eines Bischofssitzes an den Märtyrern, die dort für den Glauben gestorben waren. So kam es, dass der römische Bischof, weil die beiden wichtigsten Apostel Petrus und Paulus hier den Mär-

Der Apostel Petrus wurde in Rom gekreuzigt. Man begrub ihn auf dem vatikanischen Hügel. Im 4. Jahrhundert ließ Kaiser Konstantin über der Grabstelle den Petersdom errichten, der im 16. Jahrhundert abgerissen und in neuer Gestalt errichtet wurde. Nach Jerusalem ist es der zweitheiligste Ort des katholischen Christentums, auch als Zweites Jerusalem bezeichnet.

tyrertod erlitten hatten, einen gewissen Vorzug genoss.

In den ersten Jahrhunderten fanden große Auseinandersetzungen zu zentralen Themen des Glaubens statt. Die wichtigste Frage aber lautete: Wie sollte man die Botschaft Jesu verstehen, dass Jesus Christus der Sohn Gottes sei.

Das Gesetz, das Gott Moses verkündet hatte, galt auch für die Christen. Darin hieß es unmissverständlich, dass es nur einen Gott gibt. Aber waren Gottvater, Sohn und Heiliger Geist nicht eigentlich drei Götter? Den Heiligen Geist konnte man zu einer Wirkungsweise Gottes machen. Aber wie stand es mit dem Sohn? Würde man betonen, dass er Mensch war, würde man ihn zu einem bloßen Propheten erniedrigen. Würde man das Göttliche stärker betonen, dann wäre er ein zweiter Gott. Die grundlegende Vorstellung der Christen, dass Gott seinen Sohn in Menschengestalt geschickt hatte, würde nicht mehr aufrechterhalten werden können.

Lange und außerordentlich leidenschaftlich stritt man sich um diese Frage, bis man sich 325 n. Chr. in **Nicäa** auf ein **Glaubensbekenntnis** einigen konnte, das dann noch mehrfach verfeinert und leicht verändert wurde:

Wir glauben an den einen Gott, den Vater,
den Allmächtigen,
der alles geschaffen hat, Himmel und Erde,
die sichtbare und die unsichtbare Welt.
Und an den einen Herrn Jesus Christus,
Gottes eingeborenen Sohn,
aus dem Vater geboren vor aller Zeit:
Gott von Gott, Licht vom Licht,
wahrer Gott vom wahren Gott,
gezeugt, nicht geschaffen,
eines Wesens mit dem Vater;
durch ihn ist alles geschaffen.
Für uns Menschen und zu unserem Heil
ist er vom Himmel gekommen,
hat Fleisch angenommen
durch den Heiligen Geist von der Jungfrau
Maria
und ist Mensch geworden.
Er wurde für uns gekreuzigt unter Pontius
Pilatus,
hat gelitten und ist begraben worden,
ist am dritten Tage auferstanden nach der
Schrift
und aufgefahren in den Himmel.

Er sitzt zur Rechten des Vaters
und wird wiederkommen in Herrlichkeit,
zu richten die Lebenden und die Toten;
seiner Herrschaft wird kein Ende sein.
Wir glauben an den Heiligen Geist,
der Herr ist und lebendig macht,
der aus dem Vater und dem Sohn
hervorgeht,
der mit dem Vater und dem Sohn angebetet
und verherrlicht wird,
der gesprochen hat durch die Propheten,
und die eine, heilige, katholische und apos-
tolische Kirche.
Wir bekennen die eine Taufe zur Vergebung
der Sünden.
Wir erwarten die Auferstehung der Toten
und das Leben der kommenden Welt.
Amen.

Dieses Glaubensbekenntnis fußt auf der Bibel und den Diskussionen der Bischöfe und Priester. Diese Diskussionen wurden leidenschaftlich und mit allen Mitteln geführt, ging es doch um das Seelenheil. Wichtige Denker wie Origines, Tertullian, Ignatius von Antiochien, später Hieronymus und Augustinus, Athanasius und Gregor von Naizanz, um nur einige zu nennen, entwickelten in den ersten acht Jahrhunderten die christliche Theologie, die Lehre von Gott. Weil sie dadurch die Kirche prägten, nennt man sie die **Kirchenväter**. Auf sie beziehen sich alle christlichen Kirchen.

Häretiker

Kaum eine Kirche hat mehr Häretiker (Ketzer) hervorgebracht als die christliche Kirche oder besser als die christlichen Kirchen. Selbst wenn wir außer Acht lassen, dass zu bestimmten Zeiten die Protestanten für die Katholiken als Ketzer galten, aber auch die Lutheraner für die Calvinisten und umgekehrt, finden sich in allen christlichen Konfessionen Häretiker. Der tiefere Grund liegt darin, dass mit der Erhebung des Christentums zur Staatsreligion die Macht zur Religion trat, genau das, was Jesus nicht wollte und Papst Benedikt XVI. heute geißelt, weil dann *der Glaube in den Dienst der Macht tritt und sich ihren Maßstäben beugen muss.* Häretiker sind Konkurrenten nicht im Glauben, sondern in der Machtfrage.

Am Anfang konkurrierten verschiedene Vorstellungen, den Glauben zu leben.

Zunächst ging es um das Beharren auf die Naherwartung der Wiederkehr von Jesus Christus. Während die sich bildende Kirche mit dieser Vorstellung gebrochen hatte und das christliche Leben für den Alltag zu entwickeln begann, sammelten sich tiefgläubige Menschen in der Mitte des 2. Jahrhunderts um einen Mann namens Montanus.

Montanus hielt sich für einen Propheten, mehr noch für den Heiligen Geist, der die Menschen in der Endzeit führt. Er verlangte dafür strenge Askese, strenges Fasten und Beten, den Verzicht auf die Ehe und auf die Sexualität und die Bereitschaft zum Martyrium. Ihm zur Seite standen die Prophetinnen Priska und Maximilia. Als trotz allen Fastens und aller Enthaltsamkeit der Herr nicht wiederkehren wollte, zerfiel die Bewegung der Montanisten, die später als häretisch eingestuft wurde. Ein Grund bestand darin, dass sie die schwer einzuhaltenden Elemente propagierte, die sich dann in fast allen häretischen Bewegungen wiederfinden werden: strenge Enthaltsamkeit und Keuschheit.

Die Vorstellungen der Montanisten übernahm die mächtige Bewegung der **Donatisten**, die fast ein Jahrhundert lang in Nordafrika der Großkirche Paroli bot und damit die erste große Krise im Katholizismus auslöste. Der Streit entzündete sich an der Frage, ob die Gültigkeit von Sakramenten abhängig ist von der Person, die sie erteilt. Während der Christenverfolgungen fielen Gläubige von der Kirche ab. Die Donatisten waren nicht damit einverstanden, dass diese Abgefallenen wieder aufgenommen wurden und dass die Sakramente, die ein abgefallener Priester gespendet hatte, als gültig angesehen wurden. Die Großkirche entwickelte in dieser Auseinandersetzung ein anderes Konzept. Da die Sakramente von Gott kamen und vom Heiligen Geist bewirkt wurden, spielte die Person, die die Taufe oder die Weihe vornahm, keine Rolle. Hier begann die Unterscheidung von Amt und Person. Außerdem übernahmen die Donatisten die strengen Vorstellungen der Montanisten, die den gewöhnlichen Gläubigen überfordern mussten.

Der Erzketzer in der Kirchengeschichte überhaupt ist der **Priester Arius** (260–336). Er stammte aus Alexandria. Innerhalb des Streites, wie man sich die Beziehung zwischen Gottvater und Sohn vorzustellen habe, verkündete er, dass Jesus ein von Gott begnadeter Mensch war, der über den Menschen stand, letztlich aber Mensch blieb. Er ist Gott im Wesen ähnlich, aber ihm nicht gleich. Er ähnelt Gott, ist aber nicht Gott. Seine Lehre wurde auf dem Konzil von Nicäa 325 n. Chr. als Häresie (Irrlehre) verurteilt. Das wichtigste Gut der Kirche ist die Einheit. Das Wort *katholisch* bedeutet ja auch »das Ganze betreffend« und meint ein Ganzes, die ganze Kirche. Auf dieser Einheit im Glauben beruhen die Kraft und die Macht der Kirche. Wer diese Einheit gefährdet, ist der schlimmste Ketzer, nämlich ein Schismatiker – ein Kirchenspalter. Arius wurde als Schismatiker verurteilt. Seine Lehre entfaltete dennoch eine große Wirkung. Neben dem katholischen Christentum, für das Christus *wahrer Gott vom wahren Gott* ist, entstand das arianische Christentum. Bis auf die Franken bekehrten sich fast alle Germanen zunächst zum arianischen Christentum. Die Langobarden waren Arianer, aber auch die Goten. Und die erste Bibelübersetzung ins Gotische wurde von dem Arianer und Goten Wulfila im 4. Jahrhundert vorgenommen. Ein halbes Jahrtausend kämpfte die Großkirche gegen den Arianismus. Wenn man das bedenkt, versteht man, weshalb der Priester Arius zum Urbild aller Ketzer aufstieg. Allerdings wurden aus diesem Grund kaum Texte von Arius überliefert, sodass wir seine Position nur aus den Kritiken seiner Gegner kennen. Dieses Problem stellt sich bei fast allen häretischen Bewegungen bis ins 13. Jahrhundert hinein.

Nachdem die Großkirche das Problem gelöst hatte, wie sich Gott und Jesus zueinander verhalten, entstand die Frage, wie man Maria verstehen und benennen muss, als Gottesmutter (Gottesgebärerin) oder als Christusmutter (Christusgebärerin). Der Patriarch von Konstantinopel **Nestorius** vertrat Mitte des 5. Jahrhunderts die Vorstellung, dass Maria nur Christusgebärerin genannt werden könnte, weil sie einen Menschen, nicht aber einen Gott geboren habe. Er begründete seine Vorstellung damit, dass Gott ewig sei und deshalb nicht geboren werden könne. Das Konzil von Ephesos verurteilte im Jahr 431 diese Lehre, weil damit die göttliche Natur Christi geleugnet würde. Maria ist nach katholischer Auffassung die Gottesgebärerin, weil sie Jesus, den Mensch gewordenen Gott, geboren hat. Die Anhänger der Auffassung des Nestorius zogen sich nach Persien und nach Syrien zurück und gründeten dort die kleine syrisch-nestorianische Kirche, die bis heute existiert, und die Assyrische Kirche des Ostens. Von der Großkirche ausgegrenzte Ketzer zogen sich in dieser Zeit häufig nach Syrien, Persien, ins Zweistromland oder nach Ägypten zurück und lebten dort ihren Glauben. Das sollte später für die Entstehung des Islams eine wichtige Rolle spielen.

Eine Art Gegenkirche stellten im 3., 4. und 5. Jahrhundert die **Manichäer** dar. Mani (216–276 oder 277) stammte aus Persien. Er sah sich als Verkünder von Gottes Wort. Jesus war für ihn eine Art älterer Bruder, dessen Lehre er weiterführen wollte. Seine Grundvorstellung besagte, dass das Gute gegen das Böse kämpft und es nur Gut und Böse gibt. Die beiden Welten sind vollkommen voneinander getrennt. Die Menschen seien Seelen von Engeln, die in Körper eingesperrt werden. Nicht Gott hat die Welt geschaffen, sondern ein böser Weltenschöpfer, ein Demiurg. Denn er band die Seelen an Körper. Wenn sich die Seelen an ihre Urheimat erinnern und ihre wahre Existenz erkennen, können sie sich aus den Körpern befreien und zu Gott zurückkehren. Körper und Welt waren also zu überwinden.

Eine der mächtigsten Ketzerbewegungen des Mittelalters, die **Katharer** oder **Albigenser**, die besonders in Südfrankreich wirkten, schloss an diese Vorstellung an. Deshalb propagierten sie Ehelosigkeit, Fasten und Askese, um den Körper zu überwinden. Ihre Gemeinden bestanden aus zwei Arten von Gläubigen. Die eine Gruppe, die man Perfecti nannte, lebte ehelos und keusch und zeugte keine Kinder. Denn dann hätten sie ja wieder Seelen an Körper gebunden. Die Perfecti bildeten den Mittelpunkt der Gemeinden von Gläubigen, die zwar mit ihren Familien lebten, aber versuchten, den strengen Vorstellungen der Perfecti so gut wie möglich zu entsprechen. Das Alte Testament lehnten sie ab, weil dort beschrieben stand, wie die böse Welt, die sie überwinden wollten, entstanden war. Die Bewegung beherrschte bald

Beim Jüngsten Gericht urteilt Jesus Christus über die Verstorbenen. Diejenigen, die Gutes vollbrachten, feiern Auferstehung im Himmel, während die Sünder ihre Missetaten im Fegefeuer bereuen oder in der Hölle büßen müssen. Im Dom von Orvieto schuf der Maler Luca Signorelli eine beeindruckende Version des Jüngsten Gerichtes.

ganz Südfrankreich und Norditalien und entwickelte sich zur Gefahr für die katholische Kirche. Deshalb rief Papst Innozenz III. 1209 einen Ketzerkreuzzug aus, in dessen Verlauf die katharische Bewegung vernichtet wurde. Albigenser wurden sie nach einem ihrer wichtigsten Zentren, der Stadt Albi in Südfrankreich, genannt. Der Begriff Katharer leitet sich von griechisch *katharos* – rein – her. Die Katharer verstanden sich als die Reinen.

Auch der Protestantismus kannte häretische Bewegungen wie die **Wiedertäufer** oder die **Schwenckfeldianer**, die zum Teil brutal bekämpft wurden. Im Grunde stellte sich dem Protestantismus das gleiche Problem, das sich der Großkirche am Anfang gestellt hatte. Wollte man verhindern, dass das Christentum in eine unüberschaubare Menge kleiner Sekten zerfiel, in der jeder glaubte, was ihm gerade einfiel, musste auch eine verbindliche protestantische Theologie entstehen, die sich mit dem Luthertum und dem Calvinismus herausbildete, die andere Vorstellungen verdrängte und sie im 16. Jahrhundert mit Gewalt zu vernichten suchte. Der Genfer Reformator Jean Calvin ließ beispielsweise Michel de Servet verbrennen, weil Servet den Unitarismus predigte, die Trinität ablehnte, also das Einssein von Gottvater, Gottes Sohn und Heiliger Geist.

Zusammenfassend kann man feststellen, dass Häresie im Christentum oft von gläubigen Christen ausging, die extreme Formen von Glauben vertraten, die sich nicht mehr mit der Institution der Kirche vereinbaren ließen.

Die christlichen Kirchen

D**ie römisch-katholische Kirche:** Katholisch bedeutet das *Ganze betreffend*, die eine einzige, unteilbare Kirche. Es gibt nur eine Kirche und das Seelenheil findet man nur in der Kirche. Deshalb trägt sie auch den Titel **die Alleinseligmachende**.

Der Bischof von Rom besaß ein gewisses Vorrecht vor den anderen Bischöfen, weil er auf das Martyrium der Apostelfürsten Paulus und Petrus verweisen konnte.

Nachdem Rom im 4. und 5. Jahrhundert immer stärker an Bedeutung als Hauptstadt des Reiches verlor und die neue Kaiserresidenz Konstantinopel an Bedeutung gewann, fielen den Bischöfen von Rom immer mehr Aufgaben zu, die die Verwaltung und Regierung der Stadt betrafen. So erfüllten sie nicht nur ihre Pflichten in der Führung der Gemeinde, sondern sie bildeten eine staatliche Verwaltung heraus und wurden oft in Rechtsfällen um Entscheidungen gebeten.

Aus der Einsetzung des Petrus durch Jesus Christus leiten die Päpste das Recht her, **Petri Stellvertreter** und ab dem Mittelalter **Christi Stellvertreter** auf Erden zu sein. Deshalb wurde auch der Petersdom über dem Grab Petri errichtet.

Entscheidend für die frühe Ausprägung der römischen Kirche war, dass die römischen Eliten zu Christen wurden und so das gesamte Verwaltungswissen den Untergang des Römischen Reiches in der Kirche überstand. Beispielsweise hießen die Verwaltungsbezirke im Imperium Romanum Diözesen, so heißt noch heute der Amtsbereich eines Bischofs. Dieserart lassen sich viele Beispiele anführen. Man nannte das auch **translatio imperii** – das Übergehen des Römischen Reiches in die Römische Kirche.

Es hat eintausend Jahre gedauert, ehe sich das **Papsttum** machtvoll herausgebildet hatte. Der Kirchenvater Iräneus von Lyon (135–202) hatte eine Papstliste aufgestellt, die lückenlos alle Päpste, von Petrus begonnen bis ins dritte Jahrhundert, aufweist und die dann weitergeführt wurde, sodass sich die Päpste bis auf den heutigen Tag ohne Unterbrechung auf Petrus, den Jesus eingesetzt hatte, zurückführen lassen können.

Die Grundlage der römisch-katholischen Kirche bilden die Bibel als Wort Gottes und die Tradition der Kirche als Handeln Gottes in der Geschichte. Unter Tradition sind die Schriften der Kirchenväter, die lehramtlichen Verlautbarungen des Papstes sowie die Dogmen und die Konzilsbeschlüsse der großen Kirchenversammlungen zu verstehen.

Sakramente sind von Gott geheiligte Gaben. Die Kirche spendet sieben Sakramente: Taufe, Firmung, Eucharistie

(Abendmahl), Beichte, Krankensalbung, Ehe- und Priesterweihe. Die Verwandlung von Wein in Blut Gottes und von Brot in Leib Gottes findet im Messwunder des Abendmahls wirklich statt. Zur Bewirkung des Wunders bedarf es des geweihten Priesters.

Die Kirche besitzt einen gegliederten Aufbau. An der Spitze steht als Leiter der Kirche der **Papst**. Ihm zur Seite steht das **Kardinalskollegium**. Die Kardinäle wählen den Papst. Die Kirche teilt sich auf in Diözesen, die von Bischöfen geleitet werden. Für die Gemeinden in der Diözese sind die Priester und Diakone zuständig. Priester werden geweiht und dürfen weder heiraten (Zölibat) noch geschlechtliche Beziehungen unterhalten (Keuschheit). Weltweit gehören der römisch-katholischen Kirche 1,1 Milliarden Menschen an.

Die orthodoxen Kirchen ähneln der römisch-katholischen Kirche in vielem. Es sind vor allem die russisch-orthodoxe und die griechisch-orthodoxe Kirche, im einzelnen sind das: die Kirche von Konstantinopel, die Kirche von Alexandria, die Kirche von Antiochia, die Kirche von Jerusalem, die Kirche von Moskau und ganz Russland, die Kirche von Serbien, die Kirche von Rumänien, die Kirche von Bulgarien, die Kirche von Georgien, die Kirche von Zypern, die Kirche von Griechenland, die Kirche von Polen, die Kirche von Albanien, die Kirche von Tschechien und der Slowakei.

Orthodox bedeutet rechtgläubig. Die orthodoxe Kirche bezieht sich ebenfalls auf die Bibel und die Tradition, die sich aus den Schriften der Kirchenväter speist. Auch sie spendet die sieben Sakramente.

Diakonen ist die Heirat erlaubt. Priester und Diakone leisten die Gemeindearbeit, die Diözesen werden von Patriarchen geleitet, über den Patriarchen steht in der russisch-orthodoxen Kirche der Metropolit.

Ursprünglich bildete die orthodoxe Kirche mit der römischen Kirche die **Reichskirche**. Infolge der Teilung des Römischen Reiches in Ost- und in Westrom 395 nach Christus entfremdete sich die Ostkirche von der Westkirche. Während starke Päpste in Rom, wie Damasius, Leo I. oder Gregor der Große, die Lehre vom Vorrang des Papstes in der Leitung der Kirche entwickelten, hatte sich in der Ostkirche der **Cäsaropapismus** durchgesetzt, das heißt der Kaiser stand sowohl dem Reich als auch der Kirche vor. Es gab Meinungsverschiedenheiten in theologischen Fragen, die aber nicht unüberbrückbar waren. Viel entscheidender wurde die Frage, wem der Vorrang gebührte, dem Papst in Rom oder dem Patriarchen in Konstantinopel. Das führte zu einem heftigen Streit zu Beginn des 11. Jahrhunderts, in dessen Verlauf sich Papst und Patriarch gegenseitig bannten und die Gemeinschaft auflösten. Diese Trennung nennt man das **Große Morgenländische Schisma** (1054). Weltweit gehören den orthodoxen Kirchen 150 Millionen Menschen an.

Die Protestantischen Kirchen entstanden im beginnenden 16. Jahrhundert als Reaktion auf den moralischen Niedergang der römischen Kirche. Die Forderung nach einer **Kirchenreform** wurde vielfach erhoben, aber ihre Verwirklichung immer wieder verschoben. Zum Auslöser der Kirchenspaltung wurde der immer stärker um sich greifende **Ablasshandel**.

Zu dieser Zeit herrschte die Vorstellung, dass ein Mensch nach dem Tode ins Fegefeuer kam, wo er gereinigt und über ihn entschieden wurde, ob er in die Hölle oder in den Himmel kommen sollte, ob ihm ewige Verdammnis oder ewiges Leben beschieden war. Da aber die Heiligen und Märtyrer viele gute Taten vollbracht hatten, besaß die Kirche einen Überschuss an Gutem, das der Papst verwaltete. Dieses Gute konnte er nun verwenden, um reuigen Sündern Höllenstrafen für Sünden zu erlassen oder die Zeit in der Hölle oder im Fegefeuer zu verkürzen. Die Päpste kamen auf die Idee, die Ablässe von den Strafen zu verkaufen. Einer der bekanntesten Ablasshändler war der Bußprediger und Dominikaner Tetzel, dem

man den Vers nachsagte: *Wenn das Geld im Kasten klingt / Die Seele in den Himmel springt*. Dagegen begehrte Martin Luther (1483–1546), unterstützt von Fürsten, Reichsrittern und Bürgern, auf und prangerte in 99 Thesen, die er 1517 ans Tor der Wittenberger Schlosskirche schlug, die Missstände in der Kirche an. Der Konflikt mit Rom führte schließlich zum Bruch und zum Entstehen protestantischer Kirchen.

Luther verkündete im Gegensatz zur katholischen Kirche, dass einzig die **Bibel** Geltung habe (*sola scriptura*) als Wort Gottes, während der Rest Menschenwerk sei. Außerdem lebt und glaubt der Mensch aus der **Gnade Gottes** heraus. Gute Taten hätten für den Glauben keine Bedeutung, weil der Glauben ein Geschenk Gottes sei. Dabei bezog Martin Luther sich besonders auf Paulus und den Kirchenvater Augustinus. Er lehrte, dass es keiner Priester zwischen Gott und dem Menschen bedürfe, sondern die Priester nur eine besondere Ausbildung besitzen sollten, um in der Gemeinde tätig zu werden.

Zwei **Sakramente** werden gespendet: die Taufe und das Abendmahl. Der Begriff Protestanten leitet sich daher ab, dass auf dem Reichstag zu Speyer (1529) die evangelischen Fürsten und Stände Einspruch gegen die Verhängung der Reichsacht gegen Martin Luther erhoben (Protestation).

Für die Lutheraner findet die Verwandlung beim **Abendmahl** nicht wirklich statt, aber Christus kommt zu den Elementen Brot und Wein tatsächlich hinzu, er ist beim Abendmahl wirklich anwesend, während die Calvinisten in den Elementen Brot und Wein ein Zeichen für Christus sehen. Die Calvinis-

Das letzte Abendmahl von Leonardo da Vinci in der Santa Maria delle Grazie in Mailand.

ten gehen auf **Jean Calvin** (1509–1564) zurück, den anderen großen Reformator des 16. Jahrhunderts.

Es gibt eine Vielzahl an protestantischen Kirchen und Gruppen, so Reformierte, Methodisten, Lutheraner, Baptisten, Pfingstler, Freikirchen usw.

Den Ausgangspunkt der protestantischen Kirchen bildete das Wirken der großen Reformatoren Martin Luther, Philipp Melanchthon (1497–1560), Jean Calvin und Huldrych Zwingli (1484–1516).

Zu den protestantischen Kirchen und Gruppen zählt man etwa 600 Millionen Mitglieder.

Die Anglikanische Kirche besteht aus einer Gemeinschaft von 75 selbstständigen regionalen Kirchen. Innerhalb der Anglikanischen Kirche unterscheiden sich die Liturgie und die Lehre beträchtlich je nach Zugehörigkeit zur High Church, die katholisch geprägt ist, und der Low Church, die zum Protestantismus neigt. Ihren Anfang nahm die Anglikanische Kirche mit dem englischen **König Heinrich VIII**. Obwohl er den Papst anfangs im Kampf gegen die Lutheraner und Calvinisten unterstützte, brach er mit ihm. Der König war erbost darüber, dass der Papst ihm die Einwilligung zu einer wiederholten Ehescheidung verweigerte. Da er in allem der Erste in England sein wollte, auch in der Kirche, trennte er die englische Kirche von der katholischen und machte sie zu einer **Staatskirche**. Alle Priester mussten ihm den Treueeid leisten. Oberhaupt aller Anglikaner ist der Erzbischof von Canterbury. Weltweit gehören der Anglikanischen Kirche etwa 60 Millionen Menschen an.

Klöster, Mönche und Orden

In der katholischen Kirche wird zwischen *Mönchen* und *Regularkanonikern* unterschieden.

Mönche sind Männer, die ihr Leben Gott geweiht haben und im Grunde an das Kloster gebunden sind. Sie leben in festen Gemeinschaften. Später schlossen sich auch Frauen zu klösterlichen Gemeinschaften zusammen, die sich Nonnen nannten.

Der Begriff Mönch geht auf das griechische Wort *monachós* zurück, was so viel heißt wie *allein lebend*. Die Entwicklung des christlichen Mönchtums begann in Ägypten, in jenem Land, das als die Heimat der religiösen Hingabe schlechthin gilt. Menschen, die Gott suchten, kehrten dem alltäglichen Leben den Rücken. In der Nachfolge Christi ließen sie all ihre Verwandten – Eltern, Ehefrauen und Kinder – zurück, um sich in der Einsamkeit auf den Weg der Seele zu Gott zu konzentrieren. Man nannte diese Gottsucher *anachoreten*. Abgeleitet wurde die Bezeichnung vom griechischen Wort *anachorein* (entweichen). Sie *entwichen* dem Alltags- und Familienleben und ließen sich in tiefe Felshöhlen hinab, aus denen sie aus eigener Kraft nicht mehr herauskamen, oder gingen weit in die Wüste hinein. Einige lebten auf Säulen, die sie zeitlebens nicht mehr verließen, andere auf Bäumen. Die Säulensteher (*styliten*) und Baumhocker (*dendriten*) waren Asketen, die sich mühten, die Bedürfnisse ihres Leibes durch extreme Enthaltsamkeit abzutöten. Die *anachoreten* beteten, sangen Psalmen und galten bald als heilig. Von diesen außergewöhnlichen Männern ging eine starke Faszination aus. Sie erlangten Macht, weil sie die Fantasien und die Sehnsüchte der Menschen durch die erstaunliche Unbedingtheit ihrer radikalen Denk- und Lebensweise beherrschten.

Es geschah wiederum in Ägypten, dass ein Mönch den entscheidenden Schritt unternahm, der das Mönchtum veränderte – von der asketischen Einsamkeit zur religiösen Gemeinsamkeit. *Pachomius* war der Name des ersten Klostergründers, der in der Wüste ein Gebäude mit einzelnen Zellen für die Mönche errichtete. Er wollte, dass die Einsiedler zusammenlebten. Das gab der Bewegung auch ihren Namen: Man nannte sie *koinobiten* (von griechisch: *koinos bios* gemeinsam leben, zusammenleben). Der abgeschlossene Wohnraum – das *claustrum* – gab den Namen für unseren deutschen Begriff *Kloster*. Diese Form des Mönchstums wurde zum Vorbild für das abendländische Mönchs- und Klosterleben.

In Italien kam im 5.Jahrhundert ein junger Mann aus Nursia zum Studium nach Rom, verließ etwa um 495 nach Christus die Stadt angesichts der moralischen Zügellosigkeit und suchte in einsamen Berggegenden Gott. Dieser Mann war **Benedikt von Nursia**, der 529 nach Christus auf dem Monte Cassino, zwischen Rom und Neapel gelegen, das berühmteste Kloster des Abendlandes gründete, eine Klosterregel aufstellte und selbst ein berühmter Heiliger und Wundertäter wurde. Nach ihm nannten sich **die Benediktiner**.

Ein anderer, nicht geringerer Impuls ging von der Gründung des süditalienischen Klosters **Vivarium** 554 nach Christus durch **Cassiodor**, der in Squillace in Kampanien geboren wurde, aus. In allem das Gegenteil von Benedikt, war Magnus Aurelius Cassiodorus die eindrucksvollste abendländische Verkörperung des frühen Mönchsvaters. Cassiodor machte im Staatsdienst Karriere, wurde Senator und schließlich Kanzler des Gotenkönigs Theoderich. Nach seiner Bekehrung zum Christentum fasste Cassiodor den Plan, eine **christliche Hochschule** in Rom zu gründen. Der Gotenkönig Totila eroberte 546 die Stadt Rom und machte dadurch Cassiodors Pläne zunichte. Cassiodor kehrte noch im gleichen Jahr auf seine ererbten Güter in Süditalien zurück und gründete dort das Kloster Vivarium, dem er eine selbst verfasste Klosterregel gab, die großen Wert auf Bildung legte. Das verwundert nicht, wenn man bedenkt, dass Cassiodor die erste christliche Enzyklopädie schrieb, die unter dem Titel *Einführung in die geistlichen und weltlichen Wissenschaften* das Wissen seiner Zeit sammelte. In Vivarium schuf er die Grundlagen für das christlich-abendländische Bildungsideal. Die große Geistigkeit und Wissenschaftlichkeit der Benediktiner im 8. und 9.Jahrhundert gehen also nicht auf den heiligen Benedikt zurück, sondern auf Cassiodor. Lernte der Mönch von Cassiodor die Leidenschaft für die Bildung, erfuhr er vom heiligen Benedikt vor allem über die Segnungen der Enthaltsamkeit.

Ein dritter Impuls ging von **Irland** aus. Es gelang einem irischen Christen, dem **heiligen Patrick**, die keltischen Iren zu missionieren und überall Klöster zu gründen. Der christliche Funke sprang nach Schottland über, wo ebenfalls Klöster entstanden. Dort herrschte eine strenge Disziplin mit harten Strafen selbst bei geringen Vergehen. Wer zum Beispiel einmal während des Gottesdienstes gähnte, erhielt sechs Peitschenhiebe. Die Mönche standen um zwei Uhr morgens zur Frühmesse auf und beschäftigten sich den ganzen Tag mit Arbeiten und Beten. Neben den strengen

Regeln gab es in diesen Klöstern eine hohe Wertschätzung der Bildung. Berühmte frühe Bücher mit prächtigen Buchmalereien entstanden.

Irische und schottische Mönche wie Columban, der eine lange und strenge Klosterregel auf das Festland brachte, und **Bonifatius**, der auch der **Apostel der Deutschen** genannt wurde, missionierten in germanischen Gebieten. Columban gründete schließlich neben einigen Klöstern im fränkischen Raum das Kloster Bobbio in Norditalien, **Bonifatius** das Kloster **Fulda** und die **Abtei Hersfeld**.

So entstanden im gesamten christlichen Abendland Klöster, die sich zumeist in der Einöde, auf einem Berg oder im Wald, stets weit weg vom lauten Getriebe befanden. Als die Disziplin in den Klöstern nachließ, wurden neue Orden gegründet, die ihre Aufgabe in der Wiederherstellung und Durchsetzung einer harten Klosterdisziplin sahen und neue Wege des Gottesdienstes und des Nachdenkens über Gott beschritten. Diese Orden nannten sich **Zisterzienser** und **Prämonstratenser**. Sie gingen aus dem Benediktinerorden hervor, dessen Klosterregeln sie verschärften.

Eine besondere Form der Mönchsgemeinschaften stellen die Orden der Mönchskrieger dar. Die **Johanniter**, die **Tempelritter**, die **Malteserritter** und der **Deutsche Orden**, auch **Kreuzritter** genannt, wurden in der Zeit der Kreuzzüge gegründet, als die Kirche und die weltlichen Feudalherren das Heilige Land befreien wollten. Normalerweise ist es den Mönchen und Nonnen verboten, zu töten oder Gewalt auszuüben. Den Mönchskriegern hingegen war es nicht nur erlaubt, sie hatten sich dazu verpflichtet, mit dem Schwert in der Hand für die Befreiung des Heiligen Landes zu kämpfen. Hervorgegangen sind diese Orden aus Gemeinschaften, die sich zusammengeschlossen hatten, um die Pilgerwege nach Jerusalem zu schützen und Kranke und Verletzte zu pflegen. Der **Templerorden** oder die *Arme Ritterschaft Christi und des salomonischen Tempels zu Jerusalem*, wie er eigentlich hieß, leitete seinen Namen von seinem Ordenshaus her, das in Jerusalem über den Ruinen des salomonischen Tempels (S. 156) errichtet worden war.

Die **Kartäuser** und **Kamaldulenser** brachten einen anderen Ordenstyp hervor, den **Eremitenorden**, d. h. sie folgten dem Ideal der Anachoreten eines Lebens in Einsamkeit und Abgeschiedenheit und verbanden das Einsiedler- mit dem Gemeinschaftsleben im Kloster. Die Mönche sind den **Evangelischen Räten** verpflichtet, d. h. den Werten, die das Evangelium zur Führung eines christlichen Lebens empfiehlt. Das sind: Keuschheit, Armut und Gehorsam.

Die griechische Halbinsel Athos beherbergt die Autonome Mönchsrepublik Athos, einen Verbund von 20 Großklöstern, in denen über 2000 Mönche leben. Der Berg Athos stellt wegen der Klöster einen heiligen Ort des orthodoxen Christentums dar.

Im strengen Sinne gehören die **Regularkanoniker** und Regularkleriker nicht zu den Mönchen, obwohl sie sehr vieles gemeinsam haben. Die Regularkanoniker wurden ihrer Herkunft gemäß auch Chorherren genannt. Sie stammen aus den Reihen derjenigen Geistlichen, die Mitglieder der Kapellen der großen Kirchen, Dome und Kathedralen sind, und bilden eigene Chorherren-Orden wie zum Beispiel die Augustiner-Chorherren. Ursprünglich unterschieden sich diese Geistlichen von den Mönchen darin, dass sie in eigenen Wohnungen und nicht im Kloster lebten. Außerdem war ihnen privater Besitz gestattet. Als man im Zuge der **Armutsbewegung** im 13. Jahrhundert den persönlichen Besitz der Chorherren als unpassend empfand, gaben viele ihr Eigentum weg, zogen ebenfalls in gemeinsame Unterkünfte und gaben sich eine Klosterregel, die sich im Falle der Augustiner-Chorherren an der Mönchsregel des Heiligen Augustinus (S. 210) orientierte.

Im wachsenden Reichtum ihrer Kirche sahen viele Christen einen Widerspruch zu der Armut, die Jesus gepredigt hatte. In dem Bemühen, Christus nachzueifern, bestanden sie auf Armut. Der Papst und viele Kirchenfürsten argumentierten dagegen, dass die Kirche reich sein müsse, um Christus gebührend verherrlichen zu können. Dadurch kam es im 12. und 13. Jahrhundert zum **Armutsstreit** und zur Armutsbewegung. Als im 13. Jahrhundert die Städte eine immer größere Rolle spielten, Handel, Bankwesen und Handwerk als Wirtschaftszweige blühten, zog es immer mehr

Bauern und entlaufene Leibeigene in die Städte und in diese Berufe. Hier lag das Wirkungsfeld der neuen Orden, die zu dieser Zeit entstanden. Sie gingen entweder wie die **Franziskaner** aus der Armutsbewegung hervor oder sahen ihre vornehmliche Aufgabe in der Bekämpfung der Ketzer und der Mission wie die **Dominikaner**, die aber auch dem Prinzip der Armut huldigten. Sie zogen sich nicht in die Einöde zurück, sondern wollten im Zentrum der Gesellschaft wirken, deshalb unterhielten und unterhalten sie ihre Ordenshäuser in den Städten und an sozialen Brennpunkten. Weil sie auf Besitz verzichteten, auch keine Ländereien oder Klostergärten besaßen wie die alten Orden, nannte man sie auch **Bettelorden**. Ihre Mitglieder verdienen ihren Lebensunterhalt durch Arbeit, Studium, Unterricht, Seelsorge und Dienst am Nächsten. In der Zeit ihrer Entstehung gehörte das Betteln zu einem der wichtigsten Mittel zur Sicherung des Lebensunterhaltes. Zu ihnen gehören die **Franziskaner**, die **Dominikaner**, die **Augustiner-Eremiten** und die **Karmeliter**. Die Dominikaner, die ihre erste Bewährungsprobe im Kampf gegen die Albigenser bestanden, wurden mit der Durchführung der **Inquisition** beauftragt.

Durch die **Reformation** im 16. Jahrhundert zerfiel die einheitliche Christenheit in unterschiedliche Konfessionen, in die römisch-katholische und die verschiedenen protestantischen Kirchen. Im Kampf gegen die Reformation und für die katholische Reform wurden im 16. und 17. Jahrhundert neue Orden gegründet, deren Mitglieder man **Regularkleriker** nennt, weil sie einer Ordensregel folgen, nicht im Kloster leben und im weltlichen und sozialen Bereich tätig sind. Ihre Betätigungsfelder sind Seelsorge, Predigt, Volksmission, karitative und schriftstellerische Aktivitäten. Der berühmteste dieser neuen Orden ist die **Gesellschaft Jesu** (*Societas Jesu*), auch **Jesuiten** genannt, die sich direkt dem Papst unterstellt hat.

In der **anglikanischen Kirche** existieren viele Klöster und Orden, die aber den katholischen Orden in Aufbau, Lebensweise und Regeln gleichen.

Die **orthodoxe Kirche des Ostens** bildet keine Ordensgemeinschaften. Deshalb bildet das Kloster die Grundlage des mönchischen Lebens. Die Klöster sind selbstständig. Klöster gleicher religiöser Orientierung bilden informelle Verbindungen, die aber nicht die Autonomie der Klöster berühren. Die Klosterregeln gehen auf den **Heiligen Basilius von Cäsarea** (330–379) und auf **Theodor Studites** (759–826) zurück. Die Mönchsregel des Basilius hatte Benedikt von Nursia bei der Aufstellung seiner Klosterregel angeregt und beeinflusst. Da in der orthodoxen Kirche Priester verheiratet sein dürfen, Bischöfe aber ehelos und keusch leben müssen, stammen die orthodoxen Bischöfe und Metropoliten aus den Reihen der Mönche. Berühmte Klöster sind die Klöster auf dem **heiligen Berg Athos** in Griechenland, das **Katharinenkloster** auf dem Sinai, an der Stelle errichtet, an der Gott Moses im brennenden Dornbusch erschienen war, und das **Antoniuskloster** in Ägypten.

Weniger bekannt ist, dass es auch im **Protestantismus** Orden und ordensähnliche Gemeinschaften gibt, deren Mitglieder sich zur Einhaltung der Evangelischen Räte verpflichtet haben, in Ordenshäusern leben und vor allem im sozialen Bereich arbeiten, wie die **Johanniter** und die **Diakonissen**.

Auch andere ordensähnliche Gemeinschaften mit einem dauerhaften gemeinsamen Leben der Brüder oder der Schwestern, diakonische Gemeinschaften, Familiengemeinschaften und Gemeinschaften, die sich der Ökumene verpflichtet fühlen, hat der Protestantismus herausgebildet. Zu ihnen zählen zum Beispiel die:

- Evangelische Bruderschaft Kecharismai
- Christusträger-Schwesternschaft
- Christusträger-Bruderschaft
- Kanaan-Franziskus-Bruderschaft
- Evangelisches Gethsemanekloster
- Evangelische Lukas-Communität
- Geistliche Gemeinschaft im Evangelischen Exerzitium

Die **Communauté de Taizé** ist ein Männerorden, dem Katholiken und Protestanten angehören, die durch ihre tägliche Arbeit und das Zusammenleben für die Versöhnung der seit der Reformation gespaltenen Christenheit wirken. Sie bestreiten ihren Lebensunterhalt durch Arbeit und lassen ihren persönlichen Besitz, auch Erbschaften, durch die Communauté den Armen zukommen.

Zu Ostern und vor allem in den Sommermonaten treffen sich Tausende Jugendliche in Taizé, um dort Jugendliche aus allen christlichen Konfessionen aus der ganzen Welt zu treffen. Der Sinn der Treffen besteht darin, dass man im Austausch versucht, seinen Glauben zu finden, Gott zu erfahren und den Sinn des Lebens zu finden. Der Gründer des Ordens, der 2000 einem Attentat zum Opfer fiel, hatte auch jedes Jahr einen Brief an die Jugendlichen verfasst und in alle Teile der Welt gesandt. Außerdem findet alljährlich zwischen dem 28.12. und dem 1.1. ein Europäisches Jugendtreffen statt.

DER ISLAM
GOTTES LETZTE OFFENBARUNG

Entdeckung eines Propheten

So allgemeingültig Religionen sein mögen, so viele Anhänger und Gläubige ihr auch auf der ganzen Welt folgen, sie entstehen doch immer in einer ganz bestimmten Landschaft zu einer konkreten Zeit unter Menschen, deren oft uneingestandene Bedürfnisse und tiefere Sehnsüchte sie widerspiegeln. Der Islam stellt hierfür geradezu ein Musterbeispiel dar.

Von Großreichen und mächtigen Religionen umgeben, lebten die Araber im 6. Jahrhundert nach Christus auf ihrer Halbinsel in Stämmen und Clans. Das Land ist überwiegend unwirtlich. Allenfalls in den Oasen konnte damals Landwirtschaft betrieben werden. Die Stämme führten gegeneinander beständig harte Kämpfe um das wenige, was die Natur zu bieten hatte.

Für die Araber existierten drei Erwerbszweige. Sie zogen als Beduinen und Hirten mit ihren Viehherden über die Halbinsel, auf der Suche nach Wasser und Weideplätzen. Obwohl die Kamele genügsam waren und die Menschen nicht verwöhnt, empfanden sie dennoch die Härte dieses täglichen Kampfes um das Überleben. Alles musste der Natur abgerungen werden.

Die zweite Methode der Existenzsicherung bestand im Raub. Schließlich führte einer der großen Handelswege des Altertums vom Norden, von Palästina, in den Süden, in den Jemen, nämlich die legendäre Weihrauchstraße. Von Dhofar an der Südküste im heutigen Oman wurde Weihrauchharz, das man von den Weihrauchbäumen gewann, nach Osten in den Jemen und von dort über Yatrib (Medina) in den Norden zum Mittelmeer transportiert. Hedschas heißt die gefährliche Landschaft um Mekka und Medina herum, die die Kamelkarawanen der

Händler durchquerten und in der sie stets eines Überfalls gewärtig sein mussten. Der Hedschas erstreckt sich von der Küste des Roten Meeres bergig ins Landesinnere.

Das Landesinnere Arabiens besteht aus Sandwüsten mit gelegentlichen Oasen. Im Norden wird der Hedschas durch Syrien und Palästina begrenzt, im Süden durch den Jemen.

Eine dritte Einnahmequelle stellte der Handel dar. Hiervon profitierten vor allem die Händler in Mekka. Denn in Mekka befand sich das Zentralheiligtum der arabischen Stämme, die **Kaaba**, eine Art Andachtsraum, in dem viele Götter versammelt waren, vor allem aber befand sich hier der heilige **Schwarze Stein**.

Hierher pilgerten die Stämme alljährlich, um die Götter um Hilfe zu bitten. Von diesen Pilgerströmen lebten die Beschützer des Heiligtums, die sich auf den Handel spezialisiert hatten. Die Kaaba galt zudem als Asyl und Zufluchtsstätte. In den drei heiligen Monaten, in denen die Wallfahrten stattfanden, ruhten die ständigen Kämpfe und blutigen Fehden der Stämme untereinander. Für die Hüter der heiligen Stätte, für den Stamm Qureisch, wurden diese Pilgerzeiten zu einem einträglichen Geschäft. Die Stammesangehörigen verdienten sowohl am Schutz des Heiligtums, weil alle Stämme dafür Abgaben an die Qureisch leisteten, als auch am Handel, denn die drei heiligen Monate, in denen die Stämme der Araber zusammenkamen, entwickelten sich zu Zeiten des Friedens und des Austausches.

Im Norden stieß Arabien an das christliche Byzantinische Reich, im Osten herrschten die persischen Sassaniden, die dem Propheten Zarathustra folgten. Juden und Christen lebten im Jemen, aber auch in Yatrib und natürlich auch in Palästina. Am Horn von Afrika, auf der gegenüberliegenden Seite des Roten Meeres, lag Abessinien, ein altes, christliches Königreich.

Die Römer hatten vergeblich versucht, den Jemen zu erobern. In dieser Zeit zogen viele Juden in den Süden der arabischen Halbinsel. Im Jahr 525 eroberten die Abessinier den Jemen. Das führte dazu, dass sich im Gefolge der Truppen Christen ansiedelten. Schließlich fiel das Land zur Zeit der Geburt des Propheten Mohammed 570 n. Chr. an die Perser.

Der Chor der Religionen auf der arabischen Halbinsel im Süden und im Norden des Hedschas klang also überaus vielstimmig. Das sollte für die nachfolgenden Ereignisse ausschlaggebend werden.

Die Araber glaubten an eine Vielzahl von Göttern und Göttinnen. Dabei konnte es durchaus vorkommen, dass bestimmte Götter nur von einem oder zwei Stämmen oder nur in bestimmten Gegenden verehrt wurden. Hierin un-

Kaaba bedeutet Würfel. Bekannt ist, dass die Kaaba auf einem 25 cm hohen Marmorsockel steht und dass das Gebäude 13,10 m hoch ist. Im Osten ist außen der schwarze Stein eingelassen, den die Gläubigen küssen können und sollen. Berichte über das Innere sind mit Skepsis zu betrachten, weil es Nichtmuslimen bei Todesstrafe verboten ist, diesen heiligen Ort zu betreten.

terschied sich die altarabische nicht von den anderen frühen Religionen (S. 24 f.).

In der Kaaba standen wohl 360 Idole, d. h. Gegenstände wie heilige Steine und Statuen. **Allah** als Hochgott, als den über allen thronenden Himmelsgott, kannten bereits die vorislamischen Araber. Aber er spielte in ihrem Leben eine immer geringer werdende Rolle, weil er für ihr Empfinden zu weit von ihrem täglichen Leben entfernt war. Sie versprachen sich mehr davon, die in ihrer Umgebung in den heiligen Hainen (*al-himã*) wohnenden Lokalgötter um Beistand zu bitten. Unter ihnen befanden sich zum Beispiel die Göttinnen *al-Lãt* und *al-'Uzzã*. Den Sitz von *al-Lãt* in der Kaaba vermutet man in einem viereckigen weißen Stein. Steinbildnisse der Göttin führten die Mekkaner bei Kämpfen und zu Schlachten mit. Ihr wie auch den anderen Göttern wurden Weihegeschenke und Schlachtopfer dargebracht, um sie den Wünschen der Menschen gegenüber gnädig zu stimmen.

Eine wichtige Rolle spielten die *ka-*

hin. Ein **kahin** war ein Seher, der einen Schutzgeist, einen *dschinn* besaß. Der Schutzgeist sprach durch den Seher und sagte künftige Ereignisse voraus. Oftmals wurden diese Voraussagen in kurzen rhythmischen Sätzen, zuweilen in Reimen geäußert. Die metaphernreiche und symbolhaltige Sprache verlieh diesen Worten etwas Geheimnisvolles. Sie ließen sich deuten, aber nicht ganz verstehen. Der *kahin* bekräftigte das Gesagte mit ungewöhnlichen Schwüren. All das werden wir später im Koran wiederfinden.

In dieser Welt lebte in Mekka das Ehepaar 'Abd Allah (auf Deutsch *Diener Allahs*) und **Amina**. Sie gehörten dem Stamm der Qureisch an. Über das Leben **Mohammeds** existieren verschiedene Lebensgeschichten, deren früheste die des Gelehrten Ibn Ishaq (gestorben etwa 767 n. Chr.) ist. Ibn Ishaq hatte alles, was er an Überlieferungen und Erinnerungen vom Leben des Propheten finden konnte, eifrig gesammelt.

Der bedeutendste Ausleger und Kenner des Korans in der Frühzeit, Ibn 'Abbas (619–687), erzählte nach dem Zeugnis Ibn Ishaqs über die Zeugung des Mohammed:

Zu den Zeichen bei der Zeugung des Propheten gehört, dass in jener Nacht alle Haustiere der Qureisch redeten und sprachen: Gezeugt ist Mohammed und, beim Herrn der Kaaba, er ist der Imam der Welt und die Leuchte seiner Bewohner. Die Throne der Könige in der ganzen Welt waren am Morgen umgestürzt. Die wilden Tiere im Osten eilten zu denen im Westen und brachten ihnen die Freudenbotschaft. So beglückwünschten

Der islamische Kalender

Für die Muslime beginnt die Zeitrechnung mit dem Auszug Mohammeds und der ersten Muslime aus Mekka am 16. Juli 622. Nach islamischer Zeitrechnung befinden wir uns deshalb 2010 n. Chr. im Jahr 1431.

Allerdings gibt es verschiedene islamische Kalender, der wichtigste ist der *hidschri qamari*, der ein reiner Mondkalender ist. Im Iran und in Afghanistan wird aber auch nach Sonnenjahren gezählt. Auf 100 Sonnenjahre kommen in der Regel 103 Mondjahre. Dadurch unterscheiden sich *hidschri qamari* und der iranische Kalender in der Zählung um 42 Tage. Gezählt wird beim Mondkalender, wenn die Mondsichel wieder sichtbar ist. Der muslimische Gelehrte al-Biruni (973–1048) berichtete, dass die Einführung des *hidschri qamari* auf den Kalifen Umar im Jahr 638 zurückgeht.

sich auch die Bewohner der Meere. In jedem Monat der Schwangerschaft rief eine Stimme im Himmel und auf Erden: Heil, denn es naht die Zeit, dass Abu l-Qasim (Beiname Moḥammeds) geboren werde …

Es war also bereits vor der Geburt von Gott beschlossen, dass sein Prophet zur Welt kommen sollte.

Über die Geburt des Propheten gibt Ibn ʼAbbas die Worte Aminas, der Mutter des Propheten, wieder:

Als sechs Monate von meiner Schwangerschaft vorüber waren, erschien mir einer im Traum und sagte: »Amina, du bist mit dem Besten der Welt schwanger.« … Ich hörte ein starkes Geräusch und viel Lärm, der mich erschreckte. Dann sah ich etwas wie einen weißen Flügel; der strich mir übers Herz, und alle Furcht und

alle Schmerzen, die ich gefühlt hatte, verschwanden … Während es mir immer schwerer wurde und ich den Lärm immer stärker vernahm, siehe, da wurde ein weißes Tuch zwischen Himmel und Erde ausgespannt … Und Gott nahm die Schleier von meinem Blick weg, und ich sah die Erde im Osten und im Westen. Drei Fahnen sah ich errichtet: eine im Osten, eine im Westen und eine auf dem Dach der Kaaba. Es ergriffen mich die Geburtswehen und es wurde mir schwerer. Es war mir, als ob ich von vielen Frauen unterstützt würde; es kam mir aber vor, als ob nur ihre Hände mit mir im Hause wären, denn ich sah niemanden. So gebar ich Moḥammed, und ich wandte mich um, ihn zu betrachten, und siehe, da lag er anbetend, seine Hände gen Himmel hebend, wie einer, der demütig fleht. Dann sah ich eine Wolke, die vom Himmel her ihn bedeckte, sodass er mir

Inzwischen wird aber auch in der islamischen Welt der gregorianische Kalender verwandt. Da sich die Festtage jedoch nach dem islamischen Kalender berechnen, ist er als Festtagskalender in Gebrauch.

Das Jahr beginnt nach unserer Rechnung im Juli mit dem Monat *Muharram*, darauf folgen die Monate *Safar, Rabi ʼu l-awwal, Rabi ʼu th-rhaniy, Gumada l-ula, Gamada th-thaniya, Ragab, Sa ʼban, Ramadan, Sawwal, Dhu l-qaʼda, Dhu l-higga*. Der Ramadan ist der Fastenmonat, der *Dhu l-higga* der Monat der Pilgerfahrt (*haddsch*).

Die Woche beginnt am Sonntag mit dem *yom al-ahad* und setzt sich mit dem Montag, dem *yom al-itneen*, dem zweiten Tag, fort. Die Zählung wird bis zum Donnerstag fortgesetzt, dem *yom al-chamis*, dem fünften Tag. Der Tag, an dem das wichtige Freitagsgebet stattfindet, heißt demzufolge *yom al-gumaʼa* – Tag der Zusammenkunft. Der Sonnabend ist dann der *yom al-sabt*, der Sabbattag.

unsichtbar wurde. Und ich hörte jemanden, der da rief: »Führt ihn um die Erde herum im Osten und im Westen, und führt ihn zu den Meeren, dass sie ihn erkennen, dass er in den Meeren al-Mahi (der Vertilger) heißen wird, denn allen Polytheismus wird er wegwischen.« Dann schwand die Wolke schnell, und siehe, da lag er in ein wollenes Kleid gewickelt, und unter ihm lag eine grüne Decke aus Seide. Er hielt drei Schlüssel aus weißen Perlen in der Hand, und jemand rief: »Seht, Moḥammed hält die Schlüssel des Sieges, des Schlachtens und des Prophetentums in seiner Hand.«

So sehen die Muslime die Ankunft ihres Propheten. Er ist von Anfang an auserwählt, schon vor der Geburt, bereits im Mutterleib, im Moment der Zeugung dazu bestimmt, eines Tages den Menschen Gottes Wort zu predigen. **Moḥammed** bedeutet auf Deutsch **der Gesegnete**.

Kurz vor oder nach seiner Geburt starb der Vater. Amina übergab das Kind nach Landessitte einer Beduinenfrau namens Halima, weil man glaubte, dass nur bei den Beduinen in der Wüste ein Junge zu einem richtigen Araber werden konnte. Hier sollte das Kind mit den arabischen Sitten und Überlieferungen vertraut gemacht und ihm die richtige arabische Sprache gelehrt werden, wie sie unter den Beduinen am reinsten gesprochen wurde.

Die Amme Halima erinnerte sich an eine abenteuerliche Geschichte:

Während Moḥammed eines Tages mit seinem Milchbruder hinter den Zelten das Vieh hütete, kam dieser gelaufen und sagte zu mir und zu meinem Mann: »Schaut doch nach meinem Milchbruder ... zwei Männer sind gekommen, haben ihn auf den Boden gelegt und den Leib geöffnet.« Wir gingen also hin und trafen ihn stehend, aber mit blassem Gesicht. Wir umarmten ihn und sagten: »Kind, was hast du?« Er antwortete: »Zwei weiß gekleidete Männer sind zu mir gekommen, haben mich auf den Boden gelegt und meinen Leib geöffnet.«

Was waren das für Männer und was suchten sie im Leib des Kindes? Eine andere Überlieferung wird konkreter:

... Sie nahmen mein Herz heraus, spalteten es und entnahmen ihm einen schwarzen Klumpen; sie sagten: »Das ist der Anteil des Satans an dir, Freund Gottes.« Dann wuschen sie mein Herz, bis es rein war, und füllten es mit Weisheit und Glauben. Hierauf sagten sie: »Wenn du um das Gute wüsstest, was Gott mit dir vorhat, würdest du dich freuen!«

Auch im Alten Testament existiert die Vorstellung vom Bösen im Herzen der Menschen, denn es heißt dort unmissverständlich: *Das Dichten und Trachten des*

Vor dem Eingang der Höhle von Machpela, in der Abraham begraben liegt, versammeln sich Muslime zum Freitagsgebet.

menschlichen Herzens ist böse von Jugend auf (1. Moses 8, 21). Dieses Böse wird in der islamischen Übersetzung dem Auserwählten Gottes vermutlich von zwei Engeln aus dem Herzen gewaschen. Wie Jesus ist er nun rein und ohne Sünde. Der Koran bezieht sich in der Sure 94 auf dieses wichtige Ereignis, auf die Weihung, die Initiation für die besondere Aufgabe:

… Haben wir dir nicht die Brust geweitet, dir nicht abgenommen deine Last … (Sure 94, 1–2, Die Weitung aš-šarh)

Der sechsjährige Knabe war kaum zu seiner Mutter zurückgekehrt, da starb sie, und er kam zu seinem Onkel **Abu-Talib**, der ihn gemeinsam mit seinen Söhnen erzog. Abu-Talib war ein bedeutender Mann in seinem Stamm und gehörte zu den Wächtern der Kaaba.

Kaum sechs Jahre später ereignete sich etwas, das in mehrfacher Hinsicht bemerkenswert ist. Moḥammed begleitete seinen Onkel auf einer Karawanenreise nach Syrien. Im Grenzland Arabiens zu Syrien lebten Christen, die von der christlichen Großkirche als Häretiker angesehen wurden, wie zum Beispiel die Angehörigen der nestorianisch-syrischen Kirche (S. 236), aber auch Mönche, die ein Christentum der ganz eigenen Art lebten. So kam ein neugieriger Junge wie Moḥammed ganz natürlich mit jüdischem und christlichem Gedankengut in Kontakt. Anders als heute gehörten religiöse Themen zum Tagesgespräch. Über Fragen des Glaubens diskutierte und stritt man sich auch auf den Marktplätzen. Der christliche Mönch Bahira entdeckte plötzlich zwischen den Schultern des Jungen die Zeichen des künftigen Prophetentums. Er sagte ihm eine große Zukunft voraus. Damit war die Beziehung zum Christentum und die Beglaubigung Moḥammeds als Auserwählter Gottes durch einen Mann, der ein großes religiöses Wissen besaß, hergestellt.

Etwa im Alter von 25 Jahren trat Moḥammed als Karawanenführer in die Dienste einer reichen Witwe namens Chadidscha. Immer wieder führten ihn Reisen in den Süden, in den Jemen, und in den Norden, nach Syrien. Vieles, was er auf diesen Reisen von den Juden und Christen erfuhr, auch ihre Kritik an der jeweils anderen Religion, findet sich erstaunlicherweise im Koran wieder. Vor allem lernte Moḥammed bei den Juden und Christen die großartige Perspektive eines einzigen, allmächtigen Gottes ken-

nen. Die Größe und Klarheit des Monotheismus überzeugten ihn weit stärker als der arabische Glauben mit seiner Vielzahl an Göttern.

Stand nicht auch im Alten Testament, dass der Stammvater Abraham der Vater vieler Völker sein würde? Die Nachkommen seines Sohnes Isaak wurden die Juden. Aber hatte er nicht einen zweiten Sohn, den er mit seiner zweiten Frau Hagar gezeugt hatte, Ismail? Ismail wurde der Stammvater der Araber.

Je länger Moḥammed darüber nachdachte, umso größer wurde das Unbehagen an der Welt, am Leben der Araber, die viele Götter verehrten und untereinander verstritten und oftmals grausam waren. Diese Gedanken peinigten ihn. Oft dachte er darüber nach, ohne eine Lösung zu finden, und galt natürlich als Sonderling, weil er sich nicht wie die anderen jungen Männer vergnügte.

Er verliebte sich in seine Chefin Chadidscha, die ihn wissen ließ, dass sie gegen eine Ehe nichts einzuwenden hätte. Damit war die mittellose Waise von heute auf morgen ein gemachter Mann. Doch die Unruhe in ihm verringerte sich nicht, im Gegenteil! Die Frage nach dem Sinn des Lebens, nach der rechten Lebensführung trieb ihn immer mehr in die Einsamkeit, in die Suche und Meditation. So findet er mit 40 Jahren Gott. So findet Gott den 40-Jährigen.

Feiertage

Die eigentlichen Feiertage im Islam sind das Fastenbrechen und das Opferfest. Diese Feiertage werden von allen islamischen Rechtsschulen akzeptiert und nach dem Mondkalender berechnet. Im Jahr 2011 zum Beispiel beginnt der Fastenmonat Ramadan am 1. August 2011, das Fastenbrechen wird am 30. August 2011 und das Opferfest am 6. November 2011 begangen.

Nicht von allen islamischen Rechtsschulen werden Mevlid (Geburtstag des Propheten), das islamische Neujahrsfest (am 7. Dezember 2010, am 26. November 2011) und das Ashura (Fasten- und Rettungstag des Propheten Moses) begangen.

Das **Fastenbrechen**. Das Fasten findet von Tagesanbruch bis Sonnenuntergang statt. Während dieser Zeit hat man sich des Essens, des Trinkens, des Rauchens, des Parfümgebrauchs und sexueller Handlungen zu enthalten. Zwischen Sonnenuntergang und Tagesanbruch sind all diese Dinge erlaubt. So treffen sich die Menschen am Ende des Fastentages, feiern, essen und trinken gemeinsam. Die religiöse Bedeutung des Fastens besteht in der Buße. Es geht um das Bereuen begangener Sünden und um die Umkehr. In der Moschee wird im Fastenmonat Ramadan beim Abendgebet besonders leidenschaftlich der Koran zitiert und ausgelegt. Aber die Muslime werden in der Fastenzeit auch daran erinnert, dass Gott sich ihnen durch Mohammed offenbart hat:

Der Monat Ramadan, in dem herabkam der Koran
Den Menschen als Geleit
Und als Beweis für das Geleit und die Entscheidung.
Wer in ihm zugegen ist, soll in ihm fasten,
doch wer von euch erkrankt oder auf Reisen ist,
für den ist eine Anzahl anderer Tage möglich.
Gott will für euch das Leichte,
das Schwere will er nicht für euch.
Die Zahl sollt ihr erfüllen
und Gott dafür rühmen, dass er euch geleitet hat.
Vielleicht seid ihr ja dankbar.
(Sure 2, Die Kuh, al-baqara, 185)

Das Fasten gehört zu den religiösen Verpflichtungen der Muslime. Ausgenommen sind nur Kranke, Reisende, diejenigen, die zu alt oder zu schwach sind, schwangere oder stillende Frauen. Allerdings sollte das Fasten nachgeholt werden. Es heißt, dass in der Fastenzeit der Himmel offen und die Hölle verschlossen sei. Am Ende des Monats Ramadan findet das Fest des Fastenbrechens statt. Es ist das zweithöchste und es beginnt nach dem Sonnenuntergang des letzten Tages des Fastenmonats. Früh am Morgen versammeln sich die Muslime zum rituellen Festgebet (S. 284). In den Häusern und Moscheen werden Speisen und alkoholfreie Getränke gereicht. Kinder bekommen Süßigkeiten und Geschenke werden getauscht. Das Fest dauert drei Tage.

Das **Opferfest** ist das höchste islamische Fest. Es findet im Wallfahrtsmonat und 70 Tage nach dem Fastenbrechen statt. Es erinnert daran, dass Gott Abraham im Traum befohlen hatte, seinen geliebten Sohn zu töten, um seinen Gottesgehorsam zu prüfen:

Als die beiden sich in ihr Geschick ergeben hatten,
dass der Vater den Sohn opfert und der Sohn vom Vater geopfert wird –
und er (Abraham seinen Sohn) ihn auf die Stirn geworfen hatte,
da riefen wir (Allah) ihm zu: »O Abraham!
Du hast den Traum für wahr gehalten.«
Siehe, so belohnen wir die, die Gutes tun.
Siehe, das war die klare Prüfung!
Durch ein herrliches Schlachtopfertier schafften wir Ersatz für ihn!
(Sure 37, Die sich Reihenden, 103–107).

Statt des Sohnes wird nun ein Tier geopfert, ein Schaf oder eine Ziege. Muslime, so sie es sich leisten können, opfern an diesem Tag zum Gedenken an Abraham ein Tier, das allerdings nach rituellen Gesetzen getötet, also geschächtet wird, d. h. es wird ausgeblutet.

Abraham hat seine Gottesliebe unter Beweis gestellt. Er bekommt den Ehrentitel *el-khalil*, Freund Gottes. Im Felsendom in Jerusalem, der drittheiligsten Stadt im Islam nach Mekka und Medina, befindet sich der Fels, auf dem Abraham seinen Sohn zur Ehre Gottes opfern wollte. Diese Geschichte findet sich auch in der Bibel. Dort

Geißler beim Ashura-Fest in Kerbela. Im Gedenken an den Tod des Imam Husayn fügen sie sich Schmerzen zu.

ist es Isaak, der geopfert werden soll. Der Koran nennt den Namen des Sohnes nicht, sodass offenbleibt, ob es sich um Isaak oder Ismail handelte. Das Fest dauert vier Tage und beginnt mit dem rituellen Festgebet am frühen Morgen des ersten Tages.

Ashura geht für die Sunniten auf die Rettung Moses vor dem Pharao zurück und wird als Fastentag begangen. Die Schiiten denken an diesem Tag auch an die Schlacht von Kerbela 680, in der Husayn getötet wurde. An diesem Tag finden Trauerprozessionen und Selbstgeißelungen statt und das Martyrium Husayns wird in kultischen Inszenierungen nachgestellt.

Mevled. Der Geburtstag des Propheten wird am 12. Tag des dritten Monats des islamischen Jahres gefeiert, nach gregorianischem Kalender im Februar oder März. Man feiert den Geburtstag auch als Lichtfest und viele Moscheen sind hell erleuchtet. Geschichten aus dem Leben des Propheten werden erzählt. Manche Muslime lehnen es allerdings auch ab, den Geburtstag Moḥammeds zu feiern, weil sie darin eine Vergötterung Moḥammeds sehen. Und Vergötterung würde zur Beigesellung führen, weil plötzlich der vergöttlichte Moḥammed Allah beigestellt oder beigesellt würde.

Die Offenbarung

Eines Tages verschlug es ihn während seiner Streifzüge, die er unternahm, um nachzudenken, in **die Höhle Hira am Lichtberg**. Vielleicht wirkte dabei auch das Beispiel der christlichen Mönche auf ihn, die sich in die Wüste, in die Einsamkeit begaben, um über Gott nachzudenken. Nicht auf den lauten Plätzen, nicht inmitten des Gewühls, sondern zumeist abseits der Öffentlichkeit findet das Entscheidende statt, das Ereignis, das Auswirkungen auf das Leben vieler Menschen haben wird. Moses begegnete Gott in der Einöde, Moḥammed in einer Höhle.

In al-Buḫārīs Sammlung über die Taten und Aussprüche des Propheten (*Hadīth*) heißt es zu Moḥammeds Berufung zum Propheten Gottes:

Die göttliche Wahrheit kam über ihn, als er sich in der Höhle von Hira aufhielt. Der Engel Gabriel erschien ihm und sagte: »Trag den Menschen die göttliche Offenbarung vor.«

Moḥammed weigerte sich anfangs, weil er glaubte, ein Dämon treibe mit ihm Schabernack, doch der **Engel Gabriel** ließ die Weigerung nicht gelten: Er packte Moḥammed, er würgte ihn und befahl ihm, die Offenbarung zu verkünden: *Trag vor, im Namen deines Herrn, der den Menschen aus geronnenem Blut erschaffen hat! Trag vor! Und dein Herr ist allgütig.*

Wir dürfen uns also die Verkündigung nicht als nette Plauderei vorstellen, sondern als schmerzhafte Angelegenheit. Der **auserwählte Prophet** fühlte sich zunächst von der Wahrheit wie mit groben Knüppeln durchgeprügelt. Zitternd eilte Moḥammed nach Hause und ließ sich von seinen Dienern in Decken hüllen, weil er sich im Fieberwahn wähnte, bis die Furcht von ihm wich. Dann berichtete er seiner Frau das Erlebte. *Chadidscha, bei Gott, ich habe nie etwas mehr gehasst als die Götzen und die heidnischen Wahrsager* (kahin), *aber jetzt fürchte ich, selber ein solcher Wahrsager zu sein, denn ich sehe Lichter und höre Stimmen.*

Obwohl er es ablehnte, ein *kahin* zu werden, nutzte er in seiner Predigt die sprachliche Form der *kahins*, kurze, eingängige Verse in Prosa und zuweilen in Reimen, und erfüllte später auch zwei ihrer Funktionen in der altarabischen Gesellschaft. Diese Wahrsager berieten nämlich die Stammesführer bei wichtigen Entscheidungen und traten zudem als Vermittler in Streitigkeiten auf. Beides tat Moḥammed schon bald: Er gab Ratschläge und versuchte, Frieden zu stiften.

Abgesehen davon muss man die große Aufregung des Mannes verstehen. Sie war vollkommen echt. Plötzlich wurde er mit dem Übersinnlichen, mit dem

Der Felsendom ist ein Hauptheiligtum im Islam. Er wurde über den Felsen errichtet, an dem Mohammed seine Himmelsreise vornahm. Deshalb stellt der Felsendom keine Moschee, sondern einen Schrein dar, d. h. der Dom bewahrt ein Heiligtum auf. Er befindet sich auf dem jüdischen Tempelberg.

Allmächtigen, mit dem Ewigen konfrontiert. Ist es da so verwunderlich, dass er zunächst an seinem Verstand zweifelte? Weshalb wählte Gott ausgerechnet ihn aus? Steckte wirklich Gott dahinter? Oder vielleicht nur ein böser Geist, der mit ihm Schabernack trieb? Oder hatte ihn eine geistige Verwirrung befallen? Auch wenn man zugesteht, dass die Menschen zu dieser Zeit glaubten, Umgang mit den Göttern zu haben, und Wunder und übernatürliche Erscheinungen zur Wirklichkeit dazugehörten, ging es hier nicht um eine x-beliebige Wahrsagerei oder um das Gespräch mit einem der tausend Naturgötter, sondern um einen Auftrag, den er von dem einen und einzigen Gott, der ihn zutiefst beeindruckte, erhalten hatte. Hinzu kam, dass dieser eine Gott, an den bisher nur Juden und Christen glaubten, den Arabern fremd war. Ihn sollte er nun seinen Landsleuten verkünden?

Seine Frau Chadidscha machte ihm Mut und ging mit ihm zu ihrem betagten Onkel **Waraqa ibn Naufal**, der sich zum **Christengott** bekannte. Als er den Bericht Mohammeds angehört hatte, rief er begeistert aus: »*Wenn das wahr ist, dann ist er der Prophet unseres Volkes.*« Anschließend erklärte er dem verunsicherten Mann: »*Das war der Erzengel Gabriel, den Gott auch zu Moses geschickt hatte.*« Man muss dazu wissen, Gabriel ist der Sonderbotschafter Gottes. Er wurde zu Moses gesandt, er hat Maria die Geburt Jesu verkündet, jetzt schickte ihn Gott zu Moḥammed. Damit stand Moḥammed plötzlich in der Reihe der Propheten, in der ehrwürdigen Reihe von Moses und Jesus.

Für das muslimische Verständnis bedeutete das Zeugnis von Waraqa ibn Naufal schlicht und ergreifend, dass ein christlicher Gelehrter Moḥammeds Berufung bestätigte, einer, der die Überlieferung aus den Zeiten der Anfänge, also von Abraham (S. 144), dem Stammvater

Religionsstifter

Moḥammed, der Religionsstifter des Islams, wurde im Jahr 570 nach Christus in Mekka im Stamme der Qureisch als Sohn des ʿAbd Allah geboren. Sein vollständiger Name lautet *Mohammed ibn ʿAbd Allah ibn ʿAbd al-Muttalib ibn Haschim ibn ʿAbd Manaf al-Quraschi:* Moḥammed, der Sohn des Abd-Allahs, Sohn des Abd al-Muttalib, Sohn des Haschim, Sohn des Abd Manaf von den Qureisch. Vater, Clan und Stamm definieren seine Stellung in der Welt.

Der Vater stammte aus dem Clan der Haschimiten, einer Sippe der Qureisch. Er starb entweder kurz vor oder kurz nach der Geburt Moḥammeds. Das Kind wurde dem Brauch entsprechend zu einer Amme, zur Beduinenfrau Halima, gegeben, sodass es die Bräuche und Sprache der Araber bei einem der umherziehenden Stämme in der Wüste lernte. Kaum sechsjährig zu seiner Mutter zurückgekehrt, starb sie, und er kam zu seinem Onkel Abu-Talib, der ein mächtiger Mann war und zu den Wächtern der Kaaba gehörte. Etwa fünfundzwanzigjährig heiratete Moḥammed eine reiche Witwe, die Kauffrau Chadidscha. Um 610 beginnen die Offenbarungen Gottes, die ihm zunächst in der Höhle am Lichtberg zuteilwerden. Er beginnt, in Mekka zu predigen, und schart Anhänger um sich. Um 622 muss er aus Sicherheitsgründen Mekka verlassen. Durch den Tod von Abu-Talib und Chadidscha verliert er seinen Schutz vor den einflussreichen Clans der Qureisch, die in seinen Predigten einen Angriff auf die Grundlagen ihrer Macht und ihres Einkommens sehen. 624 überfallen Moḥammeds Anhänger erfolgreich eine Karawane aus Mekka in Badr. Es kommt zum Krieg zwischen Medina, das inzwischen von Moḥammed beherrscht wird, und der Völker, kannte. Deshalb nennt man die drei Religionen Judentum, Christentum und Islam auch die abrahamitischen Religionen, weil sie sich vom Stammvater Abraham herleiten. Sie haben sehr viel gemeinsam, mehr, als man angesichts des gegenseitigen Hasses und der Auseinandersetzungen vermuten mag. Geht man von Abraham aus, wirken die Religionen wie die verfeindeten Teile einer Großfamilie. Aber vielleicht kommt der Hass, der seit anderthalb Jahrtausenden existiert und immer wieder in der einen oder anderen Variante zum Ausbruch kommt, nicht aus der Distanz der Religionen zueinander, sondern aus ihrer Nähe. Oft entsteht Hass zwischen denen, die sich am nächsten sind und sich auch am besten kennen. Die Beziehungen zwischen Judentum, Christen-

Mekka. Dieser Krieg endet schließlich 630 mit dem Sieg Moḥammeds, der in Mekka einzieht und die Kaaba von heidnischen Götterbildern reinigt. Auf der Basis des Islams einigt Moḥammed die arabischen Stämme und sichert diese Einheit durch Verträge ab. Auf dem Höhepunkt seiner Macht und seines Erfolges stirbt der Prophet im Jahr 632.

Alī ibn Abī Ṭālib wurde um 598 in Mekka geboren. Er war der Sohn von Abu-Talib, dem Onkel von Moḥammed, und der erste Mann, der sich zum Islam bekannte. Schließlich heiratete er Fatima, die Tochter Moḥammeds. Ali nahm am Auszug nach Medina teil und blieb an Moḥammeds Seite. Nach dem Tod des Propheten wurde er in der Nachfolge übergangen und statt seiner wurde Abū Bakr der erste Kalif. Nach der Ermordung des dritten rechtgeleiteten Kalifen Utman ibn Affan wurde Ali zu dessen Nachfolger gewählt. Er nannte sich aber nicht Stellvertreter des Gesandten Gottes, sondern nur Befehlshaber der Gläubigen. Der mächtige Statthalter von Damaskus, Muʾawiya, bestritt Alis Kalifat mit dem Vorwurf, dass Ali für den Mord an Utman Verantwortung trüge. Das führte zu einem Bürgerkrieg innerhalb der *umma* (*al-Umma al-islamiyya* – Gemeinschaft der Muslime). Ali fiel am 22. Januar 661, dem 15. Tag des Ramadans des Jahres 40 nach islamischer Zeitrechnung, in Kufa einem Anschlag zum Opfer. Ihm folgte als 5. Kalif Muʾawiya nach, der die Umayyaden-Dynastie gründete. Als schließlich Alis Sohn Husayn in einer Schlacht in der Nähe von Kerbela getötet wurde, kam es zum Riss in der muslimischen Gemeinschaft, die sich in Schiiten und Sunniten teilte. Die Schiiten führen sich auf Ali zurück, denn sie bilden die Schia Ali, die Partei Alis. Die Abkehr von den Sunniten führte auch zur prinzipiellen Ablehnung des Kalifen-Amtes. Die Schiiten führten dafür das Immamat (S. 291) ein.

tum und Islam sind von den Quellen her nur allzu nah und vielfältig.

Aber noch etwas ist interessant an der Figur Waraqas. Man bezeichnete ihn als **Hanifen**. Das Wort *hanif* bedeutet so viel wie Abgesonderter, Abgeschnittener. Die Erinnerung an den christlichen Begriff **Anachoret** (S. 242), an einen Menschen, der sich zurückzieht, weil er Gott in der Einsamkeit sucht, liegt nahe. Mit den Anachoreten beginnt im Christentum das Mönchstum. Und Mönchen begegnete Moḥammed zur Genüge auf seinen Handelsreisen durch die Wüste, dem bevorzugten Lebensort der frühen christlichen Mönche in dieser Region.

Andere Religionswissenschaftler sehen in dem Wort *hanif* eine Verwandtschaft zu dem Begriff Apostat (Abgefallener, Verräter) oder **Häretiker** (Ketzer). *Hanifen* könnten auch Christen gewesen sein, die sich in die Wüste zurückziehen mussten, weil sie mit dem Glauben der Großkirchen gebrochen hatten und ihr eigenes Christentum lebten. Dass sich in Moḥammeds Predigten sowohl formal als auch inhaltlich Anklänge an frühchristliche Predigten und Gedanken nestorianischer Christen finden, ist von Forschern in den letzten Jahren dargestellt worden. Sie meinen, in dem Aufbau der Predigten des Propheten das Schema christlicher Predigten, die Moḥammed gehört und die ihn beeindruckt hatten, zu erkennen. Vereinfacht gesagt, er hatte sie möglicherweise als Vorbilder benutzt. Zudem entdeckten diese Wissenschaftler in bestimmten Worten aramäische Wurzeln. Das Aramäische war die Sprache, die im syropalästinischen Raum gesprochen wurde und die auch Jesus benutzte. Diese Volkssprache verwendete die **syrisch-nestorianische Kirche** (S. 236) in den Osterliturgien. Deshalb nehmen Forscher an, dass Moḥammed zu christlichen Häretikern Kontakt hatte und dass er von Nestorianern und Arianern (S. 235) lernte. In diesem Zusammenhang wurde auch die Vermutung geäußert, dass Moḥammed vor seiner Berufung selbst ein *hanif* gewesen sein könnte.

Ein Gottessucher aber war er auf alle Fälle, einer, der der altarabischen Vielgötterei den Rücken kehrte und sich zum wahren Glauben auf den Weg begeben hatte. Von den Mönchen könnte er auch meditative Praktiken gelernt haben, die er in der Höhle von Hira und an anderen einsamen Orten auf der Reise zu Gott praktizierte.

Die Berufung kam dennoch völlig unerwartet über ihn. Denn es ist eines, Gottes Nähe herbeizusehnen; von Gott aber als Prophet berufen zu werden, etwas vollkommen anderes. Gottes Botschaft hatte ihn mit aller Gewalt ergriffen. So überraschend die **Offenbarungen** gekommen waren, so unvermittelt blieben sie plötzlich aus. Das holte ihn in die öde Realität, die er doch zu überwinden trachtete, zurück. Moḥammed fühlte sich völlig verunsichert und suchte nach einem Beweis für seine Erwählung. Zuweilen wuchs die Verzweiflung so sehr, dass er sich das Leben nehmen wollte.

Der Prophet Moḥammed betet vor der Kaaba in Mekka. Wegen des Bilderverbots im Islam wird der Prophet Moḥammed mit verhülltem Antlitz dargestellt.

Die Zeit zwischen dem ersten Erlebnis von Gottes Botschaft an ihn und der Fortsetzung der Offenbarungen wird in der Überlieferung die **Zeit der Unterbre-** chung (*fatra*) genannt. Unterbrechung deshalb, weil Gottes Botschaften nach dem überwältigenden Beginn abrupt versiegten. Zweifel begannen, ihn zu quälen. Es war, als ob er aus der Zeit gefallen war, auf einmal im Nirgendwo und Nirgendwann lebte. Je nach der Überlieferung schwankt der Zeitraum, der für die Dauer der *fatra* angegeben wird, zwischen drei Monaten und drei Jahren. In Mekka wurde er inzwischen schon auf offener Straße verhöhnt. Man schrie ihm spottend und breit grinsend hinterher, dass er von seinem Herrn wohl verlassen worden war. Darauf bezieht sich die Sure 93 des Korans:

Im Namen Gottes, des Erbarmers, des
  Barmherzigen
Beim hellen Morgen
und bei der Nacht, wenn sie still ist!
Dein Herr hat dich nicht aufgegeben noch
  verschmäht.
Wahrlich, das Jenseits ist besser für dich als
  das Diesseits.
Dein Herr wird dir geben, dass du zufrie-
  den bist.
Hat er dich nicht als Waise gefunden und
  Zuflucht gewährt?
Hat er dich nicht als Irrenden gefunden
  und auf den rechten Weg geführt?
Hat er dich nicht als Armen gefunden und
  reich gemacht?
Die Waise also bedrücke nicht!
Den Bettler also schelte nicht!

Doch von der Gnade deines Herzens
  berichte!
(Sure 93: Der helle Morgen, aḍ-ḍuḥā)

Ist das nicht eine exakte Beschreibung der Lebenssituation von Moḥammed? War er denn nicht in doppelter Hinsicht eine Waise gewesen? Hatte er denn nicht seine Eltern verloren? Ist ihm denn nicht der Glaube an die vielen Götter der Araber abhandengekommen? Nahm ihn denn sein Onkel nicht an Kindes statt auf? Gewährte ihm denn Gott nicht Zuflucht in seiner Offenbarung? Schenkte Allah ihm nicht ein neues Leben, als er ihn zum Propheten machte?

Hör nicht auf die, sagte Gott ihm, *denen ich keine Zuflucht gewährt habe, die Waisen geblieben sind, beschimpf nicht die Bettler, die leer ausgingen, weil ich sie nicht wie dich reich mit Einsicht und Weisheit beschenkte, sondern lehre sie demütig mein Wort, berichte ihnen von den Offenbarungen, die dir zuteilwerden.*

In der *fatra* erfährt er den neuen Platz, den er im Leben einnehmen soll, den Platz als Prophet Gottes: im Nirgendwo und Nirgendwann, zwischen Jenseits und Diesseits lebend. Später berichtete Moḥammed:

Während ich auf dem Weg war, hörte ich plötzlich vom Himmel her eine Stimme;
ich schaute empor, und da war wieder der Engel, der damals am Hira zu mir gekommen war. Er saß auf einem Thron zwischen Himmel und Erde. Erschrocken eilte ich heim und rief: »Deckt mich zu!«
Da offenbarte Gott die Worte:
Du Eingehüllter!
Steh auf und warne,
und deinen Herrn, den preise,
und deine Kleider, die reinige,
und Unreinheit, die meide,
und sei nicht mildtätig,
auf Gegengaben hoffend,
und harre deines Herrn!
(Sure 74, der Eingehüllte, al-muddaṯṯir)
(Hadīth)

Zugedeckt wollte er werden, weil ihn fror, denn er befürchtete, dass das Fieber ihn erfasst hatte. Aber es war nicht das Fieber, sondern Gott, der ihn ergriffen hatte. Deshalb sagte Allah, dass er die Decken von sich werfen solle wie die Überzeugungen eines falschen Lebens. Die Unreinheit zu meiden, bedeutet, sich vom **Götzendienst** fernzuhalten. In diesen Versen wird Moḥammed zum Propheten berufen. Er soll sich reinigen, den Herrn preisen und dessen Worte reinen Herzens allen Menschen verkünden, ohne dabei auf einen Lohn zu schielen.

Plötzlich kamen die Offenbarungen wieder über ihn, manchmal im Schlaf, manchmal im Traum, manchmal am Tag.

Manchmal kommt sie über mich wie Glocken-geläute. Das ist für mich die beschwerlichste Art der Offenbarung ... Manchmal erscheint mir der Engel in Gestalt eines Mannes, berichtete der Prophet darüber, wie Gottes Mitteilungen ihn erreichten (Hadīth). Denn er ist nicht wie Jesus Menschensohn und Gott, sondern ganz und gar Menschensohn, ganz und gar Mensch. Er muss eine Gewalt aushalten, die über die Kraft eines Menschen geht, die Gewalt des Gotteswortes. Moḥammed hatte Allahs Gegenwart auszuhalten. Im Judentum konnten das nur Abraham und natürlich Moses (S. 178). Das Empfangen der Offenbarung scheint deshalb ein körperlich ausgesprochen anstrengender Vorgang zu sein, weil der Mensch Gott aushalten musste, denn: *Als die Offenbarung vorüber war, tropfte ihm der kalte Schweiß von der Stirn.* (Hadīth)

Zunächst begann Moḥammed, im Jahr 610 in Mekka zu predigen. Seine ersten Anhänger, wenn man so will die Urgemeinde, bildeten Chadidscha, der ehemalige Sklave Zayd ibn Haritha, sein Cousin und Adoptivsohn Ali und der reiche Tuchhändler **Abu Bakr**. Sie werden alle später noch eine große Rolle spielen.

Da er öffentlich verkündete, dass der Sklave so viel wert sei wie sein Herr, wenn beide an Allah glaubten, missfiel das den reichen Familien in Mekka. Ihre Spione berichteten, dass die kleine Gemeinde, die sich um den Propheten scharte, zumeist aus Sklaven bestand. So mussten ihn die Oberhäupter der großen Familien des Stammes der Qureisch als gefährlichen Aufwiegler ansehen. Doch Moḥammed stand unter dem Schutz seiner Sippe.

Unverdrossen predigte er, was Gott ihm eingab, vom Jüngsten Tag, dem Tag des Gerichts, wo diejenigen, die nach Gottes Willen gelebt hatten, ins Paradies kommen, während die Ungläubigen und Sünder zur Hölle fahren würden. Er warnte die Menschen davor, in Geiz und Gier zu versinken, weil sie sich nur auf den Tag und auf diese vergängliche Welt konzentrierten. Aber diese Welt war für ihn lediglich eine Etappe, ein Durchgang zu einer anderen Welt. Die andere Welt aber würde ewig dauern und das eigentliche Ziel der irdischen Lebensreise beinhalten.

In diesen frühen Predigten in Mekka im Zeitraum von 610–622 nach Christus ging es vor allem um den Sinn des Lebens, um den rechten Glauben, um die Ewigkeit, den Lohn und die Strafe. In seinen öffentlichen Reden wurde er immer kompromissloser. Schließlich forderte er, dass im Zentralheiligtum der Araber, der Kaaba, nur noch Allah angebetet werden sollte. Er begründete diesen grundlegenden Anspruch damit, dass die schwerste Sünde, die Gott nicht vergibt, die ist, wenn man außer ihm noch andere Götter verehrt. Diese Sünde nennt er die

Sünde der Beigesellung (*shirk*), weil Gott andere Götter beigesellt werden:

Siehe, Gott vergibt nicht, dass ihm etwas beigesellt wird.

Doch was geringer ist als dies, das vergibt er, wem er will. (Sure 4, Die Frauen – an-nisā') Das also ist die einzige Sünde, die Allah nicht vergibt. Im Grunde deckt sich diese Sünde mit einem Verstoß gegen das zweite der Zehn Gebote, die Moses einst von Gott erhalten hatte (S. 159). Überhaupt stimmen die grundlegenden Gebote des Islams mit den Zehn Geboten der Juden und der Christen weitgehend überein. Nichts, was im mosaischen Gesetz verboten ist, ist im Islam erlaubt. Mohammed respektierte die Thora (S. 143 und S. 147).

Für die Familien des Stammes der Qureisch in Mekka stellte aber die Forderung des **Eingottglaubens** eine Bedrohung der Kaaba als religiöses Zentrum der arabischen Stämme und damit ihrer Einkünfte dar. Dass Mohammed die **Vielgötterei** als Todsünde geißelte und alle aufrief, sich dem einen Gott (Monotheismus), nämlich Allah, zu unterwerfen, betrachteten sie folglich als direkten Angriff auf ihre Macht. Denn die **Kaaba** galt als das anerkannte Zentrum der Vielgötterei schlechthin.

Die religiöse Krise der Vielgötterei in Arabien muss so groß gewesen sein, dass die Menschen zumindest bereit waren, über eine fundamental andere, ja vollkommen gegensätzliche Botschaft nachzudenken. Mohammed forderte schließlich, dass sich die Araber von ihren Göttern trennten, sie auch aus der Kaaba warfen und nur noch Allah verehren sollten.

Zuerst versuchten die Oberhäupter der großen Familie des Stammes, sich mit Mohammed auf gütlichem Weg zu einigen, indem sie mit seinem Onkel Abu-Talib verhandelten. Als das fehlschlug, suchten sie nach anderen Mitteln. Da aber Mohammed unter dem Schutz des mächtigen Abu-Talib stand, kamen sie vorerst nicht an ihn heran und mussten dem Treiben des Predigers zähneknirschend zuschauen. Aber die Angehörigen einfacher Familien, die sich zu ihm bekannten, wurden verfolgt, drangsaliert und auch getötet. Also schickte Mohammed im Jahre 615 elf Familien ins **christliche Abessinien**. Ein Jahr später folgten noch einmal einhundert Muslime.

Schließlich starben Chadidscha und Abu Talib. Von dieser Stunde an war Mohammed in Mekka seines Lebens nicht mehr sicher, denn die reiche Kauffrau Chadidscha und Abu Talib, der Hüter der Kaaba, verfügten über Ansehen und Macht im Stamm.

Im Juli des Jahres 622 floh er mit seinen Anhängern nach Yatrib. Die Stadt wurde später umbenannt in die Stadt des Propheten, Medina.

Heilige Orte

Unzweifelhaft ist der heiligste Ort des Islam **Mekka**, die Stadt des Propheten, die Stadt der **Kaaba**. Hier wurde Moḥammed geboren, hier befindet sich das Zentralheiligtum des Islams. Zu den religiösen Pflichten gehört die Pilgerfahrt nach Mekka, die von den Muslimen auch als *Mutter der Städte*, als *sichere friedliche Stadt*, als *Mutter der Barmherzigkeit* und als *das ganz Heilige* betrachtet wird.

Das gesamte Leben des Muslims ist nach Mekka orientiert, begonnen mit der Gebetsrichtung bis über den Tod hinaus, denn die Toten werden mit dem Gesicht nach Mekka begraben. Einmal im Leben muss der Muslim eine Wallfahrt nach Mekka unternehmen, um die Kaaba betend zu umkreisen. Das gehört zu seinen religiösen Pflichten.

Eine Pilgerfahrt umfasst 13 Tage. In dieser Zeit gelten folgende Regeln: Der Muslim verpflichtet sich beim Betreten von Mekka, die Wallfahrt oder den Pilgerbesuch durchzuführen und sich an die Regeln zu halten. Dann versetzt er sich in einen Weihezustand, indem er sich rituell reinigt, seine Kleidung ablegt und dafür ein etwa zwei Meter langes Tuch um die Hüften, ein anderes, gleich großes Tuch über die Schultern legt, sodass sich alle Pilger zumindest in der Kleidung gleichen. Die Tücher, mit denen der Muslim die Pilgerreise absolviert, werden einmal seine Totentücher sein. Nun folgen Gebete. Während des dreizehntägigen Weihezustandes hat sich der Pilger des Geschlechtsverkehrs, des Frevels, des Streites und der Gewaltanwendung zu enthalten. Er darf sich weder die Nägel noch die Haare schneiden.

Nun beginnt der Pilger mit der *tawaf*, nämlich mit der siebenmaligen Umkreisung der **Kaaba** entgegen dem Uhrzeigersinn. Die Umkreisung beginnt an der *jemenitischen Ecke*, die sich vor der Ecke befindet, in der der **Schwarze Stein** eingelassen ist. Dieser Stein ist in einer Höhe von 1,50 m über dem Boden in einen schwarzen Pfeiler eingelassen. Es heißt, ursprünglich sei er weiß gewesen, doch nachdem er die Sünden der Araber aufgenommen hatte, wurde er tiefschwarz. Ein zweiter, hellerer Stein (*der glückliche Stein*) ist im südlichen Pfeiler eingelassen.

Die Kaaba befindet sich links vom Pilger, und er geht so, dass er sich der Kaaba nähert, um den Schwarzen Stein zu küssen. Sollte ihm das nicht gelingen, weil zu viele Menschen die *tawaf*, die Umkreisung, unternehmen, so blickt er auf der Höhe des

Steins zu ihm und zeigt auch auf ihn. Die *tawaf* bringt zum Ausdruck, dass Gott der Mittelpunkt der Welt ist, um den sich alles bewegt.

Danach trinkt er aus dem Brunnen **Zamzam**.

Der Umkreisung schließt sich die *say* an. Die *say* ist eine Art Laufprozession. Dreimal läuft der Pilger zwischen den beiden Hügeln **Al-Safa** und **Al-Marwa** hin und zurück. Damit erinnert er an eine Episode, die sowohl im Alten Testament als auch im Koran erwähnt wird. Als Hagar mit ihrem Kind Ismail in die Wüste getrieben wurde, rannte sie, verzweifelt nach Wasser suchend, hin und her. Gott errettete sie aus ihrer großen Not, indem er ihr einen Brunnen schenkte.

Am 8. Tag schließt sich der Pilger einer kleinen Gruppe an und zieht zum **Berg Arafat**. Nach Sonnenaufgang erreicht er als Zwischenstation die Stadt Mina. Hier werden besondere Gebete gesprochen. Am 9. Tag erreicht er schließlich den Berg Arafat.

Das Stehen auf dem **Arafat**, dem Gnadenberg, von Mittag bis zum Sonnenuntergang, bildet den Höhepunkt der Wallfahrt. Man nennt diesen Ritus das Gott-Gegenüberstehen: *wuquf*. Ein Imam hält eine Predigt und erinnert an die Abschiedspredigt, die Moḥammed hier gehalten hat, bevor er nach Medina zurückgekehrt war und dort auch verstarb. Auf dem Berg tritt der Muslim vor Gott und bekennt seinen vollkommenen Gehorsam Gott gegenüber.

Nach Sonnenuntergang verlässt der Pilger den Berg und rastet in der Stadt Muzdalifa. Hier sammelt der Pilger 7, 47 oder 70 Steinchen und kehrt am 10. Tag nach Mina zurück. In **Mina** wird der Teufel symbolisch gesteinigt, indem auf drei Steinhaufen 7, 47 oder 70 Steine gelegt werden. Jetzt erfolgt das Schlachten eines Opfertieres, womit an das Opfer erinnert wird, das Abraham Gott darbringen wollte. Anschließend wird das Haar geschnitten. Damit ist der Weihezustand aufgehoben.

Die Wallfahrt folgt dem Muster der Abschiedswallfahrt Moḥammeds, die in den Hadīthen (S. 279) überliefert wurde.

Nach dem Besuch von Mekka soll der Pilger die 447 km entfernt liegende Stadt **Medina** besuchen, die ebenfalls als heilig gilt, weil hier der Prophet gewirkt hat und der Islam im Grunde von hier aus seinen Siegeszug antrat. Auch der Besuch von Medina folgt festen Regeln. Voraussetzung sind die rituelle Reinigung und das Anziehen sauberer Kleidung. Durch das **Gabrielstor** betritt der Pilger mit dem rechten Fuß zuerst die Stadt. Gebete werden gesprochen, der Prophet gepriesen und das Glaubens-

Das Pflichtgebet im Islam hat einen vorgeschriebenen Ablauf. Die Gebetsrichtung weist immer nach Mekka. Als Demonstration seiner vollkommenen Unterwerfung vor Gott kniet der Beter vor Gott und berührt mit seiner Stirn den Boden, dabei sagt er: »Gott ist groß.« Und fügt dreimal hinzu: »Preis sei meinem Herrn, dem Höchsten!«

bekenntnis abgelegt. In Medina liegt der Prophet begraben, aber auch die ersten beiden Kalifen. Wie Mekka gehört Medina zum **Haram**, zu denjenigen heiligen Stätten des Islams, die Nichtmuslime nicht betreten dürfen.

Wie für das Judentum und das Christentum ist **Jerusalem** auch für die Muslime eine heilige Stadt. Der achteckige **Felsendom** und die **Al-Aqsa Moschee** bilden den heiligen Bereich der Muslime. Der Felsendom wurde an der Stelle errichtet, an der sich ein Teil des Salomonischen Tempels befunden hatte. An dieser Stelle, auf dem Felsen in der Mitte des Domes, wollte Abraham das Opfer vollziehen, das Gott ihm schließlich erließ (S. 156). Von Mekka soll Moḥammed in einer Nacht nach Jerusalem gereist sein, wo er mit Abraham, Moses, Salomon und Jesus zusammentraf und betete, bevor er in derselben Nacht wieder heimkehrte.

Außerdem trat Moḥammed von hier aus seine Himmelsreise an. Im Felsendom ist der Fußabdruck des Propheten zu sehen, den er beim Aufstieg in den Himmel hinterlassen hat. An der Ostseite des Heiligtums befindet sich der Ring, an dem Moḥammed sein Reittier Buraq angebunden hat.

Die **Heiligen Orte der Schiiten** lassen sich in sieben Kategorien einteilen. Die bedeutendsten Heiligtümer sind die Grabmäler der Imame. Sie tragen goldene Kuppeln und befinden sich fast alle im Irak. In der **Heiligen Stadt Nadschaf** wird das Grab von Alī ibn Abī Tālib (S. 263) verehrt, dem Schwiegersohn und Cousin Moḥammeds, der unter einer goldenen Kuppel in einem silbernen Sarkophag begraben wurde.

In **Kerbela** steht das Grabmal des Enkels des Propheten und 3. Imams Husayn.

Der 7. und 9. Imam wurde in **al-Kazimiya** beigesetzt.

In **Samarra** am Tigris gilt die Stelle als heilig, an der der 12. Imam in die Verborgenheit einging, in der er sich seitdem befindet, so lange zumindest bis zum Tag seiner Wiederkehr.

Der ermordete Imam Ali ar-Ridza wurde aus politischen Gründen von dem Kalifen al-Ma'mun vergiftet. Die Stätte seiner Beisetzung im nordiranischen **Meschhed** hat sich zu einem Pilgerzentrum entwickelt. Schiiten aus Indien, aus Pakistan, aus dem Irak und aus der Türkei besuchen diesen heiligen Ort.

Die zweite Kategorie heiliger Orte betrifft die Grabmäler der Nachkommen der Imame. Zur dritten Kategorie zählen Gräber weniger bekannter Heiliger.

Hinzu kommen die Sufi-Heiligtümer, die heiligen Orte der islamischen Mystiker, der Sufis (S. 293 f.), wie beispielsweise der Ort **Mahan** im Iran, in dem der Mystiker Schah Nu'mat Allah Walli oder **Konya** in der Türkei, wo Rumi (S. 297) beigesetzt wurde.

Daneben existieren Heiligtümer, die weiblichen Heiligen gewidmet sind, wie das prächtige Grabmal der Tochter des 7. Imams, Fatima bint Musa al-Kazim, in **Qom** im Iran.

Schließlich werden heilige Orte verehrt, die christlichen oder jüdischen Ursprungs sind und von Muslimen mitbenutzt werden, wie das Heiligtum des Propheten Daniel in **Schusch**, dem alten Susa.

Der Auszug *(hidjra)*

Jahr und Tag des Auszuges Moḥammeds aus Mekka – der *hidjra* – markieren auch den Beginn der islamischen Zeitrechnung, des islamischen Kalenders. Das Jahr 622 ist das Jahr eins der Muslime, das Jahr, in dem der Siegeszug ihrer Religion begann, obwohl es nüchtern betrachtet eher eine Flucht weniger Familien war, die dem Tod zu entgehen suchten. Ob der Auszug wirklich so ehrenvoll und glänzend war, wie es in der islamischen Tradition scheinen mag, daran darf man zweifeln. Aber dass die Schmach zu einem Triumph, die Niederlage zu einem Sieg werden würde, das haben die nachfolgenden Ereignisse bewiesen.

In **Medina** war Moḥammed nun das Oberhaupt einer täglich größer werdenden Gemeinde. Jetzt spielten in den Predigten immer stärker juristische und politische Fragen, Fragen des praktischen Gemeindelebens und des Verhältnisses zu anderen Gemeinschaften eine Rolle. Was war im Sinne Allahs erlaubt, was galt als verboten?

Stärker als die Anhänger wuchs das Vermögen des Propheten. Zum einen zwang man die Juden zum Tribut und enteignete sie, zum anderen entwickelte sich der Überfall auf Karawanen, die nach Mekka zogen oder aus Mekka kamen, als einträgliches Geschäft. Und da das wachsende Vermögen dazu diente, den Ruhm und den Einfluss Allahs zu mehren, war es gottgefällig.

Moḥammed wandte sich von den Juden, die er nicht für sich gewinnen konnte, ab und formulierte den Anspruch des Islams, die letzte Offenbarung Gottes zu sein. Er berief sich auf den Stammvater Abraham, den ersten Hanifen. Die **Religion Abrahams** sei die einzig wahre Religion, die schon vor dem Judentum und dem Christentum existiert habe. Direkt aus dieser Religion sei der Islam hervorgegangen. So seine Lehre.

Damit hatte er die Ansprüche des Christentums und des Judentums zurückgewiesen. Auch wenn die Besitzer des Buches, die Juden und Christen, behaupteten, dass man Jude oder Christ werden müsse, stimmte das nicht, denn die wahre Religion sei die Abrahams gewesen.

Ihr Buchbesitzer (also Christen und Juden)*! Weshalb streitet ihr über Abraham?*
Wo doch Thora und Evangelium erst nach ihm herabgesandt wurden?

Es folgt die Zurechtweisung der Juden und Christen, die den wahren Glauben verdunkelt und verdorben haben:

Ihr da! Ihr habt gestritten über etwas,
wovon ihr Wissen habt.
Doch warum streitet ihr nun über etwas,
wovon ihr kein Wissen habt?
Gott hat Wissen, ihr aber habt kein Wissen!
Abraham war weder Jude noch Christ;

sondern ein wahrer Gläubiger, ein Gottergebener. (Sure 3, 66–67)

Nach der grundsätzlichen Kritik an den Juden und den Christen folgte die eigene Einsetzung als Gottes wahrer Prophet und Nachfolger Abrahams:

Sie, die Menschen, die Abraham am nächsten stehen,
das sind diejenigen, die ihm nachfolgten,
und dieser Prophet hier …
(damit meint Moḥammed sich …)
und diejenigen, die gläubig sind. (Sure 3, 68)
Denn: *Gott ist der Vertraute der Gläubigen.*

Der Beweis ist so einfach wie effektiv: 1. Abraham schuf die wahre Religion. 2. Diejenigen, die Abraham folgten, besitzen die wahre Religion. 3. Nur die Muslime folgten Abraham, also besitzen nur die Muslime die wahre Religion, denn:

Eine Gruppe von den Buchbesitzern wollte euch in die Irre führen.
Doch nur sich selber führen sie in die Irre, ohne es zu merken.
Ihr Buchbesitzer! Warum glaubt ihr nicht an die Zeichen Gottes,
wo ihr sie doch vor euch seht?
Ihr Buchbesitzer! Warum vermengt ihr die Wahrheit mit dem Nichtigen
und verbergt die Wahrheit,
wo ihr doch Wissen habt?
(Sure 3, 69–71)

Da aber die Religion Abrahams die einzig Wahre ist und die Juden und Christen sie entstellt haben, offenbarte sich Gott Moḥammed, um den Glauben richtigzustellen oder die Rechtleitung zu erneuern. Gott liebt den Muslim, weil er dem Weg Gottes, dem rechten Weg folgt. Deshalb nennt der Koran den makellosen, frommen, sich richtig verhaltenden Muslim den **Rechtgeleiteten**.

Insofern kann man Moḥammed nicht vorwerfen, dass er bei seinen Verkündungen aus der jüdischen und der christlichen Überlieferung schöpfte. Denn was er übernommen hatte, kam erstens ohnehin direkt von Gott, und zweitens waren das die unverfälschten Teile der Urreligion, wie sie im Christentum und Judentum überlebt hatten, auch wenn sie mit vielem Falschen vermengt worden waren. Die Nähe zu Judentum und Christentum erzwang andererseits die schroffe Distanzierung, um zu verhindern, dass man von diesen älteren Religionen aufgesogen wurde. Moḥammed ging notwendigerweise weiter. Nachdem sozusagen die Trennung von den anderen beiden Religionen theologisch – im Sinne der Glaubenslehre – vollzogen war, war es nun notwendig, die Trennung auch historisch, politisch und religiös zu vollziehen. Moḥammed verkündete, dass die Kaaba von Abraham und seinem Sohn Ismael erbaut worden war: *Damals als Abraham die Funda-*

mente von dem Haus errichtete mit Ismael (Sure 2, 127).

Mit dem Wort *Haus* ist die Kaaba gemeint. Die Gräber von Ismael und seiner Mutter Hagar verortete Moḥammed gleich neben der Kaaba. Das Heiligtum wurde also in der Frühzeit eigens für die Muslime errichtet. Später kamen die Polytheisten mit ihrem falschen Glauben und verdrängten die wahre Religion, die Moḥammed den Arabern im Auftrag Gottes nun wieder zurückbringt.

Die Mekkaner rüsteten zu einer Strafaktion gegen Moḥammed, unterlagen aber schließlich und unterwarfen sich 630, sodass Moḥammed die Kaaba in Besitz nehmen konnte. Die von den vielen Göttern verunreinigte Kaaba wurde von ihm gereinigt. Er warf sie einfach hinaus. Über 360 bildliche Darstellungen von Göttern wurden verbannt, denn der Koran, also Allah höchstpersönlich, verbot die bildliche Darstellung der Götter, auch seiner selbst.

Im Jahre 1979 besetzten Terroristen die Kaaba. Nachdem man sie stürmte, fand man im Boden heidnische Götterfiguren, die man dort vergraben hatte. Dieser Fund bestätigte die Angaben im Koran über die Idole, die man aus der Kaaba entfernte.

Ab diesem Tag im Jahr 630 wurde die Kaaba zum heiligsten Ort des Islam, an dem Allah, und zwar nur Allah, verehrt wurde und wird. Nun durften nur noch Muslime die Kaaba betreten. Deshalb gibt es in jeder Moschee eine Gebetsnische, die an jedem Ort der Welt immer die Richtung nach Mekka angibt. Denn dorthin, zum Zentralheiligtum, wenden sich die Muslime zum Gebet.

Um das Jahr 631 traten dann verstärkt die arabischen Stämme in der Wüste zum Islam über.

Heilige Schriften

Der **Koran** ist nach islamischer Auffassung die letzte und endgültige Offenbarung, die Gott, Allah, durch den von ihm ausgewählten Propheten Moḥammed den Menschen zuteilwerden ließ. Seine Sprache ist arabisch. Allerdings ist es das Arabisch des 9. Jahrhunderts, also das, was in unserer Sprache das Althochdeutsche ist. Da die Sprache des Korans nicht von Zeit zu Zeit der Sprachentwicklung angeglichen wurde, wie man es mit der Bibel tat (weil er Gottes Wort enthält, an dem nichts verändert werden darf), ist der Koran für einen durchschnittlich gebildeten Araber schwer verständlich. Da ihm aber der Koran ausgelegt wird und viele Sätze als Sprichwörter in die Alltagssprache eingegangen sind, ist er dem normalen Gläubigen auch nicht vollkommen unverständlich. Hinzu kommt, dass die Suren des Korans zwar befragt, aber nicht hinterfragt werden, wie es in der aufklärerischen Tradition Europas mit der Bibel geschieht.

Das Wort Koran, auf Arabisch: *qur'an*, wird von dem Verb *qura'a* abgeleitet, das so viel wie vorlesen, vortragen bedeutet, demzufolge heißt Koran das *Vorzutragende, das Vorzulesende*. Es gibt noch eine andere Herleitung, die das Wort Koran auf den syrisch-aramäischen Begriff *qerjana* bezieht, der in der syrisch-christlichen Kirche die Schrift bezeichnete.

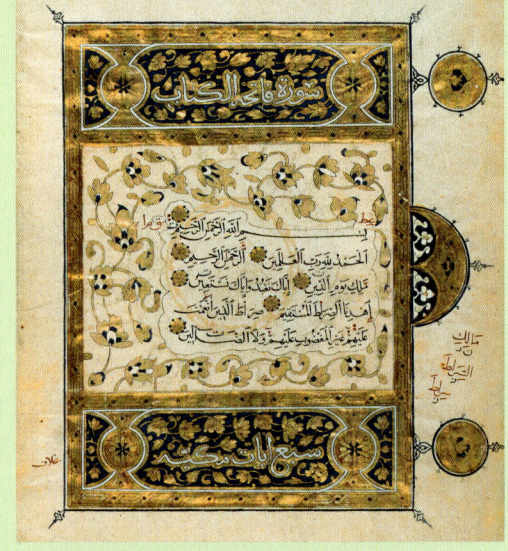

Der Koran bezieht sich auf das Alte und auf das Neue Testament. Er stellt sich bewusst in diese Traditionslinie. Aus dem Alten Testament wurden viele Themen und Darstellungen übernommen, so z. B. die Erschaffung der Welt, die Erschaffung der Menschen (Adam und Eva, Paradies, Sündenfall, Söhne Adams, Sintflut), die Patriarchengeschichte (Abraham, Lot, Josef), Geschichte Israels (Moses, Stoffe aus der Zeit der Könige), der Engel Gabriel, Propheten wie beispielsweise Elija, Elischa und Jona. Der Abraham des Alten Testaments wird auch als der Stammvater der Araber gesehen.

Jesus gilt als Prophet wie Moḥammed, mit dem einen, aber wich-

Der Koran stellt Gottes Wort dar, wie es Moḥammed offenbart worden war. Deshalb besitzt der Koran göttliche Autorität. Wer sich am Koran vergreift, vergreift sich an Gott. Wertvolle Ausgaben entstanden, in denen die Kunst des Schreibens, die Kalligrafie, einen Höhepunkt erreichte.

tigen Unterschied, dass Moḥammed der Letzte der Propheten ist und seine Botschaft damit endgültig und ihr nichts mehr hinzuzufügen ist. Aus dem Neuen Testament finden sich die Geschichten um Johannes den Täufer, Maria und Jesus wieder. Das ist für den Islam aus zwei Gründen unproblematisch. Erstens geht der Koran von einer Ur-Offenbarung aus, die dann später von den Menschen vergessen wurde. Die Ur-Offenbarung und der Ur-Pakt, der gebrochen wurde, liegen zeitlich weit vor dem

Judentum und natürlich vor dem Christentum. Deshalb ist die Anfangsgeschichte bis zur Berufung des Propheten Moses ohnehin Gemeingut, Teil der Ur-Offenbarung. Zweitens erkennt der Islam jüdische Propheten und Jesus durchaus an, die genau das vorher unternahmen, was Moḥammed tat, nämlich den Menschen Gottes Wort zu bringen, ihnen ins Gewissen zu reden und sie von ihrem falschen und verderblichen Weg abzubringen. Allerdings wird Moḥammed als der Letzte, als »das Siegel« der Propheten angesehen. Mit der von ihm verkündeten Offenbarung Gottes, die der Koran darstellt, ist alles gesagt. So besagt Sure 6, 38: *Nichts ließen wir im Buch unbeachtet.* Es ist nicht erforderlich, einen weiteren Propheten zu finden und der Offenbarung etwas hinzuzufügen. Allah ist der einzige Gott und Moḥammed der Letzte der Propheten.

Das Buch ist unterteilt in 114 Suren (Abschnitte), die Moḥammed gepredigt hatte. Die Suren werden in Verse *(ayat)* unterteilt. Das arabische Wort *ayat*, das wir mit *Vers* übersetzen, bedeutet eigentlich *Zeichen*, weil der Koranvers ein Zeichen der Allmacht Gottes ist. Denn im Koran heißt es: *Es gibt keinen Gott außer mir, so dienet mir!* Und: *Wenn Er eine Sache beschlossen hat, sagt Er zu ihr nur: Sei!, und sie ist.*

Vor 29 Suren stehen einzelne Buchstaben, die bis heute niemand trotz intensiven Nachdenkens erklären kann und die deshalb als geheimnisvoll gelten. Jede Sure, mit Ausnahme der Sure 9, beginnt mit der *basmala*, der Eingangsformel: *Im Namen Gottes, des Erbarmers, des Barmherzigen.*

Über die konkrete Entstehung des Korans existieren verschiedene Theorien. Bei der Erforschung der Bibel haben westliche Wissenschaftler die *historisch-kritische Methode* angewandt. Muslimische Islamwissenschaftler lehnen diese Methode ab, weil sie nicht von dem Grundsatz ausgeht, dass der Koran Gottes Wort ist, das Moḥammed offenbart wurde und das er korrekt wiedergegeben hat. Die historisch-kritische Methode interessiert sich nicht für Festlegungen. Sie fragt nach der Beschaffenheit von Texten und deren Ursprüngen. Die historisch-kritische Methode ähnelt der Archäologie in ihrer Analyse der Schichten eines Textes, weil sie mit wissenschaftlichen Methoden die Sprachschichten eines Werkes untersucht und deshalb in der Lage ist, zum Beispiel an den verwendeten Worten des Textes dessen Alter festzustellen. Ob göttlich veranlasst oder nicht, sie interessiert die konkrete sprachliche Gestalt. Dadurch kann man die Entstehung des Korans zeitlich nachvollziehen. Dieses Herangehen bedeutet für orthodoxe Muslime aber bereits Gotteslästerung. So besteht Uneinigkeit darüber, ob der Kanon an Texten, den der Koran darstellt, komplett von Moḥammed stammt, oder ob auch spätere Texte, die in den Gemeinden entstanden sein könnten, Eingang in den Kanon fanden. Im Neuen Testament finden sich in den Evangelien die Worte Jesu. In der späteren Gemeindearbeit entstanden beispielsweise die Briefe des Apostels Paulus, die einen weiteren Teil des Neuen Testaments bilden. Westliche Forscher stellen die Frage, ob es bei der Entstehung des Korans einen ähnlichen Vorgang gegeben haben könnte. Das mag vielleicht nicht göttlicher, aber historischer Logik entsprechen.

Weitgehend akzeptiert unter den Fachleuten ist folgende Entwicklung: Unter dem dritten Kalifen Utman ibn Affan, der von 644 bis 656 regierte, wurde eine verbindliche Sammlung von Suren festgelegt. Moḥammeds Sekretär Zayd ibn Thabit hatte viele Suren, die Moḥammed gepredigt hatte, notiert, andere trug man aus der Erinnerung zusammen. So bildete sich ein Urtext heraus. Allerdings entstand in dieser Zeit erst die arabische Schrift, die nur Zeichen für die Konsonanten besaß, nicht aber für die Vokale. So sieht beispielsweise das Wort loben in der Konsonantenschrift so aus: *lbn*. Das konnte dann aber auch laben, leben oder lieben heißen, denn ob »o« oder »a«, ob »e« oder »ie«, die Vokale, wurde ja nicht angegeben. Die Koranleser (*qari*), die Vorleser, mussten sich beim Vorlesen zu einer Bedeutung durchringen. Im konkreten Fall hatten sie sich zwischen *leben, laben, loben oder lieben* zu entscheiden. Nun ging oft aus dem Sinnzusammenhang hervor, ob es, um im Beispiel zu bleiben, *leben, laben, loben oder lieben* hieß, aber eben nicht immer. Als Schwierigkeit trat hinzu, dass es für die insgesamt 28 Konsonanten nur 18 Schriftzeichen gab. Dadurch konnte es zusätzlich zu Missverständnissen und Verwechslungen kommen. Praktisch muss man sich das beispielsweise so vorstellen: In einer Konsonantenschrift würde das Wort *leben* so aussehen: *lbn*, weil nur die Konsonanten und nicht der Vokal »e« niedergeschrieben würde, weil es für die Vokale »a, e, i, o, u« keine Buchstaben gab. Wenn der Buchstabe »l« für die Konsonanten »g« und »l« gleichermaßen stand, konnte das Wort *lbn* aber auch geben oder leben heißen. Aus der Niederschrift *lbn* ergeben sich also auf den ersten Blick z. B. die Wortmöglichkeiten: *leben, laben, loben oder lieben*, aber auch *geben* und *gaben*. Die Entscheidung dafür oblag dem Vorleser.

Der Gelehrte Ibn Mugahid (gestorben 936) legte sieben unterschiedliche Lesarten, eine aus Mekka, eine aus Medina, eine aus Damaskus, eine aus Basra und drei aus Kufa schließlich als verbindlich fest. Die aus Kufa stammende Lesart des Asim nahm eine gewisse Vorrangstellung ein. Sie gewann in der neueren Zeit noch eine weitaus größere Bedeutung, weil sie die erste Koranausgabe war, die gedruckt wurde, nämlich im Jahr 1924 in Kairo.

Den Redakteuren des Korans stellte sich das Problem, wie sie die einzelnen Offenbarungen, die Moḥammed hinterlassen hatte, ordnen sollten. Sie verfuhren nicht nach inhaltlichen Kriterien, sondern nach einer sehr einfachen Methode: Sie ordneten die Suren nach ihrer Länge, am Anfang die längsten Suren, am Schluss die kürzesten. Eine Ausnahme von dem Prinzip bildet die grundlegende Eröffnende Sure:

Im Namen Gottes, des Erbarmers, des Barmherzigen.
Lobpreis sei Gott, dem Herrn der Weltbewohner,
dem Erbarmer, dem Barmherzigen,
dem Herrscher des Gerichtstages!
Dir dienen wir, dich rufen wir um Hilfe an.
Leite uns den rechten Weg,
den Weg derer, denen du gnädig bist,
nicht derer, über die gezürnt wird,
noch derer, welche irregehn!
(Sure 1, Die Eröffnende, al-fatiha)

In den folgenden 113 Suren wird dem Muslim erklärt, wie er dem »geraden« oder dem »rechten« Weg bis in den konkreten Alltag hinein folgt, und was geschieht, wenn er auf den Weg des Zorns abbiegt. Der Koran ist für die Muslime ein Rechtsbuch, ein Buch der Entscheidungsfindung, ein Ratgeber, ein Lektionar, ein Buch also, aus dem vorgelesen wird, ein Nachschlagewerk, ein Lesebuch, es ist Erinnerung und stete Mahnung und schließlich vor allem und in allem *die Urkunde der göttlichen Botschaft*.

Zu den Heiligen Schriften müssen auch die Hadīthe gezählt werden. Nach dem Koran sind diese Berichte über die Taten und Aussprüche des Propheten Moḥammed (*hadīth*) die Quelle für den richtigen Weg (*sunna*) des Muslims. Auch die Rechtsschulen des Islams (S. 291) berufen sich in ihren Entscheidungen und Gutachten (*fatwa*) auf die Hadīthe. Moḥammeds Taten und seine Meinungen gelten als vorbildlich und helfen dem Muslim beim Verständnis und der konkreten Auslegung des Korans für die Fragen und Anforderungen des täglichen Lebens. Mit der Zeit erwuchs allerdings eine unüberschaubare Flut an Überlieferungen, sodass es notwendig wurde, sie zu ordnen und zu bewerten. Das wichtigste Kriterium bezieht sich auf die Authentizität, auf die Echtheit, d. h. die Episode, die man von Moḥammed erzählte, musste wirklich geschehen sein, den Ausspruch, den man überlieferte, musste der Prophet auch wirklich getan haben. Es galt, Wahrheit von Legende zu scheiden. So teilte man die Überlieferungen zunächst grob in drei Gruppen:

- echte, authentische, **sahih** genannt,
- schöne, die aber nicht vollkommen zuverlässig waren, aber durch ihre Schönheit überzeugten, **hasan** genannt
- und die unzuverlässigen, bedenklichen: **daif**.

Eine Überlieferung gilt als echt, wenn der Inhalt nicht dem Koran widerspricht und die Kette der überliefernden Gewährsmänner (Zeugen) lückenlos ist. Alle Gewährsmänner der Überlieferungskette müssen fest im Glauben und tadellos in ihrem religiösen Verhalten sein. Außerdem wird erwartet, dass sie mehr als eine Überlieferung weitergegeben haben. Das bürgte dafür, dass sie auch intellektuell in der Lage waren, den *hadīth* richtig zu verstehen und korrekt weiterzugeben. Eine vollständige Überlieferung beginnt etwa so: *Ich, A, hörte B sagen, dass C erzählt habe, dass er von G erfuhr ... dass T an dem Ort soundso stand, an dem der Prophet vorbeikam und sagte ...* Und von A bis T müssen Zeugnisse ihrer Rechtschaffenheit und Zuverlässigkeit vorliegen.

Im 9. Jahrhundert wurden die *Hadīthe* zu Sammlungen zusammengestellt. Die Wichtigsten sind:

- al-Bushārī (810–870), der Mann aus Buchara
- Muslim (817/821–875)
- Abu Dawud (817–888)
- al-Tirmidhi (gest. zwischen 883 und 892)
- Ibn Madja (824–886)
- al-Nasa'i (gest. 915).

Die Überlieferung bildet das Bindeglied zwischen dem Koran und dem Alltag der Muslime, grob gesprochen eine Art Gebrauchsanweisung, die hilft, das tägliche Leben in Einklang mit Gott zu meistern.

Innenhof der Umayyaden-Moschee in der syrischen Provinz Aleppa.

Der Sieg

In Windeseile breitete sich der Islam zunächst in Arabien aus und einte die arabischen Stämme. Bald reichte sein Einfluss von Nordafrika bis Persien und wurde zur ständigen Bedrohung des Byzantinischen Reiches.

Am 8. Juni 632 starb Moḥammed in Medina. Nach seinem Tod stand die muslimische Gemeinde vor der Frage, wer sie führen sollte. Da es aber keinen zweiten Propheten geben konnte, nachdem Moḥammed bereits der endgültige Prophet war, der letzte und wichtigste, führte man das Amt des **Kalifen** ein, des Stellvertreters der Propheten.

Schwierige Zeiten brachen an. Es gab Streit darüber, wer Kalif werden sollte. Hinzu kam, dass viele arabische Stämme glaubten, mit dem Tod Moḥammeds wäre ihr Vertrag mit Medina beendet, denn sie hatten sich lediglich Moḥammed als geistigem Führer unterworfen. Schließlich wurde **Abu Bakr** zum Kalifen, zum Stellvertreter des Propheten gewählt. Abu Bakr gehörte nicht nur zur frühen Gefolgschaft des Propheten, sondern war auch als Vater von Moḥammeds zweiter Frau Aischa der Schwiegervater Moḥammeds.

Er ist der erste der sogenannten **vier rechtgeleiteten** Kalifen, der *ar-Rashidun*. In den Jahren 632 und 633 führte Abu Bakr die Kriege der *ridda* (des Abfalls) gegen die abtrünnigen Stämme. Aus diesen Kriegen ging der erste Kalif gestärkt hervor. In der Folgezeit trieb er die Verbreitung des Islams mit militärischen Mitteln voran. Muslimische Heere eroberten die arabische Halbinsel und stießen bis Damaskus und Kufa vor. Damit drangen die Muslime ins Byzantinische Reich und in das persische Sassanidenreich ein.

Auf Abu Bakr folgte **Umar ibn al-Hattab** als zweiter rechtgeleiteter Kalif. Unter seiner Herrschaft eroberten die muslimischen Heere 635 Damaskus, 638 Jerusalem, 641 Fustat (Kairo) und 642 Alexandria. Die Bevölkerung der unterworfenen Gebiete wurde zum Islam bekehrt. Nur den Juden, den Christen und den Zoroastriern als Leuten des Buches wurde gestattet, ihre Religion beizubehalten. Sie galten fortan als *dhimmis*, als **Schutzbefohlene**. Sie besaßen keinerlei Rechte und hatten eine Kopfsteuer zu entrichten.

Nach Umars Tod im Jahr 644 folgte der fromme, aber schwache Utman ibn Affan. Dennoch erwarb er sich große Verdienste. Er sorgte nämlich dafür, dass Mohammeds mündliche Verkündigungen gesammelt und schriftlich niedergelegt wurden. Diese Sammlung der Worte Gottes, die er Mohammed offenbart hat und die der Prophet dann predigte, wurde zur Heiligen Schrift des Islams, zum Koran. Utman ibn Affan setzte Verwandte in wichtige Positionen ein. Zum Gouverneur von Damaskus erhob er Mua'wiya. Im Jahr 656 eroberten dann Rebellen sein Haus und ermordeten ihn.

Nun brach die große Stunde Alis ibn Abi Talib an, jenes Cousins Mohammeds, der auch mit der Tochter des Propheten, mit Fatima, verheiratet war. Seine Anhänger glaubten, dass er bereits nach Mohammeds Tod dessen Nachfolger hätte werden müssen. Doch kaum war er im Amt, erhob sich ein gefährlicher Gegner, der Gouverneur von Damaskus, Mua'wiya, gegen ihn. Im Jahr 661 wurde Ali ermordet und Mua'wiya wurde Kalif. Er begründete eine Dynastie der Umayyaden, die bis 750 herrschte. Mua'wiyas Sohn Yazid ließ 680 einen Aufstand im Irak niederschlagen, wobei Alis Sohn Husayn in Kerbela getötet wurde. Die irakischen und iranischen Anhänger Husayns sahen in dem gefallenen Anführer einen Märtyrer. Sie bildeten fortan die Schia Ali, die Partei Alis. Von dieser Schia leitet sich der Name *Schiiten* her. Die Schiiten waren und sind fest davon überzeugt, dass die Nachfolge Mohammeds in der Familie des Propheten begründet liegt und erblich ist. Diese Auffassung teilen die Sunniten nicht, sie folgen allein der **Sunna**, der Lebens-

und Glaubensregel für den Muslim, wie sie im Koran, in den Hadithen und im Recht zum Ausdruck kommt.

Im Mittelalter erreichte der Islam seine größte Ausbreitung: vom fernen Osten, über Persien, Anatolien, Arabien, Palästina, Nordafrika bis Spanien. Durch den Prozess der Reconquista (Rückeroberung) im ausgehenden Mittelalter wurden die Muslime wieder aus Spanien verdrängt.

In der aktuellen Auseinandersetzung zwischen Muslimen und Christen werden die Christen gern von muslimischer Seite als **Kreuzfahrer** bezeichnet. Aus rein historischer Sicht ist der Begriff des Kreuzfahrers allerdings relativ. Das Mittelalter war ein Zeitalter der religiös verbrämten Eroberungen. Hierin unterschieden sich Muslime nicht von Christen. Die muslimische Expansion nahm im 7. Jahrhundert ihren Anfang und erreichte mit dem Fall von Konstantinopel im Jahr 1453 ihren ersten Höhepunkt. Islamische Heere standen im Jahre 1683 sogar vor Wien. Den Kreuzfahrern kamen die Halbmondreiter entgegen.

Jerusalem galt immer als Heilige Stadt der Juden, der Christen und der Muslime.

Rituelle Gegenstände

Da der Islam vom Koran lebt, spielen rituelle Gegenstände bei ihm keine große Rolle. Der Koran als Mittelpunkt des Glaubens ist somit auch der wichtigste Kultgegenstand, denn es gibt reich ausgestattete Handschriften mit kostbaren Buchmalereien. Da man Gott nicht darstellen darf, hat sich eine besondere Kunst entwickelt, die Kalligrafie (Schönschrift). In der Schrift verwirklicht sich die Meditation, das Nachdenken über Gott. In der Kalligrafie existiert eine ganz eigene Art der Meditation. Die Schriftzüge zu malen oder sie zu betrachten, ist Gottesdienst, da in ihnen ja das Wort Gottes lebt.

Durch das Gebet wendet sich der Gläubige an Gott. Das Pflichtgebet ist fünfmal am Tag mit festgelegten Körperhaltungen durchzuführen. Es ist in Gebetseinheiten unterteilt. Das Mittags-, Nachmittags- und Nachtgebet enthält jeweils vier Gebetseinheiten, das Abendgebet drei und das Morgengebet zwei Einheiten. Aber um im Gebet vor Gott zu treten, muss der Muslim rein sein. Diese kultische Reinheit erreicht man durch eine rituelle Waschung, entweder als Teilwaschung (Gesicht, Kopf, Füße, Hände) oder als Vollwaschung. Man benutzt Wasser. Sollte kein Wasser vorhanden sein, so ist auch das Reinigen mit sauberem Sand gestattet. Deshalb be-

Zu den religiösen Pflichten der Muslime gehört vor Betreten der Moschee die rituelle Waschung: Waschen der Hände bis einschließlich der Handgelenke, Ausspülen des Mundes, Reinigung der Nase durch Inhalieren und Ausblasen von Wasser, Waschen des Gesichtes einschließlich Stirn und Kinn, Befeuchten des Haupthaares und der Ohren, schließlich Waschen des rechten und danach des linken Fußes und der Knöchel.

finden sich vor den Moscheen Wasserbecken oder Brunnen. Auch der Ort des Gebets muss rein sein, beispielsweise die Moschee. Dennoch kann der Muslim überall beten, wenn er einen kultisch reinen Gebetsplatz schafft, beispielsweise durch das Ausbreiten eines Gebetsteppichs.

Die Gebetsnische (*mihrab*) in der Moschee weist immer zur Kaaba nach Mekka. Auch wenn der Muslim nicht in der Moschee betet, muss er sich nach Mekka wenden.

Das rituelle Pflichtgebet hat einen festgelegten Ablauf. Die Waschung sorgt auch dafür, dass der Gläubige innerlich rein und reuemütig ist. Die Bereitschaft zur Reue reinigt ihn innerlich. Der Beter richtet seinen Blick (*qibla*) zur Kaaba nach Mekka. Er muss den Zustand des Alltags verlassen und in den Zustand der Weihe eintreten. Er sagt: *Gott ist größer.* Damit verspricht der Beter, dass er das Gebet bis zum Ende durchführen will und alles vermeiden wird, was dem Gebet entgegensteht, wie essen, trinken, lachen, sich unterhalten, an etwas anderes denken, sich zu viel bewegen. Jetzt beginnt eine Gebetseinheit. Sie besteht aus:

Der Rezitation: Im Stehen spricht der Betende: *Preis sei dir, mein Gott, und Lob sei dir! Gebenedeit sei dein Name und erhaben sei deine Herrlichkeit! Es gibt keinen Gott außer dir! Ich suche meine Zuflucht bei Gott vor dem gesteinigten Satan.* Dann rezitiert er die Eröffnungssuche *al-fatiha* des Korans und schließt mit *Amen.*

Der Verbeugung: Der Beter verbeugt sich, legt die Hände auf seine Knie und sagt: *Gott ist größer.* Dreimal betet er: *Preis sei meinem Herrn, dem Großartigen.* Sich wieder aufrichtend, fügt er hinzu: *Gott erhört den, der ihn lobt. Gott, unser Herr, lob sei dir!*

Dem Niederknien: Zum Zeichen seiner Unterwerfung unter den Willen Gottes kniet der Beter nieder und legt seine Stirn auf den Boden. Er sagt: *Gott ist größer.* Und dreimal: *Preis sei meinem Herrn, dem Höchsten!* Er setzt sich auf seine Fersen und sagt: *Gott ist größer.* Und betet: *Mein Gott, vergib mir, erbarme dich meiner, leite mich recht, bewahre mich und gib mir meinen Lebensunterhalt! Mein Gott, vergib mir!* Er wiederholt die ganze Prozedur. Damit ist die Gebetseinheit beendet. Es steht dem Beter frei, nach der Eröffnungssure am Anfang weitere Suren des Korans zu beten.

Zum Schluss betet er das Bezeugungsgebet (*tashahhud*). Nun kann der Beter weitere Gebete hinzufügen und Bitten äußern. Schließlich grüßt er nach rechts und links und sagt: *Der Friede sei über euch und die Barmherzigkeit Gottes.* Der Zustand der Weihe ist aufgehoben.

Der *tasbih* ist die Gebetskette, die die Muslime von den Indern übernommen haben (S. 67). Sie ist oft aus Holzperlen gemacht und besteht aus 33 oder 99 Perlen. Es dient dem *dhikr*, dem Denken an Gott. Des Menschen Herz ist wie ein verschmutzter Spiegel. Durch das Denken an Gott wird es wieder rein. Man denkt an Gott, indem man seine 99 Namen nennt. Mithilfe des *tasbih* werden die Namen Gottes und die Gebetsformeln abgerufen, die da lauten: *Gott ist größer, erhaben ist Gott, Gelobt sei Gott.*

Das Gebet findet in der Moschee auf dem Gebetsteppich statt, um zu vermeiden, dass der Betende, wenn er sich Gott unterwirft, mit Unreinem Kontakt hat. Im Freien wird kein Gebetsteppich verwandt, weil das Werfen in den Staub als Zeichen der Unterwerfung gilt.

Der Koran

Mohammed hatte die Offenbarungen nicht aufgezeichnet, und Allahs Verkündigung lief Gefahr, ungenau überliefert und vergessen zu werden, zumal diejenigen, die Mohammed noch predigen hörten, auch nach und nach verstarben. Der Feldherr Umar riet dem ersten Nachfolger Mohammeds, dem Kalifen Abu Bakr, die Offenbarungen des Propheten niederschreiben zu lassen. Abu Bakr beauftragte **Zayd ibn Haritha**, den Sekretär Mohammeds damit, den **Ur-Koran** zusammenzustellen. Dabei bediente sich Zayd eigener Mitschriften, die er während der Predigten Mohammeds angefertigt hatte. Nach Abu Bakrs Tod wurde Umar Kalif. Der bat seine Tochter Hafsa, eine von Mohammeds Witwen, eine Sammlung herzustellen. Der **Kalif Utman**, der dritte Stellvertreter des Propheten, beauftragte erneut Zayd ibn Haritha mit der Redaktion, sodass nun der Ur-Koran zwischen 650 und 656 abgeschlossen wurde.

Was für die Christen Jesus ist, bedeutet für die Muslime der Koran: der Weg zu Gott, die **Mitte des Glaubens**. Gleich in der zweiten Sure wird verkündet, wie und als was der Koran zu verstehen ist:

Dies ist das Buch, in dem kein Zweifel ist –
Es ist Geleit für Gottesfürchtige.

Die an das Verborgene glauben, die das Gebet verrichten
und die von dem, womit wir sie versorgten, spenden,
die an das glauben, was auf dich und was vor dir herabgesandt,
und die Gewissheit über das Jenseits haben, die sind von ihrem Herrn geleitet, und sie sind die, denen es wohlergeht.

Wie also kamen Gottes Wort und Wille ins Buch? Im Glaubensbekenntnis der Muslime heißt es hierzu:

Ich bezeuge, es gibt keinen Gott außer Gott, und Mohammed ist der Gesandte Gottes.

Im Islam gilt der Koran als das **Heilige Buch**, als der Heilige Text, als die letzte und endgültige Offenbarung, in der Gott seinen Willen verkündet, damit die Menschen danach leben. Im Gottesdienst wird aus dem Koran vorgelesen. Das ist die Aufgabe der Vorbeter (Imame). Islam bedeutet Hingabe, und mithin Unterordnung unter oder Hineinfinden in den Willen Allahs.

Der Islam ruht auf **fünf Säulen**:
1. das Glaubensbekenntnis,
2. das Pflichtgebet, das fünfmal am Tag zu verrichten ist,
3. das Fasten im Monat Ramadan,
4. die Sozialabgabe,
5. die Wallfahrt nach Mekka zur Kaaba.

Der Koran legt den Muslimen diese Pflichten mit göttlicher Autorität auf. Insofern bestimmt dieses Buch den Alltag von einer Milliarde Menschen auf der Welt, die Muslime sind. Um den Menschen seinen Willen ein letztes Mal darzutun, und zwar in der richtigen Weise, wählte Gott Moḥammed aus, der den Muslimen als der Letzte der Propheten gilt. Vor ihm sandte Gott bereits Noah, Abraham, Moses und Jesus, nur haben leider nach Ansicht des Korans die Juden und die Christen Gottes Offenbarung verdreht und verfälscht. Deshalb war es notwendig, einen neuen Propheten zu schicken, der alles richtigstellt. Insofern ist es kein Zufall, dass der Koran oft das Wort von der »Rechtleitung«, von den »Rechtgeleiteten« benutzt.

Grundsätzlich vertritt der Koran die Willensfreiheit des Menschen. Er ist frei, sich zum Guten oder zum Bösen zu entscheiden. Aber eines steht dabei außer Frage. Das Böse kommt nicht von Gott. Dafür liegt die Verantwortung beim Menschen:

Was dich an Gutem trifft,
das ist von Gott,
und was dich an Schlimmem trifft,
das ist von dir selber.
(Sure 4, Die Frauen – an-nisā', 79)

Der Koran selbst gilt als von Gott geschaffen und nicht vom Menschen verfasst. Ihm widerspruchslos und in völliger Hingabe zu folgen, gilt als Weg des Muslims.

Sekten

Die **Ismailiten** sind Schiiten, die sich von dem Sohn des 6. Imams Dja'far al-Sadiq, von Ismail, herleiten, den sie für den siebenten Imam halten. Da für die Ismailiten die Reihe der Imame mit dem siebenten endet, werden sie auch Siebener-Schiiten oder Siebener-Schia genannt. Für sie ist der Imam nicht in der Verborgenheit wie für die Zwölfer-Schia, sondern er ist in der Welt aktiv. Sie unterliegen einer strengen Gehorsamspflicht. Den Koran sehen sie in doppelter Gestalt. Er besitzt eine offene, äußere Bedeutung, die jedem Menschen zugänglich ist, und eine verborgene, innere, die für viele verschlossen bleiben muss. Die innere Lehre des Korans ist nur dem Imam oder dem von ihm beauftragten Missionar zugänglich. So entstand eine Geheimlehre, die nur dem innersten Kreis der Gläubigen bekannt gemacht wurde und so dem Zusammenhalt dieser Glaubenselite diente.

Der Glauben wurde von Missionaren besonders unter ärmeren, politisch und sozial benachteiligten Bevölkerungsgruppen verbreitet. Zeitweilig gelangten sie auch zur Herrschaft, wie beispielsweise die Dynastie der Fatimiden in Nordafrika von 909 bis 1171. Besondere Berühmtheit erlangte Hasan-i-Sabah, besser bekannt als der Alte vom Berge. Im Jahr 1090 führte er einen Aufstand an, der aber scheiterte. Daraufhin zog er sich mit einigen Getreuen in eine unzugängliche Bergfestung zurück. Hier erfand er eine Kampftechnik, die bei Muslimen und Christen gleichermaßen Schrecken auslöste. Hasan-i-Sabah erfand den Terrorismus. In seiner Bergfestung Alamut im Daylam Gebirge in Persien bildete er Attentäter aus, die er in die Welt schickte, um seine Gegner durch Mord auszuschalten oder einzuschüchtern. Es kam sogar vor, dass sie längere Zeit in der Nähe ihrer künftigen Opfer verbrachten, weil sie erst deren Vertrauen erringen mussten, um sie töten zu können. Da ihnen der Alte vom Berge alle Freuden des Paradieses für diese Gott wohlgefälligen Morde versprach, kümmerte es sie auch nicht, wenn sie nach dem verübten Attentat starben. Sie waren sich ohnehin sicher, dass sie im Paradies von schönen Jungfrauen erwartet wurden. Es hieß, der Alte hätte den potenziellen Meuchelmördern Haschisch eingeflößt, damit sie in ihren Drogenträumen das Gefühl bekämen, im Paradies zu sein. Aus diesen Träumen, die sie mit der Realität verwechselten, erwacht, sehnten sie sich nur danach, ins Paradies zurückkehren zu dürfen. Der Weg dorthin aber führte über das Attentat. Man nannte sie auch *hasisi* – Haschischesser. Deshalb hießen sie auch Assassinen. Noch heute leitet sich im Französischen oder im Englischen das Wort für Mörder (*assassin*/*assassin*) von diesen mittelalterlichen Killern her.

Die Drusen führen sich auf den Fatimiden-Herrscher Al-Hakim bi-Amr Allah (996–1021) zurück, der in Kairo residierte. Al-Hakim hielt sich für ein gottähnliches Wesen, das über allem, auch über Gut und Böse, in der Welt stand. Er wurde von den politischen Eliten getötet, weil man verhindern wollte, dass die religiöse Leidenschaft Al-Hakims die Dynastie in Schwierigkeiten brachte. Seine Anhänger meinten aber, dass er in die Verborgenheit gegangen sei, weil man seinen Leichnam nicht gefunden hatte. Nach eintausend Jahren würde er wieder zurückkehren, um die Drusen zu den Herrschern der Völker zu machen. Die Glaubenslehre der Drusen entwickelte Hamza ibn Ali. Grundsätzlich teilen sich die Drusen in die Wissenden und die Unwissenden. Ein strenges und gottesfürchtiges Leben ist die Voraussetzung, um ein Wissender zu werden. Den Wissenden bleibt die Lektüre der Geheimen Bücher der Drusen vorbehalten. Die Unwissenden dürfen nur einem Teil des Gottesdiens-

Von der legendären Bergfestung Alamut, in der der Anführer der Assassinen im unzugänglichen Bergland des Elburs-Gebirges im Nordwesten des Irans residierte, haben sich nur Ruinen
erhalten. Einst gingen von hier Angst und Schrecken aus.

tes beiwohnen und nur einen Teil der religiösen Botschaften vernehmen. Der Sinn
des Lebens besteht darin, dass jeder Mensch ein Wissender wird. Erreicht er dieses Ziel nicht bis zum Ende seines Lebens, wird er wiedergeboren und beginnt die
Lebensreise von vorn, so lange und so oft bis auch er ein Wissender geworden ist.
Diese Vorstellung von der Seelenwanderung und von der Wiedergeburt lehnt der
Islam eigentlich ab. Da die Drusen, die besonders im Vorderen Orient, im Libanon,
leben, oft verfolgt wurden, hat sich bei ihnen ein starkes Zusammengehörigkeits-
gefühl entwickelt. Es ist ihnen ausdrücklich erlaubt, ihre religiöse Zugehörigkeit zu
verheimlichen und zum Schein die Religion der Länder oder Gebiete anzunehmen,
in denen sie leben, um sich vor Verfolgung zu schützen. Drusen müssen fest daran
glauben, dass Al-Hakim für alle Zeiten ihr Herr ist und er wieder zurückkehren wird.
Frauen und Männer sind vollkommen gleichberechtigt. Sie leben in einer starken Hierarchie, an der Spitze steht der Scheich al-'Aql, der religiöse Führer der Drusen. Unter ihm leiten Scheichs die Drusen in einem bestimmten Gebiet.

Vermutlich wurde die drusische Glaubenslehre, die auf den geheimen, heiligen Büchern beruht, im 15. Jahrhundert abgeschlossen.

Alawiten (Aleviten) glauben an eine ewige und allgemeingültige Wahrheit, die ihnen durch Ali vermittelt wurde. Ali sei es auch gewesen, der Moses und Jesus angeleitet hatte. Ihrer Vorstellung nach lebte Ali bereits weit früher, bereits vor Jesus und Moses, und ist immer noch existent. Mithilfe des Heiligen Geistes erscheint er seinen Anhängern. Alle geweihten Alawiten sind Ali begegnet, der ihnen die letzten Fragen beantwortet hat. Zum einen erkennen die Alawiten die Bibel und den Koran an, besitzen aber auch eine Überlieferung, die mündlich weitergegeben wurde und wird. Im Gottesdienst wird aus der Bibel und dem Koran vorgelesen. Im Zentrum stehen aber die Lesung und Auslegung der Gesetze Alis. Wanderprediger reisen durch die alawitischen Gemeinden und verkünden die alawitische Glaubenslehre, von der man allerdings nicht allzu viel weiß. Einige Wissenschaftler meinen, im 13. Jahrhundert, andere denken, im 16. Jahrhundert sei diese Glaubensrichtung in der Türkei vor allem unter Kurden und Turkmenen entstanden. Sie wurden als Kizilbasch (Rotköpfe) bezeichnet und heißen erst seit dem 19. Jahrhundert Alawiten.

Der Glauben

Nicht als Herrschaft, aber als Glauben, nicht durch Eroberung, sondern durch Einwanderung wurde der Islam in der Gegenwart zur zweitgrößten Religion in Europa. Welchem Volk die an Allah Glaubenden auch immer angehören mögen, sie empfinden sich zuallererst als Muslime, deren Mittelpunkt der Koran ist. Für sie spielt nicht die Nation die größte Rolle, sondern die *umma*, **die Gemeinschaft aller Muslime**. Deshalb empfinden sie schmerzlich den Riss, der durch die *umma* geht und **Sunniten** von **Schiiten** trennt.

Die Sunniten leiten ihren Namen von der **sunna** her. Unter *sunna* versteht man den Weg des Muslims, auch die Tradition. In den Beschreibungen des Lebens des Propheten und seiner Aussprüche (*hadīth*) wird ein Vorbild aufgestellt, das für Muslime verbindlich ist. Sie haben die Pflicht, in allem dem Propheten nachzueifern. Darin besteht der rechte Weg des Muslims. Sie führen sich auf die vier rechtgeleiteten Kalifen und auf Abu Bakr zurück. In der *sunna* gibt es vier Rechtsschulen. Rechtsschulen darf man nicht als juristische Institutionen missverstehen. Da Gott im Koran sagt, wie der Muslim leben soll, steht sein ganzes Leben unter Gottes Gesetz. Deshalb ist es auch die Aufgabe des islamischen Staates, Gottes Gesetz durchzusetzen. Wie aber Gottes Gesetz im Alltag zu verstehen ist, das erklären die Rechtsgelehrten. Zu schwierigen Problemen wird ein **Rechtsgutachten** vorgelegt, eine *fatwa*.

Die vier Rechtsschulen (Einzahl: *madhhab*, Mehrzahl: *madhahib*) sind:

1. Die Malikiten. Sie leiten sich von dem aus Medina stammenden Malik (715–795) her. Sie legen großen Wert auf die Tradition und beziehen sich auf die Frühgeschichte des Islams. Ihr Einfluss ist in Nordafrika, Westafrika und im Sudan sehr hoch.

2. Die Hanafiten. Ihr Begründer ist der Perser Sbu-Hanifa (699–767). Diese Rechtsschule beruft sich auf den gesunden Menschenverstand und steht der Welt offener gegenüber. Sie wirkt vor allem in der Türkei, in Zentralasien und Pakistan.

3. Die Shafi'iten. Shafi'i aus Ghazza nimmt in der Beurteilung eher eine Mittelstellung zwischen den konservativen Malikiten und den liberaleren Hanafiten ein.

4. Hanbaliten. Ibn Hanbal (780–855) lehrte eine sehr strenge Befolgung der Tradition. Aus ihr ging die kompromisslose und unbedingte Befolgung der Tradition der Wahabiten hervor, die heute in Saudi-Arabien herrschen.

Die **Trennung der Sunniten von den Schiiten** ist zunächst weniger ein Streit in der Glaubenslehre, sondern eher die Folge eines historischen Ereignisses. Der Tod Husayns bei Kerbela, den die Schiiten als Martyrium ansehen, führte zur Entzweiung, denn die Anhänger Husayns, die **Schia Ali** (Partei Alis), verzieh es den Kalifen nicht, dass sie ihren Anführer getötet hatten. Das Ganze verhärtete sich, als die Anhänger Alis von den Kalifen unterdrückt und verfolgt wurden. Deshalb bildeten sie das Prinzip der *taqiya* (frommes Verheimlichen), das die Sunniten ablehnen, heraus. Die *taqiya* erlaubt den Schiiten, ihren Glauben zu verheimlichen, wenn es gefährlich wird, sich zur Schia Ali zu bekennen. Statt des Stellvertreters des Propheten, des Kalifen, folgen die Schiiten dem Imam. Den schiitischen Begriff des Imams darf man nicht mit der sunnitischen Bezeichnung des Vorbeters in einer Moschee verwechseln.

Stellung und Titel des religiösen Führers, des Imams, werden vererbt. Unter dem sechsten Imam Ga'far as-Sadiq (733–765) wurde zum gültigen und unveränderbaren Glaubensgrundsatz (Dogma) erhoben, dass der Imam von Gott geleitet, unfehlbar und im Zustand der *isma* (Sündenlosigkeit) sei. Damit besaß er die **Lehrautorität**, war zur Führung der Gemeinschaft der Gläubigen und zur Auslegung des Korans berufen. Allerdings

Dhikr ist das Denken an Gott, die persönlichste und unabdingbare Pflicht des Muslims, als Zeichen seiner Verbundenheit und Hingabe an Allah. Es kann gesprochen oder still durchgeführt werden. Für die Mystiker im Islam, die Sufis, gehört *dhikr* zur Meditation.

führte das Dogma von der Erblichkeit des Imamats zur Spaltung der Schia.

Die **Imamiyya** gehen von einer Reihe von zwölf Imamen aus, die einander im Amt folgten, bevor der letzte Imam in die Verborgenheit einging. Deshalb werden sie auch Zwölfer-Schiiten genannt.

Die **Isma'iliyya** gehen von einer Reihe von sieben Nachfolgern aus.

Als Ga'far starb, trat sein Sohn Musa die Nachfolge an. Von ihm leiten sich die nächsten Imame her, bis zum elften Imam al-Hasan al-Askari (846–874). Dessen Sohn Moḥammed al-Mahdi verschwand im Jahr 940 spurlos. Die Imamiten sagen, er ging *in die große Verborgenheit*. Seitdem warten die Zwölfer-Schiiten auf die Rückkehr Moḥammed al-Mahdis, mit dem sie die Hoffnung auf Erlösung verbinden.

Die Siebener-Schiiten sehen aber nicht in Musa den rechtmäßigen Nachfolger Ga'fars, sondern in dessen ältestem Sohn Isma'il und führen von ihm die Linie der Imame weiter.

Der Glauben der Schiiten beruht wie der der Sunniten auch auf dem **Koran** und den **Hadith**. Allerdings fügen sie dem Kanon weitere Hadith-Sammlungen zu. Hinzu kommt die **Lehre vom Imam**, vom gottbegnadeten Führer. Ihr Hauptwerk ist das *Nahg al-Balaga* (Weg der Beredsamkeit), eine Sammlung von Lehren, die sie auf Ali zurückführen, den Schwiegersohn des Propheten. Schiiten pilgern nach Kerbela und Nadschaf, zu den Schreinen der Imame.

Ein grundsätzliches Problem im Zusammenleben zwischen Muslimen und Nichtmuslimen besteht im Anspruch des Korans auf absolute Autorität und auf völlige Hingabe. Die Befolgung des Gesetzes wird im Koran als das Maß der Religiosität und der Gottesfurcht definiert.

Wird ein muslimisches Kind geboren, wird ihm das Glaubensbekenntnis ins Ohr geflüstert, das gleiche **Glaubensbekenntnis**, das dem Sterbenden in der Stunde seines Todes ebenfalls ins Ohr gesprochen wird, sodass er es sicher im Gedächtnis hat, wenn er von den beiden Grabesengeln Munkar und Nakir danach gefragt wird.

So bildet das Bekenntnis … *Ich bezeuge, es gibt keinen Gott außer Gott, und Mohammed ist der Gesandte Gottes* … Anfang und Ende des Lebens eines Muslims.

Wenn das Gesetz des Staates, in dem Muslime leben, mit dem islamischen Recht (Scharia), das vom Koran ausgeht und bestätigt wird, in Konflikt gerät, dann hat der Muslim dem Koran zu folgen und nicht dem Gesetz des Staates. Denn göttliches Recht geht vor menschlichem Recht. So ist es für Muslime und Nichtmuslime die große Zukunftsfrage, wie der Anspruch des Islams und das Grundverständnis des religiös-neutralen Staates miteinander in Einklang gebracht werden können. Nur wenn das gelingt, wird ein auf Dauer friedliches Zusammenleben möglich sein.

Klöster, Mönche, Orden

Mönche im christlichen Sinne kennt der Islam nicht, obwohl auf den ersten Blick Derwische und die Mitglieder von Orden den christlichen Bettelmönchen (S. 242) oder den christlichen *anachoreten* (S. 246) gleichen mögen. Starke Anregungen für ein islamisches Mönchswesen gingen von den buddhistischen Mönchen in Indien und den christlichen Mönchen in Syrien und in der Türkei aus. Die Grundlage aber für das Leben derjenigen Muslime, die wir Mönche nennen wollen, bildet die **islamische Mystik**.

Die islamische Mystik wird oft mit dem Begriff **Sufismus** zusammengefasst, der im 9. Jahrhundert n. Chr. zu einer in Texten fassbaren Erscheinung wird. Unter einem

Sufi versteht man im Allgemeinen einen frommen Muslim, dessen ganze Sehnsucht darin besteht, Gott nahezukommen, durch Gottesliebe zu ihm aufzusteigen, ihn zu schauen, um sich mit ihm zu vereinen. Darin gleicht er dem christlichen *anachoreten* oder dem buddhistischen Mönch. Das Vorbild für den eigenen Weg zu Gott bildet die **Himmelsreise des Propheten** (*mi-radsch*), wie sie im Koran in der Sure 17 beschrieben wird:

> *Gepriesen sei, der seinen Knecht nachts reisen ließ*
> *vom heiligen Anbetungsplatz zum fernsten,*
> *um den herum wir Segen spendeten,*
> *um ihm von unseren Zeichen einige zu zeigen!*
> *Siehe, er ist der Hörende, der Sehende.*

Das Wort Sufi leitet sich von *suf* ab, das Wolle bedeutet, womit das schlichte Wollgewand gemeint ist, das die asketischen Gottessucher trugen. Die Grundregel der frühen Sufis lautete: *Wenig essen, wenig schlafen, wenig sprechen*. Sie benötigten ihre gesamte Zeit, um ihre Seele zu beobachten, die zum Bösen neigt. Aber der Koran spricht auch von der *tadelnden Seele* (*nafs lawwama*), also von dem Vermögen der Seele, sich selbst zu beobachten und sich zu beurteilen, also das, was man ins Deutsche als *Gewissen* übersetzen kann. Aber es existiert auch Hoffnung, denn der Koran spricht auch von der *Seele in Frieden*, die zu Gott heimkehren will. Auf diese Heimkehr der Seele zu Gott ist die Aktivität der Sufis gerichtet, ihr Antrieb ist das Heimweh der Seele. Die Seele wird aber auch mit einem störrischen Pferd verglichen, das gefügig gemacht werden muss, um den Besitzer zu Gott zu tragen. Der Erziehung der Seele dient der Weg des Sufis, der aus **Fasten** und dem **dhikr** (Denken an Gott) besteht. Hinzu tritt die ständige Wiederholung des Glaubensbekenntnisses: *Es gibt keinen Gott außer Allah* (**la ilaha illa 'Llah**).

Beim Rezitieren konzentriert sich der Sufi auf das letzte h des Wortes *Allah*, das dadurch wie der Aushauch, das Verströmen des Ausatmens klingt. Das h in diesem Fall erinnert an die h*uwiya*, die wiederum, vereinfacht gesagt, das Dasein Gottes meint. Das Denken an Gott (*dhikr*) ist für den Sufi die *Reise durch den Namen Allah*. Das Gottesgedenken ist immer mit der Kontrolle des Atemstromes verbunden. Die Kontrolle des Atemstromes führt zur Bewusstseinsveränderung. Hier wird der Zusammenhang zwischen den Meditationstechniken der indischen Mönche und den Sufis deutlich. Von den Indern übernahmen sie ebenfalls die Gebetsschnur und die *Kaschur*, die Almosenschale (S. 81).

Zuerst scharten sich Schüler um die Sufimeister. Um die zu Meistern gewordenen Schüler scharten sich neue. So entstanden im 11. Jahrhundert die ersten **Bruder-schaften**. Die Aufnahme in die Orden erfolgt durch Handschlag des Meisters. Der Meister wird *sadschdschada-nischin* genannt, nämlich der, *der auf dem Gebetsteppich sitzt* und um den sich die Schüler versammeln. Sie folgen der *tariqa*, dem Weg des Meisters. Diese *tariqa* wurde zur Grundlage des Ordens oder der Bruderschaft, durch die sie sich von anderen Orden unterscheidet.

Alle Bruderschaften besitzen einen Stammbaum von Meistern, der sich bis in die Zeit des Propheten Moḥammed zurückverfolgen lässt. Die meisten Bruderschaften sehen ihren ersten Meister in dem Schwiegersohn Moḥammeds, Ali ibn Abi Talib. Die Verbindung zum Propheten, in dem viele Sufis den ersten Sufi sehen, ist sehr wichtig. Zu besonderen Ehren gekommene Meister werden auch *Freund des Propheten* genannt. Die Sufis können in Konventen leben, aber auch als **Derwische** (Bettelmönche) durch die Welt ziehen. Sexuelle Enthaltsamkeit ist nicht unbedingt erforderlich.

Mit der Zeit bildeten sich sogar ganze Dynastien von Meistern der Bruderschaft heraus, weil das Amt des Meisters erblich wurde. Die Verehrung eines Meisters endet nicht mit seinem Tod, sondern kann sogar nach seinem Tod noch zunehmen, sodass er wie ein Heiliger verehrt wird, der bei Allah Fürsprache für die Menschen einlegen kann. An den Gräbern der Heiligen entstanden Gedenkzeremonien und Feste. Hakim at-Tirmidhi schrieb: *Ihr müsst wissen, dass das Prinzip und die Grundlage des Sufismus und der Erkenntnis Gottes auf dem Heiligenwesen beruhen.*

Der Meister oder auch der Lehrer des Weges zur Gotteserkenntnis steht an der Spitze einer Bruderschaft. Je nach Orden und Land heißt er: Scheich oder **Schaykh**, **Murschid** oder **Pir**. Der geistliche Führer zeichnet sich durch Frömmigkeit, durch therapeutische Fähigkeiten, Spiritualität, und *baraka* aus, nämlich durch die göttliche Gnade, die wegen seiner Verdienste auf ihm ruht. *Baraka* kann sich beispielsweise durch die Fähigkeit, Wunder zu bewirken, äußern. Die *Freunde Gottes*, die Heiligen, stehen in einer Hierarchie. Im Zentrum befindet sich *qutb*, der Pol, um den sich die ganze Welt dreht. Um den *qutb* herum befinden sich drei Stellvertreter, es folgen die vier *Pflöcke*, die sieben *Frommen* und schließlich die 40 Ersatzleute und die 300 Guten. Die Zahl der Heiligen bleibt immer konstant. Stirbt ein Heiliger in einer der Gruppen, rückt ein anderer nach.

Einige ausgewählte Bruderschaften

Die **Suhrawardiyya** fußt auf der Lehre von Abu Nadschib as-Suhrawardi und wurde von dessen Neffen Omar as-Suhrawardi (gest. 1234) gegründet. Er wirkte am Hof des Kalifen An-Nasir und wurde von ihm als Botschafter zu den muslimischen Führern der Nachbarländer geschickt, um eine Allianz gegen die Mongolen zu schmieden, die sich aus dem Inneren Asiens aufgemacht hatten und die muslimische Welt bedrohten. Neu war, dass Omar politisch tätig wurde, obwohl bis dahin die Sphäre der Politik und die Macht von den Sufis strikt abgelehnt wurden. Der Orden breitete sich in Pakistan, im Pandschab und in Bengalen aus. Die Nachfahren Omars haben die *sadschdschada* (Führerschaft) in Pakistan inne und verfügen über großen politischen Einfluss.

Der **Tschischtis**-Orden hält an seinem asketischen Ideal fest. Er ist in Indien und in Zentralasien aktiv. Durch seine Förderung der Musik hat er maßgeblich die Entwicklung der Hindustani-Musik angestoßen. Eines seiner Heiligtümer ist das Mausoleum des Sufi-Meisters Bachtiyar Kaki in Mehrauli-Delhi in Indien. In der Hingabe an die religiöse Musik versuchen sie, sich Gott zu nähern. Seine Derwische tragen ockerfarbene Gewänder. Die Tschischtis erlauben auch die Aufnahme von Nichtmuslimen in den Orden, was sie der islamischen Orthodoxie verdächtig macht.

Die **Schattariyya**, ein weiterer Sufi-Orden, übernahm hinduistisches Denken und bediente sich magischer Praktiken. Einer ihrer Meister, Ghauth Gwaliori (gest. 1562) verfasste ein geheimnisvolles Buch – *Die fünf Juwelen* –, in dem Mystik, Astrologie und Kabbalistik einander durchdrangen.

Um den Gelehrten Àbdulquadir al-Dschilani (gest. 1166), der sich in Bagdad niederließ, versammelten sich Menschen, die es nach religiöser Erleuchtung und Erlösung verlangte. Die **Qadiriyya** breitete sich von Südindien bis nach Westafrika aus. Zum Orden gehörte auch Emir Abdul Qadir (gest. 1883), der in Algerien den Freiheitskampf gegen die Franzosen anführte.

Der im Westen bekannteste Sufi-Orden ist Mevleviyya, die auf Rumi zurückgeht. Der Tanz der Derwische stellt ein kompliziertes Ritual dar. Der *sheikh* steht auf dem roten Fell, das den Mittelpunkt der Welt symbolisiert. Über dem weißen Gewand tragen die Derwische einen schwarzen Umhang und auf dem Kopf einen schwarzen Hut, Grab und Grabstein darstellend. Nach dem Segen des *scheikhs* werfen sie den Umhang ab und erheben sich aus dem Tod zum Leben. In den Drehungen nähern sie sich auf meditativem Weg, unterstützt vom Tanz, Gott.

Einer der größten Mystiker, Dichter und Sufi-Meister war Dschaladdin **Rumi**, der um 1207 in Balch im heutigen Afghanistan geboren wurde. Eigentlich hieß er Dschaladdin-i Balch. Sein Vater, ein berühmter Sufi-Meister, zog mit der Familie in das Land der Romäer. Danach wurde Rumi benannt, Dschaladdin der Romäer. Im anatolischen Konya wurde er schließlich heimisch. Von seinem Vater lernte er, dass die Gottesliebe eine ganzkörperliche Erfahrung sei.

Der Orden, der auf ihn zurückgeht, wird **Mevleviyya** genannt, besser bekannt unter der Bezeichnung der **tanzenden Derwische**. Der Name des Ordens leitet sich von der Ehrenbezeichnung für Rumi her, den man nur *mevlāna* (unser Herr) nannte. Wer in den Orden eintreten wollte, musste schwere Arbeit aller Art verrichten, zum Beispiel hatte er 1001 Tage in der Küche zu dienen, außerdem sollte er Rumis Hauptwerk, den *Mathnawi*, studieren und schließlich die Technik des *'sema* erlernen. Die *'sema* ist ein kompliziertes, religiöses Tanzritual. Es beginnt mit langsamem Gehen, es folgen: die dreifache Verneigung vor dem Meister und das Abwerfen der schwarzen Übermäntel. Dadurch werden die weißen Gewänder sichtbar. Sie symbolisieren den reinen Leib, der den Schmutz der Welt von sich tat und bereit ist, zu Gott aufzusteigen. Die vor der Brust gekreuzten Arme werden geöffnet, während der linke Arm nach unten zur Erde gewandt ist, reckt sich der rechte empor zum Himmel. Der Derwisch dreht sich entgegen dem Uhrzeigersinn auf dem linken Fuß. Mit dem Segensgebet und dem lang gezogenen *Huuuuu* auf dem Atemstrom, das *Er* bedeutet, nämlich Allah, endet das Tanzritual. Die immer schneller werdenden Drehbewegungen um die eigene Achse versetzen den Tänzer in eine ekstatische Trance, in der er Gott näherkommt. In der rotierenden Bewegung bringt der Sufi zum Ausdruck, dass sich alles in der Welt, und auch er, nur um Gott dreht. Unter Atatürk wurde der Orden in der Türkei 1925 verboten. Er ist aber inzwischen wieder aktiv.

In der gesamten islamischen Welt, aber auch in Europa und in Deutschland, ist die **Naqschbandiyya** tätig, die auf Baha'addin Naqschbandi zurückgeht. Weder komplizierte Rituale wie der Tanz der Derwische noch aufsehenerregende Wunder standen für Naqschbandi im Mittelpunkt, sondern das gottgefällige Wirken der Anhänger und Sufis im täglichen Leben spielt für den Orden eine große Rolle. *Die Hand bei der Arbeit, das Herz bei Gott.* Sie folgen der Sure 70:

> *Siehe, unruhig ist der Mensch erschaffen.*
> *Wenn ihn Schlimmes trifft, ist er verzweifelt,*
> *und wenn ihn Gutes trifft, ist er missgünstig –*
> *nur nicht die Betenden,*
> *die ständig ihr Gebet verrichten …*
> (Koran, Sure 70, 19–23)

Der Gläubige soll die *Einsamkeit in der Versammlung*, also die ständige Nähe Gottes suchen, ganz gleich was er tut. Der Sufi folgt seinem Meister in vollkommener Hingabe. Aus dem Orden entstanden im 18. und im 19. Jahrhundert Orden und Bewegungen, die gegen den Kolonialismus und vor allem gegen die sogenannte Überfremdung kämpften. In Zusammenarbeit mit den Qadiris hielten die Naqschbandis in der Zeit der Sowjetunion den islamischen Glauben in Sowjetisch-Zentralasien aufrecht.

Einige fundamentalistische Bewegungen entstammen dem Sufi-Milieu. Die hierarchische Struktur, die totale Unterordnung unter den Meister, die Konzentration auf ein religiöses Ziel und die Erfahrung im Führen von großen Menschengruppen sollten sich im politischen Kampf als sehr hilfreich erweisen. So entstammte Hasan al-Bama, der Begründer der radikalislamischen **Muslim-Brüder**, den Sufis, wie auch Maududi, der Gründer der pakistanischen **Jamaat-i Islami**.

Unter den Sufi-Orden gibt es auch Richtungen, die uns seltsam erscheinen mögen. So gehen die Mitglieder des Bettelordens der **Heddawa** ein seltsames Zusammenleben mit Katzen ein, nennen ihre Novizen *Katerchen*, und es heißt, dass sie auch Katzen zu rituellen Zwecken essen.

Einige Derwische leben in Konventen zusammen, andere wandern allein durch die Welt, sind zuweilen sehr merkwürdig gekleidet, um ihre Verachtung für die Welt zum Ausdruck zu bringen. Manche Sufis waren und sind schlicht Aussteiger, die sich Praktiken hingeben, die sich an der Grenze zum Religiösen befinden, wie beispielsweise sich auf ein Nagelbrett zu setzen. Wir bezeichnen diese Menschen häufig als **Fakire**. Aber eigentlich ist der *faqir* der Arme, derjenige, der sich im Zustand der *faqr*, der Armut vor dem reichen Gott, befindet. *Faqr* stellte das Ideal der frühen Sufis dar, die damit dem Wort des Propheten Moḥammed folgten: *Meine Armut ist mein Stolz.* Deshalb war der Begriff *Fakir* eine Ehrenbezeichnung der frühen Sufis. Doch über die Askese, das Fasten und die Gewalt gegen den eigenen Körper hat sich der Inhalt des Begriffs verändert.

Übrigens heißt **Fakir** auf Persisch **Derwisch**. Daher leitet sich der Name für die Bettelmönche im Islam her.

DAS GOTTESGEN ODER: BRAUCHT DER MENSCH DIE RELIGION?

Welt ohne Götter

Kein Bereich des Lebens löste größere Auseinandersetzungen in der Geschichte der Menschen aus als die Religion. Diese Kämpfe haben auch in der Gegenwart nichts an Kraft und zum Teil auch an Erbitterung eingebüßt. Im Namen des wahren Glaubens wurde und wird versklavt, geächtet, eingekerkert, gefoltert, gemetzelt und gemordet. Diejenigen, die nicht müde wurden, den Menschen den Himmel zu versprechen, verwandten nicht weniger Energie darauf, die Erde zur Hölle zu machen.

So gesehen bestünde die einfache Lösung darin, dass sich die Menschen von der Last der Religion befreien und sie einfach abwerfen. Zu dieser einfachen Schlussfolgerung gelangen deshalb auch Menschen, die es ablehnen, an einen Gott zu glauben. Man nennt sie Atheisten. Einige von ihnen widmen dem Kampf gegen die Religion alle Kraft und ihre gesamte Leidenschaft. Gegen den Glauben zu kämpfen, bedeutet aber nicht, keinen Glauben zu besitzen. Menschen, die an überhaupt nichts glauben, sind äußerst selten.

Oftmals haben sie den Glauben an einen Gott mit dem Glauben an die Wissenschaft oder an eine Weltanschauung wie den Marxismus vertauscht. Statt an die **Trinität** oder an die **Alleinherrschaft Allahs** glauben sie an die **objektive Naturwissenschaft** oder an die **materialistische Geschichtsauffassung**.

Die großen Religionszertrümmerer wie Karl Marx oder Wladimir Iljitsch Lenin wurden von ihren Anhängern sehr schnell in den Stand von Göttern erhoben. Ihre Heiligenbilder trug man in großen Prozessionen, Demonstrationen genannt, mit sich, ihre Aussprüche erlangten den Status von Gottesworten, ihre *Werke* wurden zu heiligen Schriften und Lenins geheiligter und einbalsamierter Leib wurde öffentlich wie eine

Reliquie in einem Mausoleum ausgestellt. Die Kette der Gläubigen, die kilometerweit vor dem Mausoleum wartete, riss niemals ab. Immer neue Generationen von Marxisten mussten dem russischen Messias ihre Aufwartung machen. Dabei verfügte das Glaubensbekenntnis des Marxismus kurz und knapp: *Die*

Der Franzose Auguste Comte (1798–1857) begründete den **Positivismus**, der seinen Glauben in der Messbarkeit der Welt fand. Statt Gott Wissenschaft, statt glauben hieß es bei ihm: messen. Die allgemeingültigen Gesetze der Welt sah er in den Gesetzmäßigkeiten der wissenschaftlichen Forschung. Der fran-

Die Gläubigen des Kommunismus stehen an, um den einbalsamierten Leib Wladimir Iljitsch Lenins, des Führers der zweiten russischen Revolution von 1917, zu sehen. Lenin gehört neben Marx und Engels der kommunistischen Trinität an, zwischenzeitlich wurden den Heiligen noch Stalin und Mao beigefügt.

Religion ist Opium des Volkes.

Am Ende der Aufklärung im beginnenden 19. Jahrhundert, als die westlichen Demokratien sich herausbildeten und das Industriezeitalter anbrach, mündete die europäische Religionskritik in zwei neue Glaubensrichtungen, die beide für sich beanspruchten, an die Stelle Gottes die Objektivität zu setzen, also **die reine Wissenschaftlichkeit**.

zösische Wissenschaftler Lavoisier sagte über Gott, dass er dieser Hypothese nicht bedürfe. Comte propagierte als neuen Heils- und Erlösungsweg für die Menschen die wissenschaftliche Forschung.

Karl Marx (1818–1883) glaubte, die allgemeinen Bewegungsgesetze der menschlichen Gesellschaft gefunden zu haben. Das Grundgesetz der Welt war nicht der Kampf des Guten gegen das Böse, sondern der **Klassenkampf**, der Kampf der Unterdrückten gegen die Unterdrücker, der Armen gegen die Reichen. Nicht der Gottessohn galt ihm als Messias, sondern eine Gruppe von Menschen, die aufgrund ihrer Stellung im Produktionsprozess der kollektive

Objekt. Der Heilsweg führte auch bei ihm zu einem – allerdings irdischen Paradies – dem **Kommunismus**.

Spätestens seit dem legendären Bericht des Club of Rome von den **Grenzen des Wachstums**, seit dem Abwurf der Atombombe, der Katastrophe von Tschernobyl und der Klimaveränderung

Die Katastrophe im Atomkraftwerk von Tschernobyl am 26. April 1986 erschütterte den Glauben an die Allmacht der Wissenschaft, an die friedliche und ungefährliche Nutzung der Kernkraft und den sauberen Atomstrom. Die Folgen der Katastrophe, Verstrahlung, Verseuchung, Krebserkrankungen sind noch heute zu spüren.

Messias sein musste, ganz gleich ob sie das persönlich wollte oder nicht. Die Arbeiterklasse rückte er an die Stelle Jesu, weil sie sich in der gesellschaftlichen Position befand, unterdrückt zu sein. Die Definition des einzelnen Menschen als Angehöriger einer Klasse bedeutete für Marx Objektivität. Und tatsächlich verschwand der Einzelmensch in der Masse Mensch, in der Klasse, das Subjekt im

steht man Comtes Wissenschaftsreligion skeptisch gegenüber. Auch der Kampf für den Kommunismus hat, statt das Paradies zu bringen, Millionen Menschen das Leben gekostet und Gulags, Mauern, wirtschaftlichen Niedergang und Leid gebracht.

Niemand hat also hinsichtlich der Folgen des Glaubens eine Veranlassung, mit dem Finger auf den jeweils anderen zu zeigen. Auch führt es zu nichts, wenn man religiöses Wissen vom wissenschaftlichen Wissen und vom politischen Wissen trennen will. Unsere Welt ist so facettenreich, dass wir sie nur verstehen, wenn wir unsere ohnehin begrenzten Erkenntnismöglichkeiten offenhalten und erweitern. Physiker, die mit Theologen und dem Dalai Lama diskutieren, haben das längst begriffen. Die Weltmodelle der Buddhisten besitzen erstaunliche Berührungspunkte mit den modernen Vorstellungen der Astrophysiker über das Universum.

Die älteste Form des Wissens ist das religiöse Wissen. Götter begleiten die Menschen sowohl als Gattung als auch als Einzelmensch von der Wiege an. Unter großem Verzicht haben die Menschen den Göttern gehuldigt, haben im Gottesopfer das letzte Essen mit ihnen geteilt, sind für ihre Götter eingetreten, auch wenn sie diese Parteinahme das Leben gekostet hat. Gottgläubige Menschen haben staunenswerte Bauten errichtet, berührende Kunstwerke, beeindruckende Theologien und faszinierende Liturgien geschaffen.

Wozu diese übergroßen Anstrengungen? Für ein Trugbild? Ein Hirngespinst? Oder haben die Menschen ein Gottesgen? Braucht der Mensch den Glauben an Gott wie die Luft zum Atmen?

Eine Welt voller Götter

Der Einwand, dass Religionen auf einer bestimmten Stufe der menschlichen Entwicklung entstehen, zerfällt angesichts der Tatsache, dass immer wieder neue Glaubensrichtungen verkündet werden. Der Strom der Propheten reißt nicht ab. Zum großen Teil erwachsen die neuen Glaubensrichtungen aus den Weltreligionen, die im Buch behandelt wurden.

Im 19. Jahrhundert entwickelte sich aus dem Christentum die Glaubensgemeinschaft der Mormonen, die sich *Kirche Jesu Christi der Heiligen der letzten Tage* nennen. Die Mormonen gehen davon aus, dass die Bibel falsch überliefert wurde und Fehler enthält. Dem Gründer der Kirche, dem US-Amerikaner Joseph Smith, erschien im Jahr 1823 der bis dahin unbekannte Engel Moroni und offenbarte ihm eine Heilsgeschichte von dem göttlichen Volk der Nephiden, die im 5. Jahrhundert nach Christus in Nordamerika gelebt haben sollen. Er übergab ihm goldene Platten, auf die das Buch Mormon geritzt war.

Da aber Joseph Smith keine alten Sprachen beherrschte, übergab ihm der Engel zwei Kristalle, die Steine *Urim* und *Tummim*, die ihm bei der Übersetzung helfen oder sie im Grunde bewerk-

Die Gläubigen einer neuen Religion, die Mormonen, begaben sich im Februar 1846 wegen massiver Diskriminierung in ihrer Heimat auf die Suche nach einer neuen Heimat. Von Februar 1846 bis zum Juli 1847 dauerte der sogenannte Mormon Trail über 2000 km, den 600 Menschen zurücklegten, die am Großen Salzsee im heutigen US-Bundesstaat Utah eine neue Heimat fanden.

stelligen sollten. Die Offenbarung, die Smith seinen Anhängern verkündete, ist eine an die Bibel angelehnte Heilsgeschichte, die sich allerdings nicht im Heiligen Land, sondern im alten Amerika im 5. Jahrhundert nach Christus zutrug.

Immer mehr Menschen wurden von Joseph Smith überzeugt und traten zum Mormonentum über. Doch umso erfolgreicher die neue Kirche missionierte, umso größerer Diskriminierung sah sie sich ausgesetzt, sodass die Mormonen sich nach dem Lynchmord an Joseph Smith schließlich aufmachten und zum Großen Salzsee zogen, wo sie am 24. Juli

1847 die Stadt Salt Lake City und später den Bundesstaat Utah gründeten.

In Japan entstand im 19. Jahrhundert die **Tenrikyo-Religion** (Lehre von der Himmlischen Wahrheit). In der Tradition des Amitabha-Buddhismus aufgewachsen, verkündete die Bauersfrau Miki Nakayama (1798–1887) im Jahr 1838, dass sie während einer religiösen Zeremonie ein unbekannter Gott angesprochen hätte. Dieser Gott benutzte ihren Körper als Wohnung, um sich zu offenbaren. Das Ziel des Lebens bestünde im *frohen Leben* (*yokigurashi*), das sich in der harmonischen Gemeinschaft mit Gott bereits auf Erden verwirklichen ließe. Den Hauptweg zum frohen Leben stellt der Erlösungs-Gottesdienst im Haupttempel zu Tenri dar. Dieser Tempel wird zugleich als Mittelpunkt der Welt angesehen. Der Ritus wiederholt den Schöpfungsvorgang und erneuert dadurch die Welt, während er dem einzelnen Gläubigen das Herz reinigt.

Eine andere neuere Religion, die aus dem Islam entstand, ist die Baha-i-Religion oder der Bahaismus. Sayyid Ali Muhammad (1819–1850) verkündete nach einigen Offenbarungen, die er empfing, dass er der Bab sei, das Tor, das den Weg für den verborgenen Imam der 12er Schia (S. 219 f.) öffnen werde. Da aber Mohammed dem Islam als Siegel der Propheten, also als der letzte Prophet gilt, wurde der Bab als Ketzer verfolgt und eingekerkert. Am 9. Juli 1850 wurde er in Täbris öffentlich hingerichtet.

Sein Schüler Mirza Husayn 'Ali Nuri (1817–1892), den man *baha'u'llah* nennt, die Herrlichkeit Gottes, führte sein Werk weiter. Als man ihn in das berüchtigte Teheraner Gefängnis sperrte, das man schwarzes Loch nannte, empfing er eine Reihe von Offenbarungen, die er nach seiner Haftentlassung aufschrieb bzw. seinem Sekretär diktierte. Diese Bücher bilden die Heiligen Schriften des Bahaismus. Menschlichkeit und der Glaube an einen Gott stehen für die Bahai im Zentrum ihres Glaubens. Sie sind von der Einheit der Religionen überzeugt, und die Pflicht der Gläubigen besteht für sie darin, nach der Einheit der Religionen zu suchen. Sie fordern dazu auf, diejenigen Religionen aufzugeben, die der Förderung der Einheit im Wege stehen. Wissenschaft und Religion stimmen aus ihrer Sicht überein. Nationale, religiöse, soziale, politische und wirtschaftliche Vorurteile lehnen sie ab und treten für die Gleichberechtigung aller Menschen, auch von Frau und Mann, ein, für eine umfassende Erziehung und die Lösung von sozialen Problemen durch die Beseitigung von großem Reichtum und zu tiefer Armut. Zu den religiösen Geboten zählen absolute Abstinenz von Alkohol, alle 19 Tage eine Gemeindefeier und eine 19-tägige Fastenzeit durchzuführen. Gott ist für sie nicht erkennbar. Der beste Spiegel aber für das Wirken Gottes ist der Prophet.

Zu ihnen gehören Adam, die Propheten des Judentums, Jesus, Mohammed und Zarathustra, während Konfuzius und Buddha Gautama als Weise gelten. Die Zeit besteht aus den Epochen der Propheten, die aufeinanderfolgen. So endete das Zeitalter des Propheten Mohammed im 19. Jahrhundert, und das Zeitalter des Propheten Baha'u'llah brach an, in dem wir auch heute noch leben. Fünf Millionen Menschen gehören dieser Religion an.

Das sind nur drei Beispiele für eine Vielzahl von in jüngerer Zeit entstandenen Religionen.

In den letzten Jahren entstand eine neue Religiosität in der westlichen Welt, die man mit dem Sammelbegriff **New Age** versah. Darunter verbergen sich unzählige Mischungen der verschiedenen antwortungen zu übernehmen oder feste Bindungen einzugehen, führen auch im Glauben zu einer Konsumentenhaltung des Gläubigen. Elemente des **Buddhismus** sind sehr beliebt, weil sich fast alles mit ihnen mischen lässt. Die einfachen Weisheiten des Dalai Lama sind beliebt, weil sie einfach ein gutes Ge-

Die Suche nach einem Sinn im Leben und einem Glauben, der hilft, das Leben zu bewältigen, führt auch zur vermeintlichen Wiederbelebung alter, vom Christentum zerstörter Kulte, wie hier dem Keltentum. Moderne »Druiden« versammeln sich zur Ausübung eines heidnischen Rituals in Stonehenge.

religiösen Praktiken. Sich wohlzufühlen, die Seele baumeln zu lassen, Mittel und Methoden zu finden, sich gegen die unüberschaubare und gefährliche Welt abzusichern, und dabei oftmals keine Ver- fühl vermitteln, ohne dass sie vom Einzelnen eine Bindung oder Verpflichtung einfordern. Hinzu kommt die Wiederbelebung als **heidnisch und als sehr alt aufgefasster Kulte**, angefangen von den germanischen über die keltischen Zeremonien bis zu denen der Hopi-Indianer. Alles, was scheinbar sehr alt ist, soll dem gestressten Großstadtmenschen die Verbindung zur Natur und den verschütteten Quellen des Lebens wiederbringen. Hinzu kommt eine Vorliebe für Verschwörungstheorien, aber auch seriöse Weltbilder, die auf einer Mischung von Religion und Physik basieren.

Neben dem Glauben an die traditionellen Religionen und die neu entstehenden Konfessionen wird mit immer neuen mehr oder weniger religiösen Mixturen experimentiert.

Wo aber die großen Religionen schwächer werden und die Wissenschaften ihre schwarzen Seiten gezeigt haben, entsteht ein neuer **Aberglauben**. Der größte Aberglauben unserer Zeit lautet: Die Natur hat alles wunderbar eingerichtet, nur wir Menschen haben es verdorben.

In diesem undifferenzierten Glauben an die Natur, die wie ein Gott behandelt wird, entstehen auch lebensgefährliche, abergläubische Vorstellungen. Um nur zwei zu nennen: Es grassiert die Idee, dass Kinder am besten ihre natürlichen Abwehrkräfte stärken, wenn sie sich nicht impfen lassen, sondern sich mit der Krankheit infizieren. Von diesem Glauben ergriffene Mütter organisieren Masernpartys, um ihren Kindern die Wohltat der Ansteckung und der Krankheit zu gönnen. Auch wenn Masern als eine Kinderkrankheit gelten, sind sie nicht harmlos, sondern können zu bleibenden Schäden, ja auch zum Tod führen.

Ganze Wunderberichte sind über die natürliche Geburt im Umlauf. Schließlich habe die Natur den Geburtsvorgang so wunderbar eingerichtet, dass man sich ihr getrost überlassen kann. Archäologische Forschungen haben ergeben, dass in vorgeschichtlicher Zeit, als es nur die natürliche Geburt gab, 30 bis 40% der Mütter oder der Kinder oder beide während des Geburtsvorganges oder kurz danach starben.

Im Grunde entstehen laufend und zu jeder Zeit neue Glaubensüberzeugungen. Ob diese Glaubensgemeinschaften nur kurz existieren, über den Status einer Sekte nicht hinauskommen oder zu einer neuen Religion werden, ist von vielen Faktoren abhängig. Aber eines ist sicher eine notwendige Bedingung hierfür: Eine große Anzahl von Menschen muss die **Sinnstiftungsangebote** dieses neuen Glaubens als plausibel und hilfreich betrachten, muss in ihnen Hilfe im täglichen Leben, Halt in den existenziellen Ängsten vor Krankheit und Tod und Beistand in der unübersichtlichen Welt finden. Alle Religionen begleiten den Menschen in den Grundsituationen des Lebens: der Geburt, der Pubertät, der Heirat, der Geburt der Kinder, der Krankheit und des Todes.

Religion in der modernen Welt

Die Religionen bieten eine große Quelle von Wissen und von unterschiedlichen Erfahrungen. Die Menschen bedürfen ihrer offensichtlich so sehr, dass dort, wo sie unterdrückt werden, sie im Untergrund weiterexistieren oder neue Formen der Religiosität ausbilden. Das liegt vor allem daran, dass die Religionen den Menschen Orientierung bieten. Von einem Stamm der Aborigines, der Ureinwohner Australiens, ist bekannt, dass der Stamm ausstarb, als er seinen Medizinmann verloren hatte, ohne dass bereits ein Nachfolger bereitstand. Weil der Stamm sich nicht mehr in den Weiten Australiens zu orientieren vermochte, verharrte er am Ort, bis der Tod durch Verhungern und Verdursten kam. Der Medizinmann war geografisch wie religiös für die Orientierung des Stammes verantwortlich.

Vielleicht hat erst diese besondere Form des Sich-Zurechtfindens in der Welt den Menschen geschaffen, ihn aus dem Tierreich herausgehoben. Möglich, dass der Mensch ein Gottesgen besitzt.

Aber Religionen sind zumindest in ihrer Ausübung Menschenwerk und daher so unvollkommen wie alles, was Menschen unternehmen. Wir finden in der Geschichte der Religionen Größe, Erhabenheit und Humanität, aber auch Niedertracht, Gemeinheit und Inhumanität wie in jeder anderen Unternehmung der Menschheit. Der Verweis darauf, dass im Namen Gottes getötet wurde und wird, hilft wenig, denn in wessen Namen wurde und wird nicht getötet?

Angesichts des wissenschaftlich-technischen Fortschritts aber werden die Antworten der Religionen darauf immer notwendiger. Denn **Religion und Wissenschaft** können ein gutes Spannungsgefüge ergeben, indem sie einander begrenzen. Immer wichtiger wird die Frage, die an konkreten Fällen beantwortet werden muss, ob der Mensch auch alles tun soll und darf, was er tun kann. Hier können die Religionen aus ihrem großen Erfahrungsschatz wichtige Gedanken, Antworten auf schwierige moralische Fragen und ethische Richtlinien beisteuern. Die Frage zum Beispiel, wie man Leben definiert, gewinnt angesichts einer Apparatemedizin, die den Körper eines Menschen, der in ein Koma gefallen ist, beliebig lang am Leben erhalten kann, immens an Bedeutung. Ohne die Religionen wird man kaum tragfähige Antworten finden. Umso vielfältiger die Möglichkeiten werden, die moderne Wissenschaft eröffnet, umso wichtiger werden die ethische Kontrolle und die Diskussion über Mensch und Schöpfung, denn wir dürfen uns nicht mit Gott verwechseln.

Vielleicht ist es aber auch so, dass die Juden, die Christen und die Muslime zum gleichen Gott beten, freilich in ihrer von ihren Müttern und Vätern ererbten Weise. Auch deshalb ist der Dialog der Religionen dringend geboten. Über der niedergebrannten Hagia Sophia, der seinerzeit größten Kirche des christlichen Byzanz, errichtete der Eroberer Mehmed II. eine Moschee. Papst Benedikt XVI. im Gespräch mit Ali Bardakoğlu, dem höchsten muslimischen Würdenträger in der Türkei.

Aber noch etwas anderes kennzeichnet die Rolle der Religion in der Gegenwart. Die Welt ist kleiner geworden. Angehörige der verschiedenen Glaubensrichtungen, die zum Teil für sich in Anspruch nehmen, den einzig wahren Glauben zu besitzen, leben heute auf engstem Raum miteinander. **Religiöse Konflikte**, die ja immer auch kulturelle Konflikte sind, Auseinandersetzungen über die richtige Art zu leben, nehmen mit der Globalisierung zu. Deshalb ist es notwendig, dass die Religionen eine humane Antwort auf das Zusammenleben der Menschen auf der Erde finden, die nicht von der Überlegenheit oder Vorherrschaft der einen Religion über die andere ausgeht.

Aber damit nicht genug. Jede Religion muss lernen, die Gesetze des modernen Staates zu akzeptieren. Ein Ergebnis der Aufklärung besteht darin, dass im demokratischen Gemeinwesen Religion und Staat voneinander getrennt wurden. Im demokratischen Staat herrscht Religionsfreiheit. Jeder kann der Religion nachgehen, die er, bezogen auf seine Person, für die richtige hält. Die Freiheit der Religion wird nur dort eingeschränkt, wo die Forderungen der Glaubensgemeinschaft mit den Gesetzen des Staates zusammenprallen.

Da jede Religion davon ausgeht, dass sie ein von Gott gegebenes Gesetz besitzt, wie zum Beispiel im Christentum die **Zehn Gebote** und im Islam die **Scharia**, stellt sich für den gläubigen Menschen die Frage, wie göttliches Recht und menschliches Recht sich zueinander verhalten, täglich neu und zuweilen auch sehr konfliktträchtig.

In den westlichen Demokratien stehen die Prinzipien der Verfassung, die auf den allgemeinen **Menschen- und Bürgerrechten** beruhen, an erster Stelle. Diesen Grundforderungen wie Meinungs-, Presse- und Religionsfreiheit, wie die Unantastbarkeit der Würde des Menschen und das Recht auf körperliche Unversehrtheit müssen sich alle anderen Gesetze beugen.

In islamischen Staaten existiert dieses Spannungsverhältnis nicht, denn dort existiert nur das göttliche Gesetz, die Scharia, die Lebens- und Gesetzesordnung, die auf den Koran und mithin auf Allah zurückgeht. Aber auch der Islam wird sich, wie vor ihm das Christentum, mit einer Aufklärung auseinandersetzen müssen, denn auch in den islamischen Ländern müssen andere Religionen existieren dürfen, muss es dem Menschen freigestellt sein, ob und an welchen Gott er glauben möchte. Im Koran heißt es nämlich auch, dass es keinen Zwang in der Religion geben dürfe, Jesus sagt im Matthäus-Evangelium: *In meines Vaters Haus sind viele Wohnungen.* Und vielleicht stellen die verschiedenen Religionen nur unterschiedliche Wege zu einem Gott dar.

Gotthold Ephraim Lessing hat in seinem Drama *Nathan der Weise* die Grundvoraussetzung des friedlichen Zusammenlebens aller Glaubens- und Nichtglaubensrichtungen bündig in Worte gefasst:

Es eifere jeder seiner unbestochenen, von Vorurteilen freien Liebe nach.

REGISTER

VERWENDETE UND WEITERFÜHRENDE LITERATUR

Allgemein

John Bowker: *Religionen der Welt,* Darmstadt 2003

Emilé Durkheim: *Die elementaren Formen des religiösen Lebens,* Frankfurt am Main und Leipzig 2007

Mircea Eliade: *Geschichte der religiösen Ideen,* 4 Bände, Freiburg im Breisgau 1997

Mircea Eliade und Ioan P. Culianou: *Handbuch der Religionen,* Düsseldorf und Zürich 1997

Helmut von Glasenapp: *Die fünf Weltreligionen,* München 1996

Klaus-Rüdiger Mai: *Geheimbünde. Macht, Mythos und Wirklichkeit,* Bergisch Gladbach 2006

Rudolf Otto: *Das Heilige,* München 2004

Udo Tworuschka (HG.): *Heilige Schriften,* Frankfurt am Main und Leipzig 2008

Udo und Monika Tworuschka: *Heilige Stätten,* Darmstadt 2004

Sammelbände sowie Werke ungenannter und unbekannter Verfasserinnen und Verfasser:
Handbuch der Religionsgeschichte, 3 Bände, Göttingen 1971
Handbuch religionswissenschaftlicher Grundbegriffe, 5 Bände, Berlin u. a. 1988
Das Oxford Lexikon der Weltreligionen, Düsseldorf 1999
Lexikon der östlichen Weisheitslehren, Bern u. a. 1986

Einleitung

Jan Assmann: *Ägypten,* Frankfurt am Main 1999

Jan Assmann, Klaus E. Müller (Hg.): *Der Ursprung der Geschichte. Archaische Kulturen, das Alte Ägypten und das Frühe Griechenland,* Stuttgart 2005

Walter Burkert: *Kulte des Altertums, Biologische Grundlagen der Religion,* München 1998

Günter Behm-Blancke: *Höhlen – Heiligtümer – Kannibalen,* Querfurt 2005

Helmut Birkhahn: *Die Kelten,* Wien 1997

Werner Dahlheim: *Die Antike. Griechenland und Rom,* Paderborn 1994

Arne Eggebrecht (Hg.): *Das alte Ägypten. 3000 Jahre Geschichte und Kultur des Pharaonenreiches,* München 1984

Mircea Eliade:
Die Religionen und das Heilige. Elemente der Religionsgeschichte, Frankfurt am Main und Leipzig 1998
Schamanismus und archaische Ekstasetechnik, Frankfurt am Main 1974
Schmiede und Alchimisten, Stuttgart 1980

Arnold van Gennep: *Übergangsriten,* Frankfurt am Main 2005

Volkert Haas: *Babylonischer Liebesgarten. Erotik und Sexualität im Alten Orient,* München 1999
Magie und Mythen in Babylon, Gifkendrof 1986
Materias Magica et Medica Hethitica, Berlin 2003

Bernhard Hänsel: *Mensch und Umwelt in der Bronzezeit Europas*, Kiel 1998

Anthony F. Harding: *European Societies in the Bronze Age*, Cambridge 2000

Herodot: *Historien*, Berlin und Weimar 1985

Hesiod: *Sämtliche Werke*, Leipzig 1965

Homer:
Die Illias, Berlin und Weimar 1983
Die Odyssee, Berlin und Weimar 1983

Barthel Hrouda (Hg.): *Der alte Orient. Geschichte und Kultur des alten Vorderasiens*, München 1991

Horst Klengel: *König Hammurapi und der Alltag Babylons*, Zürich 1991

Wolfgang Korn: *Megalithkulturen. Rätselhafte Monumente der Steinzeit*, Stuttgart 2005

André Leroi-Gourhan: *Die Religionen der Vorgeschichte*, Frankfurt am Main 1991

Klaus-Rüdiger Mai:
Die Bronzehändler, Frankfurt am Main 2006

Bernhard Maier: *Die Religion der Germanen. Götter – Mythen – Weltbild*, München 2003

Marcel Mauss: *Die Gabe. Form und Funktion des Austauschs in archaischen Gesellschaften*, Frankfurt am Main 1990

Hermann Müller-Karpe:
Handbuch der Vorgeschichte, Bd. IV.1, IV.2 und IV.3, München 1980

Ernst Probst: *Deutschland in der Bronzezeit*, München 1996

Victor Turner: *Das Ritual. Struktur und Antistruktur*, Frankfurt am Main 2005

Josef Wiesehöfer:
Das antike Persien, Zürich 1993
Das frühe Persien. Geschichte eines antiken Weltreichs, München 1999

Sammelbände sowie Werke ungenannter und unbekannter Verfasserinnen und Verfasser:

Der Geschmiedete Himmel. Die weite Welt im Herzen Europas vor 3600 Jahren, Stuttgart 2004
Die Schöpfungsmythen, Düsseldorf 1998
Menschen – Zeiten – Räume. Archäologie in Deutschland, Berlin 2002
Mykene – Nürnberg – Stonehenge. Handel und Austausch in der Bronzezeit, Nürnberg 2000
Spuren der Jahrtausende. Archäologie und Geschichte in Deutschland, Stuttgart 2002
Das Totenbuch der Ägypter, Düsseldorf und Zürich 1997
Die Unterweltsbücher der Ägypter, Düsseldorf und Zürich 1997
Die Weisheitsbücher der Ägypter, Düsseldorf und Zürich 1997
Ägyptische Mythen und Legenden, Düsseldorf und Zürich 1998
Das Gilgameschepos, übersetzt und kommentiert von Stefan M. Maul, München 2005
Das Lied von Ullikummi. Dichtungen der Hethiter, Leipzig 1977
Die Edda, Jena 1914

Der Buddhismus

Heinz Bechert u. a.:
Der Buddhismus, Stuttgart, Berlin u. a. 2000

Mircea Eliade: *Yoga*, Frankfurt am Main und Leipzig 2004

Bhagavad Gita: *Der Gesang des Erhabenen*, Frankfurt am Main und Leipzig 2007

Jan Gonda: *Die Religionen Indiens*, 2 Bände, Stuttgart, Berlin u. a. 1978

Meisig, Konrad: *Klang der Stille. Der Buddhismus*, Freiburg, Basel, Wien 2003
Shivas Tanz. Der Hinduismus, Freiburg, Basel, Wien 2003

Hermann Kulke, Dietmar Rothermund:
Geschichte Indiens. Von der Induskultur bis heute, München 1998

Klaus-Josef Notz: *Das Lexikon des Buddhismus*, Freiburg, Basel, Wien, 1998

Rig-Veda: *Das heilige Wissen*, Erster und zweiter Liederkreis, Frankfurt am Main und Leipzig 2007

Gabriele Seitz: *Die Bildsprache des Buddhismus*, Düsseldorf 2006

Hans Wolfgang Schumann: *Der historische Buddha. Leben und Lehre des Gotama*, München 1999

Sammelbände sowie Werke ungenannter und unbekannter Verfasserinnen und Verfasser:
Älteste Indische Dichtung und Prosa, Leipzig 1981
Die vier edlen Wahrheiten, Leipzig 1983

Weisheit des alten Indien,
  2 Bände, Leipzig und
  Weimar 1987
Upanishaden. Die Geheim-
  lehre des Veda,
  Wiesbaden 2006
Vom rechten Leben.
  Buddhistische Lehren aus
  Tibet und Indien,
  Frankfurt am Main und
  Leipzig 2007
Wege zur Erkenntnis.
  Buddhistische Lehrbriefe,
  Frankfurt am Main und
  Leipzig 2008
Die Erlösungslehre der Jaina.
  Legenden, Parabeln,
  Erzählungen, Frankfurt
  am Main und Leipzig 2010

Die chinesische Religion

Wolfgang Bauer: *Geschichte*
  der chinesischen Philosophie,
  München 2001
Annping Chin: *Konfuzius –*
  Geschichte seines Lebens,
  Frankfurt am Main und
  Leipzig 2009
Dschuang Dsi: *Das wahre Buch*
  vom südlichen Blütenland,
  München 1996
Lutz Geldsetzer und Hong
  Han-ding: *Grundlagen der*
  chinesischen Philosophie,
  Stuttgart 1998
Jacques Gernet: *Die chinesische*
  Welt, Frankfurt am
  Main 1987
Andreas Gruschke: *Die*
  heiligen Stätten der Tibeter,
  München 1997
Hu Hong: *Worte Kennen*,

Frankfurt am Main und
  Leipzig 2009
Jinsilu: *Aufzeichnungen des*
  Nachdenkens über Nahe-
  liegendes, Frankfurt am Main
  und Leipzig 2008
Konfuzius: *Gespräche*,
  Leipzig 1982
Roman Malek: *Das Tao des*
  Himmels. Die religiöse
  Tradition Chinas, Freiburg,
  Basel, Wien, 2003
Hans Georg Möller: *Laozi*,
  Freiburg u. a. 2003
Helwig Schmidt-Glintzer:
  Wohlstand, Glück und langes
  Leben. Chinas Götter und die
  Ordnung im Reich der Mitte,
  Frankfurt am Main und
  Leipzig 2009

Sammelbände sowie Werke
ungenannter und unbekannter
Verfasserinnen und Verfasser:
Das Tibetanische Totenbuch,
  Zürich und
  Düsseldorf 1997
Das alchemistische Buch von
  innerem Wesen und Lebens-
  energie, München 1999
Daudedsching, Leipzig 1981
So sprach der Weise. Chinesisches
  Gedankengut aus drei
  Jahrtausenden,
  Berlin 1981
I-ching, München 1998

Das Judentum

Jan Assmann: *Moses, der Ägypter*,
  München 1998
Leo Baeck: *Werke*, 6 Bände,
  Gütersloh 2006
Shimon Bar-Efrat: *Wie die Bibel*

erzählt. Alttestamentarische
  Texte als literarische
  Kunstwerke verstehen,
  Gütersloh 2006
Uwe Becker und
  Jürgen van Oorschot:
  Das Alte Testament –
  Ein Geschichtsbuch?,
  Leipzig 2006
Manfred Clauss: *Das alte Israel*,
  München 1999
Herbert Donner: *Geschichte*
  des Volkes Israel und seiner
  Nachbarn in Grundzügen,
  2 Bände, Göttingen 2001
Sefer Jezirah:
  Buch der Schöpfung,
  Frankfurt am Main und
  Leipzig 2008
Emil Kautzsch: *Die Apokryphen*
  und Pseudoepigraphen des Alten
  Testaments, 2 Bände,
  Hildesheim u. a. 2002
Michael Krupp: *Einführung in die*
  Mischna, Frankfurt am Main
  und Leipzig 2007
Die Mischna: *Festzeiten*,
  Frankfurt am Main und
  Leipzig 2007
  Schädigungen, Frankfurt
  am Main und
  Leipzig 2008
Günter Mayer u. a.:
  Das Judentum,
  Stuttgart u. a. 1994
Gerold Necker: *Einführung in die*
  lurianische Kabbala, Frankfurt
  am Main und Leipzig 2008
Gerschom Scholem: *Von der*
  mystischen Gestalt der Gottheit,
  Frankfurt am Main 1977
  Die jüdische Mystik,
  Frankfurt am Main 1980
  Ursprünge der Kabbala,
  Berlin und New York 2001

Sabbatai Zwi. Der mystische
Messias, Frankfurt am
Main 1992

**Naftali Herz Tur-Sinai
(Übersetzer):**
Die Heilige Schrift,
Holzgerlingen 2003

Dieter Vetter: Die Wurzel des
Ölbaums. Das Judentum,
Freiburg u. a. 2003

S. Ph. De Vries: Jüdische Riten
und Symbole,
Wiesbaden 2001

Kurt Wilhelm (Hg.): Jüdischer
Glaube. Eine Auswahl
aus zwei Jahrtausenden,
Köln 1998

**Sammelbände sowie Werke
ungenannter und unbekannter
Verfasserinnen und Verfasser:**
Der Sohar. Das Heilige Buch
der Kabbala, München 1982
Septuaginta Deutsch. Das
griechische Alte Testament in
deutscher Übersetzung,
Stuttgart 2009

Das Christentum

Arnold Angenendt: Toleranz und
Gewalt. Das Christentum
zwischen Bibel und Schwert,
Münster 2009

Augustinus: Bekenntnisse,
Frankfurt am Main und
Leipzig 2004

Benedikt XVI.: Jesus von
Nazareth. Erster Teil, Freiburg im Breisgau u. a. 2007

Klaus Berger: Jesus,
München 2007
Die Urchristen,
München 2008

**Klaus Berger und Christiane
Nord (Übersetzer):**
Das Neue Testament und
Frühchristliche Schriften,
Frankfurt am Main und
Leipzig 1999

**Hans Freiherr von
Campenhausen:** Griechische
Kirchenväter, Stuttgart 1955
Lateinische Kirchenväter,
Stuttgart 1960
Die Entstehung der
christlichen Bibel,
Tübingen 2003

Manfred Greschat (Hg.):
Gestalten der Kirchengeschichte,
12 Bände,
Stuttgart u. a. 1985

Manfred Hain: Kleines Lexikon
der Kirchengeschichte,
München 1998

Martin Hengel: Die vier
Evangelien und das eine
Evangelium von Jesus Christus,
Tübingen 2008

**Martin Hengel und Anna Maria
Schwemer:**
Paulus zwischen Damaskus und
Antiochien,
Tübingen 2000

Kurt Henning (Hg.):
Jerusalemer Bibellexikon,
Neuhausen-Stuttgart 1990

Hubert Jedin (Hg.):
Handbuch der Kirchen-
geschichte, 7 Bände, Freiburg
im Breisgau u. a. 1985

Klaus-Rüdiger Mai:
Von Paulus bis Mutter
Teresa. Große Persönlichkeiten
des Christentums,
Gütersloh 2007
Der Vatikan. Geschichte einer
Weltmacht im Zwielicht,
Bergisch Gladbach 2008

**Benedikt XVI. Joseph
Ratzinger: sein Leben –
sein Glaube – seine Ziele,
Bergisch Gladbach 2010

Heinrich A. Mertens:
Handbuch der Bibelkunde,
Düsseldorf 1997

Avram Negev (Hg.):
Archäologisches Bibellexikon,
Neuhausen-Stuttgart 1991

Freiherr Ludwig von Pastor:
Die Geschichte der Päpste,
16 Bände, Freiburg im
Breisgau 1925

Wilhelm Schneemelcher:
Neutestamentliche
Apokryphen, 2 Bände,
Tübingen 1990

**Sammelbände sowie Werke
ungenannter und unbekannter
Verfasserinnen und Verfasser:**
Neue Jerusalemer Bibel. Einheits-
übersetzung,
Freiburg u. a. 1997
Das große Handbuch zur Bibel,
Wuppertal 2001
Lexikon der theologischen Werke,
Stuttgart 2003
Lexikon für Theologie
und Kirche,
11 Bände, Freiburg im
Breisgau u. a. 2006
Lexikon der Heiligen und
Heiligenverehrung,
3 Bände Freiburg im
Breisgau u. a. 2003
Die Geschichte des Christentums.
Altertum,
3 Bände, Freiburg im
Breisgau u. a. 2005
Die Geschichte des Christentums.
Mittelalter,
3 Bände, Freiburg im
Breisgau u. a. 2007

Der Islam

Ibn Arabi: *Urwolke und Welt. Mystische Texte des größten Meisters*, München 2002

Sahih al Buhari: *Nachrichten von Taten und Aussprüchen des Propheten Mohammed (Hadith)*, Stuttgart 1991

Christoph Burgmer (Hg.): *Streit um den Koran. Die Luxenburg-Debatte: Standpunkte und Hintergründe*, Berlin 2007

Ibn al-Djauzi: *Das Buch der Weisungen für Frauen*, Frankfurt am Main und Leipzig 2009

Ulrich Haarmann: *Geschichte der arabischen Welt*, München 2004

Heinz Halm: *Das Reich des Mahdi. Der Aufstieg der Fatimiden*, München 1991

Albert Hourani: *Die Geschichte der arabischen Völker*, Frankfurt am Main 1992
Der Islam im europäischen Denken, Frankfurt am Main 1994

Adel Theodor Khoury: *Der Koran*, Düsseldorf 2005

Adel Theodor Khoury und Peter Heine: *Im Garten Allahs. Der Islam*, Freiburg im Breisgau u. a. 2003

Hans G. Kippenberg und Tilman Seidensticker (Hg.): *Terror im Dienste Gottes. Die »Geistliche Anleitung« der Attentäter des 11. September 2001*, Frankfurt am Main 2004

Christoph Luxenberg: *Die syro-aramäische Lesart des Koran. Ein Beitrag zur Entschlüsselung der Koransprache*, Berlin 2007

Karl-Heinz Ohlig: *Weltreligion Islam. Eine Einführung*, Mainz 2000

Karl-Heinz Ohlig und Gerd-R. Puin (Hg.): *Die dunklen Anfänge. Neue Forschungen zur Entstehung und frühen Geschichte des Islam*, Berlin 2005

Al-Nawawi: *Das Buch der vierzig Hadithe*, Frankfurt am Main und Leipzig 2007

Annemarie Schimmel: *Sufismus. Eine Einführung in die islamische Mystik*, München 2005

Idries Shah: *Die Sufis. Botschaft der Derwische, Weisheit der Magier*, München 1994

W. Montgomery Watt und Micheal Marmura: *Der Islam*, Stuttgart u. a. 1985

Sammelbände sowie Werke ungenannter und unbekannter Verfasserinnen und Verfasser:
Der Koran. Neu übertragen von Hartmut Bobzin, München 2010

Das Gottesgen

Benedikt XVI.: *Glaube und Vernunft. Die Regensburger Vorlesung*, Freiburg, Basel, Wien 2006

Friedrich Wilhelm Graf: *Die Wiederkehr der Götter. Religion in der modernen Kultur*, München 2004

Moses Vermächtnis. Über göttliche und menschliche Gesetze, München 2006

Samuel P. Huntington: *Kampf der Kulturen. Die Neugestaltung der Weltpolitik im 21. Jahrhundert*, München 1998

Immanuel Kant: *Die Religion in den Grenzen der bloßen Vernunft*, Hamburg 2003

Karl Kardinal Lehmann (Hg.): *Verstehen. Verständigung. Verantwortung*, Frankfurt am Main und Leipzig 2009

Gotthold Ephraim Lessing: *Nathan der Weise*, in: *Werke, Band II*, München 1971

Carlo Maria Martini und Umberto Eco: *Woran glaubt, wer nicht glaubt*, Wien 1998

Josef Pieper: *Über den Glauben. Ein philosophischer Traktat*, München 1962

Joseph Kardinal Ratzinger: *Werte in Zeiten des Umbruchs. Die Herausforderung der Zukunft bestehen*, Freiburg u. a. 2005

Joseph Kardinal Ratzinger und Jürgen Habermas: *Dialektik der Säkularisierung. Über Vernunft und Religion*, Freiburg u. a. 2005

Heinrich Wilhelm Schäfer: *Kampf der Fundamentalismen. Radikales Christentum, radikaler Islam und Europas Moderne*, Frankfurt am Main und Leipzig 2008

Stefan Weidner: *Manual für den Kampf der Kulturen. Warum der Islam eine Herausforderung ist*, Frankfurt am Main und Leipzig 2008

BILDNACHWEIS

Coverbilder:
oben v. links: Corbis / Jeremy Horner, Corbis / arabianEye; **mitte v. links:** akg-images (VISIOARS, Erich Lessing, N.N., Erich Lessing, De Agostini Pict.Li); **unten v. links:** Gettyimages / Altrendo Images, Gettyimages / Brand X Pictures, Corbis / Richard T. Nowitz

Innenteil:
Akg-images: 10, 29, 198 (Erich Lessing), 13 (Herbert Kraft), 21, 175, 210, 211, 276 (N.N.), 31 (Werner Forman), 35 (François Guénet), 115 (VISIOARS), 150 (Rabatti–Domingie), 265 (Bildarchiv Steffens); **Alamy:** 41 (Jon Arnold Images Ltd), 50 (Robert Harding Picture Library Ltd), 53 (Photosindia.com), 65 (Pep Roig), 69 (Friedrich Stark), 77 (Blaine Harrington III), 99 (Ron Yue), 205 (MARKA), 255 (Eitan Simanor), 284 (Peter Horree); **Biosphoto:** 30 li. (Maslennikov André); **Bridgeman Art Library:** 213 (Tissot, James Jacques Joseph (1836–1902) / Brooklyn Museum of Art, New York), 227 (Louvre, Paris, France / Giraudon / Le Sueur, Eustache (1617–55)); **Corbis:** 56 (Yang Liu), 61 (Frédéric Soltan), 81 (ANDREW CABALLERO-REYNOLDS / Reuters), 114 (Bohemian Nomad Picturemakers), 142 (Robert Mulder / Godong), 147 (Hanan Isachar), 177 (Kaveh Kazemi), 229 (Phillippe Lissac / Godong), 232 (Sylvain Sonnet), 251 (Kazuyoshi Nomachi), 302 (DENIS SINYAKOV / Reuters), 307 (Adam Woolfitt / Robert Harding World Imagery), 310 (POOL/Reuters); **Gettyimages:** 8 (Workbook Stock / David Johnston), 36 (Stone / Hugh Sitton), 92 (Robert Harding World Imagery / Gavin Hellier), 95 (The Image Bank / Yann Layma), 130

(AFP / LIU JIN), 164 (Workbook Stock / Frederic Pacorel), 185 (Spencer Platt), 191 (Flickr / Francesco Dazzi), 192 (Purestock), 245 (Robert Harding), 259 (Wathiq Khuzaie), 271 (AFP / AHMAD GHARABLI), 300 (The Image Bank / EschCollection), 303 (AFP / SERGEI SUPINSKY), 305 (The Bridgeman Art Library / Gerry Wood); **Hemis.fr:** 261 (Philippe Roy); **Imago:** 67 (Imagebroker / Auth), 74 (Katalin Ziegler), 121 (Imagebroker), 167 (Stefan M Pranger), 224 (Steffen Schellhorn), 292 (UPI Photo), 297 (mm Images); **Interfoto:** 90 (Bildarchiv Hansmann), 117 (Sammlung Rauch), 168 (Bildarchiv Hansmann), 186 (Reinhard Dirscherl); **Istockphoto:** 11 (Dean Tomlinson), 12 (sculpies), 89 (Yuan Jing); **Küstenmacher Werner-Tiki:** 6; **Laif:** 127 (N.N.), 281 (Reiner Harscher); **Landesamt für Denkmalpflege und Archäologie Sachsen-Anhalt,** Gert Pie: 22; **Look:** 30 re. (IBL), 125 (Karl Johaentges); **Photoshot:** 83 (World Pictures / GOTIN Michel), 128 (World Illustrated); **Picture Alliance:** 33 (dpa / Marcus Führer), 101 (dpa - Report / Landov 3664636), 111 (Bildagentur Huber), 134 (maxppp / Selva / Leemage), 153 (dpa / Oliver Weiken), 157 (KNA-Bild / Wolfgang Radtke), 184 (ZB-Fotoreport / Kalaene Jens), 215 (dpa / epa Jim Hollander), 237 (akg-images.com), 241 (dpa / ANSA), 248 (dpa / Carsten Rehder); **Shutterstock:** 285 (ZouZou); **Süddeutsche Zeitung Photo:** 171 (Giribas Jose), 182 (version), 219 (Werner Stuhler); **The Art Archive** (über Picture Desk): 15 (Gianni Dagli Orti); **Tina Chuuna Zhang's Collection:** 137; **Visum:** 202 (Robert Kluba); **Wikimedia** (GNU-Lizenz für freie Dokumente): 289 (Dash Payam)

IMPRESSUM

cbj ist der Kinder- und Jugendbuchverlag in der Verlagsgruppe Random House

FSC
Mix
Produktgruppe aus vorbildlich bewirtschafteten Wäldern und anderen kontrollierten Herkünften
Zert.-Nr. SGS-COC-004238
www.fsc.org
© 1996 Forest Stewardship Council

Verlagsgruppe Random House
FSC-DEU-0100
Das für dieses Buch verwendete FSC-zertifizierte Papier *Eurobulk* von Biberist liefert Papier Union.

1. Auflage 2010
© 2010 cbj, München
Alle Rechte vorbehalten

Lektorat: Gerd Rumler
Bildredaktion: Tanja Nerger
Umschlaggestaltung: Init.büro für gestaltung, Bielefeld
Projektleitung: AW
Herstellung: René Fink
Typografie, Satz, Einband: Verlag
Schriften: Janson und Thesis Sans
Lithografie: Reproline Mediateam, München
Druck und Bindung: Firmengruppe APPL, aprinta Druck GmbH und Co. KG, Wemding

ISBN: 978-3-570-13960-8
Printed in Germany

www.cbj-verlag.de